[教師を目指す学生必携]

保健体育科教育法

杉山重利・髙橋健夫・園山和夫［編］

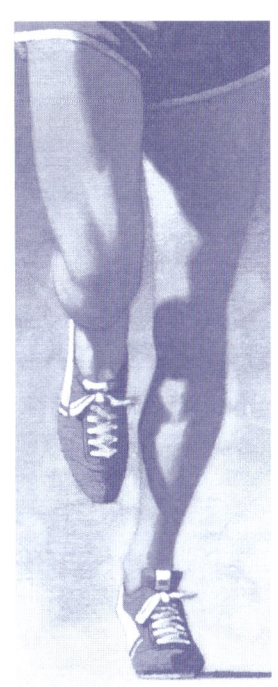

大修館書店

まえがき

　新しい学習指導要領は、小学校・中学校が平成 20 年 3 月に、高等学校が平成 21 年 3 月に文部科学大臣から告示されました。今回の改訂の要点は、60 年ぶりに改正された教育基本法を踏まえた内容であること、基礎的・基本的な知識・技能の習得を図ること、思考力・判断力・表現力などの育成を図ること、豊かな心や健やかな体を育成することなどですが、これらのことを踏まえた新しい教育課程の実施によって、今までの学校教育の成果にさらに新たな成果が蓄積されていくことが期待されます。

　ところで、体育・スポーツ系の大学や学部で学んでいる学生の中にはたくさんの教員志望者がいます。教員志望でなくても教員免許の取得を希望する学生が多いのも事実です。これらの学生が教員免許を取得するためには、教育職員免許法の規定により各教科の指導法を履修しなければなりません。そこで、改訂された学習指導要領に基づいて、保健体育の新しい考え方、学習指導の進め方、評価法などに関する理論を分かりやすく論述し、保健体育の教師を目指す学生の利用に供するとともに、教職への志向性を高めることをねらいとして本書を刊行しました。書名を「保健体育科教育法」とし、副題に「教師を目指す学生必携」を冠した所以です。

　本書は、新しい学習指導要領に基づいた論述を心掛けたことはもちろんですが、従来、別個に刊行されがちであった体育と保健を合わせて編集したことも大きな特徴です。心と体を一体として捉えるという教科目標からすれば当然のことといえます。また、昨今の児童生徒の心身をめぐる教育課題を解決するためには、義務教育の初期の段階から指導を充実させていくことが重要であると考え小学校を独立させて編集しました。小学校教員を養成されている大学においても本書が大いに活用され、健やかでたくましい児童生徒の育成にいささかでも役立てば望外の喜びであります。

　本書の執筆は、学習指導要領の改訂にかかわった先生方をはじめ体育科、保健科の教科指導に先進的に取り組んでいる先生方に引き受けていただくことができましたので、教師を目指す学生の期待に十分に応えられる内容になったものと信じています。一人でも多くの学生が教員採用試験を突破し、将来の日本を担っていく児童生徒の健やかな育成に携わってくれることを願っています。

　最後に、お忙しい中をご執筆いただきました先生方と編集に多大のご協力をいただきました岡出美則、友添秀則、今関豊一の各先生に厚くお礼を申し上げますとともに、本書の企画・編集にご尽力をいただきました大修館書店の平井啓允、粟谷修、笠倉典和の各氏に心から感謝を申し上げます。

　　平成 21 年 9 月

杉山　重利
髙橋　健夫
園山　和夫

目次

まえがき……i

第Ⅰ部　体育科教育法 …… 1

第1章　総説 …… 3
第1講　体育の新しい方向（今次の改訂の要点）…… 4
第2講　総則と体育 …… 8
第3講　体育の目標 …… 12
第4講　体育の内容 …… 16
第5講　体育の指導計画 …… 20
第6講　体育の学習指導 …… 24
第7講　体育の学習評価 …… 28
第8講　選択制授業、男女共習授業 …… 32
◆参考資料1　小学校・中学校・高等学校の領域等の構成 …… 36

第2章　小学校の体育の授業 …… 37
第9講　体つくり運動 …… 38
第10講　器械運動系 …… 42
第11講　陸上運動系 …… 46
第12講　水泳系 …… 50
第13講　ボール運動系 …… 54
第14講　表現運動系 …… 58
◆参考資料2　小学校の領域構成と内容 …… 62

第3章　中学校の体育の授業 …… 63
第15講　体つくり運動 …… 64
第16講　器械運動 …… 68
第17講　陸上競技 …… 72
第18講　水泳 …… 76
第19講　球技 …… 80
第20講　ダンス …… 84
第21講　武道 …… 88
第22講　体育理論 …… 92

◆参考資料3　中学校の領域構成、内容、内容の取扱い …… 96

第4章　高等学校の体育の授業 …… 97
第23講　体つくり運動 …… 98
第24講　器械運動 …… 102
第25講　陸上競技 …… 106
第26講　水泳 …… 110
第27講　球技 …… 114
第28講　ダンス …… 118
第29講　武道 …… 122
第30講　体育理論 …… 126
◆参考資料4　高等学校の領域構成、内容、内容の取扱い …… 130

第5章　試験想定問題と解答例 …… 131
＜総説＞
第1講　体育の新しい方向（今次の改訂の要点）…… 132
第2講　総則と体育 …… 133
第3講　体育の目標 …… 134
第4講　体育の内容 …… 135
第5講　体育の指導計画 …… 136
第6講　体育の学習指導 …… 137
第7講　体育の学習評価 …… 138
第8講　選択制授業、男女共習授業 …… 139
＜小学校の体育の授業＞
第9講　体つくり運動 …… 140
第10講　器械運動系 …… 141
第11講　陸上運動系 …… 142
第12講　水泳系 …… 143

| 第13講　ボール運動系 …………… 144 | 第22講　体育理論 ………………… 153 |

| 第14講　表現運動系 ……………… 145 | ＜高等学校の体育の授業＞ |

＜中学校の体育の授業＞

	第23講　体つくり運動 …………… 154
第15講　体つくり運動 …………… 146	第24講　器械運動 ………………… 155
第16講　器械運動 ………………… 147	第25講　陸上競技 ………………… 156
第17講　陸上競技 ………………… 148	第26講　水泳 ……………………… 157
第18講　水泳 ……………………… 149	第27講　球技 ……………………… 158
第19講　球技 ……………………… 150	第28講　ダンス …………………… 159
第20講　ダンス …………………… 151	第29講　武道 ……………………… 160
第21講　武道 ……………………… 152	第30講　体育理論 ………………… 161

第Ⅱ部　保健科教育法 …… 163

第1章　総説 …………………… 165

第1講　保健の新しい方向
　　　（今次の改訂の要点）……… 166
第2講　総則と健康 ……………… 170
第3講　保健の目標 ……………… 174
第4講　保健の内容 ……………… 178
第5講　保健の指導計画 ………… 182
第6講　保健の学習指導 ………… 186
第7講　保健の学習評価 ………… 190

第2章　小学校の保健の授業 …………… 195

第8講　毎日の生活と健康、
　　　育ちゆく体とわたし ……… 196
第9講　心の健康、けがの防止、病気の予防
　　　…………………………… 200

第3章　中学校の保健の授業 …………… 205

第10講　心身の機能の発達と心の健康 ‥ 206
第11講　健康と環境、傷害の防止 ……… 210
第12講　健康な生活と疾病の予防 ……… 214

第4章　高等学校の保健の授業 ………… 219

第13講　現代社会と健康 ………… 220
第14講　生涯を通じる健康 ……… 224
第15講　社会生活と健康 ………… 228

第5章　試験想定問題と解答例 ………… 233

＜総説＞

第1講　保健の新しい方向
　　　（今次の改訂の要点）……… 234
第2講　総則と健康 ……………… 235
第3講　保健の目標 ……………… 236
第4講　保健の内容 ……………… 237
第5講　保健の指導計画 ………… 238
第6講　保健の学習指導 ………… 239
第7講　保健の学習評価 ………… 240

＜小学校の保健の授業＞

第8講　毎日の生活と健康、
　　　育ちゆく体とわたし ……… 241
第9講　心の健康、けがの防止、病気の予防
　　　…………………………… 242

＜中学校の保健の授業＞

第10講　心身の機能の発達と心の健康 ‥ 243
第11講　健康と環境、傷害の防止 ……… 244
第12講　健康な生活と疾病の予防 ……… 245

＜高等学校の保健の授業＞

第13講　現代社会と健康 ………… 246
第14講　生涯を通じる健康 ……… 247
第15講　社会生活と健康 ………… 248

第Ⅲ部　学習指導要領に基づく指導計画 …… 249

第1章　体育の指導計画 …… 251

第1節　小学校体育の指導計画の実例 …… 252
1. 年間計画の例（3・4年）/252
2. 単元計画の例（4年：体つくり運動）/254
3. 単位時間計画（指導案）の例①（2年：ゲーム）/256
4. 単位時間計画（指導案）の例②（6年：器械運動）/258

第2節　中学校体育の指導計画の実例 …… 260
1. 年間計画の例（1年）/260
2. 単元計画の例（1年：球技）/262
3. 単位時間計画（指導案）の例①（1年・武道・必修）/264
4. 単位時間計画（指導案）の例②（2年・ダンス・必修）/266

第3節　高等学校体育の指導計画の実例 …… 268
1. 年間計画の例（全学年）/268
2. 単元計画の例（2年：陸上競技）/270
3. 単位時間計画（指導案）の例①（3年・水泳）/272
4. 単位時間計画（指導案）の例②（1年・体育理論）/274

第2章　保健の指導計画 …… 277

第1節　小学校保健の指導計画の実例 …… 278
1. 年間計画の例（3・4・5・6年）/278
2. 単元計画の例（心の健康）/280
3. 単位時間計画（指導案）の例（私のこころ）/282

第2節　中学校保健の指導計画の実例 …… 284
1. 年間計画の例（全学年）/284
2. 単元計画の例（健康な生活と疾病の予防）/286
3. 単位時間計画（指導案）の例（医薬品の利用）/288

第3節　高等学校保健の指導計画の実例 …… 290
1. 年間計画の例（1・2年）/290
2. 単元計画の例（現代社会と健康）/292
3. 単位時間計画（指導案）の例（健康の考え方）/294

第Ⅳ部　教師になるための基礎知識 …… 297

第1節　運動部活動の意義と新たな在り方 …… 298
第2節　教育実習の意義と心構え …… 301
第3節　教員免許取得と介護等体験 …… 304
第4節　教員採用試験の実際 …… 307

第Ⅴ部　卒業論文の作成 …… 311

第1節　卒業論文作成のアドバイス …… 312
第2節　保健体育科教育法に関する図書・論文等 …… 315
第3節　保健体育に関する卒業論文テーマの実際 …… 318

さくいん …… 320

第Ⅰ部 体育科教育法

第1章
総説

第2章
小学校の体育の授業

第3章
中学校の体育の授業

第4章
高等学校の体育の授業

第5章
試験想定問題と解答例

「第Ⅰ部　体育科教育法」を学ぶに当たって

　第Ⅰ部は、教師を目指す学生が体育科教育法に関して理解しておくべき内容についてまとめた。

　第1章は、今回の学習指導要領（小学校及び中学校は平成20年告示：高等学校は平成21年告示）に示された体育の新しい考え方や、総則の中の体育に関する内容などについてまとめた。さらにこの章では、教科教育法で学ぶ基礎的な事項ともいえる目標、内容、指導計画、学習指導、学習評価、選択制授業についてもまとめている。

　第2章から第4章までは、学校種別に、体育の各領域の特性とねらい、学習内容、学習指導のポイント、評価の仕方などについてまとめているので、教員免許を取得しようとする学校種別の関係する内容については十分に理解しておいてほしい。

　第5章は、教師を目指す学生諸君が、各都道府県教育委員会等が行う採用試験に対応できるよう、体育科教育法30講に関する試験想定問題と解答例をまとめた。この想定問題を活用して受験勉強するとともに、受験する都道府県の過去問題に取り組むなど、教員採用試験への対策には万全を期してほしい。

　今回の体育の改訂の特徴は、児童生徒の発達段階のまとまりを考慮して、目標と内容が「小学校低・中学年」、「小学校高学年・中学校1,2年」、「中学校3年・高等学校」の枠組みで示されたことである。それぞれの時期は、児童生徒が、各種の運動の基礎を培う時期、多くの領域の学習を経験する時期、卒業後に少なくとも一つの運動やスポーツを継続できるようにする時期といえる。今後、児童生徒の生涯にわたる豊かなスポーツライフの実現を目指して、小学校と中学校、中学校と高等学校の校種間の接続に十分配慮した体育学習を展開していくことが大きな実践課題となる。

　第Ⅰ部の構成に当たり、小学校教諭免許を取得する学生は第1章と第2章を、中学校教諭免許を取得する学生は第1章と第3章を、高等学校教諭免許を取得する学生は第1章と第4章を重点的に勉強すれば、今回の学習指導要領の要点はおおむね学修することができるよう編集した。

　学生諸君が第Ⅰ部の内容を十分に理解し、体育を担当する教師としての資質・能力を高めてくれることを願っている。

第1章

総説

第1講
体育の新しい方向（今次の改訂の要点）

本講義のポイント
▶生きる力の育成が引き続き重視されている。
▶12年間を見通した指導内容の体系化と明確化が図られている。
▶体力向上、基礎的な知識・技能の育成を重視している。

1. 生きる力の育成の重視

　教育基本法第1条は、教育の目的を「人格の完成を目指し、平和で民主的な国家及び社会の形成者として必要な資質を備えた心身ともに健康な国民の育成」と規定している。この目的は、いかに時代が変化しても変わることのない普遍的な国家としての願いである。一方、学習指導要領はこの目的の実現を図るため、時代の変化に対応して、おおむね10年に一度改訂されてきている❶。1989年改訂では、現行学習指導要領につながる各教科において思考力、判断力、表現力の育成や自ら学ぶ意欲や主体的な学習の仕方を身に付けさせることを重視した。21世紀は、新しい知識・情報・技術が政治・経済・文化をはじめ社会のあらゆる領域での活動の基盤として飛躍的に重要性を増す、いわゆる「知識基盤社会」の時代であるといわれている。このような知識基盤社会化やグローバル化は、アイデアなど知識そのものや人材をめぐる国際競争を加速させる一方で、異なる文化や文明との共存や国際協力の必要性を増大させている。このような状況において、確かな学力、豊かな心、健やかな体の調和を重視する「生きる力❷」をはぐくむことがますます重要になっているといえよう。

　また、2008年1月の「幼稚園、小学校、中学校、高等学校及び特別支援学校の学習指導要領の改善について（答申）❸」では、「生きる力」を、「変化が激しく、新しい道の課題に試行錯誤しながらも対応することが求められる複雑で難しい時代を担う子どもたちにとって、将来の職業や生活を見通して、社会において自立的に生きるために必要とされる力」としている。2006年12月の教育基本法の改正及び2007年6月の学校教育法の

❶ **学習指導要領の改訂**
　おおむね10年に1回改訂される学習指導要領は、1947年に試案として示された後、1958年から文部科学省告示として公示され、1968年、1977年、1989年、1998年に続き、2008年に改訂された。

❷ **生きる力**
　教育基本法第1章第2条第1号において、知・徳・体の調和のとれた発達を、学校教育法第30条第2項において、確かな学力の要素についての規定がなされている。

❸ **主な改善事項**
・言語活動の充実
・理数教育の充実
・伝統や文化に関する教育の充実
・道徳教育の充実
・体験活動の充実
・外国語活動の充実

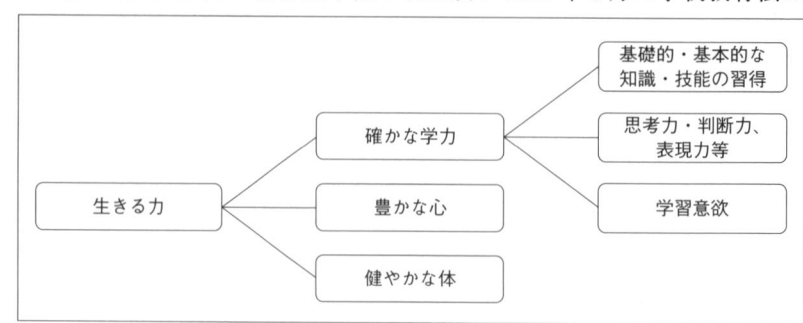

図1 「生きる力」の概念図

一部改正で明らかにされた「生きる力」は、図1のように整理することができる。

2. 改善の基本方針

子ども達の運動習慣の分散化や全体の体力低下傾向❹については、毎年実施する全国体力・運動能力調査においても、一部改善の様子がみられるものの依然深刻な状況が長期的に継続しており、国民的関心事となっている。

また、学校教育における子ども達の健やかな体の育成については、現行学習指導要領で示している「生涯にわたる豊かなスポーツライフの実現」に向けた改善の方向性が、中央教育審議会教育課程部会❺においても、評価されるとともに一層の充実が求められた。

さらに、健やかな体の育成及び豊かな心の育成については、学校、家庭、地域の役割分担と連携が重要であり、特に家庭教育の重要性が指摘されたが、家庭や地域の教育力が低下し、地域の大人や異年齢の子ども達との交流の場や自然体験の減少などが生じる中で、学校教育は、体育に関する指導を充実させるとともに、家庭や地域との新たな連携へとつなげていく必要があると指摘された。

これらのことから、先の答申では、「体育科、保健体育科については、その課題を踏まえ、生涯にわたって健康を保持増進し、豊かなスポーツライフを実現することを重視し改善を図る。その際、心と体をより一体としてとらえ、健全な成長を促すことが重要であることから、引き続き保健と体育を関連させて指導することとする。また、学習したことを実生活、実社会において生かすことを重視し、学校段階の接続及び発達の段階に応じて指導内容を整理し、明確に示すことで体系化を図る。」ことが示された。

体育については、「体を動かすことが、身体能力を身に付けるとともに、情緒面や知的な発達を促し、集団的活動や身体表現などを通じてコミュニケーション能力を育成することや、筋道を立てて練習や作戦を考え、改善の方法などを互いに話し合う活動などを通じて論理的思考力をはぐくむことにも資することを踏まえ、それぞれの運動が有する特性や魅力に応じて、基礎的な身体能力や知識を身に付け、生涯にわたって運動に親しむことができるように、発達の段階のまとまりを考慮し、指導内容を整理し体系化を図る。」としている。また、武道については、「その学習を通じて我が国固有の伝統と文化に、より一層触れることができるよう指導の在り方を改善する。」としている（図2）。

❹体育科・保健体育科の課題
・運動する子どもとそうでない子どもの二極化、子どもの体力の低下傾向が依然深刻
・運動への関心や自ら運動する意欲、各種の運動の楽しさや喜び、その基礎となる運動の技能や知識など、生涯にわたって運動に親しむ資質や能力の育成が十分に図られていない例もみられること
・学習体験のないまま領域を選択しているのではないかなどの課題が指摘された。（中央教育審議会答申）

❺健やかな体を育む教育の在り方に関する専門部会
中央教育審議会は、文部大臣の諮問機関として、5つの分科会と6つの部会が設置されている（2007年現在）。保健体育の学習指導要領の改訂を論議した「健やかな体を育む教育の在り方に関する専門部会」は、初等中等教育分科会教育課程部会の中の14専門部会の一つとして位置付けられている。

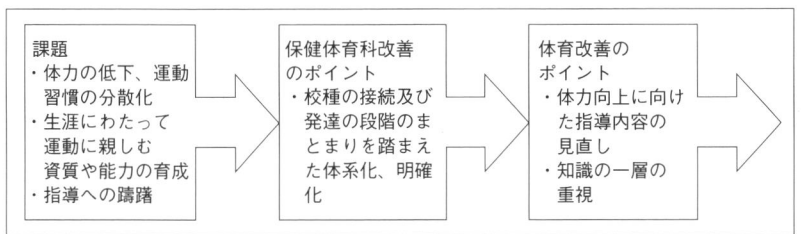

図2　体育科、保健体育科がかかえる課題と、学習指導要領改善のポイント

これらの方針を踏まえた改善の基本方針は次の通りである。

①発達の段階のまとまりを考慮し、小学校、中学校及び高等学校を見通した指導内容の体系化を図ること。
②指導内容の確実な定着を図る観点から、指導内容を明確に示すとともに、学校段階の接続を踏まえ、領域の取り上げ方の弾力化を図ること。
③体力の向上を重視し、「体つくり運動」の一層の充実を図るとともに、学校の教育活動全体や実生活で生かすことができるようにすること。
④基礎的な知識の確実な定着を図るため、発達の段階を踏まえて知識に関する領域の構成を見直し、各領域に共通する内容に精選するとともに、各領域との関連で指導することが効果的な内容については、各領域で取り上げるよう整理すること。

改善の基本方針を受けた、各校種の改善のポイントは、次の通りである。
①小学校
・体力低下等の課題を踏まえ、従前、高学年から実施していた体つくり運動を、体ほぐしの運動、多様な動きをつくる運動（遊び）という新規領域として、低学年から実施。
・体系化を図ることを踏まえ、従前の基本の運動から、内容として実施されていた具体的な運動領域に低学年、中学年の領域名称を変更。
・領域の取扱いを弾力化し、2年ごとに履修できるよう改善。
・ゲーム、ボール運動は、特性や魅力に応じて、ゴール型、ネット型、ベースボール型に分類して示した（中学校、高等学校球技も同様）。
②中学校
・発達の段階のまとまりを踏まえ、体育分野の目標及び内容を、「1・2年」と「3年」に分けて示した❻。
・1年及び2年では、すべての領域が必修となった。
・3年から選択を開始するとともに、運動に共通する特性や魅力に応じて選択の組み合わせ❼を見直した。
・体力の向上、基礎的な知識・技能の確実な定着の視点から、体つくり運動（7単位時間以上）、体育理論（3単位時間以上）とした。
③高等学校
・1年は、中学校3年との接続を踏まえ、中学校と同様の選択の仕方に改善。2年以降においては、それぞれの運動が有する特性や魅力に深く触れることができるよう、体つくり運動、体育理論をすべての生徒に履修させるとともにその他の領域から2領域を選択できるようにした。
・体力の向上、基礎的な知識・技能の確実な定着の視点から、体つくり運動（7～10単位時間程度）、体育理論（6単位時間以上）とした。

3. 指導内容の体系化

生涯にわたる豊かなスポーツライフの実現に向けて、体育では、小学校から高等学校までの12年間を見通して、「各種の運動の基礎を培う時期」、「多くの領域の学習を経験する時期」、「卒業後に少なくとも一つの運動や

❻学習指導要領の構成
　学習指導要領は、各教科ともに、目標、内容、内容の取扱いが示されている。
　今次改訂においては、中学校の体育の分野は、「1年及び2年」と「3年」で、それぞれ示されている。

❼選択のまとまり
　運動に共通する特性や魅力に応じて、技を高めたり、記録に挑戦したり、表現したりする楽しさや喜びを味わうことができる「器械運動」、「陸上競技」、「水泳」、「ダンス」のまとまりから1領域以上を、集団や個人で、相手との攻防を展開する楽しさや喜びを味わうことができる「球技」、「武道」のまとまりから1領域以上をそれぞれ選択して履修することとしている。

スポーツを継続することができるようにする時期」といった発達の段階のまとまりを踏まえた改善の理念を示している。この理念に基づき、12年間を整理すると次の図3のように考えることができる。

今改訂では、指導内容が<u>体系化</u>❽、明確化されたことにより、発達の段階に応じて指導すべき内容の特定が容易となっている。また、領域の取扱いが弾力化されているため、授業づくりは、子どもの実情に応じた教育課程編成が可能となっている。教師の授業力が問われることとなる。

❽体系化とは
　ここでいう体系化とは、各発達段階における領域の配置（いわゆるスコープ）と12年間を見通した学習内容の順序性（いわゆるシークエンス）の縦、横の視点から見直しが行われたことである。体系化を図る際は、スタートからゴールへの視点とゴールからスタートへの視点、発育・発達の適時性の視点など多角的な要素を総合的に検討する必要がある。

小学校			中学校		高等学校		
1・2年	3・4年	5・6年	1・2年	3年	1年	2年	3年以降
各種の運動の基礎を培う時期		→	多くの領域の学習を体験する時期	→	少なくとも一つの運動やスポーツを継続できるようにする時期		
体つくり運動			体つくり運動		体つくり運動		
器械・器具を使っての運動遊び	器械運動	器械運動	器械運動	器械運動	器械運動		
走・跳の運動遊び	走・跳の運動	陸上運動	陸上競技	陸上競技	陸上競技		
水遊び	浮く・泳ぐ運動	水泳	水泳	水泳	水泳		
表現・リズム遊び	表現運動	表現運動	ダンス	ダンス	ダンス		
ゲーム	ゲーム	ボール運動	球技	球技	球技		
			武道	武道	武道		
			体育理論		体育理論		
	保健領域		保健分野		科目保健		

図3　12年間の指導内容の系図

（佐藤　豊）

■引用・参考文献
◆教育基本法　2006年12月22日　法律第120号
◆学校教育法　1947年3月31日法律第26号一部改正（2007年6月27日法律第96号）
◆健やかな体を育む教育の在り方に関する専門部会「これまでの審議の状況」2005年
◆教育課程部会（第44回（第3期第30回））議事録「資料5-1 体育科・保健体育科の現状と課題、改善の方向性（検討素案）」2006年8月
◆健やかな体を育む教育の在り方に関する専門部会「体育分野ワーキンググループにおける審議検討について」2008年3月
◆中央教育審議会答申「幼稚園、小学校、中学校、高等学校及び特別支援学校の学習指導要領等の改善について」2008年1月
◆文部科学省「小学校学習指導要領」2008年
◆文部科学省「小学校学習指導要領解説」2008年
◆文部科学省「中学校学習指導要領」2008年
◆文部科学省「中学校学習指導要領解説」2008年
◆文部科学省「高等学校学習指導要領」2009年

第 2 講
総則と体育

本講義のポイント

▶体育科・保健体育科の指導計画を作成するに当たっては、学習指導要領総則に記載されている「学校における道徳教育」（第1の2）、「学校における体育・健康に関する指導」（第1の3）の内容について、十分に留意すべきである。

▶「学校における体育・健康に関する指導」については、児童生徒の発達の段階を考慮して、体育科、保健体育科の授業との関連を図りながら、学校の教育活動全体を通して適切に行うことが大切である。

▶生涯を通じて健康・安全で活力ある生活を送れるよう、家庭や地域社会との連携を図りながら、授業や体育的行事などで学んだことを生かし、日常生活において適切な体育・健康に関する活動が実施されるように指導することが大切である。

1. 体育科、保健体育科の指導計画の作成と総則の記載事項

　2006年12月に改正された教育基本法の第2条1項には、教育の目標として「幅広い知識と教養を身に付け、真理を求める態度を養い、豊かな情操と道徳心を養うとともに、健やかな身体を養うこと」が示されている。この「健やかな身体を養う」ためには、学習指導要領第2章に示された体育科、保健体育科の教科としての指導内容を充実することはもとより、総則に示された体育科、保健体育科に関連する事項を踏まえ、教育活動全体を通して指導することが大切である。具体的な関連事項は、学習指導要領総則における「学校における道徳教育」（第1の2）、「学校における体育・健康に関する指導」（第1の3）である。各学校においては、体育科、保健体育科の教科内容に加え、これらの内容を盛り込んだ<u>体育、保健体育の全体指導計画</u>❶を立てることが求められる。指導に際しては、児童生徒の体力や健康状態等を的確に把握し、総則で示されている「学校における道徳教育」及び「学校における体育・健康に関する指導」との関連を十分に図り、計画的、継続的に行うことが重要である。また、「部活動の意義と留意点等」（中学校学習指導要領第1章総則第4の2（13））が、学習指導要領に初めて明記された。この点も配慮すべき事項である。

　これらのことは、小学校から高等学校まで一貫して示されている（「部活動の意義と留意点等」は除く）が、それぞれの校種で示されている内容はほぼ同様であるため、主に中学校の内容を取り上げて解説する。

2.「学校における体育・健康に関する指導」の内容とねらい

(1)「学校における体育・健康に関する指導」（中学校学習指導要領第1章総則第1の3）

❶体育、保健体育の全体指導計画
　体育科、保健体育科の指導内容を中心に、関連する教科、体育的行事などの特別活動、夏季水泳教室などの教育課程外の活動など学校教育活動全体を網羅した指導計画。

> 学校における体育・健康に関する指導は、生徒の発達の段階を考慮して、学校の教育活動全体を通じて適切に行うものとする。特に、学校における食育の推進並びに体力の向上に関する指導、安全に関する指導及び心身の健康の保持増進に関する指導については、保健体育科の時間はもとより、技術・家庭科、特別活動などにおいてもそれぞれの特質に応じて適切に行うよう努めることとする。また、それらの指導を通して、家庭や地域社会との連携を図りながら日常生活において適切な体育・健康に関する活動の実践を促し、生涯を通じて健康・安全で活力ある生活を送るための基礎が培われるよう配慮しなければならない。

2008年告示の学習指導要領では、「学校における体育・健康に関する指導❷」について、新たに「食育の推進」、「安全に関する指導」を適切に行うことが付加された。体力の向上についても従前以上に重視している。

❷「学校における体育に関する指導」より改訂
「学校における体育・健康に関する指導」になったのは、1998年の改訂からである。それまでは、「健康」が含まれていなかったが、心の健康、薬物乱用、生活習慣病などの課題に適切に対応する指導の充実が必要であることから、体育と健康を関連して指導することとしている。

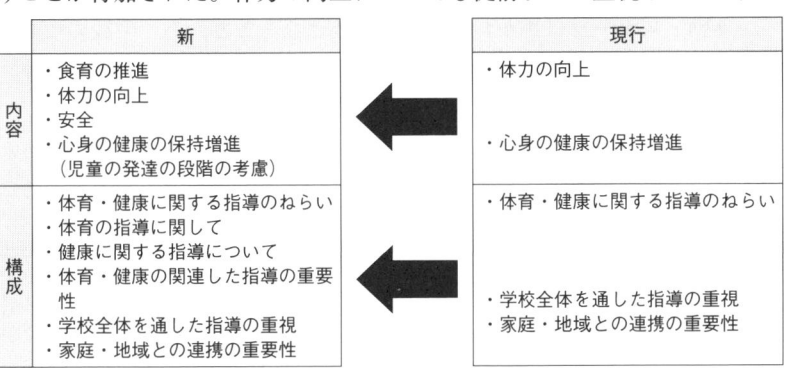

図1 「学校における体育・健康に関する指導」の主な変更点

また、中学校学習指導要領解説保健体育編における文章の構成については、「体育・健康に関する指導」をまとめて記載していたものを「保健体育の指導」、「健康に関する指導」と分けて記載したうえで、「体育・健康の関連した指導の重要性」を強調している。これは、体育・健康に関する指導が一層重要な内容であることを再認識したことに他ならない。以下に「学校における体育・健康に関する指導」の中から、特に体育（運動）に関する内容について解説する。

2008年1月の中教審答申「幼稚園、小学校、中学校、高等学校及び特別支援学校の学習指導要領等の改善について」では、「体力は、人間の活動の源であり、健康の維持のほか意欲や気力といった精神面の充実に大きくかかわっており、『生きる力❸』の重要な要素である。子どもたちの体力の低下は、将来的に国民全体の体力低下につながり、社会全体の活力や文化を支える力が失われることにもなりかねない。」と述べられている。このように、体力の低下が、様々な影響を及ぼすことが懸念される。

体力の低下傾向が続いていることは重大な社会問題となっているが、一朝一夕に体力の向上を望むことが難しいことから、「保健体育科の時間はもとより、技術・家庭科、特別活動などにおいてもそれぞれの特質に応じて適切に行うよう努めることとする。」（中学校総則第1の3）ことが記載されている。このことは、教科としての体育科・保健体育科において基礎

❸生きる力とは
基礎・基本を確実に身に付け、いかに社会が変化しようと、自ら課題を見つけ、自ら学び、自ら考え、主体的に判断し、行動し、「よりよく問題を解決する資質や能力」、自らを律しつつ、他人とともに協調し、他人を思いやる心や感動する心などの「豊かな人間性」、「たくましく生きるための健康や体力」である。（中央教育審議会答申、1996年7月）

第1章 総説 9

❹身体能力
　身体能力とは、体力及び運動の技能により構成されるものである。
（中央教育審議会答申）

❺教育課程外の学校教育活動
　具体的には、部活動、夏季水泳教室、希望者が参加する臨海学校など教育課程には位置付いていないものの学校が主催する教育活動。

的な身体能力❹の育成を図るとともに、クラブ活動や体育的行事、さらには教育課程外の学校教育活動❺などを相互に関連させながら、学校教育活動全体として効果的に取り組むことを求めているものである。このように、「学校における体育・健康に関する指導」では、第一として学校教育活動全体を通して体育に関する指導の充実を図ることを述べている。

　また、積極的に運動する子どもとそうでない子どもの二極化の指摘もあることから、生涯にわたって運動やスポーツを豊かに実践していくために児童生徒が様々な機会を通じて運動やスポーツの楽しさを享受し、自ら進んで運動に親しむ資質や能力を身に付け、心身を鍛えることができるようにすることが大切である。そのためには、図２に示した通り、学校生活はもちろんのこと、日常生活においても家庭や地域で運動を適切に実践する習慣を身に付けることが重要となる。

　生涯を通じて運動に親しむためには、あらゆる機会、あらゆる場を通じて、運動・スポーツにかかわることが必要となることから、学校の校庭や体育館などの施設の環境整備をはじめ、家庭への情報提供や地域の関係機関・団体と協力、連携した行事の取り組みなども求められる。

　このように第二としては、体育科、保健体育科の授業の充実はもちろんのこと、家庭や地域といった実社会にも生かせるよう推進すべきであることが述べられている。

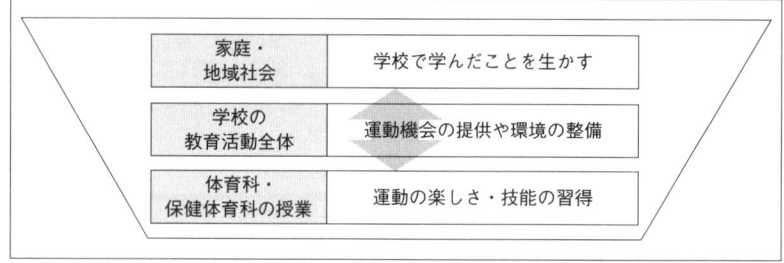

図２　児童生徒の運動習慣の確立に向けて

(2)部活動の意義と留意点等（中学校学習指導要領第１章総則第４の２(13)）

> 生徒の自主的、自発的な参加により行われる部活動については、スポーツや文化及び科学等に親しませ、学習意欲の向上や責任感、連帯感の涵養等に資するものであり、学校教育の一環として、教育課程との連携が図られるよう留意すること。その際、地域や学校の実態に応じ、地域の人々の協力、社会教育施設や社会教育関係団体等の各種団体との連携などの運営上の工夫を行うようにすること。

　運動部の活動は、スポーツに興味と関心をもつ同好の生徒が、より高い水準の技能や記録に挑戦する中で、スポーツの楽しさや喜びを味わい、豊かな学校生活を経験する活動であるとともに、体力の向上や健康の増進にも極めて効果的な活動である（中学校学習指導要領解説保健体育編）。

　部活動は、教育課程外の活動であるが、学校教育活動の一環としてこれまで学校教育において果たしてきた意義や役割を踏まえ、教育課程に関連

する事項として、生徒が運動部の活動に積極的に参加できるよう配慮❻することが大切である。また、生徒が互いに協力し合って友情を深めるなど好ましい人間関係を育てるような指導を行う必要がある。

3.「学校における道徳教育」と体育・保健体育の関連とねらい

●「学校における道徳教育」(第1章総則第1の2)

> 第1章総則の第1の2及び第3章道徳の第1に示す道徳教育の目標に基づき、道徳の時間などとの関連を考慮しながら、第3章道徳の第2に示す内容について、保健体育科の特質に応じて適切な指導をすること。

今回の学習指導要領の改訂では、道徳教育や体育などの充実❼により、豊かな心と健やかな体を育成することがねらいの一つである。学習指導要領の第1章総則の第1の2「学校における道徳教育」には、各教科つまり体育科・保健体育科の指導においても、教科の特性に応じて適切にそれを指導する必要があることが示されている。体育科・保健体育科は、他者とかかわる学習活動が多く、他者との協調性、公正な態度など、道徳教育との関連が深い教科である。体育科・保健体育科における道徳教育の指導においては、学習活動や学習態度への配慮、教師の態度や行動による感化などを重視する必要がある。具体的な活動の例としては、学習指導要領解説保健体育編に以下のように記載されている。

> 集団でのゲームなど運動することを通して、粘り強くやり遂げる、ルールを守る、集団に参加し協力する、といった態度が養われる。また、健康・安全についての理解は、生活習慣の大切さを知り、自分の生活を見直すことにつながるものである。

これらの内容は、体育科・保健体育科の(2)態度の内容に当たるため、道徳と相互の関連を図って指導することが望まれる。

また、道徳の時間の指導との関連も考慮する必要がある。つまり、体育科・保健体育科で扱った内容や教材の中で適切なものを、道徳の時間に活用することである。そのためにも、体育科・保健体育科の年間指導計画の作成には、道徳教育の全体計画との関連、指導の内容及び時期等に配慮し、両者が相互に効果を高め合うようにすることが大切である。　　(白旗和也)

■引用・参考文献
◆教育基本法　2006年12月22日法律第120号
◆中央教育審議会答申「21世紀を展望した我が国の教育の在り方について」1996年7月
◆中央教育審議会答申「幼稚園、小学校、中学校、高等学校及び特別支援学校の学習指導要領等の改善について」2008年1月
◆文部科学省「小学校指導書体育編」1989年
◆文部科学省「小学校学習指導要領解説体育編」1999年
◆文部科学省「小学校学習指導要領解説体育編」2008年
◆文部科学省「中学校学習指導要領解説保健体育編」2008年
◆文部科学省「高等学校学習指導要領」2009年

❻運動部活動の配慮事項
　運動部の活動は、主として放課後に行われ、特に希望する同好の生徒によって行われる活動であることから、生徒の自主性を尊重する必要がある。また、生徒に任せすぎたり、勝つことのみを目指したりした活動にならないよう留意する必要もある。(中学校学習指導要領解説保健体育編一部抜粋)

❼道徳教育の充実・改善
　60年ぶりに改正された教育基本法第2条1項には教育が達成すべき大切な目標の一つとして「豊かな情操と道徳心を培う」ことが記載されている。
　また、中教審答申「幼稚園、小学校、中学校、高等学校及び特別支援学校の学習指導要領等の改善について」では、学習指導要領の改訂の基本的な考え方の中で豊かな心をはぐくむために「道徳教育の充実・改善」が必要であると述べられている。

第3講
体育の目標

本講義のポイント
▶体育の目標は、学校段階及び発達段階を踏まえつつ、小・中・高等学校を一貫した考え方で立てられている。
▶体育の目標は、生涯にわたる豊かなスポーツライフの基礎づくりを目指している。
▶体育の具体的な目標は、①生涯にわたって運動に親しむ資質や能力の育成、②健康の保持増進のための実践力の育成、③体力の向上の3つであり、これらが密接に関連している。
▶体育の目標は、単なる知識、技能の向上ではない。

❶**教育基本法**
　学校体育との関連で教育基本法の改正をみると、重要なことは3つ。①知・徳・体の調和がとれ、生涯にわたって自己実現を目指す自立した人間の育成、②公共の精神を尊び、国家・社会の形成に主体的に参画する国民の育成、③わが国の伝統と文化を基盤として国際社会を生きる日本人の育成である。

❷**学校教育法**
　教育基本法の改正を受けて、その理念が学校教育法の改正に表れている。中でも幼稚園から大学までの各学校種の目的・目標の改正がそれである。例えば義務教育の目標に、次の事項等が規定されている。①規範意識、公共の精神に基づき主体的に社会の形成に参画する態度、②生命及び自然を尊重する精神、環境の保全に寄与する態度、③伝統と文化を尊重し、それらをはぐくんできたわが国と郷土を愛する態度、他国を尊重し国際社会の平和と発展に寄与する態度などである。

❸**体ほぐしの運動**
　いろいろな手軽な運動や律動的な運動を行い、体を動かす楽しさや心地よさを味わうことによって、心と体の関係に気付き、体の調子を整え、仲間と交流することがねらいの運動である。

1. 体育固有の目標の価値

　小学校体育科及び中・高等学校保健体育科は、学校教育の一領域を担う教科である。体育科（保健体育科）固有の目標、すなわち、他の教科にはなしえない目標、価値があればこそ学校教育の一教科として位置付くことができる。この目標、価値を日々の授業を通して子ども達や保護者に感得させていかなければならない。
　教科の目標は、小・中・高等学校教育で果たすべき役割（特性）を総括的に示すとともに、小・中・高の一貫性を踏まえ、各学校段階及び発達段階としての重点や基本的な指導の方向を示したものであり、今回改訂（2008年）された目標は、特に教育基本法❶や学校教育法❷の改正を踏まえつつ、引き続き体育と保健を関連させて指導していく考え方を強調していることに留意する必要がある。
　さて、体育の目標は、歴史的に「身体の教育」から「運動による教育（運動を媒介とした人間形成）」、そして「運動の教育」へと変遷してきている。戦前においては、「身体の教育」と「精神の教育」という心身二元論に立った考え方が支配的であり、体育は身体を強健にすることが社会的な役割とみなされた時代といえる。戦後、教育は民主的な人間形成を目指すことが大きな課題となり、体育もその一翼を担うこととなる。したがって、運動やスポーツを指導することによって公正・協力・責任などの社会的態度を養うことが、体力の向上とともに強調されることになったといえる。言葉を換えていえば、運動やスポーツの手段的価値に着目した体力の向上、人間形成である。その後、運動やスポーツに内在する価値、それ自体の価値（目的的価値）を重視する「運動の教育」へと発展し、今日に至っている。体ほぐしの運動❸のように、その運動そのものの楽しさ・心地よさ、各種のスポーツ種目のように果敢に挑戦して技を習得したり自己の目標記録を達成する楽しさ・喜び、ルールを工夫するなどして勝敗を競う楽しさ・喜びを味わうことが学習の目標であり、結果として体力の向上、人間形成に資するという考え方である。この間の経緯等については「体育

の人間形成論」（友添、2009 年）に詳しい。

このように体育の目標の捉え方一つで授業の展開は大きく変わる。今日の考え方を十分理解した授業づくりが求められる。

2. 小・中・高等学校を一貫した体育の目標

体育においては、小学校から高等学校までの 12 年間を、一貫して生涯にわたる豊かなスポーツライフ❹の基礎づくりを目指していることを理解するとともに、運動に内在する価値に着目していること、「心と体を一体としてとらえ」という心身一元論の立場をとっていることに留意する必要がある（表 1）。

表 1 体育科及び保健体育科の目標

小学校	中学校	高等学校
心と体を一体としてとらえ、適切な運動の経験と健康・安全についての理解を通して、生涯にわたって運動に親しむ資質や能力の基礎を育てるとともに健康の保持増進と体力の向上を図り、楽しく明るい生活を営む態度を育てる。	心と体を一体としてとらえ、運動や健康・安全についての理解と運動の合理的な実践を通して、生涯にわたって運動に親しむ資質や能力を育てるとともに健康の保持増進のための実践力の育成と体力の向上を図り、明るく豊かな生活を営む態度を育てる。	心と体を一体としてとらえ、健康・安全や運動についての理解と運動の合理的、計画的な実践を通して、生涯にわたって豊かなスポーツライフを継続する資質や能力を育てるとともに健康の保持増進のための実践力の育成と体力の向上を図り、明るく豊かで活力ある生活を営む態度を育てる。

※下線部は改善点

3. 目標の構造

目標の構造を、中学校を例にしてみると以下のようである。

「心と体を一体としてとらえ」は目標の全体にかかる文言である。内容としては、「運動についての理解・実践」、「健康・安全についての理解」であり、方法としては、「運動の合理的な実践」である。やみくもに運動しては、けがのもとである。そして、体育の目指すところは 3 つの具体的目標の実現であり、その実現はとりもなおさず究極的目標の実現である。このように、目標については構造的に理解する必要がある（表 2）。

表 2 中学校保健体育科の目標の構造

	心と体を一体としてとらえ
内容・方法	運動や健康・安全についての理解と運動の合理的な実践
具体的目標	①生涯にわたって運動に親しむ資質や能力の育成 ②健康の保持増進のための実践力の育成 ③体力の向上
究極的目標	明るく豊かな生活を営む態度の育成

4. 目標の解説

目標をお題目として捉えることは避けなければならない。この目標の意味するところ（小・中・高でほぼ同様）をしっかり理解することが、授業づくりにとって極めて重要である。したがって、前述の 3 つの具体的目標の実現を目指して、日々の体育及び保健の授業を展開しなければならない。
①「心と体を一体としてとらえ」とは

❹豊かなスポーツライフ
この「スポーツライフ」という文言は、国の「スポーツ振興基本計画」（2000 年文部省策定、2006 年文部科学省改訂）で強調されたものである。一部を引用すると、「スポーツは、体を動かすという人間の本源的な欲求にこたえるとともに、爽快感、達成感、他者との連帯感等の精神的充足や楽しさ、喜びをもたらし、さらには、体力の向上や、精神的なストレスの発散、生活習慣病の予防など、心身の両面にわたる健康の保持増進に資するものである。特に、高齢化の急激な進展や、生活が便利になること等による体を動かす機会の減少が予想される 21 世紀の社会において、生涯にわたりスポーツに親しむことができる豊かな『スポーツライフ』を送ることは大きな意義がある。」と述べている。今回の改訂においてこれとの関連を図ったものといえる。

運動による心と体への効果や健康、特に心の健康が運動と密接に関連していることなどを理解することの大切さを示している。これは、1998年の改訂時に初めて強調されたことであるが、子どもの心身ともに健全な発達を促すためには心と体を一体として捉えた指導が重要であることから、引き続き強調されている。

②「運動に親しむ資質や能力」とは

それぞれの運動の特性や魅力に応じてその楽しさや喜びを味わおうとすること、公正・協力・責任などのいわゆる社会的態度、参画するなどの意欲、健康・安全に留意する態度、運動の技能、運動に関する知識、自らの運動の課題を解決する思考力・判断力などを指している。

③「健康の保持増進のための実践力」とは

心身の健康の保持増進に関する知識理解にとどめることではなく、健康・安全の課題に直面した時に、科学的な思考と正しい判断のもと、適切な意志決定や行動選択ができることを示したものである。自らの健康は自ら守るという、ヘルスプロモーションの理念の実現を目指している。

④「体力の向上」とは

体力を高めることはもとより自己の状況に応じて体力の向上を図る能力を育て、心身の調和的発達を図ることである。体力の捉え方について、2008年1月の中央教育審議会答申では、「<u>体力は、人間の活動の源であり、健康の維持のほか、意欲や気力といった精神面の充実に大きくかかわっており、『生きる力』の重要な要素である</u>」と強調していることに着目する必要がある（下線筆者）。

⑤「明るく豊かな生活を営む態度」とは

教科の究極の目標を示したものであり、生涯にわたる豊かなスポーツライフを実現するための資質や能力、健康で安全な生活を営むための思考力・判断力などの資質や能力としての実践力を育てることが、子ども達の現在及び将来の生活を健康で活力に満ちた、明るく豊かなものにすることを示している。

5. 体育の分野の目標

体育の分野の目標は、教科の目標を受け、体育の分野としての立場から具体化したものであり、小・中・高の一貫性を踏まえ、各学校段階及び発達段階としての重点や学習指導の基本的な方向を示したものである。

<u>小学校では低、中、高学年の目標❺</u>、中学校では1・2年、3年の目標、<u>高等学校では科目体育の目標❻</u>としてそれぞれ示されている。ここでは中学校を例にみていくことにする（表3）。

今回の改訂で、中学校体育分野の目標が、1・2年と3年とに分けて示された。これは、体育では、小・中・高の12年間を見通して基礎的・基本的な知識・技能の習得を目指して、4（小学校低・中学年）－4（小学校高学年・中学校1・2年）－4（中学校3年・高等学校）の考え方で整理されたことによるものである。

次に、現行と比較して改善されたところをみていく。

---

❺小学校各学年の目標（中・高学年の保健の分野を除く）
〔1年及び2年の目標〕
(1) 簡単なきまりや活動を工夫して各種の運動を楽しくできるようにするとともに、その基本的な動きを身に付け、体力を養う。
(2) だれとでも仲よくし、健康・安全に留意して意欲的に運動をする態度を育てる。
〔3年及び4年の目標〕
(1) 活動を工夫して各種の運動を楽しくできるようにするとともに、その基本的な動きや技能を身に付け、体力を養う。
(2) 協力、公正などの態度を育てるとともに、健康・安全に留意し、最後まで努力して運動をする態度を育てる。
〔5年及び6年の目標〕
(1) 活動を工夫して各種の運動の楽しさや喜びを味わうことができるようにするとともに、その特性に応じた基本的な技能を身に付け、体力を高める。
(2) 協力、公正などの態度を育てるとともに、健康・安全に留意し、自己の最善を尽くして運動をする態度を育てる。

❻高等学校 科目の目標
〔科目体育の目標〕
運動の合理的、計画的な実践を通して、知識を深めるとともに技能を高め、運動の楽しさや喜びを深く味わうことができるようにし、自己の状況に応じて体力の向上を図る能力を育て、公正、協力、責任、参画などに対する意欲を高め、健康・安全を確保して、生涯にわたって豊かなスポーツライフを継続する資質や能力を育てる。

①「知識や技能を身に付け」ることが強調されている。

今回の学習指導要領改訂の基本的な考え方、つまり「基礎的・基本的な知識・技能の習得」を受けたものであり、また知識と技能を関連させて学習することの大切さを示している。

②「体力を高め、心身の調和的発達を図る」ことが強調されている。

体力の低下傾向に歯止めをかけ、上昇傾向に転ずることを目指したものであると同時に、心と体を一体として捉えることの大切さを示している。

③「自己の最善を尽くして」運動する態度を育てることが強調されている。

これは、競争や協同の経験を通してはぐくむ情意面からみた運動への愛好的態度を養うことの大切さを示している。

さらに、中学校1・2年と3年の違いをみていくと、義務教育の修了段階であることや、高等学校への接続を重視していることがうかがえる。また、教科の目標を受けて、「生涯にわたって」運動に親しむ資質や能力を育てることが改めて強調されている。体力についても単に向上だけでなく、体力の向上を図る能力を育てることの大切さを示している。

なお、小学校と高等学校については触れていないが、趣旨は同じである。

表3　中学校体育分野の目標

1年及び2年	(1) 運動の合理的な実践を通して、運動の楽しさや喜びを味わうことができるようにするとともに、知識や技能を身に付け、運動を豊かに実践することができるようにする。 (2) 運動を適切に行うことによって、体力を高め、心身の調和的発達を図る。 (3) 運動における競争や協同の経験を通して、公正に取り組む、互いに協力する、自己の役割を果たすなどの意欲を育てるとともに、健康・安全に留意し、自己の最善を尽くして運動をする態度を育てる。
3年	(1) 運動の合理的な実践を通して、運動の楽しさや喜びを味わうとともに、知識や技能を高め、生涯にわたって運動を豊かに実践することができるようにする。 (2) 運動を適切に行うことによって、自己の状況に応じて体力の向上を図る能力を育て、心身の調和的発達を図る。 (3) 運動における競争や協同の経験を通して、公正に取り組む、互いに協力する、自己の責任を果たす、参画するなどの意欲を育てるとともに、健康・安全を確保して、生涯にわたって運動に親しむ態度を育てる。

※下線部は、1・2年については改善点、3年については1・2年との相違点

（本村清人）

■引用・参考文献
◆文部科学省「小学校学習指導要領」2008年
◆文部科学省「中学校学習指導要領」2008年
◆文部科学省「高等学校学習指導要領」2009年
◆文部科学省「小学校学習指導要領解説体育編」2008年
◆文部科学省「中学校学習指導要領解説保健体育編」2008年
◆友添秀則「体育の人間形成論」大修館書店、2009年

第4講
体育の内容

本講義のポイント
- ▶体育の内容とは、教科としての体育の目標を達成するために児童生徒が学ぶ事柄のことである。
- ▶体育の内容の第一は、数多い運動の中から選ばれ授業で取り上げられた「運動」と、その運動に関連する「知識」である。
- ▶体育の内容の第二は、取り上げられた運動を通して学ぶ事柄である。それらは、「運動の内容」と呼ばれる。

❶新学習指導要領

教育課程の基準であり、各教科等の目標や内容、内容の取扱いが示されている。学習指導要領は、1958年改訂以降は文部省の告示とされている。この学習指導要領は、おおよそ10年サイクルで改訂がなされ、2008年に改訂された新学習指導要領は、1958年改訂から数えて6回目の改訂となる。

❷体つくり運動・スポーツ・ダンス

1960年代の学習指導要領改訂で示された運動の3つの分類は、それ以後の体育の内容構成における基本的な考え方である。その以前は、例えば「個人的種目」、「集団的種目」、「レクレーション的種目」の3つの分類の考え方もあった。

❸「体操」から「体つくり運動」へ

従前「体操」と呼ばれていた名称が、1998年改訂の学習指導要領から「体つくり運動」の名称に変更された。体力を高めることのねらいに加えて、「体ほぐしの運動」が加えられたことによるものである。新学習指導要領では、この「体つくり運動」が小学校低学年から導入されることとなった。これは、児童生徒の長期的な体力低下傾向への対応を意図したものである。

1.「運動」の分類の考え方

体育の内容の第一は、授業で取り上げられる「運動」と、その運動に関連する「知識」のことである。特に、体育の授業の多くは「運動」の実践を通して行われることから、その「運動」がどのように分類され、各発達段階ごとに整理されているかを知ることが重要である。

表1は、新学習指導要領❶（2008年）での「体育の内容」を「運動」と「知識」とで示し、さらに「運動」の基本的な分類と各発達段階での運動領域の名称などをまとめたものである。

体育の内容としての「運動」は、「体つくり運動」、「スポーツ」、「ダンス」の3つに基本的に分類される❷。このうち、「体つくり運動❸」は、体ほぐしをしたり、体力を高めたりなど、体の働きを維持向上するために意図的につくり出されたものである。一方、「スポーツ」は、運動そのものを楽しんだり、運動技能を手掛かりとして技や記録を高めたり、他者や他チームと競争したりするものである。また、「ダンス」は、自分の感じ

表1　新学習指導要領における「体育の内容」の分類と各発達段階での名称

体育の内容	運動の基本的な分類	運動領域	領域名称				
			小学校低学年	小学校中学年	小学校高学年	中学校	高等学校
運動	I 体つくり運動	A 体つくり運動	体つくり運動			体つくり運動	体つくり運動
	II スポーツ	B 器械運動	器械・器具を使っての運動遊び	器械運動		器械運動	器械運動
		C 陸上運動・競技	走・跳の運動遊び	走・跳の運動		陸上運動	陸上競技
		D 水泳	水遊び	浮く・泳ぐ運動		水泳	水泳
		E ボール運動・球技	ゲーム		ボール運動	球技	
		F 武道					武道
	III ダンス	G 表現運動・ダンス	表現リズム遊び	表現運動		ダンス	
知識							体育理論

たことを体を使って表したり、一定のリズムに乗って踊ったりして楽しむものである。「運動」を「体つくり運動」、「スポーツ」、「ダンス」の3つに分類する考え方は、1960年代の学習指導要領改訂時から引き継がれているものであり、40年以上にわたって体育の内容を理解していくための基本的な考え方となっている。この「運動」の3つの分類は、新学習指導要領にも受け継がれている。

さらに「スポーツ」は、表1のように「B器械運動」から「F武道」の各運動領域に分類されている。加えて、各運動領域は、発達段階に応じて名称が検討されている。例えば、「C陸上運動・競技」は、小学校低学年の「走・跳の運動遊び」から、中学年では「走・跳の運動」、高学年では「陸上運動」と変化し、中学校からは「陸上競技」という名称が使われている。また、「F武道」は中学校以降で取扱われることとしている。

2.「運動の内容」の変遷

前述1での「体育の内容」の分類や発達段階による名称等の理解を踏まえて、ここでは、「運動の内容」を整理するものである。いわば、運動を通して学ぶ事柄のことである。「運動の内容」の整理には、学習指導要領に示された内容の考え方を手掛かりにすると分かりやすい。

表2は、学習指導要領に示された「運動の内容」の変遷を示したものである。表2からは、「技能」の内容と「態度」の内容は、各年代の学習指導要領の改訂でも「運動の内容」として示されている。この2つの「運動の内容」に1998年改訂では「学び方」の内容が、そして2008年改訂では「(知識)思考・判断」の内容が加えられ、3つの「運動の内容」が示されたことになる（2008年改訂の「知識」は、中学校以降に示されている）。

1998年改訂で、「学び方」の内容が「運動の内容」として示されたのは、「生きる力をはぐくむ」ことを目指した1998年改訂の学習指導要領の趣旨を踏まえ、特に自ら学ぶ力を育成するための「学び方」を強調したことによるものである。その「学び方」の内容は、主に、自己やチームの能力に適した課題を決めること、課題の解決のための練習の仕方などを工夫すること、チームの特徴を生かした作戦を立てること、などである。また、2008年改訂では、その「学び方」の内容が、「(知識)思考・判断」の内容として、より精緻に整理されたことになる。

表2　学習指導要領に示された「運動の内容」の変遷

	～1988年改訂	1998年改訂	2008年改訂
学習指導要領に示された「運動の内容」	①技能 ②態度	①技能 ②態度 ③学び方	①技能 ②態度 ③(知識)思考・判断

3. 新学習指導要領における「運動の内容」

新学習指導要領は、全教科にわたって基礎的・基本的な内容を児童生徒が確実に身に付けることができるようにすることが、大きなねらいとされている。体育の授業も例外ではない。そこで、「運動の内容」の具体的な

注)「基本の運動」の削除
　新学習指導要領では、小学校低学年・中学年の運動領域であった「基本の運動」が削除された。これは、高学年での各運動領域への系統が不明確であるとの指摘に応えたものである。そこで、新学習指導要領では、例えば低学年でも「器械・器具を使っての運動遊び」の運動領域を設定して、高学年の「器械運動」へのつながりをより明らかにした。

示し方も従前の学習指導要領とは異なっている。以下に新旧学習指導要領での「運動の内容」の示し方を比較し、新学習指導要領の特徴をまとめた。

(1)「技能」の内容の新旧学習指導要領の比較

表3は、小学校高学年の陸上運動における「技能」の内容を新旧比較して示したものである。

表3からは、新学習指導要領で示された「技能」の内容がより具体的であり、児童が身に付けるべき事柄を明確にしていることを読み取ることができる。表3は小学高学年の陸上運動の例であるが、新学習指導要領では、その他の各運領域においても発達段階ごとに「技能」の内容がより明確に示されている。

表3 新旧学習指導要領での「技能」の内容の示し方の比較（小学校高学年・陸上運動）

	1998年改訂	2008年改訂
「技能」の内容	自己の能力に適した課題をもって次の運動を行い、その技能を身に付け、競争したり、記録を高めたりすることができるようにする。 ア　短距離走・リレー及びハードル走 イ　走り幅跳び及び走り高跳び	次の運動の楽しさや喜びに触れ、その技能を身に付けることができるようにする。 ア　短距離走・リレーでは、一定の距離を全力で走ること。 イ　ハードル走では、ハードルをリズミカルに走り越えること。 ウ　走り幅跳びでは、リズミカルな助走から踏み切って跳ぶこと。 エ　走り高跳びでは、リズミカルな助走から踏み切って跳ぶこと。

(2) 新学習指導要領での「態度」の内容について

「態度」の内容として、従前は以下のような事柄が示されている（運動領域や発達段階によって表記は若干異なる）。

①運動への意欲　　　　　　　②運動場面での仲間との協力
③勝敗への公正な態度　　　　④自己の役割を自覚して責任を果たす
⑤運動場面での安全への配慮

新学習指導要領での「態度」の内容では、上記①〜⑤の事柄は引き続き示されているが、高等学校では次のような事柄が新たに加えられている。

○合意形成に貢献しようとすること

これは、運動場面で仲間との協力や自己の役割を果たすとともに、仲間の意見や感情などを配慮しながら、集団としての考え方や行い方をまとめていくことの重要さを新たに示したものである。

(3) 新学習指導要領での「(知識)思考・判断」の内容について

新学習指導要領での「(知識) 思考・判断❹」の内容では、中学校以降の「知識、思考・判断」の内容の示し方が従前とは異なっている。従前は「学び方」の内容として、自己やチームの能力に適した課題を決めること、課題を解決するための練習の仕方などを工夫すること、チームの特徴を生かした作戦を工夫することなどである。この「学び方」の内容が、中学校以降は「知識、思考・判断」の内容となって、表4のように示されている。表4からは、従前と比べて「知識、思考・判断」の内容が増えてきていることを読み取ることができる。特に、各運動の成り立ち、技術の名称や行い方、各運動と体力との関連、運動観察の方法などは「知識、思考・判断」での新たな内容であり、これらの内容が授業でどのように取扱

❹「知識、思考・判断」
従前は「学び方」の内容としていたものを、新学習指導要領では「知識（中学校以降）、思考・判断」とした。特に、「知識」については単独に座学で学ぶよりも、各運動領域での指導と関連させた事柄を示すことによって、実際の活動を通して知識を学ぶ成果と大切さをより実感できるようにしたものである。

われるかについての検討も求められよう。

表4 新学習指導要領での中学校・高等学校の「知識・思考・判断」の内容

	中学校	高等学校
「知識、思考・判断」の内容	1. 1年・2年 ①各運動の特性や成り立ち ②技術の名称や行い方 ③各運動領域で関連して高まる体力 ④課題に応じた運動の取り組み方の工夫 2. 3年 ①技術の名称 ②体力の高め方 ③運動観察の方法 ④課題に応じた運動の取り組み方の工夫	①体力の高め方 ②課題解決の方法 ③競技会・試合などの仕方 ④課題に応じた運動を持続するための取り組み方の工夫

4. 新学習指導要領における「知識の内容」

　新学習指導要領では、体育の内容としての「知識」の内容にも新たな提示がみられる。表5は、新旧学習指導要領での「体育理論等の内容」を中学校と高等学校ごとに比較して示したものである。

　新学習指導要領での「体育理論」の内容としては、「運動・スポーツの文化的、歴史的な理解」や「運動・スポーツの学習の仕方の理解」などに重点がおかれているといえよう。特に、「運動・スポーツの文化的、歴史的な理解」は中学校から高等学校へと繰り返し学習する内容として位置付けられている。一方で、体力の向上に関する基本的な理論の学習（体力の意義、体力の構成要因、体力の高め方、など）が減少しているのではないかとの指摘もみられる。体力の向上に関しては、「知識、思考・判断」の内容として各運動領域の実践においても扱うとしているが、長期的な体力の低下傾向への対応は体育の重要な課題とされていることからも、各運動領域での実践と体育理論との適切な連携が望まれる。

表5 新旧学習指導要領での「体育理論」等の比較

	1998年改訂	2008年改訂
中学校	①運動の特性と学び方 ②体ほぐし・体力の意義と運動の効果	1. 1年・2年 ①運動やスポーツの多様性の理解 ②運動やスポーツの意義や効果の理解 2. 3年 ①文化としてのスポーツの理解
高等学校	①社会の変化とスポーツ ②運動技能の構造と運動の学び方 ③体ほぐしの意義と体力の高め方	①スポーツの歴史、文化的特徴、現代スポーツの特徴などの理解 ②運動やスポーツの効果的な学習の仕方の理解 ③豊かなスポーツライフの設計の仕方の理解

（池田延行）

■引用・参考文献
◆文部科学省「小学校学習指導要領解説体育編」2008年
◆文部科学省「中学校学習指導要領解説保健体育編」2008年
◆文部科学省「高等学校学習指導要領」2009年

第 5 講
体育の指導計画

本講義のポイント
▶指導計画は、年間計画、単元計画、時間計画の3つに大別される。
▶年間計画は、「何を」・「いつ」・「どのくらい配当するか」という、1年間の体育の学習指導の見通しを具体的に示したものである。
▶単元計画は、授業者が単元の学習指導をどのように進めようとするかを示したものである。
▶時間計画は、単元計画に準じて1単位時間の単位で学習指導(授業)や評価がどのように展開されるかを示したものである。

1. 指導計画作成の意義

指導計画とは、教科ごとに各学校の教育計画を具体化したものである。体育科・保健体育科の目標を達成するためには、地域や学校の実態、子どもの現状等❶を踏まえ、意図的・計画的に授業を展開するための指導計画が必要になる。このように指導計画は、授業の善し悪しを決定する大きな要素となるものであり、各学校においては、周到な指導計画を作成することが求められる。

❶**子どもの現状等**
子どもの体力や興味・関心、技能、知識、思考・判断等の獲得の現状。

2. 指導計画の種類

指導計画は、「年間(指導)計画」、「単元計画」、「時間計画」の3つに大別することができる。

(1)年間計画

年間計画は、「何を」・「いつ」・「どのくらい配当するか」という、1年間の体育の学習指導の見通しを具体的に示したものである。当該学年(あるいは学習集団)について、何を指導するかという指導内容(学習内容)を、年間のどの時期に位置付け、どのくらいの時間を配当するかを配列した基本計画である。

年間計画の作成に当たっては、子どもの実態や校内の施設・用具の諸条件とともに、学習指導要領に示す「目標」、「内容」、「内容の取扱い」、「指導計画の作成と内容の取扱い」などを踏まえて作成することが求められる。特に、学習指導要領の総則には、各教科等の「内容に関する事項は、特に示す場合を除き、いずれの学校においても取り扱わなければならない」としており、遺漏のないよう年間計画に位置付ける必要がある。

作成の具体的手順としては、①学校全体としての目標の確認、②内容としての運動種目の選定、③学習のねらい及び内容の具体化、④体育授業時数の決定、⑤単元構成の決定(単独か組み合わせか、単元の規模・大きさなど)、⑥単元の配列(実施時期)という順序でなされるのが一般的である(髙橋健夫他編「体育科教育学入門」大修館書店、2002年)。

(2) **単元計画**

　単元とは、学習者❷にとって意味のある一つのまとまりをもった学習内容の基本的単位であり、体育では一般に運動種目を単元として捉えている。

　単元計画は、授業者が単元の学習指導をどのように進めようとするかを示したものであり、時間計画を作成していくうえでの根拠となるものである。近年では、ねらいや学習活動などの指導計画だけではなく、指導と評価の一体化という視点から評価を含む「指導と評価の計画」として単元計画を作成することが多くなっている（図1）。

❷**学習者**
　学習していく主体である児童生徒。

1. 単元名
2. 単元の目標
3. 評価規準
4. 指導と評価の計画

	ねらい・学習活動	学習活動における具体の評価規準			
		関・意・態	思考・判断	運動の技能	知識・理解
1					
2					
3					
・					
・					
X					
	評価方法等				

図1　単元計画の参考例

(3) **時間計画（指導案、時案）**

　時間計画は、単元計画に準じて1単位時間の単位で学習指導（授業）や評価がどのように展開されるかを示したものであり、小学校では「指導案」、中学・高校では「時案」などと呼ばれることが多い。一般的には、「はじめ－なか－おわり」あるいは「導入－展開－整理」などの段階ごとに、学習内容や学習活動、教師の支援や評価規準❸、評価方法等が示される（図2）。時間計画は授業者の授業の組み立てを凝縮したものであり、①本授業で身に付けさせたいことは何か、②それを身に付けさせるためにどのような指導を行うのか、③指導したことが身に付いたのか（評価）などの基本的事項を押さえ作成する必要がある。

❸**評価規準**
　学習指導要領の目標に照らしてその実現状況を質的にみる評価であり、「おおむね満足できる状況」を示したもの。

1. 本時の目標
2. 展開（5／10時間）

段階 （分）	学習内容及び学習活動	教師の支援及び評価規準、評価方法
導入 （5）		
展開 （35）		
整理 （10）		

図2　時間計画の参考例

第1章　総説　21

3. 指導計画の作成

⑴改訂を踏まえて

2008年1月の中央教育審議会❹答申「幼稚園、小学校、中学校、高等学校及び特別支援学校❺の学習指導要領等の改善について」では、体育科・保健体育科の改善の基本方針として、生涯にわたって運動に親しむことができるように、発達の段階のまとまりを考慮し、指導内容を整理している。この「発達の段階のまとまり」とは、小学校から高等学校までの12年間に次のような3つの段階があると捉えている。

①小学校1年～小学校4年：各種の運動の基礎を培う時期
②小学校5年～中学校2年：様々な運動を体験する時期
③中学校3年～高等学校3年：運動を選択し深めていく時期

このような捉え方から、中学校においては、体育分野の目標及び内容を1年及び2年と3年に分けて示している。

各学校においては、生涯スポーツの育成に向け、このような発達の段階のまとまりを押さえたうえで、指導計画を作成していくことが求められる。

指導計画の作成にかかわる今次の改訂のポイントは、以下の通りである。

①「体つくり運動」の一層の充実

小学校の低・中学年及び中学校において、体育科・保健体育科の授業時数の増加が図られた。これは、小学校においては、子ども達の体力が低下する中で、運動の楽しさや基本となる体の動きを重視して、中学校においては、子ども達の体力が低下する中で、中学校段階は生徒の体の発達も著しい時期であるとして授業時数の増加が図られたものである。また、中学校及び高等学校においては、その重要性から「体つくり運動」の配当時間のめやす❻も示された。

各学校においては、「体つくり運動」領域の充実はもちろんのこと、その他の領域においても結果として体力がつくようになるという視点を重視し指導計画を作成することが求められる。

②運動の取り上げ方の弾力化への対応

指導内容の確実な定着を図る観点から、小学校では「体つくり運動」以外のすべての指導内容について、2学年のいずれかの学年で取り上げ指導することができるようにした。また、中学校では、1年及び2年において、領域の取り上げ方の弾力化を図り、小学校同様、2学年のいずれかの学年で取り上げ指導することができるようにした。

各学校においては、子どもの実態を踏まえ、2学年にわたって指導した方がよいのか、それとも2学年のはじめの学年（あるいは後の学年）で指導した方が効果が大きいのかをよく検討し指導計画を作成することが求められる。

③知識や技能を活用する学習活動

今回の改訂では、全教科を通じ、基礎的な知識や技能を確実に身に付けるとともに、身に付けた知識や技能を活用する学習活動が重視されている。

体育科・保健体育科において、「知識や技能を活用する学習活動」とは

---

❹**中央教育審議会**
文部科学大臣の諮問機関であり、簡略化して中教審と呼ばれることが多い

❺**特別支援学校**
障害のある児童生徒に対して、幼稚園・小学校・中学校・高等学校に準じる教育を行う学校のこと。2007年の学校教育法改正に伴い、盲学校・聾学校・養護学校が統合されて特別支援学校となった。

❻**配当時間のめやす**
中学校は各学年で7単位時間以上を、高等学校は各年次で7～10単位時間程度を配当する。

どのような学習活動であるのかの検討とともに、その学習活動を指導計画に適切に位置付けていく必要がある。

(2)作成の留意事項

体育の指導計画を作成するに当たっては、学習指導要領に沿って作成することが基本である。特に、教科共通としての留意事項（総則「指導計画作成に当たって配慮すべき事項」）とともに、教科固有の留意事項（表1）を十分確認しておく必要がある。

表1　中学校保健体育科の指導計画作成上の留意点の例

内容の取扱い	指導計画の作成と内容の取扱い
①第1学年及び第2学年においては、「体つくり運動」から「体育理論」までについては、すべての生徒に履修させること。その際、「体つくり運動」及び「体育理論」については、2学年にわたって履修させること。	①体育分野の授業時数は、各学年にわたって適切に配当すること。
②第3学年においては、「体つくり運動」及び「体育理論」については、すべての生徒に履修させること。「器械運動」「陸上競技」「水泳」及び「ダンス」についてはこれらの中から一以上を、「球技」及び「武道」についてはこれらの中から一以上をそれぞれ選択して履修できるようにすること。	②「体つくり運動」については各学年で7単位時間以上を、「体育理論」については各学年で3単位時間以上を配当すること。
③「体つくり運動」の体ほぐしの運動については、「器械運動」から「ダンス」においても関連を図って指導することができるとともに、心の健康など保健分野との関連を図ること。 体力を高める運動については、第1学年及び第2学年においては、動きを持続する能力を高めるための運動に重点を置いて指導することができるが、調和のとれた体力を高めることに留意すること。第3学年においては、日常的に取り組める運動例を取り上げるなど指導方法の工夫を図ること。	③「器械運動」から「ダンス」までの領域の授業時数は、その内容の習熟を図ることができるよう考慮して配当すること。
④「器械運動」については、第1学年及び第2学年においては、マット運動、鉄棒運動、平均台運動、跳び箱運動の中から、マット運動を含む二を選択して履修できるようにすること。第3学年においては、マット運動、鉄棒運動、平均台運動、跳び箱運動の中から選択して履修できるようにすること。	④第1章総則第1の3に示す学校における体育・健康に関する指導の趣旨を生かし、特別活動、運動部の活動などとの関連を図り、日常生活における体育・健康に関する活動が適切かつ継続的に実践できるように留意すること。
⑤「陸上競技」については、走種目（短距離走・リレー、長距離走、ハードル走）及び跳種目（走り幅跳び、走り高跳び）に示すそれぞれの運動の中から選択して履修できるようにすること。	⑤体力の測定については、計画的に実施し、運動の指導及び体力の向上に活用すること。
⑥「水泳」については、第1学年及び第2学年においては、クロール、平泳ぎ、背泳ぎ、バタフライの中からクロール又は平泳ぎのいずれかを含む二を選択して履修できるようにすること。第3学年においては、クロール、平泳ぎ、背泳ぎ、バタフライ、複数の泳法又はリレーの中から選択して履修できるようにすること。（以下略）	⑥道徳教育の目標に基づき、道徳の時間などとの関連を考慮しながら、第3章道徳の2に示す内容について、体育科の特質に応じて適切な指導をすること。
⑦「球技」については、第1学年及び第2学年においては、ゴール型、ネット型、ベースボール型をすべての生徒に履修させること。第3学年においては、ゴール型、ネット型、ベースボール型の中から二を選択して履修できるようにすること。（以下略）	
⑧「武道」については、柔道、剣道、相撲の中から一を選択して履修できるようにすること。（以下略）	
⑨「ダンス」については、創作ダンス、フォークダンス、現代的なリズムのダンスの中から選択して履修できるようにすること。（以下略）	
⑩第1学年及び第2学年の「体育理論」については、「運動やスポーツの多様性」は第1学年、「運動やスポーツが心身の発達に与える効果と安全」は第2学年で取り上げること。	
⑪「体つくり運動」から「ダンス」までの領域及び運動の選択並びにその指導に当たっては、地域や学校の実態及び生徒の特性等を考慮すること。（以下略）	
⑫自然とのかかわりの深いスキー、スケートや水辺活動などについては、地域や学校の実態に応じて積極的に行うこと。	
⑬（略）集団としての行動ができるようにするための指導については、「体つくり運動」から「ダンス」までの領域において適切に行うこと。	

（渡邉　彰）

第6講
体育の学習指導

本講義のポイント
▶学習指導に際しては、指導と評価の一体化が必要である。
▶児童生徒に確かな学習成果を保障する授業の在り方が、効果的な授業という言葉で提案されている。
▶学習指導に際しては唯一全体の方法論は存在せず、授業の意図に即した学習指導モデルの適用が求められる。
▶効果的な授業を実現していくには、授業の目的に即した授業中の観察や省察が求められる。

1. 指導と評価の一体化

　教育課程審議会は、2000年答申において、指導と評価の一体化の重要性を明確に指摘した。それは、教師にとっては学習指導の過程における工夫を促すものであり、児童生徒にとっては学習や発達を促すものであるという。そのためそこでは、目標に準拠した評価が求められている（教育課程審議会、2000年）。

　他方で、体育の新学習指導要領の改訂をめぐる論議過程では、生涯にわたって運動に親しむ資質や能力の育成が十分に図られていない例もみられたことや、学習体験のないまま領域を選択していることが問題点として指摘された。この一因は、体育の授業で得られる学習成果が意図的な学習の結果であるとの認識が一般化していないことに求めることもできる。

　このような状況を改善していくための試みの一つが、スタンダードづくりである。アメリカでは、スタンダードベースのプログラムにはカリキュラムのデザイン、評価のデザインならびに学習指導のデザインが組み込まれているという（Silverman、2003年）。

　また、スタンダードづくりに取り組む過程では、<u>生徒が知り、できるようになるべき内容としての内容スタンダードと、それらがどの程度できればいいのかの基準であるパフォーマンススタンダードが区別されるようになっている</u>❶（NASPE、2004年）。

2. 体育の授業を規定する構造と効果的な授業の考え方

　スタンダードづくりの試みは、児童生徒にとって真に学ぶに値する内容を明確にしていく試みでもある。しかし、教えるに値する内容を設定すれば児童生徒が自動的に積極的に授業に取り組むと考えるのは早計である。

　図1に示すように、期待する学習成果を児童生徒に保障するためには、教える内容や教材といった授業の内容的条件と同時に、授業の雰囲気やマネジメントといった授業の基礎的条件を意図的に整えていくことが必要になる。

　そのため英語圏では、意図した成果が得られる授業という意味で「効果

❶規準と基準
　この区別は、わが国における「規準」と「基準」の区別に対応したものともいえる。学習の質的な実現状況を示すものが「規準（のりじゅん）」であり、「規準（のりじゅん）」への子どもの到達を判断するための量的な尺度が「基準（もとじゅん）」とされる。

的な授業」という考え方が一般化している。また、効果的な授業では、生徒が良質の練習に時間を費やしていることや、生徒の実態に即した挑戦性のある課題が設定されていること、生徒の理解度が重視されていること、教師の積極的なモニターが行われ、コミュニケーションが上手に営まれていること等が報告されている（Silverman、2003年）。

加えて、効果的な授業を行っている体育教師は、生徒は学習できるという信念や、自身が生徒の学習を援助できる技能を身に付けているという信念を身に付けているという。また、授業中には自身の期待を生徒に明確に伝えるとともに、積極的に生徒に働きかけていることも報告されている（Siedentop、2000年）。

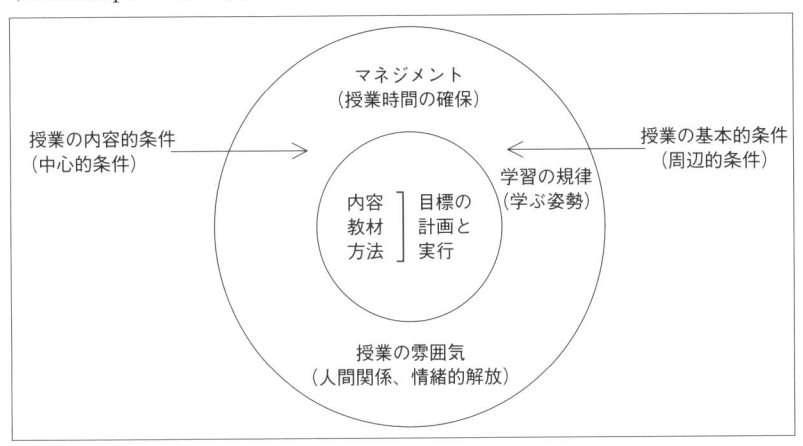

図1　よい体育授業を成立させる条件

（髙橋、1995年）

3. 期待する学習成果に対応した学習指導モデルの適用

しかし、効果的な授業において、教師はただやみくもに生徒に働きかけているわけではない。授業で期待する成果に即して、意図的、計画的に働きかけている。

また、学習の対象の違いを踏まえた学習指導方略を適用している。このため、今日では教師の指導性と生徒の主体性を対立的に捉えがちな学習指導論を超え、体育の授業を教える唯一最善の方法は存在しないことが国際的な共通認識となっている（Metzler、2000年）。

実際、新学習指導要領（2008年）においては、<u>学習内容が「技能」、「態度」、「知識、思考・判断」で示されている</u>❷。そのため授業計画の作成に際しては、それら複数の学習内容の達成に向けた学習指導計画の立案、実行が求められる。学習指導モデルという考え方は、このような問題意識から生み出された具体的な提案といえる（表1）。

❷評価の観点
　学習指導要録では、「関心・意欲・態度」、「思考・判断・表現」、「技能」、「知識・理解」の4観点が評価の観点の基本とされているが、保健体育科は「関心・意欲・態度」「思考・判断」「運動の技能」「知識・理解」とされている（教育課程審議会）。

表1　Metzlerの示す7つの学習指導モデル

- 直接指導法　（Direct Instruction）
- 個別学習指導法　（Personal System for Instruction）
- 共同学習　（Cooperative Learning）
- スポーツ教育モデル　（Sport Education Model）
- 仲間学習モデル　（Peer Teaching Model）
- 発問法　（Inquiry Teaching）
- 戦術ゲームモデル　（Teaching Games Model）

(Metzler、2000年)

4. 効果的な学習指導に向けた事前の検討事項

具体例を確認したい。表2は、スポーツ教育モデルを用いる際に事前に検討が求められている事項である。教師は、これらの事項を手掛かりに、計画の妥当性を事前に確認することになる。

しかし、実際に授業を行う際には、これら個々の事項を時間軸に即して配置する必要がある。表3は、その例である。加えて、この過程では、期待する学習成果や学習者に即した教材の開発や選択、学習内容に即した教師行動、効率的な学習過程、学習過程の各段階における目的達成に必要な時間配分の現実的な検討が必要になる。

表2　スポーツ教育モデルにみる授業計画作成時の検討事項

マネジメント関連事項	教科内容関連事項
1) チームの決定 2) 生徒の担うべき役割 3) チームのアイデンティティと所属意識の形成 4) チームの練習と試合スケジュールの検討 5) 授業運営と学習指導法の確認 6) 生徒への要求事項、水準の確認	1) スポーツ固有の技術的、戦術的内容の開発 2) 活動に関する学習カードの作成 3) フィットネスに関する学習カードの作成 4) 生徒コーチに指導する内容の検討 5) 生徒の評価法の検討

(Townsend、2003年)

表3　学習指導のための効果的な教授技能

学習指導に効果的な教授技能の領域	
1. 計画 2. 時間と授業のマネジメント 3. 課題の提示と構造	4. コミュニケーション 5. 学習指導に関する情報 6. 発問の活用 7. 総括とまとめ

体育授業中の指導を方向付けるストラテジー		
マネジメント	学習指導	
1. 予防的 2. 双方向的 3. グルーピング	1. 課題の提示 2. 課題の構造 3. 課題への従事 4. 学習活動	5. 生徒の安全性 6. 課題の進度 7. 発問の活用 8. 総括とまとめ

(Metzler、2000年)

5. 授業中に派生する現象のモニタリングの技術と省察

もっとも、事前の計画の精度が高いことが自動的に授業の成果を保障するものではない。授業の計画と実際の授業の間には常にズレが生じている。そのため教師は、①壁に下がる、②スキャニング、③第三者としての観察ならびに④一時に一つのコメントを与える、といった諸技術を用い❸、図2の観点から授業をモニタリングし、計画とのズレを常に修正している。

❸モニタリングの諸技術
　壁に下がるとは、生徒の活動全体を把握できる場所を確保する技術であり、スキャニングとは一定方向に視線を走らせることで生徒の活動を把握する技術を指す。また、第三者としての観察者は第三者の目から自分の授業で起こっている現象を振り返ることを指す。

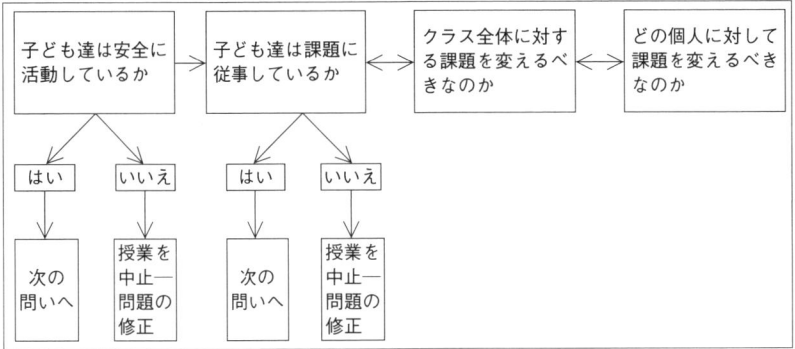

図2　観察時に設定する観点とその優先順序

(Grahem、2001年)

また、その成果を次の授業や単元に活用している。このような授業の事実に基づく省察が、授業の改善を可能にしているといえる。

(岡出美則)

■引用・参考文献
◆ Graham,G.「Teaching Children Phsyical Education.」Human Kinetics、2001年
◆ 教育課程審議会答申「児童生徒の学習と教育課程の実施状況の評価の在り方について」2000年12月
◆ Metzler,M.W.「Instructional Models for Physical Education.」Allyn and Bacon:Boston、2000年
◆ NASPE「Moving into the Future National Standard for Physical Education. Second Edition.」McGraw Hill、2004年
◆ Siedentop,D. et al.「Developing Teaching Skills in Physical Education.4th ed.」Mayfield、2000年
◆ Silverman,S.J.et al.（Eds.）「Student Learning in Physical Education.」Human Kinetics.2nd ed、2003年
◆ 髙橋健夫編著「体育の授業を創る」大修館書店、1995年
◆ Townsend,J.S., et al.「Assessing Student Outcomes in Sport Education A Pedagogical Approach.」AAHPERD Publications、2003年

第7講 体育の学習評価

本講義のポイント
▶指導と評価の一体化が求められている。
▶目標に準拠した評価（いわゆる絶対評価）が用いられている。
▶児童生徒ごとのよさや可能性、進歩の状況（個人内評価）も重視する。
▶評価規準を設定し、それに基づき指導と評価が行われる。
▶評価を効果的に進めるには、評価方法等の工夫が大切である。

1. 評価の意義・ねらい

(1) 評価の意義

　評価とは、学習指導によって得られた結果が、指導の目標に到達しているかどうかをみることである。このことは、学習によって生じた変化を目標に照らして判定し、その後の学習指導をどのようにしたらよいかを考える一連の過程でもある。指導と評価においては、その一体化が求められており、評価をする過程において学習や指導の改善と再度評価することが行われなければならない。

　児童生徒の学習の状況を評価し指導の改善に努めることは、教育効果を高めるうえで不可欠である。児童生徒が基礎的・基本的な知識・技能を習得し、それらを活用して課題を解決するために必要な思考力・判断力・表現力等をはぐくみ、学習意欲を高める（学力規定❶）とともに、個性を生かす教育の充実に努めることが求められている。このことから、評価は極めて重要なものとなっており、評価方法の改善が求められる。

　なお、評価を行うに当たっては、学習活動全般を通じて診断的評価❷、形成的評価❸、総括的評価❹が適切に展開されなければならない。

(2) 評価のねらい

　評価のねらいは、次の諸点から捉えることができる。

①児童生徒が目標に到達したかどうかを知って指導の成否を確認し、次の指導に役立てる。
②指導計画、指導方法などの改善に役立てる。
③児童生徒の自己理解や自己評価に役立てる。
④指導要録や成績通知票などに記載すること等の必要を満たす。

　①と②は教師からみた評価の機能である。展開の途中や単元などのまとまりにおいて、次の学習活動を定めるための方向性を得るために行われる。これにより、次の指導の改善に役立てる。学習のねらい、内容、活動などは適切であったか、学習の場や資料は有効に活用できたか、児童生徒が運動の特性に触れ、基礎的・基本的な知識・技能を習得することができ、思考・判断する学習活動となったか、学習意欲が高まる展開となったか、な

---

❶学力規定
　学校教育法第30条第2項に規定されている。
　生涯にわたり学習する基盤が培われるよう、基礎的な知識及び技能を習得させるとともに、これらを活用して課題を解決するために必要な思考力、判断力、表現力その他の能力をはぐくみ、主体的に学習に取り組む態度を養うことに、特に意を用いなければならない。「意を用いる」の「意」とは、注意する、意識するという意味で用いられる。

❷診断的評価
　学習指導前に児童生徒の能力や特性、既習の学習内容の定着状況などを明らかにするために実施する評価のこと。これを元に指導計画の立案や指導の展開を行う。

❸形成的評価
　学習指導の過程で、児童生徒の学習内容の習得状況等を明らかにするために実施する。これを元に次の指導の改善を行い、再度評価することにつなげる。

❹総括的評価
　単元終了時、学期末、学年末等に児童生徒がどの程度の学習の成果を上げたかを明らかにするために実施する。これを元に、指導要録や通知票などの基礎資料とする。

どについて評価する。

③は児童生徒からみた評価の機能である。学習活動は、自発的・自主的に進めることが肝要であるが、このような活動は児童生徒が学習のねらいの達成、学習の仕方、学習の成果などについて自分の状況を把握しながら進めていくことにより可能である。そこでは、児童生徒が自己理解を深めるとともに、学習の成果を自分自身で評価していくことにより、学習の効果を高めることができるようにする。

④は手段としての評価の機能である。しかし、評価の第一義的なねらいとして、児童生徒をよりよく伸ばすために行うということを重視しておくことが大切である。評価は、指導要録や成績通知票の記載のためのみに行うものではないことは十分に理解しておかなければならない。

2. 評価の捉え方と体育の評価

(1) 評価の捉え方

評価は、指導と評価は一体であるという基本的な考え方に立ち、個性を生かす教育を充実することを基本的なねらいとしている。2002年度からは観点別学習状況を評価の基本とすることを維持することとし、いわゆる絶対評価❺としての目標に準拠した評価に改められている。また、総合所見及び指導上参考となる諸事項としては、個人内評価❻が一層充実する必要があることが求められている。

(2) 体育の評価の過去と現在

過去の体育の評価は、伝統的に技能を中心に据える傾向にあり、目の前に表れる技能面にとらわれすぎる傾向にあった。このことは、体育の評価が技能の優劣に偏りがちで、運動の技能の低い（多くは運動の苦手な）児童生徒にとっては、その子なりに努力している側面が評価されないということがあった。

現在の体育の評価は、これまでの評価と大きく変わっている。つまり、学習指導要領に示す目標に照らしてその実現状況を見る評価（目標に準拠した評価）を一層重視し、観点別学習状況の評価を基本として、児童生徒の到達度を適切に評価していくことが求められている。その際、目標に準拠した評価を行うために資質や能力の質的な面を重視する評価規準❼を作成し、それに基づいて指導と評価を行うこととなる。評価規準は、関心・意欲・態度、思考・判断、運動の技能、知識・理解という4つの評価の観点❽で作成し評価することとしており、技能以外の観点もバランスをとって評価していくことが求められている。

留意すべきことは、運動の技能にのみ偏った評価をするのではなく、関心・意欲・態度、思考・判断、知識・理解の観点も踏まえた評価をすることが、児童生徒の資質や能力を育てるうえで大切になることである。特に、思考・判断の観点には、思考・判断した過程を言語活動等を通じて児童生徒がどのように表出しているかの視点が求められている点である。

❺絶対評価（目標に準拠した評価）
児童生徒が、設定した目標をどの程度達成したかを評価するものである。この目標設定には、学習の実現状況を質的に捉える「評価規準」が用いられている。
評価規準に基づく評価は、目標に準拠した評価とされている。

❻個人内評価
いわゆる個人の伸び率を評価するものである。学習前の状況と学習後の状況を比べて、その差の大きさで評価するものがある。
また、児童生徒ごとのよさや可能性、進歩の状況を文章記述で評価するものがある。

❼評価規準
評価規準という用語は、新しい学力観に立って子ども達が自ら獲得し身に付けた資質や能力の質的な面、すなわち、学習指導要領の目標に基づく幅のある資質や能力の育成の実現状況の評価を目指すという意味から用いられている。

❽評価の観点
観点別学習状況の評価で用いられる評価の観点のこと。これには、4観点がありそれぞれを「おおむね満足」、「十分満足」、「努力を要する」の3段階で評価し、評定（5段階）に総括することとされている。

3. 評価の観点

(1) 観点別学習状況の評価

児童生徒指導要録の学習の記録では、観点別学習状況及び評定について記入することとされている。

保健体育科の評価の観点には、関心・意欲・態度、思考・判断、運動の技能、知識・理解の4つの観点が示されている。評価は、学習指導要領に示す目標に照らして、その実現状況を観点ごとに評価し、（中学校の場合）「『十分満足できる』状況と判断されるもの」をA、「『おおむね満足できる』状況と判断されるもの」をB、「『努力を要する』状況と判断されるもの」をCとして評価することとされている。また、評定❾は、5段階で表すこととし、「『十分満足できるもののうち、特に程度が高い』状況と判断されるもの」を5、「『十分満足できる』状況と判断されるもの」を4、「『おおむね満足できる』状況と判断されるもの」を3、「『努力を要する』状況と判断されるもの」を2、「『一層努力を要する』状況と判断されるもの」を1とすることとされている。

観点別学習状況において掲げられた評価の観点は、分析的な評価を行うものとして、評定を行う場合において基本的な要素となるものであることに十分留意することが求められている。また、記述の適切な決定方法等については、各学校において定めることが求められている。

(2) 評価規準の例

学習指導要領に示された基礎的・基本的な内容を踏まえた評価規準の作成例は、表1、表2の通りである（中学校第1・第2学年）。

4. 評価の方法、進め方

●評価の効果的な進め方

体育の評価においても、指導と評価とは別物ではなく、評価の結果によって後の指導を改善し、さらに新しい指導の成果を再度評価するという、指導に生かす評価を充実させること（いわゆる指導と評価の一体化）が求められている。

評価は、教師が行う評価だけでなく、児童生徒の評価を参考とするようにする。学習過程のあらゆる場面を通じて、児童生徒自身による自己評価や児童生徒相互による相互評価が適切に行われるようにすることが大切である。

教師が指導と評価を行うことと児童生徒が行う自己評価や相互評価では、客観性、妥当性のある評価規準の作成が求められる。そして、作成した評価規準と指導場面をつなぐことが大切である。また、評価方法としては、教師の観察による補助簿等への記録の他に、学習カードやグループノートを作成し、児童生徒に観察や振り返りを記入させる方法が挙げられる。これらは、自分に適した課題をもっているか、その課題は適切か、学習のつまずきはないか、運動の特性に触れ楽しさを味わっているか、などを知る手掛かりとして活用することが大切である。

---

❾評定
観点別学習状況の評価を総括し、評価を定めることをいう。5段階で表すことになっている。観点別学習状況の評価が3段階なのに対し、評定が5段階になっているため、評価情報の取り方を3段階の観点別評価にも、5段階の評定にも対応できるようにする工夫が求められる。

表1 「C 陸上競技」の評価規準に盛り込むべき事項

関心・意欲・態度	思考・判断	運動の技能	知識・理解
陸上競技の楽しさやよろこびを味わうことができるよう、勝敗などを認め、ルールやマナーを守ろうとすること、分担した役割を果たそうとすることなどや、健康・安全に留意して、学習に積極的に取り組もうとしている。	陸上競技を豊かに実践するための学習課題に応じた運動の取り組み方を工夫している。	陸上競技の特性に応じた、基本的な動きや効率のよい動きを身に付けている。	・陸上競技の特性や成り立ち、技術の名称や行い方、関連して高まる体力を理解している。

表2 「C 陸上競技」の評価基準の設定例

関心・意欲・態度	思考・判断	運動の技能	知識・理解
・陸上競技の学習に積極的に取り組もうとしている。 ・勝敗などを認め、ルールやマナーを守ろうとしている。 ・分担した役割を果たそうとしている。 ・仲間の学習を援助しようとしている。 ・健康・安全に留意している。	・技術を身に付けるための運動の行い方のポイントを見つけている。 ・課題に応じた練習方法を選んでいる。 ・仲間と協力する場面で、分担した役割に応じた活動の仕方を見つけている。 ・学習した安全上の留意点を他の練習や競争場面に当てはめている。	・短距離走・リレーでは、滑らかな動きで速く走ることができる。 ・長距離走では、ペースを守り一定の距離を走ることができる。 ・ハードル走では、リズミカルな走りから滑らかにハードルを越すことができる。 ・走り幅跳びでは、スピードに乗った助走から素早く踏み切って跳ぶことができる。 ・走り高跳びでは、リズミカルな助走から力強く踏み切って大きな動作で跳ぶことができる。	・陸上競技の特性や成り立ちについて、学習した具体例を挙げている。 ・技術や名称の行い方について、学習した具体例を挙げている。 ・陸上競技に関連して高まる体力について、学習した具体例を挙げている。

(今関豊一)

■引用・参考文献
◆辰野千壽著「学習評価基本ハンドブック－指導と評価の一体化を目指して－」図書文化、2002 年
◆「小学校、中学校、高等学校及び特別支援学校等における児童生徒の学習評価及び指導要録の改善等について（通知）」文部科学省初等中等教育局長、2010 年 5 月
◆平成 21 年度子どもの体力向上指導者養成研修指導要項、独立行政法人教員研修センター、2009 年 5 月
◆国立教育政策研究所教育課程研究センター「評価規準の作成、評価方法の工夫改善のための参考資料（中学校保健体育）」2011 年 7 月
◆教育課程審議会答申「児童生徒の学習と教育課程の実施状況の評価の在り方について」2000 年 12 月

第8講
選択制授業、男女共習授業

本講義のポイント
▶選択制授業は、生涯スポーツへのつながりと、生徒の個性に合った体育授業を実現するための授業システムであることを理解する。
▶選択制授業の形態、進め方、実施上の課題について理解する。
▶男女共習授業のねらいや進め方について理解する。

1. 選択制授業のねらいと進め方

(1) 選択制授業のねらい

体育における選択制授業❶とは、「学習すべき内容として用意された2つまたはそれ以上の運動について、生徒がそのいずれかを選択できるように計画された授業」（文部省、1991年）のことである。選択制授業は、生涯スポーツへのつながりと、生徒の個性に合った体育授業を実現するために、中学校及び高等学校の体育科に、1989年告示の学習指導要領から導入された。

選択制授業では、「個に応じ、個に合わせる」指導の工夫はもちろん必要だが、それ以上に「個を生かし、個を伸ばす」指導の工夫が重要であるとされる。そのため、選択制授業では、生徒の個性や多様な運動欲求を保障することが求められ、生徒自身が自己の能力や特性に応じて、学習すべき内容を主体的に判断し決定するという「生徒選択」を前提とした学習指導の方法が用いられる。つまり、「何を」、「どのように」学習するのかの判断や選択を一定の範囲で生徒に委ね、生徒が自己の能力・適性、興味・関心などにふさわしい運動種目や学習内容を選びながら学習を進めていくことで、生涯にわたってスポーツを主体的に実践していく能力の育成が期待されている。

(2) 選択制授業の形態と進め方

選択制授業には、学習すべき内容の選択の幅の大きさからみたいくつかの形態❷が存在する。表1・表2のように、新学習指導要領（2008年）には内容の取扱いとして、選択制授業の運動種目等の選択の幅が示されている。

選択制授業の導入に際しては、生徒の発達的特性や学習経験等を考慮して、段階的・計画的に取り組むことが重要である。新学習指導要領では、選択制授業の進め方についていくつかの変更点が示された。

一つは、領域選択による選択制授業の開始時期である。1989年学習指導要領以降においては、中学2年以降に実施できるとされていたが、新学習指導要領では、中学3年以降に開始することとされた。これは、新学習指導要領に示された体育分野の指導内容の体系化、つまり、生涯にわたる

❶選択制授業の導入の背景
1987年の教育課程審議会答申において提言された「個性重視の原則」に基づいて、「指導方法の個別化」や「学習内容の習熟の程度に応じた指導」の重視が体育にも強く求められたことが挙げられる。加えて、体育科の目標である生涯スポーツの基礎づくりを推進するという立場から、生徒の運動にかかわる能力・適性、興味・関心などに大きな相違が生まれはじめる中学校及び高等学校期の体育において、生徒選択に基づく選択制授業の導入と充実が図られたのである。
文部省（1991年）によれば、選択制授業の導入のねらいは、「生徒一人一人の多様な運動やスポーツへの欲求に対応して、運動の楽しさや喜び（特性）をより深く味わわせるとともに、自分の能力・適性、興味・関心等に応じて主体的に運動の行い方や楽しみ方を工夫していく能力を育成する」こととされている。

表1　体育分野の領域の選択履修の仕方

領域	中学校 1年・2年	中学校 3年	高等学校 1年	高等学校 2年・3年
A 体つくり運動	○（各学年7時間以上）		○（各年次7〜10時間程度）	
B 器械運動	○	B、C、D及びGから①以上選択		B〜Gから②以上選択
C 陸上競技	○			
D 水泳	○			
E 球技	○	E、Fから①以上選択		
F 武道	○			
G ダンス	○	B、C、D及びGから①以上選択		
H 体育理論	○（各学年3時間以上）		○（各年次6時間以上）	

注）○印は必修、また、○付の数字は領域の選択数を示す。

表2　領域の内容の選択履修の仕方

領域	内容（種目等）	中学校 1年・2年	中学校 3年	高等学校 1年	高等学校 2年・3年
A 体つくり運動	ア 体ほぐしの運動	ア、イ　必修		ア、イ　必修	
	イ 体力を高める運動				
B 器械運動	ア マット運動	2年間でアを含む②選択		ア〜エから選択	
	イ 鉄棒運動				
	ウ 平均台運動				
	エ 跳び箱運動				
C 陸上競技	ア 短距離走・リレー、長距離走、またはハードル走（高校：競走）	2年間でア及びイのそれぞれから選択	ア及びイのそれぞれから選択	ア〜ウに示す運動から選択	
	イ 走り幅跳びまたは走り高跳び（高校：跳躍）				
	ウ 投てき（高校）				
D 水泳	ア クロール	2年間でアまたはイを含む②選択		ア〜オから選択	
	イ 平泳ぎ				
	ウ 背泳ぎ				
	エ バタフライ				
	オ 複数の泳法で泳ぐまたはリレー				
E 球技	ア ゴール型	2年間でア〜ウのすべてを選択	ア〜ウから②選択	ア〜ウから選択	
	イ ネット型				
	ウ ベースボール型				
F 武道	ア 柔道	2年間でア〜ウから①選択	ア〜ウから①選択	アまたはイのいずれか選択	
	イ 剣道				
	ウ 相撲				
G ダンス	ア 創作ダンス	2年間でア〜ウから選択		ア〜ウから選択	
	イ フォークダンス				
	ウ 現代的なリズムのダンス				
H 体育理論		必修		必修	

注）○付の数字は内容の選択数を示す。

豊かなスポーツライフの実現に向けて、小学校から高等学校までの12年間を見通した、いわゆる4−4−4の枠組み❸の設定が反映されている。これによって、学習経験のないままに生徒が領域選択することのないように留意したものである。

❷選択制授業の形態
・領域内選択
　領域内の種目の中から内容（種目）を選択する。
　例）器械運動からマット運動を選択。
・中規模の領域選択
　「技を高めたり、記録に挑戦したり、表現したりする楽しさや喜びを味わうことができる運動領域」（B、C、D、G）と「集団や個人で、相手との攻防を展開する楽しさや喜びを味わうことのできる運動領域」（E、F）のそれぞれのまとまりから領域を選択する。
　例）B、C、D、Gから陸上競技で競走を、また、E、Fから球技でゴール型のサッカーとネット型のバレーボールを選択。
・大規模の領域選択
　B〜Gの領域から領域を選択する。
　例）球技とダンスの領域を選択。

❸4−4−4の枠組み
　体育分野の指導内容の体系化を図ったもので、小学校から高等学校までの12年間を以下の3つの期間に分けている。
・各種の運動の基礎を培う時期（小学1〜4年の4年間）
・多くの領域の学習を経験する時期（小学5〜中学2年の4年間）
・卒業後に少なくとも一つの運動やスポーツを継続することができるようにする時期（中学3年〜高校3年の4年間）

もう一つは、選択制授業における領域選択数の削減である。従前は、大規模の領域選択数は「3〜4」と示されていたが、新学習指導要領では、「2以上」とされた。これにより選択された運動種目の単元規模を拡大することが可能となり、生徒の選択した種目の運動能力の習熟を図るとともに、生徒が自主的・計画的に運動を行う能力の育成を期待している（表3）。

表3　選択制授業の形態と発展段階

形態	選択制Ⅰ	選択制Ⅱ	選択制Ⅲ
学習のねらい	生徒の発達的特性や学習経験を考慮した学習	運動の特性を自己の興味や適性に応じて学習	多様な運動欲求に応じた生涯体育・スポーツを目指す学習
内容（種目）の取り上げ方	領域内選択（種目選択）　B〜Gの領域内から種目を選択	領域選択　中規模の領域選択　B、C、D、GとE、Fの領域群から領域と種目を選択	領域選択　大規模の領域選択　B〜Gの領域から領域と種目の選択
発展	中学1・2年　→	中学3年・高校1年　→	高校2・3年
単元規模	中規模(10〜20時間)　→	→	(20〜30時間)大規模
学習集団	単一クラス内　→	複数クラス　→（男女共習）	同一学年（異学年）

注）文部省（1991年）より一部改編

2. 選択制授業の指導計画の作成と実施上の留意点

(1) 選択制授業の指導計画

　選択制授業の指導計画❹の作成には、発達的特性や学習経験等の生徒実態、選択制授業の形態、選択する運動種目の編成、教師の条件、体育施設・用具の条件などを総合的に検討し、計画的に進めなければならない。
　選択制授業を実施するかの決定に関しては、以下の点に留意する。

①体育科としての共通理解を図る
　選択制授業のねらいや学習の進め方、評価・評定の仕方等について、体育科全体での意思統一や共通理解を図らなければならない。特に、多種目を一人の教師のもとで実行することは、指導上また安全管理上に極めて問題である。複数あるいは体育科全員の教師が協力的な指導のもとに進める必要がある。

②生徒の実態を把握する
　生徒が初めて選択制授業を経験する場合、主体的に運動を選択する能力や、運動の行い方や楽しみ方を工夫して学習を進める能力などの学習のレディネスを把握したうえで、選択制授業のねらいや形態を検討する。

③体育施設・用具を考慮する
　体育施設・用具の充足度は、選択制授業の実施方法や形態を決定づける要因となる。学校が大規模校か小規模校かによって、施設利用の割当、授業時間割の編成等を考慮しなければならない。

(2) 選択制授業の実施上の留意点

　選択制授業の単元の学習過程は、一般に、運動種目を選び、学習計画を立てる段階（学習Ⅰ）と、選択した運動種目の特性を追求する段階（学習Ⅱ）で構成される❺。これまでに選択制授業を実施するうえで、いくつか

---

❹選択制授業の指導計画

選択制授業の実施の決定
①体育科の共通理解
②生徒の実態把握
③体育施設・用具
↓
ねらいの設定
↓
領域、種目の決定
↓
指導計画の作成
・学習過程
・学習内容
・学習集団（クラス規模、男女共習など）
・単元の規模（時数）
・施設・用具
（文部省、1991年を参照）

❺選択制授業の単元段階

学習Ⅰ
運動種目を選び、学習計画を立てる段階
・オリエンテーション
・選択のさせ方の工夫
　学び方、種目にかかわる学習資料の提供
↓
学習Ⅱ
選択した運動種目の特性を追求する段階
・学習指導の工夫

の留意点が指摘されている（髙橋、2001 年、日野、2002 年）。

①オリエンテーションの充実を図る

　選択制授業を実施するうえで、オリエンテーションは重要な役割をもつ。そこでは、選択制授業の意義やねらい、学習の進め方（安全面は特に強調）、体育施設用具の状況、カリキュラム等の実施条件、選択の仕方や人数、グループ編成、人数調整の仕方についてよく理解させる。

②選択のさせ方を工夫する

　単に領域や種目を選ばせるだけでなく、選択すること自体に生徒が意味を見出せるように、選択のさせ方を工夫する必要がある。例えば、運動種目の魅力を積極的に伝える映像情報や、学習の進め方を示したプリントなどを準備する。

③教師の学習指導を工夫する

　選択制授業では、生徒の自発的・自主的な学習が重視されるとしても、教師の指導は不可欠であり、それぞれの生徒の学習状況に応じた学習指導が必要である。具体的には、生徒の学習計画や施設・用具の使い方を調整することや学習カードを媒介としてそれぞれの生徒の学習状況を把握すること。各種目の学習資料（映像資料やインターネット等）を準備すること、安全面・時間の運営についての助言をすること、つまずいている生徒や能力の劣っている生徒に対しては積極的に指導することなどである。

3. 男女共習授業のねらいと進め方

(1) 男女共習授業のねらい

　男女共習授業❻とは、男女が同じ学習の内容を同じ学習の場所で、相互のコミュニケーションを通して学習する授業を指す。男女共習授業では、男女差は個人差であるという認識に立ち、男女が互いにかかわり合う中で、相互交流の楽しさや運動の行い方、楽しみ方を学習することがねらいとされる。運動・スポーツを男女がともに享受できる文化として捉え、生涯スポーツを志向する体育科においては、男女が協力してスポーツを学習すること自体が生涯スポーツに向けての重要な学習経験となる。

(2) 男女共習授業の進め方

　男女共習授業は、時間割の編成や種目の特性によっては有効であるが、すべてを男女共習で考える必要はない。生徒の実態や種目の特性を考慮して、授業のねらいや具体的な内容によって男女共習授業の進め方を工夫していくことが大切である❼。

（長谷川悦示）

■引用・参考文献

◆文部科学省「中学校学習指導要領解説保健体育編」2008 年
◆文部科学省「高等学校学習指導要領解説保健体育編」2009 年
◆文部省「高等学校保健体育指導資料：指導計画の作成と学習指導の工夫」海文堂出版、1992 年
◆文部省「中学校保健体育指導資料：指導計画の作成と学習指導の工夫」東山書房、1991 年
◆髙橋健夫他編著「体育教育学入門」大修館書店、2002 年
◆髙橋健夫「日本および諸外国の学校体育カリキュラムの実情と課題」平成 11-12 年度科学研究費補助金研究成果報告書、2001 年

❻男女共習授業の歴史的変遷
　戦後の学校教育において、小学校体育は、男女共習授業が行われてきたが、中学・高等学校になると生徒の体格・体力、身体能力の男女差が顕著になることから、男女別のクラスに分かれて授業が実施されてきた。しかし、1989 年の学習指導要領改訂で、武道とダンスともに男女を問わず履修できる選択制授業の導入を契機に、その他の種目でも選択制授業を中心に男女共習の授業実践が増える傾向となった。新学習指導要領では、武道とダンスが中学 1・2 年で必修となり、学校の限られた条件の中では、男女共習授業の実践がさらに拡がると考えられる。

❼男女共習の形態
・男女共習Ⅰ
　単元を通して男女混合のグループで実施する。
・男女共習Ⅱ
　話し合い、練習を男女混合グループ、ゲーム・試合など部分的に男女別に実施する。
・男女共習Ⅲ
　はじめとまとめを男女混合で、練習、ゲームなどの展開は男女別に実施する。

　Ⅰ〜Ⅲにいく程、男女間の交流は少なくなる。

◆参考資料1 小学校・中学校・高等学校の領域等の構成

学校種別	小学校				中学校			高等学校		
教科名	体育				保健体育			保健体育		
学年	1・2年	3・4年	5・6年		1年	2年	3年	1年※	2年※	3年※
領域等	体つくり運動	体つくり運動	体つくり運動	A 体つくり運動	○	○	○	○	○	○
	器械・器具を使っての運動遊び	器械運動	器械運動	B 器械運動（種目選択）	○		BCDGから①以上選択	BCDGから①以上選択	BCDEFGから②以上選択	BCDEFGから②以上選択
	走・跳の運動遊び	走・跳の運動	陸上運動	C 陸上競技（種目選択）	○					
	水遊び	浮く・泳ぐ運動	水泳	D 水泳（種目選択）	○					
	ゲーム	ゲーム	ボール運動	E 球技（種目選択）	○		EFから①以上選択	EFから①以上選択		
				F 武道（種目選択）	○					
	表現リズム遊び	表現運動	表現運動	G ダンス（種目選択）	○		BCDGから①以上選択	BCDGから①以上選択		
				H 体育理論	○	○	○	○	○	○
		保健	保健	保健	(1)	(2)(3)	(4)	(1) 現代社会と健康、(2) 生涯を通じる健康、(3) 社会生活と健康		

(注) 1. 小学校の各運動領域及び保健は必修。中学校、高等学校は、○印の領域等必修。
2. 高等学校の学年の1年※、2年※、3年※は、それぞれ「入学年次」、「その次の年次」、「それ以降の年次」を指す。
3. 保健の中学校(1)から(4)は、「(1)心身の機能の発達と心の健康」、「(2)健康と環境」、「(3)傷害の防止」、「(4)健康な生活と疾病の予防」を指す。

（文部科学省「高等学校学習指導要領解説保健体育編」2009年7月より、一部改編）

第2章

小学校の
体育の授業

第9講
体つくり運動

本講義のポイント
▶体力の向上を重視する視点から、小学校1年からすべての学年で指導することとなった。
▶学習内容は「体ほぐしの運動」と「体力を高める運動」である。
▶子どもの心と体に寄り添い、運動感覚を掘り起こす指導がポイントである。
▶体つくり運動のもう一つのねらいは「運動の習慣の形成」である。

1. 特性とねらい

(1) 体つくり運動が重視される背景

子ども達の体力低下傾向は深刻である（図1）。その背景には、これまでのように幼児期に身体活動を伴う遊びで培われた多様な運動感覚が育っておらず、運動の習得が困難な児童が増加しているなどの要因がある。また、全国体力・運動能力、運動習慣等調査❶は児童の運動時間による体力差が明らかであることや、女子には運動をほとんどしない児童が多数いることを報告している。このような状況を重視して学習指導要領（2008年）では、小学校1年から高等学校3年までの学習内容として、「体つくり運動」を位置付けている。

❶ **全国体力・運動能力、運動習慣等調査**
2008年に初めて全国の小学校5年及び中学校2年の全校児童・生徒を対象として、全国で約2万3千校、約155万人の児童生徒の参加を得て実施した。

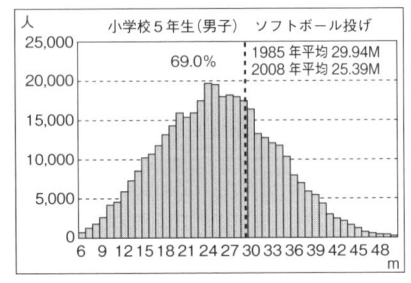

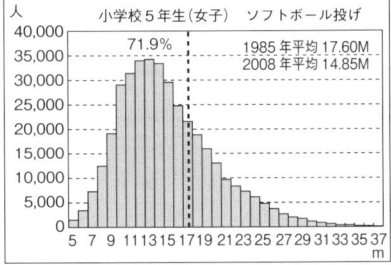

図1 運動能力テスト（ソフトボール）の結果 （文部科学省、2009年）

(2) 運動の特性とねらい

体育科には「運動に親しむ資質や能力の育成」、「健康の保持増進」、「体力の向上」と3つの具体的な目標がある。各スポーツ領域では運動の特性に応じた楽しさを味わわせながら運動技能を身に付け、生涯スポーツの基礎を培うことをねらいとし、その結果として体力の向上を期待する。一方、体つくり運動では、多様な身体活動そのものが体力の向上を直接目指して行われるところにこの領域の特徴がある。また、子どもを取り巻く環境の変化の中で、友達の体を物としか捉えられない子どもや、自分の世界に閉じこもる「不登校」の子どもが増え、さらには運動する快感情の経験が乏しく体を動かしたいという運動欲求の未発達な子どもの存在などが社会的な問題となり、誰にでも楽しめる遊びや仲間と一緒に運動することを通して、こうした子どもの「硬直した心と体」❷をほぐし・解放することをね

❷ **硬直した心と体**
1990年代に、仲間の中で自分を表出できない、自分の感情を抑えられず「キレる」、立っていられずどこにでもしゃがみこむ、転んでも手が出ない、手足の動作が協応しない、などの子どもの心身の問題状況がクローズアップされた。

らいにした体ほぐしの運動が誕生した。

　学習内容に「体ほぐしの運動」が加わり、領域名称が「体操❸」から「体つくり運動」に変更されたこともあって、体つくり運動は「心と体の関係に気付くこと、体の調子を整えること、仲間と交流することなどの体をほぐしたり、体力を高めたりする運動である」と示されるように、心と体を一体として捉える視点が強調されるようになった。

2. 学習内容

　「体つくり運動」は小学校から高等学校まで一貫して、⑴体ほぐしの運動、⑵体力を高める運動の2つを学習内容としている。

⑴体ほぐしの運動

　スポーツ種目にはその種目固有の動きやルールがあるが、体ほぐしの運動にはそうした定められた形はない。目の前にいる子どもの様子に応じて、心と体を解きほぐすことができるように、既存の遊びや運動の扱い方を工夫したり、児童と一緒に動きをつくり出したりしていく。体ほぐしの運動には次の3つのねらいがあり、これらを手掛かりに学習内容を構成する。

○心と体の関係に気付く：運動すると心が軽くなったり、体の力を抜くとリラックスできるなど、心と体は関係していることに気付くこと。
○体の調子を整える　　：運動を通して日常生活での身体の調子を整えるとともに、ストレスを軽減するなど、心の状態を軽やかにすること。
○仲間と交流する　　　：運動を通して仲間と豊かにかかわる楽しさを体験し、仲間のよさを認め合うことができること。

⑵体力を高める運動❹

　小学校1年から体つくり運動を指導するといっても、子どもの発達段階を振り返ると、体力を高めることを学習の直接の目的にすることは難しい。しかし、その後に続く体力の向上を目指す学習や取り組みを考えると、低・中学年で基本的な動きの身体感覚を培っておくことや、他の運動領域にない多様な運動を経験させることは極めて重要である。こうした考え方により、低・中学年では体力を高める運動の前段として、多様な動きをつくる運動（遊び）を学習内容に組み入れることが大切である（表1）。

表1　体つくり運動の学習内容

学年		学習内容
1・2	体ほぐしの運動	多様な動きをつくる運動遊び（力試しの遊び・用具を操作する遊びを含み指導）
3・4	体ほぐしの運動	多様な動きをつくる運動（力試しの運動・用具を操作する運動を含み指導）
5・6	体ほぐしの運動	体力を高める運動（体の柔らかさ及び巧みな動きを高めることに重点をおいて指導）

　多様な動きをつくる運動（遊び）を構成する運動（遊び）は、そのねらいから以下の4つの基本的な運動（遊び）に分類されている。

○体のバランスをとる運動（遊び）　　○体を移動する運動（遊び）
○用具を操作する運動（遊び）　　　　○力試しの運動（遊び）

　また、身体機能の発達特性❺から小学生期は脳・神経系の発達が著しく、

❸「体操」
　1886年学校体育は「体操」科として学校教育に位置付けられ1941年まで学科名称であった。その後「体錬」科を経て「体育」科となり、体操は体育科の学習内容の一領域として体力の向上を目指す個別領域の名称とされていった。

❹体力を高める運動
　小学校高学年の体力を高める運動の学習内容は、「ア体の柔らかさ及び巧みな動きを高めるための運動」、「イ力強い動き及び動きを持続する能力を高めるための運動」である。

❺身体機能の発達特性
　運動に関係する身体機能のうち脳・神経系（巧みさ）は7～8歳、呼吸・循環器系（持久性、ねばり強さ）は12～13歳、筋・神経系（力強さ）は15～16歳と、発達が著しい時期は異なる。

❻トレーニングの至適時
　身体機能の最も発達する時期に適切な運動を行うことによって高いトレーニング効果を得ることができる。この時期を至適時といい、それより前でも後でもその効果は少ない。

❼学習指導の形態
　学習する内容に応じて集団の人数を再編することにより、学習の効果は一層高まる。学習の指導の形態は1）一斉学習（クラス全員）、2）班別学習、3）個別学習（1人）に分けられる。
　班別学習、グループ学習ではねらいに応じて人数、能力などを考慮した集団を構成することが望ましい。

「巧みさの習得」の至適時❻であることから、高学年では体の柔らかさや巧みな動きを高めることに重点をおいて指導する。

3. 学習指導のポイント

(1) 体ほぐしの運動

　体ほぐしの運動は、運動が苦手であったり、仲間との輪に入れない子どもにも、運動する快感情や自己肯定感をはぐくむ学習領域であることを認識して、授業に向かう子どもの意欲につながる楽しさや心地よさを保障する授業を工夫することが大切である。
　具体的な指導のポイントは以下の通りである。

①競争や達成型でない学習
　これまでのスポーツ種目の学習は、競争的に記録の伸長や技の達成を目指すなど、学習の仲間は常に競争相手であった。「体ほぐしの運動」では、学習仲間は競い合う相手ではなく、運動を楽しみ、心地よさを共感する仲間であることが実感できる運動の選択や指導が大切である。

②学習の場づくりの工夫
　子どもが安心して自由に学習するには、仲間や教師から受容されているという実感がもてる学習づくりが必要である。教師はもちろんのこと、児童生徒も互いに否定的な態度や言葉を慎むように指導するとともに、活動の場面に合わせて音楽を流したり、戸外や校外で行うなど学習の場を工夫することも大切である。

③「気付き」を促す言葉かけ
　慌ただしい日常生活の中で、自己や仲間の心や体に意識を向ける機会は少ない。心や体に意識を向けさせる子どもの発達段階に応じた教師の言葉かけは、子ども達が心地よさを確認し身体感覚を高める学習として重要である。

④人とのかかわりに注目した学習指導の形態❼
　「体ほぐしの運動」は、運動をきっかけに仲間との交流を求めようとするものである。グループづくりをゲーム的に行うことや、楽しく動きながら新たな仲間と触れ合うことなどは、人間関係を開くポイントとなる。

(2) 体力を高める運動（多様な動きをつくる運動遊び・運動）

　体力を高める運動では、全学年の学習内容となったことから子どもの発達段階を踏まえた系統的な指導をすることが重要である。具体的な指導のポイントは以下の通りである。

①挑戦したくなるような運動（遊び）で楽しさや心地よさを味わわせる
　特に低・中学年においては、子どもが面白いと思って挑戦したくなるような「遊び」の延長上に教材を用意し、音楽を流したり、賞賛したり、時には教師も一緒に仲間に入って運動したりしながら、子どもが体を動かす楽しさや心地よさを味わうことができるように指導する。

②運動への意欲が継続する指導の工夫
　低・中学年だけでなく高学年にも同じ運動（遊び）の繰り返しを好まない子どもが少なくない。スポーツ選手が体力トレーニングとして行うよう

な単純な反復運動ではなく、ねらいに応じた動きをゲーム的に行ったりステーション方式を導入したりして、運動への意欲が継続するように取り組み、体の基本的な動きができるように指導することが大切である。

③中学校との連携

高学年では中学校の「体力を高める運動」につながる学習として、体力の必要性や行い方、自分の体力の現状理解を学習内容に組み入れ、運動を行うように指導する。しかし、高学年といっても小学生には、これらのことが運動を行う目的にはなりにくいため、満足感、達成感を確認したり、成果が承認される場を設定したりするなどの工夫が必要である。

4. 評価の仕方

「体つくり運動」は、他領域と同様に「関心・意欲・態度」、「思考・判断」、「技能」、「知識・理解」の4観点で学習状況を評価するが❽、学習の成果が子どもそれぞれの体力の向上につながっていることや、日常生活の中に活用されていることがこの領域においては重要な評価の観点となる。したがって、これらについての評価規準や評価方法をさらに検討・工夫する必要がある。なお、「体ほぐしの運動」は運動技能の高まりを学習内容として指導しないため「運動技能」の評価は行わず、上記3つのねらいに対する子どもの学習状況を観察法や子どもの自己評価等を中心に評価する。

5. 目指すは「運動(遊び)の習慣形成」

学校の体育科の授業時間数が増加した❾といっても、子どもの体力が急激に高まるとは思えない。体育の授業はすべての子どもが運動する機会として重要であるが、週に2.5時間から3時間、実質は100分前後の身体刺激に過ぎない。そこで、「体つくり運動」の授業で「運動したい」、「思いっきり汗をかきたい」などの子ども本来がもつ感覚を掘り起こし、休み時間や放課後、または休日に運動するなど、子どもの生活習慣に組み入れることを、さらなる授業のねらいとして位置付けたい。それには運動環境の整備や保護者への働きかけが必要であるが、その効果は表2によっても明らかであり、実現させたい課題である。

❽観点別学習状況の評価

知識の量を重視する学力観から、主体的に生きるための資質を養うことに学力観の転換が図られ、自ら学ぶ意欲や思考力、判断力、表現力などの能力を育成し、基礎的・基本的な内容を重視し、個性を生かす教育を充実させることをねらいとする評価である。本文中の4つを評価の観点とする。

❾体育科の授業時間

2008年の学習指導要領の改訂により、体育科の授業時間数は増加した。
1年生 90 → 102時間
2年生 90 → 105時間
3年生 90 → 105時間
4年生 90 → 105時間
5年生 90 → 90時間
6年生 90 → 90時間

表2 体力合計点の差が現れた1週間の総運動時間数(分)

男子			女子		
1週間の総運動時間(分)	体力合計点	割合(%)	1週間の総運動時間(分)	体力合計点	割合(%)
50未満	46.1	10.3	45未満	50.4	19.4
50-225	49.9	20.0	45-310	53.6	41.0
225-960	54.8	39.3	310-670	56.7	19.6
960以上	59.0	30.4	670以上	60.0	20.1

(文部科学省、2009年)

(芹澤康子)

■引用・参考文献
◆文部科学省「小学校学習指導要領解説体育編」2008年
◆文部科学省「全国体力・運動能力、運動習慣等調査」報告書 2009年
◆文部科学省「学校体育実技指導資料 第7 体つくり運動」2000年
◆三木四郎「いま、なぜ『体つくり運動』か」「体育科教育」大修館書店、2009年4月

第 10 講
器械運動系

本講義のポイント
▶器械運動系の領域としては、低学年「器械・器具を使っての運動遊び」、中・高学年「器械運動」がある。
▶低学年「器械・器具を使っての運動遊び」では、固定施設を使った運動遊び、マットを使った運動遊び、鉄棒を使った運動遊び、跳び箱を使った運動遊びで構成されている。また、中・高学年ではマット運動・鉄棒運動・跳び箱運動で構成されている❶。
▶指導者は、すべての児童が技を身に付ける喜びや達成感を味わうことができるようにするために、基礎となる動きの指導や課題が易しくなるような場の準備等に配慮する必要がある。
▶学習課題は、ある一定の達成基準のみを示すのではなく、技の系統（習得の順序性）を考慮してカード等で段階的に示すようにする。

❶動きの課題
　低学年では、支持、ぶら下がり、振動、手足での移動、逆さ姿勢、回転などの基本的な動きが課題になる。また中・高学年では、マット運動で回転技や倒立技、鉄棒運動では上がり技や支持回転技・下り技、跳び箱運動では支持飛び越し技が課題になる。

❷体つくり運動との関連
　「学習指導のポイント」でも触れるように、器械運動につながる動きは、体つくり運動の「多様な動きをつくる運動（遊び）」の中にもみられる。具体的には、体のバランスをとる運動（遊び）に示されたゆりかごや横転がりであり、体を移動する運動（遊び）の腕歩きや犬歩き、遊具を使った遊び、力試しの運動（遊び）の中で取り上げられるゆりかごや手押し車等である。
　領域間の関連にも配慮したい。

1. 特性とねらい

　器械運動系の領域は、マットや鉄棒、跳び箱を使って多様な技に取り組み、その達成や向上を楽しむ運動領域である。
　器械運動で取り上げられる運動の多くには、腕で体を支えたり、腕で体を支えて移動したり、前後や左右に回転したり、ぶら下がったり、振動したり、腕支持で跳び越したり、高い所で回転したりすること等が求められ、日常生活では味わうことがまれな動きや感覚が要求される。したがって、技の達成・向上や安全に取り組むことをねらって、どの児童も無理なく取り組むことのできる運動から始めることによって、器械運動の基礎となる動きや感覚を育てていくことが重要になる❷。また、多様な技はいくつかの系統に大別でき、それぞれ達成の難しさに違いがある。つまり、取り上げる技の関連性や、順序性を理解しておくことが器械運動の指導では重要になるということである。
　器械運動の学習のねらいは、技能に関すること、態度に関すること、思考・判断に関することに大別できる。具体的な運動技能については「2. 学習内容」で触れることにして、ここではそれぞれのねらいについて器械運動の領域別や各発達段階別に概括する。

(1)技能
　・低学年—固定施設やマット、鉄棒、跳び箱を使った運動を楽しく行い、その動きができるようにする。
　・中学年、高学年—マット、鉄棒、跳び箱を使った運動の楽しさや喜びに触れ、その技ができるようにする。

(2)態度
　基本的に低学年から高学年まで以下のことで共通している。
　・それぞれが運動に進んで取り組むこと。

・授業の約束を守り、仲間と助け合うこと。
・使う施設や用具の安全に気を付けること。

(3) **思考・判断**
・簡単な遊び方の工夫ができること（低学年）。
・自己の能力に適した課題をもつこと（中学年、高学年）。
・技（高学年は「課題」）ができるようにするための活動を工夫すること（中学年、高学年）。
・技の組み合わせを工夫できること（高学年）。

2. 学習内容

器械運動の学習内容として、先述したねらいが具体化されたものを位置付けることができる。ここでは、器械運動の学習の中核に位置付く「技能」について具体的に確認してみたい❸。

(1) **低学年**❹
・固定施設を使った運動遊び
　ジャングルジムや雲梯、登り棒、肋木、平均台等を使って、登り下りや渡り歩き、逆さ姿勢、懸垂移行、跳び下りなど。
・マットを使った運動遊び
　ゆりかご、前転がり、後ろ転がり、丸太転がりといった転がる運動遊び、背支持倒立（首倒立）、かえるの足打ち、壁登り逆立ち、支持での川跳びといったいろいろな逆立ち遊び。
・鉄棒を使った運動遊び
　鉄棒の上への跳び上がりや跳び下り、両手でぶら下がって振ったり片膝を掛けて振ったり、腕支持から腹を掛けてぶら下がることなど。
・跳び箱を使った運動遊び
　踏み越し跳び、跳び乗り、跳び下り、腕支持でのまたぎ乗り・跳び乗りの他、馬跳びやタイヤ跳びといった両手支持でまたぎ越す運動。

(2) **中学年**
・マット運動
　前転（発展：大きな前転、開脚前転）、後転（発展：開脚後転）、壁倒立（発展：補助倒立、頭倒立、ブリッジ）、腕立て横跳び越し（発展：側方倒立回転）など。
・鉄棒運動
　膝掛け振り上がり（発展：膝掛け上がり）、補助逆上がり（発展：逆上がり）、かかえ込み回り（発展：前方支持回転、後方支持回転）、後方片膝掛け回転（発展：前方片膝掛け回転）、前回り下り、転向前下り、両膝掛け倒立下り（発展：両膝掛け振動下り）など。
・跳び箱運動
　開脚跳び（発展：大きな開脚跳び、かかえ込み跳び）、台上前転（発展：大きな台上前転）など。

(3) **高学年**
・マット運動

❸ **内容の整理**
　本文では、学習指導要領解説に示されている内容をまとめて示したが、マット運動、跳び箱運動、鉄棒運動で取り上げられている主要な運動とそのポイントは以下のようにまとめることができる。
● マット運動
・「前転」 背支持倒立の練習を生かした大きな回転→発展技
・「後転」 腰の持ち上げ、両手の押し→発展技
・「側方」 下を見て支持での回転、倒立との関連（川わたり→側方倒立回転→ロンダート）
● 跳び箱運動
・「またぎ越し」 馬跳び、うさぎ跳びの習熟→開脚跳び→かかえ込み跳び
・「台上前転、はね跳び」 重ねたマットでの前転→台上前転→はね跳び
● 鉄棒運動
・「前方回転」 前回り下り→かかえこみ回り→前方支持回転
・「後方回転」 足抜き回り→逆上がり→後方片膝掛け後転→後方支持回転
・「こうもり」 足抜き回り→膝掛け下がり振り（手つき下り→振り下り）

❹ **内容の位置付け**
　施設や用具を使っての運動遊びとして位置付ける。

安定した前転、大きな前転（発展：倒立前転、とび前転）、開脚前転、安定した後転（発展：後転連続）、開脚後転（発展：伸膝後転）、安定した壁倒立、補助倒立（発展：倒立）、頭倒立、ブリッジ（発展：倒立ブリッジ）、安定した腕立て横跳び越し、側方倒立回転（発展：ロンダート）、技の組み合わせ方。

・鉄棒運動

安定した膝掛け振り上がり、膝掛け上がり（発展：もも掛け上がり）、安定した補助逆上がり、逆上がり、安定したかかえ込み回り、前方支持回転、後方支持回転、安定した後方片膝掛け回転、前方片膝掛け回転、安定した前回り下り、安定した転向前下り、片足踏み越し下り、安定した両膝掛け倒立下り、両膝掛け振動下り、技の組み合わせ方。

・跳び箱運動

開脚跳び、大きな開脚跳び、かかえ込み跳び、台上前転、大きな台上前転（発展：首はね跳び、頭はね跳び）。

3. 学習指導のポイント

本講義のポイントや特性とねらいでも示したように、指導者はすべての児童が、技を身に付ける喜びや達成感を味わうことができるようにするために、基礎となる動きの指導や課題が易しくなるような場の準備等に配慮する必要がある。

(1) **基礎となる動きの指導**

手足走りやうさぎ跳び、手押し車等といった手や足を使って進む運動、腰から背中・後頭部をマットに着けながら前後にゆれるゆりかご、力試しの運動（遊び）で取り上げられる手押し車や馬跳び等といった器械運動の基礎となる動きは、体つくり運動領域の低・中学年で行う多様な動きをつくる運動（遊び）や、高学年の体力を高める運動で取り上げられる運動の中に多数存在する。低学年から、腕で体を支えたり、体を支えて移動したり、逆さになったり、転がったりする運動に十分に親しませておきたい。

(2) **運動の関連性の理解**

マット運動や鉄棒運動、跳び箱運動は個別に指導するのではなく、互いの関連性に着目して指導しなければならない。例えば、逆上がりは後方に回転しながら鉄棒に上がる運動であり、後方に回転する運動の経験がその前提にある。したがって、逆上がりに密接に関連した運動としてマット運動の後転を位置付けることができ、腰が顔の上を通って後方に回転していく姿勢に慣れるためには、腰が顔の上にくる背支持倒立が重要運動になる。

また、マットでの前転で、踏み切りと着手位置に段差をつけることで、跳び前転や跳び箱の台上前転と同様の運動経過を経験することができる。

(3) **易しい（優しい）、成果の上がる場づくり**

① **数多い取り組みの確保**

基本的に、各々の児童が数多く運動に取り組める学習でなければ技能向上は期待できない。そこで、限られた用具の使い方や代用品をもち込む等の工夫が必要になる。例えば、マットを縦ではなく横に使って同時に複数

人が練習できるようにすることであったり、2箱重ねたビールケースや重ねた丸椅子を跳び箱の代用として準備すること等である。

②場の工夫❺

平面で回転するよりも、重ねたマット等で回転する場所を高くし、低い場所に着地するようにした方が開脚前転や伸膝前転等の実施が容易になる。また、踏み切り板等で坂をつくると、通常よりも回転の勢いを得ることができ、低学年での有効な練習の場になるだけでなく、中・高学年での伸膝前転や後転、伸膝後転等の実施も容易になる。

(4)シンクロでの取り組み❻

友達と動きを合わせるシンクロは、新しい器械運動の楽しみ方である。動きのスピードや動き方を合わせる活動によって洗練された動きになることが期待できるとともに、結果的に繰り返し運動に取り組むことにもなる。

4. 評価の仕方

①スモールステップの設定

それぞれの運動の学習には、最終的な単元終了時に習得させたい技能や知識等の段階がある。それらの実現に向けた計画を立てるためには、子ども達の学習前の実態を把握する必要がある。単元で高めたい運動に関連した内容で、全員が取り組めるレベルから開始することである。少々簡単過ぎる課題や運動で構わない。そのうえで、次第に各自の技能に合った課題を複数設定するようにする。先述の逆上がりでいえば、

ゆりかごからアンテナ10秒→マットの後転（連続）→足抜き回り10秒（回）→補助2人での逆上がり、補助1人での逆上がり→10秒間○回→高さの違う鉄棒での逆上がり→後方支持回転

といった運動・段階になろう。個人やグループでの書き込みが可能で、複数の段階が示された学習カードを配布できるようにしておくことである。

②毎時間のチェック❼

子ども達の学習意欲や技能の向上を考えたら、学習の場で即時的に評価するように心掛けたい。それができなかった場合でも、記入された学習カードや授業の感想等に目を通すことによって、本時の取り組みの結果を次時の学習指導に生かしていくように心掛けたい。

手間はかかるが、形成的なチェック・評価は大変に重要である。

③多様な評価の観点

単元の目標には、技能だけでなく学び方、仲間の協力、運動のポイントや運動への理解等多様に示されている。それらが実際に評価されなければ習得することも無理である。

（松本格之祐）

■引用・参考文献
◆文部科学省「小学校学習指導要領解説体育編」2008年
◆髙橋健夫他編著「新しいマット運動の授業づくり」大修館書店 2008年
◆髙橋健夫他編著「新しい跳び箱運動の授業づくり」大修館書店 2009年
◆髙橋健夫他編著「新しい鉄棒運動の授業づくり」大修館書店 2009年

---

❺易しい場の工夫例
・「壁」…壁の前にマットを敷いた場
　壁登り逆立ちから、倒立前転の後半部分の練習。補助を適切に実施することもねらいの一つ。
・「跳び箱」…マットの上に跳び箱1段を置いた場
　高さのある前転で、着手での体の支えやスムーズな回転等の練習。
・「小マット」…通常のマットの上に数枚の小マットを重ねた場
　高さを活用した起き上がりの練習。
・「踏み切り板」…マットの下に踏み切り板を入れた場
　スロープを利用して回転不足を補った練習。

❻「シンクロ」の楽しみ方

器械運動は個人スポーツの代表のように考えられており、練習も個人課題が中心である。そこで、すでにできるようになった技を仲間と動きを合わせる活動を入れてみると新たな楽しみを味わうことができる。

マット運動の前転や後転、鉄棒運動の前回り下り等である。2人だけでなく4人でも可能である。

❼具体的で即時的な評価を

子ども達にとってうまくできた時、なかなかうまくいかないで困っている時の先生の評価は強く心に残ることであり、授業中の具体的で即時的な教師の評価は子ども達の授業評価を高める。教師の大切な活動は、全員の前で話をしている時以上に、子ども達が活動している時の個々の子ども達への対応である。動きを見守り、具体的・共感的に接していくことである。

第 11 講
陸上運動系

本講義のポイント
▶陸上運動の楽しさは、他者との競争だけではなく、各人の具体的な目標との競争も重要な内容であることを理解する。
▶各人の具体的な目標の設定は、動きそのものというより、個々の児童が挑戦してみようと思える記録（タイムや距離だけではなく、場合によっては回数等）の提示が重要となることを理解する。
▶各人にとっての目標の実現には、動きづくりも重要であることから、走る、跳ぶという運動の合理的な動きの感覚づくりにつながる運動の内容を、児童の発達段階に即し、系統的に配列することの重要性を理解する。
▶クラスのみんなが陸上運動の楽しさに触れることにつながる、教師と児童及び児童相互のコミュニケーションの在り方を理解する。

1. 特性とねらい

　陸上運動系の運動は、「他者と競走したり、跳ぶ高さや距離を競い合うこと」（競争型）、「自分の目標とするタイムや距離・高さに挑戦すること」（達成型）という二つの特性❶を合わせもつ運動である。また、一人であるいは仲間と協力したり、グループで対抗したりするなどして楽しみ方を工夫することで、運動の楽しさの幅や深さを増すことのできる運動である。
　陸上運動系の運動の学習・指導においては、児童の学習レディネスに応じて、競争型、達成型のどちらに焦点を当てるのか、あるいは、どのようにミックスするのかを明確にしたうえで、学習・指導計画を立案し具体的に展開していく必要がある。その際、児童の発達段階を見据え、個々の児童の目標実現とのかかわりで、合理的な動きづくりにつながる運動の内容が系統的に配列されるよう、6年間を見通した学習・指導計画であることが大切となる。
　また、陸上運動系の運動は個々人が目標に挑戦した結果が客観的に表出されるという特質をもつ。そのような特質が児童の学習意欲を低下させることにならないよう、目標への挑戦の過程を重視するとともに、挑戦の結果の取り上げ方（認め合い）の学習が大切となる。その前提として、「できる限り多くの児童に勝つ機会を与えるような指導の工夫」が求められるが、そのような指導上の工夫を導くためにも、陸上運動系の運動の特性を固定的に捉えるのではなく、競争の相手を他者、他のグループあるいは、各人の目標とする記録や距離等、適切に設定していく必要がある。

2. 学習内容

　陸上運動系の運動は、実際に学習者が行う運動に着目すると、走る、跳ぶ、走り越える、走って跳ぶという運動を、学習者の学習レディネスに応

❶運動の特性
　陸上運動系の運動の特性は、競争型か達成型で捉えることができる。しかし、運動の特性は固定的に捉えられるものではない。学習の進展に応じて特性は変容する可能性がある。また、運動の取り上げ方によって特性は変わるものである。例えば、高学年の走り幅跳びの単元で、前半（ねらい1）は競争型、後半（ねらい2）は達成型という展開も考えられるし、毎時の前半（めあて1）は達成型で、毎時の後半（めあて2）はグループ対抗の競い合いとして競争型で計画するということも考えられる。
　上述の運動の特性を実現していくためには、走る、跳ぶ、走って跳ぶ、走り越えるというまとまりのある運動の合理的な行い方が重要となる。日常の生活でも出現するこれらの運動を、何かとの競争の中で、いかに取り上げるかが重要となる。

じて用意していくこととなる。基本的には学習者に合わせて運動が用意されることになるが、今次改訂された学習指導要領では、学習の発展的な深まり・高まりを保障するという観点から、内容の系統性が重視された。

　低学年の「走・跳の運動遊び❷」においては、走の運動遊びや跳の運動遊びを児童が楽しく行うことに力点がおかれることになる。しかしながら、活動欲求が先行しがちな児童の欲求に合わせるだけではなく、この段階から、準備や片付けを友達と一緒に協力して行うことや、安全に気を付けること、きまりを守る、あるいは、自他を認め合いつつ勝敗の結果を受け入れること、さらには、楽しく遊ぶことのできる場や遊び方を選ぶことや友達のよい動きを見つけること等が学習の内容となる。

　中学年の「走・跳の運動❸」においては、低学年での学習の積み重ねの上に、動きのポイントを意識し、自分の力に応じて課題解決に向けた練習の仕方、競争の仕方を選ぶことができることが学習の内容となる。さらに、高学年の「陸上運動」においては、中学年での学習の積み重ねの上に、走

❷走・跳の運動遊び
　従前、「基本の運動」領域の内容として示されていたものが、今次学習指導要領改訂で領域として示されたものである。運動の取り上げ方に関する考え方は「基本の運動」領域から大きく変わることはないものの、中学年、高学年への内容の系統的なつながり、発展性をより明確にしていくことが求められることになる。

❸走・跳の運動
　低学年の、「走・跳の運動遊び」と同様の改訂である。「走・跳の運動遊び」から「走・跳の運動」と領域名が変更されただけではなく、高学年の陸上運動領域との系統性を見据えた授業展開が求められるところとなる。一方で、従前の「基本の運動」領域の趣旨を踏まえ、児童が易しい運動に仲間との競争やいろいろな課題をもって取り組めるような運動の取り上げ方が大切となる。

表1　陸上運動系の学習内容

		1年及び2年 走・跳の運動遊び		3年及び4年 走・跳の運動		5年及び6年 陸上運動
技能	ア	走の運動遊びでは、いろいろな方向に走ったり、低い障害物を走り越えたりすること。	ア	かけっこ・リレーでは、調子よく走ること。	ア	短距離走・リレーでは、一定の距離を全力で走ること。
	イ	跳の運動遊びでは、前方や上方に跳んだり、連続して跳んだりすること。	イ	小型ハードル走では、小型ハードルを調子よく走り越えること。	イ	ハードル走では、ハードルをリズミカルに走り越えること。
			ウ	幅跳びでは、短い助走から踏み切って跳ぶこと。	ウ	走り幅跳びでは、リズミカルな助走から踏み切って跳ぶこと。
			エ	高跳びでは、短い助走から踏み切って跳ぶこと。	エ	走り高跳びでは、リズミカルな助走から踏み切って跳ぶこと。
態度	ア	走の運動遊びや跳の運動遊びに進んで取り組むこと。	ア	かけっこ・リレーや小型ハードル走、幅跳びや高跳びに進んで取り組むこと。	ア	短距離走・リレーやハードル走、走り幅跳びや走り高跳びに進んで取り組むこと。
	イ	運動の順番やきまりを守ったり、友達と仲よく練習や競走(争)をしたり、勝敗の結果を受け入れたりすること。	イ	きまりを守り、友達と励まし合って練習や競走(争)をしたり、勝敗の結果を受け入れたりすること。	イ	約束を守り、友達と助け合って練習や競走(争)をすること。
	ウ	用具の準備や片付けを、友達と一緒にすること。	ウ	用具の準備や片付けを友達と一緒にすること。	ウ	用具の準備や片付け、計測や記録などで、分担された役割を果たすこと。
	エ	危険物がないか、友達とぶつからない十分な間隔があるかなどの場の安全に気を付けること。	エ	場の危険物を取り除いたり、用具の安全を確かめたりすること。	エ	場の危険物を取り除いたり場を整備したりするとともに、用具の安全に気を配ること。
思考・判断	ア	走の運動遊びや跳の運動遊びの行い方を知り、楽しく遊ぶことができる場や遊び方を選ぶこと。	ア	走の運動や跳の運動の動きを身に付けるための練習の仕方を知り、自分の力に応じた練習方法や練習の場を選ぶこと。	ア	課題の解決の仕方を知り、自分の課題に応じた練習の場や段階を選ぶこと。
	イ	走ったり跳んだりする動き方を知り、友達のよい動きを見つけること。	イ	走の運動や跳の運動の動き方や動きのポイントを知り、自分の力に合った課題を選ぶこと。	イ	仲間との競走(争)や自己の記録への挑戦の仕方を知り、自分に合った競走(争)のルールや記録への挑戦の仕方を選ぶこと。
			ウ	仲間との競走(争)の仕方を知り、競走(争)の規則を選ぶこと。		

(小学校学習指導要領解説から一部抜粋)

る、走り越える、走って跳ぶというまとまりのある運動について、自分の力に応じた練習や競争の仕方を選んでいくことがねらい・内容となる。

3. 学習指導のポイント

⑴走・跳の運動遊び

活動欲求に旺盛な低学年児童は、走る方向、走り方、跳び方をいろいろ工夫することにより、主体的で幅広い活動を誘発することができる。児童が走・跳の運動遊びを楽しく行う一方で、教師は、児童にどのような力を身に付けさせるのかについて、具体的に手立てを講じていく必要がある。

例えば、いろいろな障害を配置したコースでのリレー遊びでは、障害を跳び越したり回ったりする運動自体の楽しさを味わわせるために、障害をどこに置けばよいか、あるいは、障害をどのように越すとよいか、さらには、みんなが楽しめるにはどのような約束が必要となるか等について、児童相互の見合いや話し合いの機会を確保し、児童から意見を引き出しながら児童の主体的な学習を支えていく必要がある。

❹調子よく走る、跳ぶ

走ったり跳んだりする動き自体の面白さ・心地よさを引き出すために、活動の仕方や場の工夫が大切となる。

例えば、障害リレーでは、ジグザグに走ったり、跳んだり、回ったりするコースを設定し、変化のあるコースをより速く走り通すための動きを身に付けることが、調子よく走る・跳ぶということになる。

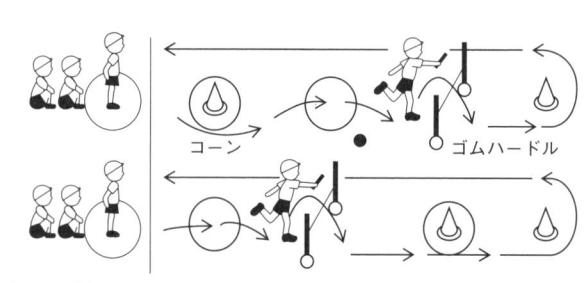

図1　障害リレーの例
＊バトンの代わりにボール等を使用することも考えられる。

⑵走・跳の運動

調子よく走る、跳ぶ❹ということを意識しながら学習に取り組むことができる手立ての一例として、次のような学習が考えられる。

①フラフープを足で回しながら前進する（図2）

フラフープを引っ掛けて回す接地足と、フラフープに引っ掛からないよう上方に引き上げる足の動きのタイミングを確かめながら、調子よく走ることを経験的に学習させる。

②友達が転がしたフラフープを跳び越える（図3）

転がってくるフラフープのタイミングに合わせ、全身を使ってジャンプしながら、調子よく跳ぶことを経験的に学習させる。

はじめは教師が運動の仕方を例示したとしても、そこから、児童がいかに活動の幅を広げ、深めていくかが大切なこととなる。そのために、教師は、調子よく運動することを経験的に学習させながら、走る、走り越す、走って跳ぶという運動を調子よく行うことができるように学習指導の道筋を整えていく必要がある。また、いろいろな運動を個人でするのか、チームやグループに分かれてするのか等の学習集団の編成の仕方についても計画的に臨む必要がある。

図2
フラフープを左右どちらかの足で回しながら前方に進む

図3
フラフープを転がし（逆スピン）、フラフープを（グループで連なって順に）跳び越える。

(3)陸上運動

　ハードル走を例に挙げると、(3歩のリズムの場合) 抜き足が接地したところから「1歩、2歩、3歩」のリズムなのか、踏み切り足から意識して「ターン、タ、タン、タン、ターン」というリズムなのかというリズムのとらえ方は重要となる。自分に合った分かりやすいリズム❺を友達と協力しながら言語化するなどしてイメージし、挑戦して楽しむという学習が求められる。

　走り幅跳びや走り高跳びはもちろん、短距離走・リレーにおいても、動きのリズムを明確に意識することによって、自分（達）の課題がどこにあるのかが分かりやすくなり、自分（達）に合った学習の方法を見つけ出すことにつなげることができる。

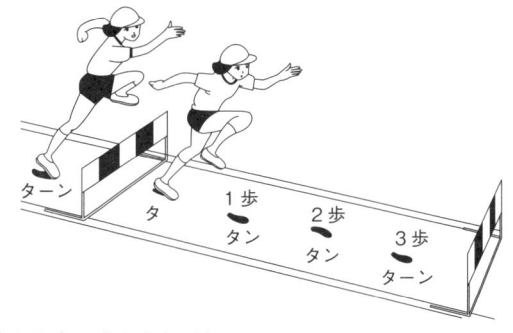

図4　ハードル走のリズムのとらえ方の例

4. 評価の仕方

　高学年の走り高跳びを例に、評価規準の具体例を示すと次の表2ようになる。評価の方法は、学習カード（ノート）による自己評価、学習者相互に行う相互評価、教師の観察を中心とする評価が併用されることになる。毎時間評価規準の3観点による評価を行うのではなく、学習のねらいやめあてとの関係で、どのタイミングでどの観点の評価を行い、学習・指導へのフィードバックを図るのかが学習指導計画に示される必要がある。

表2　「走り高跳び」の評価規準の具体例

運動への関心・意欲・態度	運動についての思考・判断	運動の技能❻
・走り高跳びを楽しむための活動や競争に進んで取り組もうとする。 ・運動の順番を守ったり、準備や後始末についてのきまりや運動の仕方のきまりを守ったりして、仲よく運動しようとする。 ・運動する場所の整備をするなど安全を確かめようとする。	・走り高跳びが楽しくできるように、自分の力に合った競争や運動の仕方を知っている。 ・競争や運動を楽しむための活動や場を選んだり、考えたりしている。	・自分の体をリズミカルに動かすことができる。 ・自分の力に応じて高く跳ぶことができる。

（赤松喜久）

❺リズミカルに走る・跳ぶ
　リズミカルな動きは、体の右左、上肢・下肢がタイミングよく動かされることも大切となるが、まずは、運動がどのようなまとまりとして構成されるのかの全体像を把握させることが大切である。
　ハードル走の3歩のリズムのように、運動をどのようなリズムで行うのかのイメージ化が大切である。このことは、走り幅跳び、走り高跳びにおいても当てはめて考えることができる。踏み切りをターンとすると、踏み切りにつなぐ助走のリズムはどうするか等、言語化させるなどして、学習者相互のコミュニケーションの活性化を図ることも大切である。

❻運動の技能の評価
　評価規準による観点別評価は、目標に準拠した絶対評価である。いずれの観点も、数値で測定される量的なものではなく、質的な到達状況を評価していくことになる。したがって、運動の技能の観点において、記録を相対的に評価していくことは避けなければならない。

第12講
水泳系

本講義のポイント
▶水泳系は、非日常的な環境である「水の中で運動すること」に適応していくことで喜びを味わうという特性がある。
▶水泳系の学習内容は、「技能」、「態度」、「思考・判断」である。低学年・中学年・高学年ごとで具体的内容が示されている。
▶水泳系の学習指導においては、安全面・環境面・確実な段階的学習への配慮が特に重要である。
▶水泳系の評価においては、自己評価を特に重視すべきである。
▶初心者指導では、水泳の特性と児童が抱く考えとのギャップを埋める必要がある。

1. 特性とねらい

　水泳系は、「水の中での運動」ということが他の運動領域と大きく異なる特性である。特に小学校段階では、この非日常的な環境で運動することを十分に理解して指導に当たる必要がある。水の特性（浮力❶、抵抗❷、水圧❸、水温❹）を十分に活用し、様々な課題を段階的に克服しながら、新しい環境へと適応していく喜びを味わう種目である。また、そうした水環境との触れ合いを通して生涯スポーツ社会の重要な運動種目へとつながる水泳系は、競技やレクリエーションとしての特性も含んでいる。小学校段階は、こうした特性を十分に活用できるようにするための、基礎的・基本的な時期であり、水への親しみを醸成することが大切である。
　具体的な水泳系の技能的特性としては、以下のようなものを挙げることができる。
　①固定した支持点なしで行われる運動、②自己の全体重を支える必要がない、③体位は水面に平行で泳ぐ動作を行う、④自分の動作が見えにくい、⑤リズムに合わせた呼吸が必要、⑥単純な動作の連続、などである。
　最後に、最も重要なねらいとして、自己の生命を水の危険から守るという、自己保全能力の獲得という面がある。学習指導要領において、場の確保が困難な場合でも安全の心得については必ず指導すること、となっているのもこのためである。

2. 学習内容

　水泳系の領域は、低学年（1・2年）の「水遊び」、中学年（3・4年）の「浮く・泳ぐ運動」、高学年（5・6年）の「水泳」で構成され、それぞれ3つの観点（技能、態度、思考・判断）で学習内容が示されている。
　技能（表1参照）における学習内容は、低学年の水遊びでは「水に慣れる遊び」と「浮く・もぐる遊び」について、楽しく行いながらそれぞれの動きをできるようにすることである。水中という特殊な環境に慣れ、そ

❶浮力
　アルキメデスの原理（流体中の物体は、その物体が押しのけた体積の重さに等しい鉛直上向きの力を受ける）から、できるだけ多くの身体部位を水に浸けることで、より多くの浮力が得られる。

❷抵抗
　水の密度は、空気の約800倍程度といわれる。推進する人体は速度の二乗に比例した抵抗を受けるが、一方でその水の抵抗をうまく活用して推進力も得ている。

❸水圧
　水圧は水深に比例して大きくなる（10mごとに1気圧増加）。人間が水に入ると主に肺が圧迫されるため、呼吸に影響を与える。

❹水温
　水の熱伝導率は空気と比べ約25倍と非常に高いため、水中では体温の低下が速くなる。小学生への指導では、気温・水温等に特に配慮が必要である。

れを克服していくことを楽しみながら運動することが課題である。

中学年の浮く・泳ぐ運動においては、水泳へとつなげるうえで重要な体位（横体姿勢）の獲得を中心に考える必要がある。立位ではなく横体での移動に慣れるために、補助具の活用❺やエレメンタリー・ストローク❻を導入するなど、細かな泳形にこだわらず獲得が課題である。

高学年の水泳においては、クロールと平泳ぎを続けて長く泳ぐために、手足の動きをゆったりとリズミカルに行うことと、その動きに呼吸をしっかりと合わせることが重要である。全体的にバランスのよい泳ぎ方を身に付けることが課題である。

❺補助具の活用

水泳系の補助具には、ビート板やヘルパーなどの浮力体の活用が主流である。安全面への配慮からも非常に有用であるが、必要以上に利用することで、ステップアップの妨げにならないような配慮が必要である。

❻エレメンタリー・ストローク

日本語では基本的・初歩的な泳ぎ。各泳法の獲得へとつなげるうえで、近年非常に注目され、活用されている。細かな泳形にこだわらず、浮いて呼吸することを重視しながら、推進へとつなげていくことがポイントである。

表1　水泳系の技能の学習内容（指導要領解説より作成）

学年	領域	内容		学習内容	
低学年	水遊び	ア	水に慣れる遊び	水につかったり移動したりすること。	水につかって、水をかけ合ったりまねっこをしたりして遊んだり、電車ごっこやリレー遊びをしたりして遊んだりする。
		イ	浮く・もぐる遊び	水に浮いたりもぐったり、水中で息を吐いたりすること。	壁や補助具につかまって水に浮いて遊んだり、水にもぐっていろいろな遊びをしたりする。
中学年	浮く・泳ぐ運動	ア	浮く運動	いろいろな浮き方やけ伸びをすること。	補助具を使う浮きや使わない浮きをしたり、け伸びをしたりする。
		イ	泳ぐ運動	補助具を使ってのキックやストローク、呼吸をしながらの初歩的な泳ぎをすること。	補助具を使ってのクロールや平泳ぎの手や足の動きや呼吸の方法を練習したり、呼吸をしながらの初歩的な泳ぎをしたりする。
高学年	水泳	ア	クロール	続けて長く泳ぐこと。	手と足の動きに呼吸を合わせながら、続けて長く泳ぐことができるようにする。
		イ	平泳ぎ	続けて長く泳ぐこと。	手と足の動きに呼吸を合わせながら、続けて長く泳ぐことができるようにする。

また、態度における学習内容は、運動に進んで取り組むこと、友達と仲よく運動すること、分担された役割を果たすこと、安全に取り組むこと、の4点である。水泳系は、特に危険な環境下での運動のため、安全面にかかわる学習内容については、特に重視すべきである。

さらに、思考・判断における学習内容（表2参照）は、水中での簡単な遊び方（低学年）、動きを身に付けるための活動（中学年）、課題の解決の仕方や記録への挑戦の仕方（高学年）、等について工夫できるようになることである。

❼生理時の対応
＜月経と水泳の関係＞
　月経は、それ自体女子特有の生理的な現象であって、決して不安を抱くべきものではない。しかし、従来から月経中に水泳を行うことについては、児童生徒や指導者の間に必要以上に大きな不安が存在していた。これらの不安は、水泳が低温の水の中で行われること、激しい全身運動であることによるものと思われる。しかし、近年、スポーツ医学の進歩に伴って、科学的な研究が積み重ねられ、現在のところ、水泳を実施することで月経に伴う諸症状が悪化することはないと考えられている。
　もちろん、月経に伴う症状には個人によって違いがあり、中には月経困難症など水泳の実施を個別に考慮しなければならない場合もある。したがって、月経中の水泳指導については、全面的な禁止ではなく、心理的要素等も含めて諸症状によって個々に適否を判断することが必要である。
（水泳指導の手引）より抜粋

❽指導と評価の一体化
　p30 参照

❾自己評価、相互評価、他者評価
　p30 参照

❿診断的評価、形成的評価、総括的評価
　p28 参照

表2　水泳系の思考・判断の学習内容(指導要領解説より作成)

学年	領域	学習内容	例示
低学年	水遊び	水中での簡単な遊び方を工夫できるようにする。	ア　水に慣れる遊びや浮く・もぐる遊びの行い方を知り、楽しく遊ぶことができる場や遊び方を選ぶこと。 イ　水につかったときの動き方や水に浮いたりもぐったりする動き方を知り、友達のよい動きを見つけること。
中学年	浮く・泳ぐ運動	自己の能力に適した課題をもち、動きを身に付けるための活動を工夫できるようにする。	ア　浮く運動や泳ぐ運動の動きを身に付けるための練習の仕方を知り、自分の力に応じた練習方法や練習の場を選ぶこと。 イ　浮く運動や泳ぐ運動の動き方や動きのポイントを知り、自分の力に合った課題を選ぶこと。
高学年	水泳	自己の能力に適した課題の解決の仕方や記録への挑戦の仕方を工夫できるようにする。	ア　課題の解決の仕方を知り、自分の課題に応じた練習の場や段階を選ぶこと。 イ　続けて長く泳ぐ記録への挑戦の仕方を知り、自分に合った距離を設定することや記録への挑戦の仕方を選ぶこと。

3. 学習指導のポイント

　水泳系の学習指導のポイントは数多くあるが、陸上運動とは違った環境で実施する種目として特に重視すべき内容として、以下の3点を挙げる。

(1)安全面を最優先する学習指導の実施

　水泳系の学習指導の最大のポイントとして安全面への配慮を挙げることができる。子ども達の自己保全能力を高め、ルールを守って学習することを重視する安全指導と、子ども達の学習がより安全に進むことを重視する安全管理との両面について、確実に行うことが何よりも重要である。

(2)環境面を十分に考慮した学習指導の実施

　安全面とも連動するが、水泳系は運動そのものによる影響だけでなく、環境面から生じる嫌悪感が多い種目である。天候、水温や気温等の悪条件下での実施や、水着への更衣・排尿の不便さ・高学年女子では生理時の対応❼など、特殊な環境での影響が大きいので、特に注意が必要である。

(3)確実な段階を踏んだ学習指導の実施

　他の運動と比べ、より確実な段階（スモールステップ）を踏んだ学習指導を実施することが必要である。特に、民間のスイミングクラブに通う子と通わない子の差や、同一児童におけるその日の状況による差も大きいのが特徴である。多様なメニューを工夫するなど、同一課題を繰り返し実施する学習指導の実施が不可欠である。

4. 評価の仕方

　指導と評価の一体化❽が強調されており、目標に準拠して指導した内容が確実に定着しているかを評価することが基本である。評価の時期によって、診断的評価、形成的評価、総括的評価❾、方法によって自己評価、相互評価、他者評価等❿に分類することができる。どの評価もそれぞれ重要

であるが、水泳系は、個人差や個人内変動が大きい種目であるため、他の種目に比べ形成的評価の中で自己評価の積み上げを重視すべきである。技能の評価はある程度把握しやすいが、水という特殊な環境下で安全に協力して運動に取り組む程度（態度の評価）や、自己の課題に対する学習を工夫する程度（思考・判断の評価）などを繰り返し評価することが特に重要である。

また、体育授業において学習資料の活用や学習カードの記入は一般的であるが、水泳系はこうした活動を行ううえでも特殊な状況にある。濡れても大丈夫な学習資料の作成やプール以外での時間の活用など、多くの工夫をしながら評価につなげていく必要がある。

5. 初心者への水泳指導（3つのギャップを埋める）

水泳は、水という特殊な環境下で運動することが、他の運動種目と大きく異なる点である。泳ぐということは「浮く、進む、呼吸する」という3つの要素の成立が必要となる。しかし、この3要素の獲得には、それぞれ初心者（児童）にとっての難しさ（意識とのギャップ）が存在する。

まず、浮くためには、できるだけ多くの浮力を得る必要があるので、本来はできるだけ多くの身体部位を水に浸す必要がある。しかし、初心者は、浮くために水の上へ出ようとするため、かえって浮力が小さく沈みやすい状態となる。このギャップを埋めることが浮くための課題である。

次に、進むためには、手足を動かし力を加えた反作用を利用するが、陸上と違って大きな力を発揮すれば大きな反作用が生じるわけではない。水は流体であるため、適度な力（インピーダンスマッチング❿）で、徐々に速く掻く（加速理論⓫）必要がある。つまり、大きな推進力を得るために力を抜いてゆっくり掻き始めることが必要となる。しかし、初心者は初めに強く掻く傾向があり、このギャップを埋めるのが進むための課題である。

最後に、呼吸するためには、まずしっかり吐く必要がある。息をいっぱい吸った状態で止息して泳ぐ初心者にとっては特に重要となる。しかし、初心者はたくさん吸うことばかりに意識が向き、かえって吸えなくなってしまう。このギャップを埋めることが、呼吸するための課題である。

以上、泳ぐために克服すべき3つのギャップについて説明したが、その他にも多くの課題がある。水泳系の指導においては、特にそうした児童の気持ちに共感し、確実に課題を克服していけるように学習指導を進めることが大切である。

（大庭昌昭）

❿インピーダンスマッチング
　水泳は手足の力を水に働きかけて行う移動運動である。その際、水の状態に合わせて手足を動かし、働きかけることが重要である。
（水泳指導教本より抜粋）

⓫加速理論
　推進速度と比べて手の掻きの速度が著しく大きくなると、一般的にいわれる「から掻き現象」を起こす。
　そこで、いきなり強く水に働きかけるのではなく、動作初めはゆっくりで、徐々に動きを加速させながら動作の終りに強く働きかける。
（水泳指導教本より抜粋）

■引用・参考文献
◆文部科学省「小学校学習指導要領解説体育編」2008年
◆文部科学省「水泳指導の手引（二訂版）」大阪書籍、2004年
◆髙橋健夫他編「デジタル版新しい小学校体育授業の展開理論編2」ニチブン、2006年
◆日本水泳連盟編「水泳指導教本　第3版」大修館書店、2009年

第13講
ボール運動系

本講義のポイント
▶ボール運動系領域は「ゴール型」、「ネット型」、「ベースボール型」の3つに分類される。
▶オフィシャルのルールに沿ったゲームではなく、学習内容を誇張した易しいゲームや簡易化されたゲームを作成する。
▶評価は、学習内容に沿ったオーセンティックな評価を行う。

1. 特性とねらい

新しい学習指導要領（2008年）では、ボール運動系が「ゴール型」、「ネット型」、「ベースボール型」の3つに分類され、低学年から系統的に学習を行うことが示された。これまでは、小学校高学年でバスケットボール、サッカー、ソフトバレーボールのように種目（世界3大学校ボール運動）が記載されていたのに対して、これらスポーツにマージナルスポーツ❶を加えると200〜300といわれるスポーツを、ゲームでの解決すべき戦術課題によって3分類することになった。

その理由は、なぜバスケットボールを体育の授業で教える（学ぶ）必要があるのかというアカウンタビリティに答えるためと、生涯を通じてスポーツを享受する力を育成する観点に立っても様々なスポーツに共通性の高い技術・戦術を学習する必要があるためである。これに関連する実践的研究は数多く進んでおり、例えばサッカーで学んだゲームパフォーマンス❷は、ハンドボールなどに転移するといわれている。とするならば、形式的にバスケットボールという種目を学習するのではなく、バスケットボールやサッカーといった種目に共通する学習内容をボール運動系授業で段階的に学ぶことで、生涯スポーツとして選択できる幅が広がり、様々なボールゲームを楽しむことができる資質や能力を育成することが可能になる。

ボール運動の苦手な子どもは、まず動き方が分からないことが多い。ボールを投げる、パスをする、シュートをする技能はある程度有していたとしても、いざゲームになるとその技能を精一杯に発揮できない。そのまま学習を進めたとするならば、将来、その子どもはボールゲームに苦手意識をもつであろうし、ゲーム中に動き方が分からず、楽しくプレーできないだろう。重要なことは、なぜバスケットボール型ゲームを教師が選択し、何を学習させたいのかをはっきりと明確に位置付けることである。換言すると、グルーピングした種目で共通性の高い内容に焦点化し、他の種目でも精一杯楽しく学習できるゲームパフォーマンスを習得させ、活用、探究できる機会を子どもに与えることである。

(1) ゴール型（サッカー、バスケットボール、ハンドボールなど）
ゴール型ゲームは、コート内で攻守が入り混じり、手や足などを使って

---

❶マージナルスポーツ
マージナルスポーツとは、サッカーやバスケットボールといったメジャースポーツではなく、周辺的なスポーツ、民族スポーツなどのことをいう。

❷ゲームパフォーマンス
ボールゲームでは、ボールをもった技術（on the ball skill）とボールをもたない動き（off the ball movement）によって成り立つ。とりわけ、ボールゲームでは、ボールをもたない動きがゲームの勝敗を大きく左右する。

攻防を組み立て、一定時間内に得点を競い合うところにその楽しさがある。相手と味方のプレーヤーが入り混じって攻防が展開される。例えば、サッカーのように、ドリブルで相手ゴールに近づき、もし相手プレーヤーがディフェンスに来たら、空いたスペースに走り込んでいる仲間にパスをする。ゴール前まで近づいた時、ゴールと自分との間にディフェンスがいなければシュート、ディフェンスがいるならば最も得点しやすい仲間のプレーヤーにパスをするなど、状況判断能力やサポート❸の動きとボールを操作する力でゲームが展開される。他方で、フラッグフットボール❹やタグラグビー❺のように、相手陣地に侵入またはボールを運び、得点するゲームもある。

⑵ネット型(ソフトバレーボール、プレルボールなど)

　ネット型ボールゲームは、対戦する相手とネットを挟んで攻撃・守備をしながら、相手プレーヤーが捕りにくいようなボールを打ち返すところにその面白さがある。例えば、ソフトバレーボールのように、ネットを挟んで相手チームが捕りにくいようなボールを打ち返すために、レシーブ・トス・アタックで攻撃を組み立てるゲームと、テニスのように攻守が一体となって相手と駆け引きをしながら、相手コートに捕りにくいボールを打ち返すゲームがある。初期の段階にある子どもにネット型ボールゲームを教える場合、相手コートにボールを落とすことに学習のポイントをおくよりも、どうしたら相手コートに捕りにくいボールを返すことができるか、そのために必要とされる攻撃の組み立て方に学習の焦点をおくべきである。

⑶ベースボール型(ソフトボール、ティーボールなど)

　ベースボール型ゲームは、攻撃と守備を規則的に一定回数行い、得点を競い合う運動である。攻撃では、止まったボールや易しく投げられたボールを打ち、出塁・進塁し、得点する。守備では、それらを阻止するために捕球したり送球したりして、アウトにする。攻撃で必要なことは、相手チームが捕球できない、またはアウトにされないように打つ・走塁することである。守備では、アウトを捕るために、捕球・送球したり、守備の隊形を変えたりして、相手に得点を与えない動きが必要である。

2. 学習内容

　ボール運動の学習内容は、他の運動領域と同様に3つの内容で構成される。「技能」に関して、ゴール型では、簡易化されたゲームで、ボール操作やボールを受けるための動きによって、攻防をすることができる。ネット型では、簡易化されたゲームで、チームの連係による攻撃や守備によって、攻防をすることができる。ベースボール型では、簡易化されたゲームで、ボールを打ち返す攻撃や隊形をとった守備によって、攻防をすることができる。「態度」に関して、運動に進んで取り組み、ルールを守り助け合って運動をしたり、場や用具の安全に気を配ったりすることができるようにする。思考・判断に関して、ルールを工夫したり、自分のチームの特徴に応じた作戦を立てたりすることができるようにする。

❸サポート
　ボールをもたない動きにサポートがある。サポートとは、ボール保持者がディフェンスによってボールキープができなくなった時、空いたスペースに入り、パスがもらえる状況にあることをいう。

❹フラッグフットボール
　アメリカンフットボールをより簡易化し、危険性を取り除いたゲームである。腰にフラッグ(ひも状)を着け、ボールキープしているプレーヤーのフラッグを取られるとゲームを中断し、ハドルを組んで次の作戦を考える。

❺タグラグビー
　タグラグビーとは、タックルなどの接触プレーを一切排除し、小学生でも安全にプレーできるように工夫された新しい形のラグビーゲームである。

3. 学習指導のポイント

(1) ドリルゲームとタスクゲーム

　作戦や戦術を立てて実行するためには、ある程度の技能を習得しなければならない。ある程度の技能とは、修正されたゲーム❻を楽しむために必要とされる技能である。それを習得するためには数多くの試技と長期的な練習が必要である。だからといって、トレーニング的で単調な技能習得のための授業を行うのではなく、記録達成や挑戦的なゲームを行う方がよい。このゲームをドリルゲームといい、①直接対戦する相手がいない、②自分（味方チーム）や他者（相手チーム）の記録（回数や時間）に挑戦するという特徴がある。通常、授業開始直後に行い、単元を通じて数分間の時間を確保することが望ましい。これに対して、タスクゲームとは、個人及び集団の技術的・戦術的能力の育成を目的とした課題の明確なミニゲームを意味しており、①ミニ化されたゲーム、②学習課題が誇張されたゲームである。とりわけ能力の低い子どもにとってドリルゲームで学んだ技能をオフィシャルなゲームで発揮することは困難である。これに対し、ゲーム状況の中ですべての子どもに意味のある学習機会を提供するのがタスクゲームである。通常は、ドリルゲームの後に行われ、メインゲームでつまずきがみられたことを学習内容とするゲームを与えることが望ましい。

(2) 学習内容を誇張した修正されたゲーム

　オフィシャルのルールで行われるスポーツの多くは、子どもが体育授業で行うために創出されたものではない。よって、そこで求められる技能・戦術は複雑であり、能力の低い子どもにとっては、成功体験をすることが困難で、トライアル回数も極めて少ない。そこで体育授業の学習内容に焦点化した修正されたゲームの創出が教師に求められる。例えば、サイドからの攻撃やサイドチェンジを学習内容とするならば、ゴールの形状やフリーマン❼、アウトナンバーゲーム❽などの修正が必要であろうし、コートの広さも修正しなければならない。このように教師が子ども達に何を学習させたいのか明確なゲームをつくらなければならない。ただし、元々のゲームからかけ離れたゲームではまったく意味をなさない場合がある。さらにいえば、学習内容を強調するあまり、子どもの楽しさを奪うようなゲームを作成しないように気を付けなければならない。

(3) ゲームのミニ化

　ボールゲームでは、技能の水準が高い子どもに支配されやすい。10人対10人のサッカーのゲームを行うと、実際の攻防にかかわれる人数が制限され、学習機会を奪われる児童が出現する。ゲームのミニ化は課題が明確になり、学習機会を十分に与える。攻撃と守備の切り替えも速くなり、素早い意思決定やサポートといった状況判断能力を養うことができる。

(4) ゲームの分析

　なぜゲームの分析をしなければならないのか。学習を効果的に行うためには、考えた作戦の成否を判断しなければならない。また、「有効な空間はどこか」、「味方のチームはどこを使っているのか」、「相手チームはどこ

---

❻ **修正されたゲーム**
　オフィシャルルールで行われるスポーツは複雑で、危険性も伴う。小学生が学習するには困難であるため、学習内容や子どものレディネスなどに合わせた修正されたゲームを作成することが望ましい。

❼ **フリーマン**
　ゴール型ボールゲーム中に、両チームの攻撃のみに参加する選手。これにより、攻撃の数的優位や、速攻、ポストプレーなどの戦術的広がりにつながる。

❽ **アウトナンバーゲーム**
　ボールゲームを教材化する視点として、ゲームに参加できる人数を修正・誇張する方法がある。その一つに、オフェンスの人数をディフェンスよりも多くするアウトナンバーゲームが有効である。

から攻撃しているか」などを、客観的に分析することで、学習の理解を進め、戦術的課題の達成に対する知的理解度を高める。ゲーム分析は、戦術的気付きと技能発揮を結び付ける役割を担う。例えば、サッカーで味方のチームがどの位置でボールを操作しているのかを追う「ボールの軌跡図❾」を取ると効果的である。初歩の段階では、中央にボールが集まりやすく、両サイドにボールが散らばっていないことが分かる。また、「パスの相関図❿」は、味方のチーム内で誰から誰にパスがつながったかを線で結び、分析する方法である。これによって、特定のプレーヤーにボールが集中していることや、ほとんどパスをもらっていないプレーヤーがいることが分かる。他方で、先に述べたようにゲームのミニ化を図ると、当然ゲームに参加できない子どもが出現する。しかし、ゲームの分析を行うことで、その子ども達がただゲームを傍観するのではなく、ゲームの分析を行うことで学習に参加でき、戦術的認識力の向上に寄与することが可能になる。

(5) **社会的態度の育成**

　ボールゲームでは、勝敗で一喜一憂することが多い。時に感情が高まり、味方や相手に暴言を吐いたり、審判の指示に従わなかったりすることもある。一生懸命プレーすることはよいことであるが、フェアにプレーしないことは、許されることではない。例えば、最終のリーグ戦でフェアプレー賞を用意したり、フェアにプレーすることを約束する「フェアプレー宣言」を書いたりするのも一つの方法である。

4. 評価の仕方

　評価では、診断的評価、形成的評価、総括的評価の各段階において、児童自身の自己評価、児童同士の相互評価、教師による他者評価を用いて、ゲームパフォーマンスの伸び、社会的態度、知識・情意的側面の変容を知る。例えば、サポートやカバーを学習内容の中心にしているにもかかわらず、スキルテストのみで技能を評価することはオーセンティック⓫な評価といえない。この場合、GPAI⓬などの評価法を用いることが望ましい。

　球技の学習内容は、技能、態度、思考・判断であるので、それぞれの観点からの適切な評価が望まれる。

　例えば、技能については、「チームで決めた攻め方や守り方ができていたか」、「カバーの動き方ができていたか」などである。態度については、「チームメイトと教え合い、協力してプレーできていたか」、「危険なプレーをせず、公正な態度でプレーできていたか」などである。思考・判断については、「チームで作戦を立ててゲームに臨めていたか」、「チームの課題解決のため、学習内容を話し合いで決められていたか」などである。

（福ヶ迫善彦）

■引用・参考文献
◆髙橋健夫「こう変えなければならない『ボール運動・球技の授業』」「体育科教育」大修館書店、2009年3月
◆末永祐介・川井明「『ドリルゲーム』と『タスクゲーム』は、何がどう違うのか？」「体育科教育」大修館書店、2009年3月

---

❾ ボールの軌跡図
　学習カードにコートを書き、味方のプレーヤーがボールをどの位置で保持していたかを線で結んで描く方法である。これに似た方法で、心電図という方法があり、コートを区間に分け、どの位置でパスが交換され、どこでシュートしたかを知る方法である。

❿ パスの相関図
　味方のプレーヤーの名前を学習カードに書き、パスがつながったプレーヤー同士を線で結ぶ方法である。

⓫ オーセンティック
　作戦や戦術に関する学習を行ったにもかかわらず、スキルテストや体力テストで評価することは、本来の評価といえない。オーセンティックとは、「真の」「本当の」といった意味を有している。

⓬ GPAI
　グリフィンらによって開発された「Game Performance Assessment Instrument」の頭文字の略で、ゲーム中の行動のすべてを把握することができる。ゲーム中のパフォーマンスを意思決定やサポートなど7つに分類し、出現頻度をカウントする。学習内容によって、修正した分析も可能である。

第14講
表現運動系

本講義のポイント
▶表現運動系は、低学年の「表現リズム遊び」から中・高学年の「表現運動」へとつながり、「表現運動」は、「表現」、「リズムダンス」、「フォークダンス」の3つで構成されている。
▶学習内容は、「技能」、「態度」、「思考・判断」である。「技能」は、「何を（題材やリズム）」「どのように（動き）」で構成される。
▶それぞれの運動の楽しさ（特性）を味わわせながら、子どもにとっての「動きの面白さ（技能）」を身に付けさせる学習指導が大切である。
▶学習評価は、学習指導と一体化させていくことが重要である。
▶学習の進め方は、表現運動の特性を生かす学習過程として「習得・活用・探究」の新たな観点から捉え直すことができる。

❶文化としてのダンス
　ダンスは、言葉が生まれる以前から存在した人類最古の文化といわれ、常に人間の生（生活）と深くかかわって発展してきた。ダンスの語源の一つに《生命の欲求：desire of life》という意味があるように、人々は様々な思いや欲求を身体で語りかけ、生きる証として踊り、踊ることによって他者と共感・交流してきたのである。今日、多種多様なダンスが年齢・性別・国境を越えて多くの人々に親しまれている。

❷リズムダンスの導入
　1998年告示の学習指導要領では、小学校に「リズムダンス」、中学・高校に「現代的なリズムのダンス」が新たに導入され、これによって、戦後一貫して表現系のダンスとフォークダンスで構成されてきたダンス領域の内容が広がることになった。小学校の「リズムダンス」は、ロックやサンバなどの軽快なリズムに乗って「弾んで踊る」という踊りの原点でもある律動体験を重視し、中学・高校の「現代的なリズムのダンス」につながるようにしている。

1. 特性とねらい

　表現運動は、「人はなぜ踊るか？」という本質的な問いとかかわって、社会における文化としてのダンス❶と密接に関連しており、生涯学習時代の豊かなダンスの享受に向けて、「表現」、「フォークダンス」に1998年導入の「リズムダンス❷」を加えてその内容が広がっている。
　これらの表現運動系に共通する特性は、自己の心身を解き放して、リズムやイメージの世界に没入してなりきって踊ることが楽しい運動であり、互いの違いやよさを生かし合って仲間と交流して踊る楽しさや喜びを味わうことのできる運動であると捉えられ、心と体を丸ごと投じながら仲間とのコミュニケーションを豊かに広げるとともに、多様な身体感覚を磨く内容として意義のある運動である。表1は、小学校で取り上げる3つの内容について、各々の特性とねらいなどの要点をまとめたものである。「表現」と「リズムダンス」はいずれも自由に動きを工夫して踊る創造的な学習で進められ、「フォークダンス」は伝承された踊り方を再現して踊る定形の学習で進められるのが特徴で、特性と学び方が異なっている。学習のねらいは、児童一人ひとりがこれらの踊りの楽しさや魅力（特性）に十分に触れていくことである。

2. 学習内容

　今回改訂の学習指導要領（2008年）では、これまでの「生きる力」の育成という基本的な方向は残しつつ、体育で教えるべき内容は何かが明確に示された。それに伴って、各領域の内容は、小学校から高校までの12年の発達を＜4・4・4の括り＞で示され、校種を超えた接続と系統性が重視された。

表1　小学校で取り上げる3つの種類の踊りの特性と重点的な内容

	表現	リズムダンス	フォークダンス
運動の特性	身近な生活などから題材を選び、表したいイメージや思いを自由に表現するのが楽しい運動	軽快なロックやサンバなどのリズムに乗って仲間とかかわって自由に踊るのが楽しい運動	日本や外国の伝承された踊りを身に付けて皆で一緒に踊って交流するのが楽しい運動
ねらい	イメージになりきって自由に踊る	リズムに乗って自由に踊る	踊りを身に付けて皆で踊る
主な技能の内容	・動きの誇張（デフォルメ） ・変化を付けたひと流れの動きで踊る（即興表現） ・「はじめ-なか-終わり」のひとまとまりの動きにして踊る	・リズムに乗って全身で弾んで踊る ・体幹部（おヘソ）でリズムに乗って踊る ・リズムの特徴をとらえて踊る	・ステップや組み方を身に付け通して皆で踊る ・踊りの背景や特徴をとらえて味わって踊る
工夫の視点や楽しみ方	・イメージと動きのかかわり ・即興的な表現と簡単な作品創作の2つの楽しみ方	・音楽のリズムと動きのかかわり ・相手とのかかわり方の工夫	・踊りの特徴や感じの違い ・踊り方の難易度（易-難、単-複）

　表現運動系の学習内容は、他の運動領域と同様に、低・中・高学年の2学年ごとに「技能」、「態度」、「思考・判断」の3つの内容で示されている。

　「技能」に関する内容は、共通する内容として、「何を」、「どのように」という2つの観点で構成されているのが特徴である。「何を」は、<u>「表現」では題材からのイメージや感じ❸</u>であり、<u>「リズムダンス」ではロックやサンバなどのリズム❹</u>であり、<u>「フォークダンス」では日本の民踊や外国のフォークダンスで取り上げる踊り❺</u>である。「どのように」は、「何を」に対応する「動き（動き方・表し方・まとめ方）」の要点である。例えば<u>「表現」では、「即興的な表現」と「簡単なひとまとまりの表現」の2つの内容の動きが例示されている❻</u>。

　表3は、表現運動系領域で取り上げる内容と「技能」の要点について、学習指導要領解説から低・中・高学年別にまとめたものである。

　「態度」に関する内容は、運動への自発的・自主的な学習態度、仲間との共感的な態度、安全への配慮などが示されている。

　「思考・判断」に関する内容は、自己やグループの能力に適した課題を見つけ、課題解決に向けた練習や発表・交流の仕方などの取り組み方の工夫が示されている。

3. 学習指導のポイント

　表現運動の学習指導では、その特性とねらいを踏まえ、学習者と運動との関係を大切にし、「運動の楽しさ（特性）」と「動きの面白さ（技能）」の両者を関連づけていくような工夫が求められる。すなわち、「楽しい授業」と「わかる・できる授業」の融合である。それには、「今、ここにいる」多様なクラスの児童にジャストな内容（課題）であるかどうか、その関係を常に見極めながら柔軟に軌道修正していくような指導が必要となる。

　具体的な学習指導のポイントは、児童の今もっている力やその違いを生かせるような題材や音楽の選択、一人ひとりの創意工夫ができるような多様な活動や場の工夫、取り上げた内容について「これだけは押さえたい動き」の体験をどう授業に組み込んでいくか、などが挙げられる。一人ひと

❸「表現」の題材例
　低学年では、動物や乗り物などの身近で特徴のある動きを多く含む題材、中学年では、具体的な生活からの題材、探険や忍者などの空想の世界からの題材、高学年では、激しい感じや群（集団）が生きる題材などが例示されている。

❹リズムダンスのリズム例
　小学校では、弾んで踊れるような軽快なテンポのロックやサンバのリズムを中心に、低学年では、身近で関心の高い曲を、中学年では、テンポや曲調の異なるロックやサンバのリズムの曲を選ぶ。

❺フォークダンスの曲目例
　日本の民踊では、阿波踊り、ソーラン節、エイサー、外国の踊りでは、マイム・マイム、コロブチカ、グスタフス・スコールなど、特徴や感じの異なる踊りが例示されている。

❻即興的な表現と簡単なひとまとまりの表現
　「即興的な表現」は、題材から思いつくままにとらえた動きを基に、動きを誇張したり、変化を付けたりして、メリハリのある「ひと流れの動き」にして表現することであり、「簡単なひとまとまりの表現」は、表したいイメージを変化と起伏のある「はじめ－なか－終わり」の構成を工夫して表現することであり、両者を区別している。

表3　小学校における表現運動領域の内容構成と「技能」の内容

	表現	リズムダンス・フォークダンス
低学年 （1・2年）	「表現遊び」 そのもの（題材）になりきって全身の動きで踊る	「リズム遊び」❼ リズムに乗って全身で弾んで踊る
○何を	○身近で特徴のある具体的な動きを多く含む題材 （いろいろな動物や遊園地の乗り物など）	○身近で軽快なリズム（ロックやサンバ）の曲 （簡単なフォークダンスを含む）
・どのように	・いろいろな題材の特徴や様子をとらえ、跳ぶ、回る、ねじる、這う、素早く走るなど、全身の動きに高低の差や速さを変えて即興的に踊る ・どこかに「大変だ！」のお話を作って続けて踊る	・リズムに乗って、弾む、回る、ねじる、スキップなどの動きを繰り返して即興的に踊る ・友達と手をつないだり真似し合って踊る
中学年 （3・4年）	「表現」 題材の特徴をとらえて多様な感じを表現する	「リズムダンス」 リズムの特徴をとらえて友達と自由に踊る
○何を	○具体的な生活からの題材（○○づくり等） ○空想の世界からの題材（○○探検、忍者や戦い等）	○弾んで踊れる軽快なテンポのロックやサンバの曲 ○曲調やテンポが異なるロックやサンバの曲
・どのように	・題材の主な特徴をとらえ動きに差をつけて誇張したり、表したい感じを対立する動きや対極の動きを組み合わせてひと流れの動きで即興的に踊る ・表したい感じを中心に、「はじめと終わり」をつけて踊る	・リズムに乗って、その場で弾む、スキップで移動するなどの全身で即興的に踊る ・体幹部（おヘソ）でリズムをとって弾んで踊る ・ロックやサンバのリズムの特徴をとらえて踊る ・友達との掛け合いを工夫して踊る
高学年 （5・6年）	「表現」 動きに変化と起伏をつけて表現する	「フォークダンス」 特定の踊り方を身に付けてみんなで踊る
○何を	○激しい感じや群の題材（自然、スポーツ等） ○関心のあるテーマ（私達の地球等）	○日本の民踊（阿波踊り・ソーラン節・エイサー） ○外国の踊り（マイム・マイム、コロブチカなど）
・どのように	・メリハリ（緩急強弱）のあるひと流れの動きで ・「はじめ・なか・終わり」や群の動きを工夫して	・ステップや対応の仕方を身に付け通して踊る・踊りの背景や特徴を知り、みんなで踊る

❼低学年の「リズム遊び」

「リズム遊び」では、中学年の「リズムダンス」と高学年の「フォークダンス」へのつながりを考慮して、ジェンカやタタロチカなどの簡単なフォークダンスを軽快なリズムに乗って踊る内容に含めて指導することが「内容の取扱い」に示されている。

❽「学習指導」と「学習評価」

「学習評価」は、学習における「計画－実践－評価」という一連の活動の中に位置付けられ、このサイクルを繰り返す中で学習者の成長を促すものである。したがって、指導と評価は一体であり、矛盾してはならない。教師の評価にかかわる言葉は、学習者にとって自己評価の手掛かりとして学習の成果を確かめ、次の学習につながっていく。また、教師自身の省察や観察による「授業評価」も授業を改善していくうえで重要である。

りの違いを受容する自由な雰囲気や人間関係の中で、仲間とかかわり合いながら、児童にとって魅力的な授業を工夫していきたい。

表4　表現運動の授業で求められる教師の指導力

> ①表現運動の理論をもつ…表現運動の楽しさや魅力を言葉で伝える
> ②表現運動の授業をデザインする力をもつ…単元を構成する力
> ③学習の場や踊る環境を演出する力を磨く…踊る気分や雰囲気をつくる
> ④実際の学習者とのやりとりで発揮する指導力を磨く…実技指導力
> ⑤授業を評価する力…自分の授業を振り返り考察（省察）、他者の授業観察

4. 評価の仕方

「表現運動で何を教えるのか？」、「表現運動の学習でどんな力を育てていくのか？」が問われている。「何をどのように学ばせるか」は学習指導の問題であり、「どれくらい学べたか」は児童にどのような力が身に付いたかという学習評価の問題となる。重要なことは、この「学習指導」と「学習評価」の問題は、表裏一体の関係❽にあり、どちらかだけを切り離して問題にしてはいけないということである。

表現運動の学習は、表したいイメージも動きも個々多様であり、「個の違い（個性）」を前提としている。したがって、児童一人ひとりの特性を「差」ではなく「違い（個性）」として捉え、一人ひとりの個性が生かされてこそ特性も生きる、という積極的な関係で評価の問題も考えていきたい。

このような捉え方に立ち、「関心・意欲・態度」、「思考・判断」、「運動の技能」の観点から「クラスの児童と取り上げる運動との関係」を捉え、指導計画に生かしていくようにする。これらの観点は、「どれだけ運動の

特性に触れられたか」と関連して、学習のスタート時だけでなく、学習の深まりに応じた児童一人ひとりの変容の姿を捉える観点ともなる。

5.「習得・活用・探究」を踏まえた授業の進め方

　表現運動の授業（単元）においては、「何をどのように」取り上げていくかが重要となる。表現運動の学習過程は、学習者の「今もっている力」を生かしながら、毎時間「踊る・創る・観る」の楽しさに触れていけるように、例えば「表現」の学習過程は、「いろいろな題材からの即興表現」から「簡単なひとまとまりの表現」へと、2つの楽しみ方を柱としたステージで構成される。この2つは学習内容の大きな柱ともなっている。

　今回の改訂では、いわゆる「習得・活用・探究❾」の観点が示され、それが、学習過程を構想し具体化する新たな手掛かりとして注目されている。表現運動の「今、ここ」を大切にする創造的学習は、「習得」と「活用」の2つを行き来する往環運動を繰り返しながら、そのプロセスの総体が「探究型」の学習になるという意味で、上記の表現運動の学習過程の考え方と一致している。この観点から学習過程を捉え直すと、単元前半の即興表現の段階では、毎時間「やってみる」（習得）と「広げる」（活用）を往復した学び（小さな探究）を核に繰り返し、単元後半のひとまとまりの表現の「深める」（探究）大きな探究へと単元の学習は発展すると考えられる。

　重要なことは、「習得」の内容をいかに組み込むかである。最初から「自由にどうぞ」ではなく、動きはじめは教師のリードで「一緒にやってみる内容」（その内容で重要な動き）があり、しかも教えっ放しではなく「相手に返す」、つまり、教師が示した内容を材料やヒントにして自分達で動きを自由に再構成したり、ひと流れの動きに工夫して活用・応用いくことが大切で、その際に、「4つのくずし❿」などのヒントや手掛かりを提示する。これが、毎時間の「習得と活用」の往環運動である。

（村田芳子）

■引用・参考文献
◆文部科学省「小学校学習指導要領解説体育編」2008年
◆中央教育審議会答申「幼稚園、小学校、中学校、高等学校及び特別支援学校の学習指導要領の改善について」2008年1月
◆細江文利、池田延行、村田芳子編著「小学校新学習指導要領の授業・体育科実践事例集」（低・中・高学年全3巻）、小学館、2009年
◆村田芳子、高橋和子「新学習指導要領に対応した表現運動・ダンスの授業」、「女子体育」第51巻7・8号、「保存版！ダンス指導ハンドブック―初めての指導・一歩進んだ指導―」、2009年

❾習得・活用・探究の学習
　2008年1月の中央教育審議会答申では、「『ゆとり』か『詰め込み』かの二項対立を乗り越え、基礎的・基本的な知識・技能の習得とこれらを活用する思考力・判断力・表現力等をいわば車の両輪として相互に関連させながら伸ばしていくことが求められている。」と示され、「習得」と「探究」、それをつなぐ「活用」という言葉とともに、学習指導の進め方に言及している。

❿4つのくずし（変化）
　「表現」や「リズムダンス」の指導において、空間（場）を自由に使ったり、ひねりやターン、素早く動く・スローモーションなどで変化を付けるなど、「空間・身体・時間・他者との関係」の4つの要因を「くずす」ことにより、多様な動きを引き出し、表現やリズムダンスの「動きの面白さ」に触れる手掛かりとして活用する。

◆参考資料2　小学校の領域構成と内容

1年	2年	3年	4年	5年	6年
【体つくり運動】					
体ほぐしの運動	体ほぐしの運動	体ほぐしの運動	体ほぐしの運動	体ほぐしの運動	体ほぐしの運動
多様な動きをつくる運動遊び	多様な動きをつくる運動遊び	多様な動きをつくる運動	多様な動きをつくる運動	体力を高める運動	体力を高める運動
【器械・器具を使っての運動遊び】		【器械運動】			
固定施設を使った運動遊び					
マットを使った運動遊び		マット運動		マット運動	
鉄棒を使った運動遊び		鉄棒運動		鉄棒運動	
跳び箱を使った運動遊び		跳び箱運動		跳び箱運動	
【走・跳の運動遊び】		【走・跳の運動】		【陸上運動】	
走の運動遊び		かけっこ・リレー		短距離走・リレー	
		小型ハードル走		ハードル走	
跳の運動遊び		幅跳び		走り幅跳び	
		高跳び		走り高跳び	
【水遊び】		【浮く・泳ぐ運動】		【水泳】	
水に慣れる遊び		浮く運動		クロール	
浮く・もぐる遊び		泳ぐ運動		平泳ぎ	
【ゲーム】				【ボール運動】	
ボールゲーム 鬼遊び		ゴール型ゲーム		ゴール型	
		ネット型ゲーム		ネット型	
		ベースボール型ゲーム		ベースボール型	
【表現リズム遊び】		【表現運動】			
表現遊び		表現		表現	
リズム遊び		リズムダンス			
				フォークダンス	
		【保健】			
		毎日の生活と健康	育ちゆく体とわたし	心の健康 けがの防止	病気の予防

（文部科学省「小学校学習指導要領解説体育編」2008年8月より）

第3章

中学校の体育の授業

第15講
体つくり運動

本講義のポイント
▶ 体つくり運動は、体を動かす楽しさや心地よさを味わう「体ほぐしの運動」と体の柔らかさ、巧みな動き、力強い動き、動きを持続する能力を高める「体力を高める運動」から構成される。
▶ 学習内容は、「運動」、「態度」及び「知識、思考・判断」である。運動と知識は関連させて指導することが重要である。
▶ 体つくり運動は、各学年で履修させなければならない。また、各学年とも7単位時間以上を配当しなければならない。

❶体力の捉え方
体力の構成要素には、筋力、瞬発力、持久力（全身持久力、筋持久力）、調整力（平衡性、巧緻性、敏捷性）、柔軟性がある。

❷体ほぐしの運動のねらい
「心と体の関係に気付く」こと、「体の調子を整える」こと、「仲間と交流する」ことをねらいとして行われる運動である。なお、一つの運動例においても、複数のねらいが関連している場合があるので、指導に際しては、これらのねらいをかかわり合わせながら指導することにも留意することが大切である。

1. 特性とねらい

子ども達の体力❶低下に歯止めがかからず、体力を向上させることや運動嫌いをなくすことが学校教育の大きな課題となっている。そのため、運動実践への意欲や関心を喚起する体ほぐしの運動と、正しい知識に基づく体力を高める運動を両輪として、心と体の調和のとれた発達を促すことを目指す体つくり運動への期待は大きい。

体つくり運動は、体ほぐしの運動と体力を高める運動で構成され、自他の心と体に向き合って、体を動かす楽しさや心地よさを味わい、心と体をほぐしたり、体力を高めたりすることができる領域である。

体つくり運動は、小学校では、これまで高学年で取扱われていたが、運動に親しむ態度の育成や体力向上を一層図っていくため、全学年で取扱うよう改善された。中学校では、小学校での学習を受けて、学校の教育活動全体や実生活で生かすことができるようにすることが求められる。したがって、1年及び2年では、「体を動かす楽しさや心地よさを味わい、体力を高め、目的に適した運動を身に付け、組み合わせることができるようにする」ことを、3年では、「体を動かす楽しさや心地よさを味わい、健康の保持増進や体力の向上を図り、目的に適した運動の計画を立て取り組むことができるようにする」ことを学習のねらいとしている。

2. 学習内容

体つくり運動の学習内容は、「運動」、「態度」、「知識、思考・判断」である。体つくり運動の特性から「技能」ではなく、「運動」となっている。

(1) 運動
① 体ほぐしの運動

体ほぐしの運動❷の内容は、表1の通りであり、気付き、調整、交流の3つのキーワードにまとめることができる。

「気付き」は1・2年での心と体の関係への気付きから、3年の心と体は互いに影響し変化することへの気付きへと段階が進むこととなる。

また、「調整❸」は、「体の調子を整える」から「体の状態に応じて体の調子を整える」に、「交流❹」は、「仲間と交流する」から「仲間と積極的に交流する」へと段階が進む。

表1　体ほぐしの運動の内容

1・2年	3年・高校1年
心と体の関係に気付き、体の調子を整え、仲間と交流するための手軽な運動や律動的な運動を行う。	心と体は互いに影響し変化することに気付き、体の状態に応じて体の調子を整え、仲間と積極的に交流するための手軽な運動や律動的な運動を行う。

● 行い方の例

　体ほぐしの運動は、他の運動領域のように系統的な技能や動きを例示することが適さないため、体つくり運動のねらいに基づいた「行い方の例」が中学校学習指導要領解説保健体育編に次のように示されている。

> ・のびのびとした動作で用具などを用いた運動を行うこと。
> ・リズムに乗って心が弾むような運動を行うこと。
> ・ペアでストレッチングをしたり、緊張を解いて脱力したりする運動を行うこと。
> ・いろいろな条件で、歩いたり走ったり跳びはねたりする運動を行うこと。
> ・仲間と動きを合わせたり、対応したりする運動を行うこと。

　1・2年と3年の「行い方の例」は同じであるが、3年では、これらの運動などを組み合わせたり、ねらいに合うように構成して取り組み、実生活にも生かすことができるようにすることが大切である。

② 体力を高める運動

　体力を高める運動❺の内容は表2の通りである。1・2年では、体力を高める適切な運動の行い方とそれらを組み合わせた簡単な計画に取り組むことが、また、3年では、疲労回復や体調維持などの健康に生活するための体力と、運動を行うための体力をバランスよく高めていく運動の計画の立て方が主な内容である。

表2　体力を高める運動の内容

1・2年	3年・高校1年
ねらいに応じて、体の柔らかさ、巧みな動き、力強い動き、動きを持続する能力を高めるための運動を行うとともに、それらを組み合わせて運動の計画に取り組む。	ねらいに応じて、健康の保持増進や調和のとれた体力の向上を図るための運動の計画を立て取り組む。

● 体力を高めるための運動の適切な行い方

　「体の柔らかさを高めるための運動」では、体の各部位を前もって緊張したり意識的に解緊したりすることによって、体の各部位の可動範囲を広げること、「巧みな動きを高めるための運動」では、自分自身であるいは人や物の動きに対応してタイミングよく動くこと、バランスをとって動くこと、リズミカルに動くこと、力を調整して素早く動くことができる能力を高めること、「力強い動きを高めるための運動」では、自己の体重、人

❸ 調整の段階
　運動を通して、体の状態や身のこなしを整えるとともに、心の状態も軽やかにし、ストレスの軽減に役立つように整えることから、人の体や心の状態には個人差があることを把握し、体の状態に合わせて力を抜く、筋肉を伸ばす、リズミカルに動くなどして、体の調子を整えるだけでなく、心の状態を軽やかにし、ストレスの軽減に役立つようにすることへと段階が進む。

❹ 交流の段階
　運動を通して、ともに運動する仲間と協力したり助け合ったりすることによって、楽しさと心地よさが増すように交流することから、運動を通してともに運動する仲間と進んで協力したり認め合ったりすることによって、仲間を大切に感じたり信頼で結ばれたりするように交流することへと段階が進む。

❺ 体力を高める運動
　体の柔らかさ、巧みな動き、力強い動き、動きを持続する能力などを、それぞれ安全で合理的に高めることができるようにする。その際、ねらいや体力の程度に応じて、適切な強度、時間、反復回数、頻度などを組み合わせることができるようにする。

❻健康・安全への配慮
　体の状態のみならず、心の状態も確かめながら、体調の変化などに気を配ること、用具や場所などの自己や仲間の安全に留意して運動を行うこと、自己の体力の程度に応じた行い方や強度を選んで運動することなどである。

❼体力の違いに配慮
　各関節の可動範囲や筋力には個人差があること、仲間の体力に合わせて力の強さやタイミングの合わせ方を調整することなどへの配慮が大切である。

❽「運動を継続する意義」
　定期的・計画的に運動を続けることは、心や体の健康や体力の保持増進につながることや豊かなスポーツライフの実現は、地域などとのコミュニケーションを広げたり、余暇を充実させたりするなど生活の質を高めることにもつながる。

❾体の構造
　関節には可動範囲があること、同じ運動をし過ぎると関節に負担がかかること、関節に大きな負荷がかからない姿勢があること、体温が上がると筋肉は伸展しやすくなることなどを理解できるようにする。なお、体の構造とは、体のつくりと働きのことであるが、3年では関節や筋肉の働きを中心に取り上げるようにする。

❿運動の原則
　どのようなねらいをもつ運動か、偏りがないか、自分に合っているか、どの程度の回数を反復するか、あるいはどの程度の期間にわたって継続するかなどの運動を計画して行う際の原則を理解できるようにする。

や物などの抵抗を負荷として、それらを動かしたり移動したりすることによって力強い動きを高めること、「動きを持続する能力を高めるための運動」では、一つの運動または複数の運動を組み合わせて一定の時間に連続して行ったり、あるいは一定の回数を反復して行ったりすることによって、動きを持続する能力を高めることをねらいとして行うことが大切といえる。

(2)態度
　態度の内容は表3に示す通りである。1・2年では、目的に適した運動を身に付け、組み合わせることに積極的に取り組めるようにし、3年では、健康の保持増進や体力の向上を図り、目的に適した運動の計画に自主的に取り組めるようにする。用具の準備や後片付けをしたり、行った回数や時間を記録したりするなどの分担した役割に積極的に取り組もうとすることや、仲間と互いに合意した役割に、責任をもって自主的に取り組もうとすることなどの態度を育成することが大切である。

表3　態度の内容

1・2年	3年・高校1年
積極的に取り組むとともに、分担した役割を果たそうとすることなどや、健康・安全に気を配る❻ことができるようにする。	自主的に取り組むとともに、体力の違いに配慮❼しようとすること、自己の責任を果たそうとすることなどや、健康・安全を確保することができるようにする。

(3)知識、思考・判断
　知識、思考・判断の内容は、表4に示す通りである。体つくりの運動では知識と運動とを関連させて指導することが重要であるが、1・2年では知識は「体つくり運動の意義と行い方」、「運動の計画の立て方」が、思考・判断は、「課題に応じた運動の取り組み方の工夫」が、3年では知識は「運動を継続する意義❽」、「体の構造❾」、「運動の原則❿」が、思考・判断は「自己の課題に応じた運動の取り組み方の工夫」が示されている。

表4　知識、思考・判断の内容

1・2年	3年・高校1年
体つくり運動の意義と行い方、運動の計画の立て方などを理解し、課題に応じた運動の取り組み方を工夫できるようにする。	運動を継続する意義、体の構造、運動の原則などを理解し、自己の課題に応じた運動の取り組み方を工夫できるできるようにする。

3. 学習指導のポイント

　体つくり運動は、7単位時間以上を配当することになっているので、単元計画を学年別に立てて適切に指導していくことが重要である。

(1)指導方法の工夫

　体ほぐしの運動は、体つくり運動の領域のみならず、器械運動からダンスまでの各領域との関連を図って指導することが重要である。また、保健分野の心の健康の学習内容などとの関連も図り、心と体は互いに関係していることに気付かせることが大切である。
　体力を高める運動は、1・2年では動きを持続する能力を高めるための運動に重点をおいて指導し、3年では日常的に取り組める運動を取り上げ

るなど指導方法を工夫し、指導内容の確実な定着を図っていかなければならない。

(2) 単元計画

体力を高める運動で、例えば、体の柔らかさ、巧みな動き、力強い動き、動きを持続する能力を高めるための運動の行い方や組み合わせ方にそれぞれ1単位時間をかけると、すでに最低4単位時間が必要となる。単元計画を7単位時間とすると、体ほぐしの運動は3単位時間となるが、どの程度の時間を配当するかは、学校や生徒の実態を踏まえ、3年間を見通して決めることとなる。2年では1年で組み合わせた簡単な運動の計画を元に、それぞれの計画をさらに組み合わせて、体力を安全で効果的に高めることのできる運動の計画に取り組み、3年では個人の体力や生活に応じて健康の保持増進や調和のとれた体力の向上を図るための運動の計画を立て、取り組めるようにする。

4. 評価の仕方

体ほぐしの運動、体力を高める運動とも、学習指導要領に示された学習内容を踏まえ、観点別に評価規準を作成する必要がある。評価規準の設定に当たっては、小学校から高等学校までの12年間の体つくり運動の実現状況の質的な高まりを見据えて、それぞれの学年に応じた評価規準を設定することが望ましい。なお、体ほぐしの運動は、運動の特性から技能の習得や向上を直接のねらいとするものでないため、学習内容のうち運動については評価を行わない。しかし、<u>運動以外の観点</u>❶については適切に評価していかなければならない。

5. 運動の計画と組み合わせ

体つくり運動については、運動を組み合わせ、運動の計画を立てて取り組むことが、今回の改訂で新たな内容として加えられた。

1・2年の運動の計画は、一つのねらいを決めて、その中からいくつかの運動を効率よく組み合わせて行う簡単な運動の計画や、体力を高める運動のうち、ねらいが異なる簡単な運動例をバランスよく組み合わせて行う運動の計画であり、体力向上のための基礎的な計画である。

3年の運動の計画は、健康の保持増進や調和のとれた体力の向上を図るための運動の計画であり、1・2年で学習した内容を踏まえて、運動不足や疲労を解消する、体調を維持するなどの健康に生活するための体力や運動を行うための体力をバランスよく高めていく個人の生活やねらいに応じた運動の計画である。

(古川善夫)

■引用・参考文献
◆文部科学省「中学校学習指導要領」2008年
◆文部科学省「中学校学習指導要領解説保健体育編」2008年

❶運動以外の観点
・体ほぐしのねらいである「心と体の関係に気付く」、「体の調子を整える」、「仲間と交流する」ことを踏まえて、課題に応じた活動を選んでいる。
・関節や筋肉の働きに合った合理的な運動の行い方を選んでいる。
・ねらいや体力に応じて効率よく高める運動例やバランスよく高める運動例の組み合わせ方を工夫している。
・仲間と協力する場面で、分担した役割に応じた活動の仕方を見つけている。

第16講
器械運動

本講義のポイント
▶器械運動は、マット・鉄棒・平均台・跳び箱を使用して行う、系・技群・グループの視点で分類された技の習得を主体とする、非日常的な運動による「動ける身体」の獲得を目指したスポーツである。
▶器械運動では、技への挑戦や連続技のスムーズな演技など自ら設定した課題に挑戦し、よりよく達成していくことや、仲間の運動を観察し讃えることが学習の主要なねらいとなる。

1. 特性とねらい

(1) 器械運動の特性

　器械運動の領域は、改訂された学習指導要領（2008年）では小学校3年より独立した領域として取扱われ、中学校・高等学校へと発展的に継続され示されている。器械運動は、マット運動、鉄棒運動、平均台運動、跳び箱運動で構成され、器械・器具の特性に応じて多くの「技」がある。これらの技は、小学校・中学校と高等学校との一貫性を図って、系・技群・グループの視点で分類❶されている。器械運動は、それぞれの器械・器具の特性に応じて系統的に分類された回転・懸垂・支持・跳躍・バランスなどの各種の技に挑戦し、その技ができる楽しさや喜びを味わうことのできる運動である。発達段階に応じて学習のねらいは「できるようにする（小学校）、よりよくできるようにする（中学校）、演技することができるようにする（高等学校）」活動が中心となる。器械運動は、自己の技能段階に応じて課題の達成に取り組み、その技が「できた」、「完成した」という喜びを味わい楽しむスポーツであり、自らの課題に挑戦し、達成することに基本的な意味をもつが、技を組み合わせた演技の発表会を行ったり、互いにできばえを評価し合ったりすることによって競技としての楽しさを経験することもできるスポーツである。

> ①マット・鉄棒・平均台・跳び箱の器械・器具を使用して行う、個人的技能の習得を主体とする「動ける身体」の獲得を目指したスポーツである。
> ②各種目で学習される運動は、運動課題や運動技術などの視点で系統的に分類されている。
> ③「できない」、「できる」、「より上手にできる」など、運動経験や体力の違いが学習結果に表れやすい個人差の大きい運動であり、指導上の扱い方によっては、優越感や劣等感などを生じやすい。
> ④課題を達成する過程で、決断力や動感能力❷が養われ、学習の結果として、筋力・調整力・柔軟性・バランスなどの体力要素が高められる。
> ⑤日常生活では経験できない運動が多く扱われており、常に危険を伴い、恐怖心をもちやすいので、系統的・段階的指導と安全への配慮が求められる運動である。

---

❶**器械運動の技の分類**
　系とは各種目の特性を踏まえて技の運動課題の視点から大きく分類したもので、マット運動では回転系と巧技系、鉄棒運動では支持系と懸垂系、平均台では体操系とバランス系、跳び箱運動では切り返し系と回転系がある。
　技群とは類似の運動課題や運動技術の視点から分類したもので、マット運動では回転系の接点技群とほん転技群、巧技系の平均立ち技群が、鉄棒運動では支持系の前方支持回転技群と後方支持回転技群や懸垂技群がある。
　グループとは類似の運動課題や運動技術に加えて、運動の方向や運動経過、さらには技の系統性や発展性も考慮して技を分類したもので、前転グループやはねおきグループ、回転跳びグループなどで表現される。

❷**動感能力**
　運動学習の場において、「私はどんな感じで動くことができるのか」を捉えることができる能力で、教師の説明によって「動きの感じを思い浮かべ」、これからやろうとしている運動が「わかる」、「やってみたい」、「できそうだ」という感覚につながる重要な感覚である。

(2)**器械運動のねらい**

学習を進めるうえでの具体的な特性として、次の点が挙げられる。

①自己の技能段階に応じた課題を設定し、系統的・段階的に運動を理解しそれぞれの技に挑戦して技能を高め、技が円滑にできるようにする。
②練習目標や練習計画を明確にし、技の組み合わせや跳び方などを工夫して、根気強く、楽しく練習し、技能の習熟を図る。
③器械運動の特性を理解させるとともに、器械・器具を点検し、互いに補助したり励まし合って、楽しく安全に練習ができるようにする。

2. 学習内容

改訂された学習指導要領において、器械運動は、技能に関する内容、態度に関する内容、知識、思考・判断に関する内容で構成されている。また、小学校から高等学校までの一貫性を考慮した取扱い上、中学1・2年は必修、3年は選択の扱いになっており、学習内容が別に示されている。

技能に関する内容では、1・2年で「マット運動、鉄棒運動、平均台運動、跳び箱運動について、技ができる楽しさや喜びを味わい、その技がよりよくできるようにする」、3年で「自己に適した技で演技することができるようにする」と学習のねらいが示されている。

(1)**マット運動**

マット運動の特性❸を理解し、技能の学習内容として例示された、回転系や巧技系の基本的な技を滑らかに行うこと、条件を変えた技、発展技を行うこと、それらを組み合わせること（1・2年）とそれらを構成し演技すること（3年）をねらいとして授業を計画・運営することが大切である。

表1 マット運動の技の具体的例示

系	技群	グループ	基本的な技 (主に小5・6で例示)	発展技 (3年の基本的な技は主に中1・2で例示)
回転系	接転	前転	前転→開脚前転	→伸膝前転 / →倒立前転 / →跳び前転
		後転	後転→開脚後転	→伸膝後転→後転倒立
	ほん転	倒立回転・倒立回転跳び	側方倒立回転 倒立ブリッジ	→側方倒立回転1/4ひねり(ロンダード) / →前方倒立回転→前方倒立回転跳び
		はねおき	首はねおき	→頭はねおき（3年の基本的な技）
技巧系	平均立ち	片足平均立ち	片足平均立ち	→片足正面水平立ち、片足側面水平立ち(3年) / →Y字バランス
		倒立	頭倒立 補助倒立	→倒立 →倒立ひねり(3年)

（中学校学習指導要領解説より）

○技の組み合わせ例
・同系統の組み合わせ：前転－側方倒立回転－跳び前転－跳びひねり－伸膝後転　の連続
・異系統の組み合わせ：前転－跳びひねり－後転倒立－側方倒立回転－片足水平立ち－助走－前方倒立回転跳び

(2)**鉄棒運動**

鉄棒運動の特性❹を理解し、技能の学習内容として例示された、支持系や懸垂系の基本的な技を滑らかに行うこと、条件を変えた技、発展技を行うこと、それらを組み合わせること（1・2年）とそれらを構成し演技する

❸**マット運動の特性**

マット運動は平面としての床面やマットを器械として利用する種目である。マット運動で扱われる運動は、回転系に含まれる接転技群の前転や後転グループ、ほん転技群の倒立回転や倒立回転跳びやはねおきグループ、巧技系に含まれる平均立ち技群の片足水平立ちや倒立グループの様々な技で構成されている。マット運動での面白さは、「膝を伸ばして回転できた」、「倒立静止ができた」、「スムーズに連続技を演技できた」、など、技に対する「自分の身体コントロールがうまくなった」という達成感や喜びである。

❹**鉄棒運動の特性**

鉄棒運動は、低鉄棒・高鉄棒のバーを中心軸として行われる種目である。鉄棒運動で扱われる運動は、支持系に含まれる前方支持回転技群の前転や足掛け前方回転グループ、後方支持回転技群の後転や足掛け後転グループ、懸垂系に含まれる懸垂技群の懸垂グループの様々な技で構成されている。鉄棒運動での「できる」、「できない」の個人差は、発達発育段階の影響が大きいため、発育の早い段階での学習経験が重要となる。上がり技や回転技と下り技を組み合わせて、技や連続した演技の達成の喜びや面白さを体験させることが大切である。

こと（3年）をねらいとして授業を計画・運営することが大切である。

表2　鉄棒運動の技の具体的例示

系	技群	グループ	基本的な技（主に小5・6で例示）	発展技
支持系	前方支持回転	前転	前方かかえ込み回り→方方支持回転 転向前下り　　　→踏み越し下り	→前方伸膝支持回転 →支持飛び越し下り
		前方足掛け回転	膝掛け振り上がり→前方膝掛け回転 　　　　　　　→膝掛け上がり	→前方もも掛け回転 →もも掛け上がり→け上がり
	後方支持回転	後転	逆上がり→後方支持回転	→前方伸膝支持回転 →後方浮き支持回転 →棒下振り出し下り
	後方足掛け回転		腰掛け振り逆上がり→後方膝掛け回転	→後方もも掛け回転
懸垂系	懸垂	懸垂	懸垂振動　→後ろ振り跳び下り （順手・片逆手）	→懸垂振動ひねり →前振り跳び下り

（中学校学習指導要領解説より）

○技の組み合わせ例（いくつかの技を「上がる―回る―下りる」に組み合わせて行う）
・同グループの組み合わせ：逆上がり―後方支持回転―棒下振り出し下り
・異グループの組み合わせ：膝掛け振り上がり―後方膝掛け回転―前方もも掛け回転―踏み越し下り

(3) 平均台運動

平均台運動の特性❺を理解し、技能の学習内容として例示された、体操系やバランス系の基本的な技を滑らかに（1・2年）、滑らかに安定して（3年）行うこと、条件を変えた技、発展技を行うこと、それらを組み合わせること（1・2年）とそれらを構成し演技すること（3年）をねらいとして授業を計画・運営することが大切である。

表3　平均台運動の技の具体的例示

系	グループ	基本的な技（主に小5・6で例示）	発展技
体操系	徒歩	前方歩 後方歩	→前方ツーステップ、前方走 →後方ツーステップ
	跳躍	伸身跳び（両足踏切） 開脚跳び（片足踏切）	→かかえ込み跳び →開脚跳び下り、かかえ込み跳び下り →前後開脚跳び →片足踏み切り跳び上がり
バランス系	ポーズ	立ちポーズ（両足・片足） 座臥・支持ポーズ	→片足水平バランス →V字ポーズ、片膝立ち水平支持ポーズ
	ターン	両足ターン	→片足ターン（振り上げ型・回し型）

（中学校学習指導要領解説より）

○技の組み合わせ例（いくつかの技を「上がる―なかの技―下りる」に組み合わせて行う）
・横から両手支持―片足でまたぎ開脚座―V字ポーズ―立ち上がり前方ツーステップ―片足水平バランス―両足立ち1/2ひねり―踏みかえ跳び―前後開脚跳び―両足立ち1/4ひねり―開脚跳び下り（着地）

(4) 跳び箱運動

表4　跳び箱運動の技の具体的例示

系	グループ	基本的な技（主に小5・6で例示）	発展技
切り返し系	切り返し跳び	開脚跳び かかえ込み跳び	→開脚伸身跳び →屈伸跳び
回転系	回転跳び	頭はね跳び	→前方屈腕倒立回転跳び―前方倒立回転跳び 側方倒立回転跳び（3年）

（中学校学習指導要領解説より）

---

❺平均台運動の特性
　平均台運動は、幅10cmの台上で行われる。平均台運動で扱われる運動は、体操系の徒歩や跳躍グループ、バランス系のポーズやターングループに属する様々な技で構成されている。これらの運動は、運動する場所が高さのある幅が狭い細長い台上であることから、恐怖心を克服しながら様々な運動を行うこと自体が課題ともなる種目である。高さに対する恐怖心を克服するための学習の場の工夫が必要であり、上がり技となかの技と下り技を組み合わせた連続技を演技できるようにすることが大切である。

跳び箱運動の特性❻を理解して、技能の学習内容として例示されている、切り返し系や回転系の基本的な技を滑らかに（1・2年）、滑らかに安定して（3年）行うこと、条件を変えた技、発展技を行うことをねらいとして授業を計画・運営することが大切である。

(5) **態度に関する内容**
①技の難易度や自己の技能・体力に応じた課題を設定し、技ができる楽しさや喜びを味わわせることで積極的・主体的に取り組む態度を養う。
②仲間の技や演技を認めたり讃え合うことで、お互いの運動意欲が高まったりコミュニケーションが深まったりすることを理解させる。
③練習や発表会の運営の際に、器械・器具の出し入れなど分担した自己の役割に積極的に取り組ませることで責任感を養う。
④体調の変化に気を配り、器械・器具や練習場所の安全に留意して練習や演技を行わせ、補助などのけがを防止するための留意点を理解させる。

(6) **知識と思考・判断に関する内容**
器械運動の特性や成り立ち、技の名称や行い方、関連して高まる体力❼、運動観察の方法❽などを理解させ、自己の課題に応じた運動の取り組み方を工夫させる。

3. 学習指導のポイント

器械運動の学習指導は、各運動の特性や技の基本・組み合わせなどを理解させ、生徒に「技ができた」という課題達成の喜びを味わわせるとともに、「よりよくできる」ことを目指して挑戦させることが最大のねらいである。そのためには、一人ひとりの課題に対して、個人別の練習計画や練習形態を工夫し、技のできばえや達成の喜び、学習の楽しさを享受できるような指導の工夫が必要である。また、器械運動では日常生活であまり経験しない運動が多く扱われているため、動き方の感覚が分からず、恐怖心をもつこともあるので、お互いに補助し合うことによる安全への配慮、課題となる技に適した練習の場の工夫、系統的・段階的な指導が必要になる。

4. 評価の仕方

①それぞれの種目における運動技能については、自己の能力に応じて選択した技のできばえや技の組み合わせ（連続技や演技）の実施状況などを、絶対評価法や到達度評価法を活用して評価する。
②態度に関する内容については、課題設定を含む学習への取り組み方や練習における仲間との協力状況、準備や安全点検など、学習場面での行動や姿勢を教師による観察記録や生徒の自己評価記録を活用して評価する。
③知識と思考・判断に関する内容については、運動の特性や技術構造、技の名称や行い方などをペーパーテストの結果によって評価する。

（柴田俊和）

■引用・参考文献
◆文部科学省「中学校学習指導要領解説保健体育編」、2008年
◆金子明友編著「運動学講義」大修館書店、1990年
◆三木四郎他編著「中・高校器械運動の授業づくり」大修館書店、2006年

---

❻**跳び箱運動の特性**
跳び箱運動は、跳び箱という器具を使って行う、助走・踏切・支持跳躍（手で跳ねる）・着地という一連の運動で、類似の運動課題の技をまとめて、切り返し系と回転系で構成されている。いろいろな技を、どれだけ安定した動作で跳び、安定した着地ができるかが学習の課題であり、跳び箱の高さを克服するのではなく、技のできばえという課題を達成することで「できた」という喜びを味わうことのできる運動である。

❼**関連して高まる体力**
器械運動のできばえは、体力要素の中でも、それぞれの種目や系・技群・グループによって、技の動きに関連して筋力や柔軟性、平衡性などに強く影響される。技と関連させた補助運動や部分練習を取り入れ、繰り返したり、継続して行ったりすることで、結果として体力が高まることを理解させる必要がある。

❽**運動観察の方法**
自己の動きや仲間の動き方を分析するには、自己観察（自己内観）や他者観察（客観観察）などの方法がある。これらの観察により、仲間の演技からよい動き方を見つけたり、ビデオなどの映像を通して、自己の演技と仲間の演技の違いを比較したりすることで、自己の取り組むべき技術的な課題が明確になり、学習の成果を高められることを理解させる必要がある。

第 17 講
陸上競技

本講義のポイント
▶陸上競技の指導では、各種目の「特性や魅力」に応じて基礎的な技能や知識を身に付けるようにする。
▶学習内容は、「技能」、「態度」、「知識、思考・判断」で構成される。
▶3つの学習内容及び体育理論との密接な関連に留意して指導する。
▶指導と評価を一体化し、評価方法を開発していくことが重要である。

1. 特性とねらい

陸上競技は、自己の能力の最高発揮を課題とする運動である。陸上競技の特性は、<u>3つの視点</u>❶から捉えられるが、これらの特性を別々に捉えるのではなく、第3の視点を中心にしながら第2や第1の視点からの特性が伴うように運動を取り上げ、授業を構想するとよい。

第3の視点から陸上競技をみると、生徒にとっては2つの楽しみ方が含まれている。すなわち①自己の能力を他者と比べて競争して楽しんだり、②自己に応じた目標を決めそれに挑戦し、その達成の喜びを味わったりする楽しみ方である。このような生徒の立場からみた陸上競技の楽しさや喜び（機能的特性）に触れさせる指導がまず求められる。

それとともに、今回の学習指導要領の改訂（2008年）では、「<u>運動の魅力</u>❷」に応じて基礎的な技能や知識を身に付けることが基本方針として示された。例えばハードル走は、短距離走では味わえない心地よい「リズム走」が魅力・妙味であり、動きの面白さとなっている。この独自の面白さに触れる基礎的な技能を身に付けることが内容として明確にされた。陸上競技の指導では、「機能的特性」に触れる楽しさと、「運動の魅力・妙味」としての面白さの2つを同時に味わうことができるようにしたい。心地よい「リズム走」という動きの面白さを味わいながら、自己の記録に挑戦したり、相手と競争したりする楽しさや喜びに触れていくところに、ハードル走を行う意味がある。

機能的特性に触れ、運動の魅力・妙味を味わうことへ向けた自発的な取り組みとして、基本的な動きや効率のよい動きを身に付け（1・2年）たり、それを発展させて各種目特有の技能を身に付けたりする（3年）ことが大切になるのである。

こうした技能を習得する学習プロセスでは、科学的知識を習得したり、運動への愛好的態度を学んだりすることが密接に関連してくる。したがって、これらの3つの内容を関連させて学び、特性と魅力に触れることができるようにしていくことが陸上競技の授業のねらいとして重要になる。

---

❶3つの視点から捉えた陸上競技の特性
第1の視点は、活発に運動した結果としてもたらされる身体への効果に着目した見方であり、「効果的特性」とされる。第2の視点は、陸上競技の技術の仕組みや構造に着目する「構造的特性」である。そして第3の視点は、陸上競技に取り組む生徒の側からみて、どんな欲求や必要が満たされるのか、という視点から陸上競技の特徴を捉えようとする立場であり、「機能的特性」とされる。

❷運動の魅力
新学習指導要領（2008年）では、「改善の基本方針」として、「体育については、…それぞれの運動が有する特性や魅力に応じて、基礎的な身体能力や知識を身に付け、生涯にわたって運動に親しむことができるように、・・・」と記されている。ここで運動の特性とは、「機能的特性」のことである。また、運動の魅力とは、運動そのものの面白さのことであり、陸上競技の各種目が独自にもっている妙味のことである。

2. 学習内容

　陸上競技の内容は、「技能」、「態度」、「知識、思考・判断」で構成される。「技能」は、従前通り、走種目の「短距離走・リレー、長距離走、ハードル走」、跳種目の「走り幅跳び、走り高跳び」が示されている。これらの各種目について、発達段階に応じて確実に運動の特性や魅力・妙味に触れさせることを重視し、1・2年と3年とで内容が区別❸されている。例えば、短距離走の1・2年では、滑らかな動きで速く走ること、3年では、中間走へのつなぎを滑らかにするなどして速く走ること、と示されている。発達段階に応じた動きの面白さを学習内容として身に付けることが、それぞれの時期における記録の向上や競争の楽しさと結び付くようにしていくことが大切になる。

　「態度」については、1・2年では、勝敗などを認めルールやマナーを守ろうとする、分担した役割を果たそうとする、健康・安全に気を配ること、が示されている。3年では、勝敗などを冷静に受け止め、ルールやマナーを大切にしようとする、自己の責任を果たそうとする、健康・安全を確保すること、が示されている。これらのことに意欲をもって取り組めるようにすることが、陸上競技の特性や魅力に触れる態度として重視される。

　「知識、思考・判断」の「知識」の内容は、1・2年では、陸上競技の特性や成り立ち、技術の名称や行い方、関連して高まる体力などであり、3年では、技術の名称や行い方、体力の高め方、運動観察の方法などが具体的な内容となっている。「思考・判断」については、1・2年では、基礎的な知識や技能を活用して「課題に応じた運動の取り組み方を工夫」する能力を育てることを重視し、3年では、これまで学習した知識や技能を活用して、「自己の課題に応じた運動の取り組み方を工夫」することができるようにすること、と示されている。

　陸上競技の特性や魅力に触れる学習指導を展開するには、「技能」、「態度」、「知識、思考・判断」の3つの内容を切り離して別々に扱うのではなく、それぞれの密接な関連に留意して、内容を取り上げることが求められる。また、「体育理論」で学んだ内容を関連づけ、一体化させた学習内容を設定し、授業を展開していくことも、これからの重要な課題となる。

3. 学習指導のポイント

(1) 小学校5・6年との接続

　1・2年の指導に当たっては、小学校5・6年との接続についてカリキュラム上の連携を図っておくことが望まれる。学習内容の重複や繰り返しが起こらないようなカリキュラムの設計がなされていることが、これからの学習指導では極めて重要な前提となる。例えば走り幅跳びでは、「リズミカルな助走から踏み切って跳ぶ」学習（小5・6年）を受けて、「スピードに乗った助走から素早く踏み切って跳ぶ」学習（中1・2年）を展開することになる。したがって、こうした小学校と中学校の接続をめぐって、進学する校区ごとの組織的な連携が欠かせない。あらかじめ学習内容を組織

❸「4-4-4」のカリキュラム編成

　学習指導要領の今回の改訂では、「発達の段階のまとまりを考慮し、指導内容を整理し体系化を図る。」と、基本方針が示された。各発達段階に応じて確実に知識と技能を習得させることをねらいに、小学校から高校までの12年間を、4年間を区切りとする3つのまとまりとして構想し、それぞれの時期に学ばせることを戦略的に特徴づけたのである。この「4-4-4」のカリキュラムの区切りとの関係から、1・2年と3年の内容が区別して示された。

❹選択制授業
　器械運動、陸上競技、水泳、ダンス、の中から1つ以上の領域を選択する。陸上競技では、「短距離走・リレー、長距離走又はハードル走」及び「走り幅跳び又は走り高跳び」のそれぞれから種目を選択して履修する。

❺目標設定
　目標設定の手掛かりとして、例えば走り幅跳びでは、50m走タイム（走能力）に応じて跳躍可能な推定距離を10段階（または5段階）で示した「めやす表」が提案されている。また、走り高跳びでも50m走タイムと身長との関係から目標設定を行う「ノモグラム」が開発されている。いずれも個人差に応じて目標設定を行い、やる気（モチベーション）を引き出そうとする試みである。

❻課題選択
　例えば、走り幅跳びでは、助走の走り方、助走から踏み切りの仕方、踏み切り、空間動作、着地などの局面について、より具体的な課題設定が求められる。さらに、設定した課題に取り組む優先順位を決める必要がある。これらについての指導・支援が重要なポイントになる。

❼練習方法の決定
　選択した課題を解決するための練習方法を選んだり、自分で探したりすることができるよう、適切な資料を提供することが大切になる。

的に調整しておくことが、これからの学習指導の新たな課題になる。

(2) 1・2年と3年の学習のねらい
　「4-4-4」のカリキュラム編成との関連から、1・2年と3年の学習のねらいの違いを明確にする必要がある。すなわち、すべての種目が必修となった1・2年では、小5・6年とともに多くの種目について経験させ、本格的なスポーツに一度は触れさせることが目指される。
　これに対し3年では、選択制授業❹の開始時期となることから、選んだ種目についてより洗練させたり、楽しみ方を多様に広げたりするなどしながら、選択制授業の進め方について基礎的な学習を展開することがねらわれる。

(3) 運動の魅力に応じた技能を身に付ける
　先にもみたように、心地よい「リズム走」が魅力となっているハードル走では、「インターバル」局面と「ハードリング」局面の動きに短距離走とは異なる面白さがあり、この技能を身に付けることが大切になる。新学習指導要領では「ハードルをリズミカルに走り越える（小5・6年）」ことから、「リズミカルな走りから滑らかにハードルを越す（中1・2年）」こと、そして「スピードを維持した走りからハードルを低く越す（中3年）」こと、と示されている。ハードル走の魅力は、こうした技能の変容と相まって高まったり深まったりしていくことから、それぞれの段階に応じた動きの面白さを味わえるような指導が求められる。

(4) 個人差に応じる
　こうした学習プロセスで特性や魅力に触れていくためには、個人差に応じた指導が不可欠となる。一人ひとりの「目標設定❺」、「課題選択❻」、「練習方法の決定❼」が、個人差に応じて行われるよう、それぞれについての具体的な指導・支援の仕方を明確にしておかなければならない。

(5) 実技学習と理論学習との関連
　今回の改訂は、基礎的な知識・技能の獲得を重視していることから、「技能」、「態度」、「知識、思考・判断」を関連させて取り上げる必要がある。技能を習得する実技学習のプロセスで、それぞれの技術の科学的知識やルールの役割とそれが成立した意味等を学び、同時に、役割を果たす、協力すること等に意欲をもって取り組む態度が身に付くようにしなければならないのである。
　また、「体育理論」で学んだ内容をこのような実技学習と関連づけ、一体化させた学習指導を展開していくことも大切な課題となる。例えば、実技学習で「体力に見合った運動量での練習」を決める際、体育理論の「発達段階に応じた強度、時間、頻度に配慮した計画の立案」で学習したことを活用して練習量や練習計画を決めていくこと等が考えられよう。

4. 評価の仕方

(1) 評価の内容
　「指導したことを評価する❽」ことが原則であるから、まず「技能」、「態度」、「知識、思考・判断」の3つの柱のそれぞれについて何を教える

かを明確にしなければならない。新学習指導要領の「例示」等を参考にしながら、例えばハードル走（1・2年）では、「遠くから踏み切り、勢いよくハードルを走り越す（技能）」こと、「分担した役割に積極的に取り組もうとする（態度）」こと、「課題に応じた練習方法を選ぶ（知識、思考・判断）」こと等、具体的な評価の中身・内容を整理しておく必要がある。

(2) 評価の手順

① 「単元目標」から「単元の評価規準」（3つの柱の評価目標）を導く。
② 3つの柱ごとの「単元の評価規準」を、より具体的に評価資料を収集しやすい2～3項目の「具体の評価規準」（＝おおむね満足できる状況（B）レベルでの記述）として、さらに具体化する。
③ 各「具体の評価規準」を、単元の流れ（はじめ・なか・まとめ）のどの時点で指導するか単元計画に明示し、評価資料（データ）を集める。
④ 集めたデータから「どう変わったのか、あるいは変わらなかったのか」を分析し、それを踏まえて「再度どんな指導の手立てを講じるのか」を検討していく。

(3) 評価の方法

学習指導要領の例示を参考に「具体の評価規準」を設定するとよい。その際、前項でみたように実技学習（技能）と理論学習（知識、思考・判断）との関連に留意して取り上げる（表1参照）。

表1　ハードル走(1年)の評価規準の例

	学習指導要領解説の「例示」 (1・2年)	評価規準の例
技能	インターバルを3～5歩でリズミカルに走ること	a　インターバルの走り方 「3～5歩の（一定の）リズムで、リズミカルに走ることができる」
知識	技術の名称や行い方	b　インターバルの走り方に関する知識 「リズミカルに走れるハードル間の距離と自分のストライドとの関連」
思考・判断	技術を身に付けるため運動の行い方のポイントを見つける	c　「リズミカルに走れるハードル間の距離を自分のストライドを元に見つけている」

「b」の知識を元に「c」について考えながら「a」の技術を身に付けることができるように指導し、その結果を「十分満足（A）」、「おおむね満足（B）」、「努力を要する（C）」で判断（評価）していくことになる。

(品田龍吉)

■引用・参考文献

◆文部科学省「中学校学習指導要領解説保健体育編」2008年
◆文部科学省「小学校学習指導要領解説体育編」2008年
◆細江文利他著「こども・せんせい・がっこう」大修館書店、1990年
◆品田龍吉「体育の評価規準作成のポイント」「体育科教育」大修館書店、2003年6月

---

❽指導と評価の一体化

「目標」を設定し、それが実現できるよう「指導」し、目標の実現状況を「評価」するという考え方。つまり、指導していないことまで、評価しない、ということ。

例えば、「思考・判断」を育てたいと願う教師の意図に照らした<u>目標</u>があり、「思考・判断」を引き出す授業展開があり、「思考・判断」の<u>評価</u>がある。生徒が「考えたくなる」、「工夫したくなる」授業展開にすることが不可欠なのである。

第 18 講
水泳

本講義のポイント
▶水泳の特性は、「続けて長く泳ぐ」、「速く泳ぐ」、「競い合う」などの楽しさや喜びを味わうことにある。
▶学習内容は1・2年と3年（〜高校1年）の学年段階に応じ、「技能」、「態度」、「知識、思考・判断」で構成されている。

❶水泳競技
　（財）日本水泳連盟で取り上げている「泳ぐこと・水泳」には、競泳、飛び込み、シンクロナイズドスイミング、水球、オープンウォーター、日本泳法、救助法など、多様な種目が含まれている。

❷小学校における「水泳」
　小学校では、低学年は「水慣れ遊び、浮く・もぐる遊び」、中学年は「浮く運動、泳ぐ運動」、高学年は「クロール、平泳ぎ」で、それぞれ水泳に関する幅広い動きの学習が求められている。

❸プールマナー等の掲示
　プール施設内のよく見える場所には、使用上のルールやマナー、及び安全上の留意点等が記載された看板等が掲示される必要がある。

❹着衣泳（着衣での水泳指導）
　水泳指導の大きなねらいの一つに「自己の生命を守る」ことがある。水の事故の多くが着衣のままで発生している実態を考えると、着衣泳に取り組む意義は極めて大きい。
　その直接的なねらいは、着衣のままでの泳ぎにくさを体験することにより、実際に不慮の水の事故に遭遇した際にパニックに陥ることなく落ち着いて対応できるようにすることにある。

1. 特性とねらい

　水泳は、人間が生まれながらに獲得している能力ではないにもかかわらず、赤ん坊から高齢者、妊婦や障害者に至るまで、幅広く親しむことのできる運動である。また、水泳は競技❶スポーツとしてだけでなく、生涯スポーツや健康・体力づくり、リハビリテーション、溺者救助など、様々な目的や取り組み方のできる運動でもある。したがって、今回の学習指導要領の改訂（2008年）で強調されている「生涯にわたって…」という考え方と密接に結び付く運動領域といえる。
　水泳は、他の運動領域とは全く異なる水中という環境下において「浮く、進む、呼吸する」などの技能の組み合わせで成立している運動で、クロール、平泳ぎ、背泳ぎ、バタフライの4泳法で構成されている。
　また、水泳の特性は、「続けて長く泳ぐ」、「速く泳ぐ」、「競い合う」などの楽しさや喜びを味わうことにある。したがって、中学校では小学校での学習❷を受けて、4泳法を身に付け、効率的に泳ぐことができるようにする過程を通して、水泳の特性に触れることがねらいとなっている。

2. 学習内容

(1) 1・2年

　「技能」では、4泳法を身に付けつつ、記録の向上及び競争の楽しさや喜びを味わうことができるようにする。そのために、クロール、平泳ぎ、背泳ぎ、バタフライの4泳法を取り上げ、手や足の動き（プル、キック）、呼吸動作のバランスを合わせた一連の動き（コンビネーション）を泳法ごとにできるようにする。また、「続けて長く泳ぐ」、「速く泳ぐ」などの楽しさや喜びを味わうために、相互の関連を図りながら学習を進めていくようにする。「態度」では、記録の向上や競争の楽しさや喜びを味わう、各種泳法の技能習得の学習に積極的に取り組む、勝敗などを認める、ルールやプールマナー❸を守る、役割分担を果たす、健康や安全に気を配るなどの態度を身に付けるようにする。なお、安全への理解を一層深めることをねらいとした「着衣泳❹」については、各学校の実態に応じて取扱う。
　「知識、思考・判断」では、水泳の特性や成り立ち、技術の名称や行い方、

関連して高まる体力などについて理解し、課題に応じた運動の取り組み方を工夫できるようにする。

(2) 3年

「技能」では、1・2年の「泳法を身に付ける」の学習を受けて、それぞれの泳法について「効率的に泳ぐことができるようにする」。また、4泳法に加え、「複数の泳法で泳ぐこと、またはリレーすること」が求められている。「態度」では、効率的に泳ぎを習得する学習に自主的に取り組む、勝敗などを冷静に受け止める、ルールやプールマナーを大切にする、自己の責任を果たすなど、態度の質的向上を図る。また、潜水の危険性や溺者の救助法❺についても理解させる。「知識、思考・判断」では、体力の高め方や運動観察の方法などを理解することが加わっている。具体的には、自己観察や他者観察などの方法があることを理解させたり、「バディシステム❻」や視聴覚教材の活用の有効性を利用することが考えられる。また、これまで学習した知識や技能を活用して、自己の課題に応じた運動の取り組み方を工夫することができるようにする。

表1 「知識、思考・判断」の具体例

1年・2年	3年
・泳法を身に付けるための運動の行い方のポイントを見つける。 ・課題に応じた練習方法を選ぶ。 ・仲間と協力する場面で、分担した役割に応じた協力の仕方を身に付ける。 ・学習した安全上の留意点を他の練習場面に当てはめる。	・選択した泳法について、自己の改善すべきポイントを見つける。 ・自己の課題に応じて、適切な練習方法を選ぶ ・仲間に対して、技術的な課題や有効な練習法の選択について指摘する。 ・健康や安全を確保するために、体調に応じて適切な練習法を選ぶ。 ・水泳を継続して楽しむための自己に適したかかわり方を身に付ける。

3. 学習指導のポイント

前回の学習指導要領の改訂（1998年）から始まった「生きる力」をはぐくむという教育理念は今回の改訂においても継承され、むしろその社会的意義や重要性はますます高まっている。したがって、水泳領域においてもその点を踏まえた学習指導及び授業を展開しなければならない。

(1) 1・2年

この段階では、4泳法の習得及び「続けて長く泳ぐ」、「速く泳ぐ」を身に付けつつ、記録の向上及び競争の楽しさや喜びを味わうことが「技能」で求められている。したがって、小学校で既習した学習の達成状況の確認及び修正を行いつつ、背泳ぎやバタフライという新たな泳法の技能習得、さらには距離泳や時間泳❼という練習法が要求されるため、グループ学習を加味しつつも教師主導の授業展開が多くならざるをえない段階である。

(2) 3年

この段階では、習得した4泳法について効率的に泳ぐことができるようにし、複数の泳法で泳いだりリレーすることが「技能」で求められている。具体的には、距離泳や時間泳、記録会（リレーを含む）等が中心となってくる。したがって、この段階では「バディシステム」や「ペア学習」を核とした異質グループ❽によるグループ学習（複数のバディやペアで1グ

---

❺ 溺者の救助法

溺者を発見した場合の対応については、以下のことを挙げることができる。
・足の立たない所では、原則として泳いで救助してはならない。
・近くにいる人達に救助協力を呼びかけ、監視員（ライフセーバー）や消防署への急報も依頼する。
・救助者の安全確保を最優先にしたうえで、溺者に届きそうな長い棒状またはロープ状の物、空のペットボトル等の水に浮く物を駆使して救助に当たる。
・救助して安全な場所まで移動したら、溺者の状態をよく観察し、必要に応じてCPR（気道確保、人工呼吸、心臓マッサージ）を実施する。その場合、近くにAED（自動体外式除細動器）があれば必ず使用する。

❻ バディシステム

バディとは「仲間」の意味。バディシステムは水泳（主として臨海水泳やダイビングなど）やキャンプにおける安全管理（健康管理、人数確認等）を目的としてよく使われている2人組体制のことをいう。
学習方法としては「ペア学習」との共通点が多く、お互いの体調・安全チェックだけでなく、励まし合いや補助、援助など相互に責任をもって協力し合うことで、安全性と指導効果が上がりやすくなる。

❼ 距離泳・時間泳

泳ぐ速さや泳法は全く問題とせずに、設定された長い距離や時間を泳ぎきる練習法。途中で止まってはいけないが歩いてもよいこととし、距離や時間を延ばしていくことを目標とする。

ループを構成すればさらに効果的）が有効である。

グループ学習では、「生きる力」の教育で求められている課題解決能力や豊かな人間性をはぐくむ教育効果が期待でき、「態度」、「知識、思考・判断」の内容で求められるものを意識したグループ別指導の展開が要求される。そのためには、オリエンテーションの充実、学習カードやグループノート等の活用、授業ごとにおける公平かつ明確な評価の実施などが不可欠となってくる。

表2 各泳法の動きの例

種目	1・2年	3年
クロール	・力強く、リズミカルなキック（バタ足） ・力強く、S字を描くようなプル（手の水中動作） ・適度なローリング（左右の揺れ） ・タイミングのよい呼吸動作	・リカバリー動作の時の空中の手はリラックス ・手が前方の水中にある時は伸びることを意識 ・無駄のない呼吸動作 ・泳ぐスピードに変化→「続けて長く泳ぐ」へ
平泳ぎ	・足の裏で水をしっかりけるキック（カエル足） ・キック後の姿勢（ストリームライン）で伸び ・逆ハート型を描くようなプル ・タイミングのよい呼吸動作 キック、プル、呼吸動作のコンビネーション	・膝から下のしなりを使った効率的なキック ・脇を締めて力強く掻ききるプル ・1回の連続動作で進む距離を大きく→「続けて長く泳ぐ」へ ・無駄のない呼吸動作
背泳ぎ	・背泳ぎの姿勢（ストリームライン）で浮く→キック泳へ ・S字を描くようなプル（肘の角度は60〜90度） ・腕を高く、しっかり伸ばしたリカバリー（入水は小指から） ・タイミングのよいキック、プル、呼吸動作のコンビネーション	・肩のスムーズなローリング ・泳ぐスピードに変化→「続けて長く泳ぐ」へ
バタフライ	・腰のしなりを使ったドルフィンキック ・キーホールの形を描くようなプルと力強いリカバリー動作 ・タイミングのよいキック、プル、呼吸動作のコンビネーション	・両手が前方で入水後の姿勢（ストリームライン）と伸び（グラインド）をしっかりとる
スタート	・水中から体を浮かせ、力強く壁をける水中スタート ・合図に合わせてタイミングよく壁をける水中スタート ・スタート直後の抵抗の少ない水中姿勢（ストリームライン）	・泳法に合わせた水中スタート ・4泳法をつなぐ（個人メドレー）→「続けて長く泳ぐ」へ
ターン	・泳法別のターン ・無駄のないターン（両膝の素早い抱え込み動作）	・泳ぎのスピードを落とさないターン動作 ・ターン後の泳ぎにスムーズにつなげる

（中学校学習指導要領解説保健体育編より）

(3) 内容の取扱い

水泳領域の内容の取扱いは、以下のように要約できる。

① 水泳領域は、1・2年ではすべての生徒に履修させるが、3年では、器械運動、陸上競技、水泳及びダンスのまとまりの中から1領域以上を選択して履修できるようにする。
② 種目では、1・2年では4泳法の中からクロールまたは平泳ぎを含む二を選択して履修できるようにし、3年では「複数の泳法で泳ぐこと、またはリレーすること」も含めて履修できるようにする。
③ 泳法との関連において、水中からのスタート及びターンを取り上げる。
④ 水泳の事故防止に関する心得については、必ず取り上げる。
⑤ 保健分野の応急手当との関連を図る。

4. 評価の仕方

学習指導要領では、評価について、児童生徒のよい点や進歩の状況などを積極的に評価すること、指導の過程や成果を評価すること、指導の改善

❽異質グループ
体格・体力・技能レベル・経験度・意欲・性などを基準にして、それぞれ質の異なるメンバーが混在するように編成された集団のこと。グループ間の力を均等にできる利点がある。また、互いに教え合ったり協力し合ったりするなどして活動を展開するグループ学習にも適している。

に役立てること、児童生徒の学習意欲の向上に生かすこと、などがそれぞれ求められている。そうした意味で評価は極めて重要であり、評価する時期の違いによる診断的評価・形成的評価・総括的評価、評価者の違いによる自己評価・相互評価・他者評価など、各種の評価方法を駆使して評価を実施しなければならない。また、あらかじめ設定した評価規準は生徒にも公表し、その単元あるいは毎時の目標と指導内容及び評価の関連性を理解させるようにする。そのためには、オリエンテーション時における評価方法や評価規準の周知徹底を重視し、さらに毎時間評価を行えるようにするために学習カード等を活用するなど、評価を意識した授業展開を工夫しなければならない。評価の観点については、他の運動領域と同様、「関心・意欲・態度」、「思考・判断」、「運動技能」、「知識・理解」の4つに分け、生徒にも分かるようにさらに具体的な評価項目を示す必要がある。

注)**見学者の対応の考え方**

水泳に限らず、見学者に対してはきちんとした対応を確立する必要があり、以下はその参考事例である。
・グループとともに行動し、可能な範囲で自分の役割を果たしたり補助や援助を行う。
・教師の指導のもとに全体的な手伝いを行う。
・見学ノートへの記入や与えられた学習課題に取り組む。
・欠席者も含め、補講等で欠席分を補う。
・日照りや疲労、疾病などに対する配慮を行う。

表3　水泳の評価規準の例

関心・意欲・態度	思考・判断	運動の技能	知識・理解
・自ら進んで意欲的に水泳に取り組んでいる。 ・水泳の楽しさを味わおうとしている。 ・健康や安全に留意して取り組もうとしている。 ・公正・協力・責任等の態度や行動の仕方を意識して活動に取り組もうとしている。	・自分やグループの課題解決を目指して取り組んでいる。 ・主体的に活動の仕方を考えたり、工夫しようとしている。	・水泳の楽しさや喜びを味わうことができる。 ・効果的かつ適切な練習を実践している。 ・各泳法の技術を身に付けている。 ・速く、または長く泳ぐことができる。 ・水泳効果としての体力が向上した。	・水泳の意義や必要性を理解している。 ・水泳の合理的な動きや効果的な練習法に関する基本的な知識が理解できる。 ・水泳における健康や安全に関する基礎的な知識を理解している。

5. 学習指導要領改訂のポイント

水泳領域における今回の学習指導要領改訂のポイントをまとめると以下のようになる。

①取扱う種目については、従来の泳法に「バタフライ」が加えられた。
②3年において、これまで身に付けた泳法を活用して行う「複数の泳法で泳ぐこと、またはリレーをすること」が新たに示された。
③「内容の取扱い」では、1・2年において「クロール」または「平泳ぎ」を含む二を選択して履修できるようにした。

また、スタートの指導については、安全への配慮から、すべての泳法について水中からのスタートを扱うようにした。さらに、水泳の指導に当たっては、保健分野の「応急手当」との関連を図ることが示された。

（中島一郎）

■引用・参考文献
◆文部科学省「中学校学習指導要領解説保健体育編」2008年
◆文部省「学校体育実技指導資料第4集：水泳指導の手引き」東洋館出版、1993年
◆杉山重利・園山和夫「最新体育科教育法」大修館書店、1999年
◆日本水泳連盟「水泳指導教本　第3版」大修館書店、2009年
◆日本野外教育研究会「水泳の指導」杏林書院、1990年

第19講 球技

本講義のポイント
- 球技は、個々の種目に共通する特性や魅力に着目して、「ゴール型」、「ネット型」、「ベースボール型」の3つの型に分類される。
- 学習内容は、「技能」、「態度」、「知識、思考・判断」で構成される。技能の内容は、ボール操作とボールをもたない時の動きに大別される。
- カリキュラム、単元計画ならびに本時案の各レベルに分けて、期待する学習成果が得られるかどうかを検討することが重要である。
- 中学校期の位置付けを踏まえた、目標に準拠した評価規準に即した評価が求められる。

1. 特性とねらい

　球技の特性は、集団と集団、個人と個人が得失点をめぐる攻防を展開しながら勝敗を競い合うところに、楽しさや喜びを味わうことができる点にある。しかし、今回の改訂（2008年）では、このような観点に加え、種目個有の技能ではなく、ゲーム中に解決すべき課題に対応した攻守の特徴（類似性・異質性）や「型」に共通する動きや技能を、系統的に身に付けるという視点から「ゴール型❶」、「ネット型❷」及び「ベースボール型❸」という3つの型が示された。その背景には、最低限異なる類型を体験させ、自らに適した運動を選択する能力の育成につなげていくことが必要であるとの認識がみられる。

2. 学習内容

　球技の学習内容は、他の運動領域と同様に、「技能」、「態度」、「知識、思考・判断」の3つの内容で構成されている。また、新学習指導要領では、表1のように、1・2年の内容と3年の内容が分けて示されている。
　技能については、ボール操作❹とボールをもたない時の動き❺に大別して示されている。
　態度は、授業への積極的な参加、役割の受け入れ、遂行、人間関係づくり、健康、安全にかかわる事項が、発達段階を踏まえて示されている。特に、話し合いや合意形成への参加が示されているように、チームとして機能するために生徒が学習すべき事項が盛り込まれている。なお、新学習指導要領解説（2008年）をみれば、これらの態度の習得に向け、理解が位置付けられていることも見過ごすべきではなかろう。
　「知識、思考・判断❻」に関しては、体育理論とは別に、実技の授業においても学習すべき知識が明示された。また、思考・判断に関しても、中学1・2年においては習得した知識を踏まえた思考・判断が、選択のレベルで限定的に求められていることも特徴的である。

---

❶ゴール型の特性
　一定時間内に、コート内で攻守が入り交って攻防を展開しながら、得点を競い合うことが課題となるゲーム。

❷ネット型の特性
　ネットを挟んだ攻防を展開しながら、一定の得点に早く達することを競い合うことが課題となるゲームである。

❸ベースボール型の特性
　ベースボール型は、攻守を規則的に交代する攻防を繰り返しながら得点を競い合うことが課題となるゲームである。

❹ボール操作
　シュート・パス・キープ（ゴール型）、サービス・パス・返球（ネット型）、打球・捕球・送球（ベースボール型）など、攻防のためにボールを制御する技能。

❺ボールをもたない時の動き
　空間・ボールの落下点・目標（区域や塁など）に走り込む、味方をサポートする、相手のプレーヤーをマークするなど、ボール操作に至るための動きや守備にかかわる動きに関する技能。

表1 学年段階にみた学習内容

	1・2年	3年
技能	(1)次の運動について、勝敗を競う楽しさや喜びを味わい、基本的な技能や仲間と連携した動きでゲームが展開できるようにする。	(1)次の運動について、勝敗を競う楽しさや喜びを味わい、作戦に応じた技能で仲間と連携しゲームが展開できるようにする。
態度	(2)球技に積極的に取り組むとともに、フェアなプレイを守ろうとすること、分担した役割を果たそうとすること、作戦などについての話し合いに参加しようとすることなどや、健康・安全に気を配ることができるようにする。	(2)球技に自主的に取り組むとともに、フェアなプレイを大切にしようとすること、自己の責任を果たそうとすること、作戦などについての話し合いに貢献しようとすることなどや、健康・安全を確保することができるようにする。
知識、思考・判断	(3)球技の特性や成り立ち、技術の名称や行い方、関連して高まる体力などを理解し、課題に応じた運動の取り組み方を工夫できるようにする。	(3)技術の名称や行い方、体力の高め方、運動観察の方法などを理解し、自己の課題に応じた運動の取り組み方を工夫できるようにする。

3. 学習指導のポイント

　過去の球技の授業では、ボール操作がゲームの状況と切り離されて教えられてきたケースが数多くみられた。この問題を解決し、効果的な学習指導を展開するには、カリキュラムと単元、1単位時間の展開の3つのレベルで学習指導の計画の妥当性を検討することが必要になる。

　カリキュラムレベルでは、その型を、いつ、どの程度の時間をかけてカリキュラム上に配置するのかが問われる。新学習指導要領では1・2年の2年間で3つの型すべてを学習し、3年では2つの型を扱うように指示されている。また、個々の型で扱う種目や取扱いが、表2のように示されている。加えて、選択制授業とのかかわりから、中学校3年以降は球技と武道から1つ以上を選択して履修させるように指示されている。

表2 各型で扱える種目の扱い

型	扱う種目	取扱い
ゴール型	バスケットボール ハンドボール サッカー	原則として、その他の運動は、内容の取扱いに示された各運動種目に加えて履修させることとし、地域や学校の特別の事情がある場合には、替えて履修させることもできることとする。
ネット型	バレーボール 卓球 テニス バドミントン	
ベースボール型	ソフトボール	

　単元レベルでは、教材の工夫が重要になってくる。この点を意識し、新学習指導要領解説では、小学校の中学年では「易しいゲーム❼」、高学年では「簡易化されたゲーム❽」の活用が、中学校においては、プレーヤーの人数、コートの広さ、用具、プレーの制限を工夫したゲームの活用が示唆されている。

　他方で、生徒のゲームパフォーマンスは、児童生徒が身に付けている知識や、ゲーム中に解決すべき課題に対する理解度の影響を強く受ける。そのため、生徒がゲーム中の課題やその解決方法を理解する機会を、授業中に意図的に提供することが必要になる。

　例えば、バスケットボールやサッカーの授業において、2対1でのボールキープを練習する場面で、①できる限りボールを取られないようにする

❻知識、思考・判断
　これまでの学習指導要領では、「関心、意欲、態度」と「思考・判断」に分けて示されていたが、今回は「態度」と「知識、思考・判断」が示された。なお、小学校は「思考・判断」と表記されている。

❼「易しいゲーム」
　簡単なボール操作で行える、比較的少人数で行える、身体接触を避けるなど、児童が取り組みやすいように工夫したゲーム。

❽「簡易化されたゲーム」
　ルールや形式が一般化されたゲームを児童の発達の段階を踏まえ、プレーヤーの数、コートの広さ（奥行きや横幅）、プレー上の制限（緩和）、ボールその他の運動用具や設備など、ゲームのルールや様式を修正し、学習課題を追求しやすいように工夫したゲーム。

という課題と、②できる限りパス回数を増やすという2つの課題を紹介し、発問を通してその違いに気付かせることは、その例である。

また、作戦の立案や工夫を可能にするには、チームの実態や対戦相手のチーム力を把握することが必要になる。そのため、単元計画の作成に際しては、自分達のチームの力を知る段階、対戦チームの力を知る段階、自分達のチームの力や対戦チームの力を踏まえた作戦を立案、実行する段階といった、複数の段階を設定することも必要になってくる。

なお、球技の授業では、自己の責任を果たそうとすることや話し合いに貢献しようとすることが示されている。しかし、ゲーム終了後の話合いの時間は、時間の関係で短縮、あるいはカットされやすい。したがって、このような時間は意図的に確保すべきであろう。

4. 評価の仕方

評価は、「児童生徒のための評価であると同時に、学校や教員が進める教育自体の評価でもあるとも言うことができる。このようなことから、指導と評価は表裏一体をなすものであり、学校においては、学習指導と評価が常に一体となって行われることが求められる」（教育課程審議会、2000年）。この評価観のもとでは、目標に準拠した評価が重要になる。球技の授業においても、授業で設定した個別の内容に対応した評価が求められる。この際、評価する内容を設定するだけではなく、期待する達成レベルを設定することが重要である。

例えば、ゴール型でいえば、期待するシュート数やシュートの成功率を設定し、その基準に即して生徒の達成度を評価するとともに、授業の改善策を検討することが求められる。技能に関してそれを設定する際の手掛かりとなるものが、学習指導要領解説に示された（表3・表4・表5）。

なお、評価に必要なこれらのデータを教師が一人で収集、管理することは難しい。他方で、児童生徒もまた、自分や仲間の学習成果を適切に評価できるためには、このような情報を必要としている。

例えば、バスケットボールの授業でいえば、得点しやすい空間や状況を学習カードから確認することで、個人やチームの課題の確認も容易になる。

表3　ゴール型のボール操作とボールをもたない時の動きの例

	小学5・6年	1・2年	3年
ボール操作	・フリーの味方へのパス ・ドリブルでのキープ	・守備者がいない位置でのシュート ・フリーの味方へのパス ・得点しやすい味方へのパス ・パスやドリブルによるボールキープ	・守備者が守りにくいシュート ・ゴール内へのシュート ・味方が操作しやすいパス ・自分の体で防いだキープ
ボールをもたない時の動き	・フリーの位置のポジショニング ・パス受けからのシュート ・シュートコースに立つ	・ボールとゴールの見えるポジショニング ・ゴール前への動き出し ・ボール保持者のマーク	・ゴールから離れる動き ・パス後の次のパスを受ける動き ・ボール保持者の進行方向から離れる動き ・ボールとゴールの間でのディフェンス ・ゴール前の空いている場所のカバー

表4　ネット型のボールや用具の操作とボールをもたない時の動きの例

	小学5・6年	1・2年	3年
ボールや用具の操作	・中央付近からのサービス ・味方への山なりのレシーブ ・ネット上へのセットアップ ・頭上でのヒット	・中心付近を捉えたサービス ・返球方向へのラケット面づくり ・空いた場所への返球・操作しやすい位置へのつなぎ ・テイクバックをとった高い位置からの打ち込み	・ねらった場所へのサービス ・空いた場所やねらった場所への打ち返し ・攻撃につながる高さと位置へのつなぎ ・ネット際の防御や攻撃・強い振りでの高い位置からの打ち込み ・ポジションに応じたボール操作
ボールをもたない時の動き	・ボール方向への移動	・相手の打球に備えた準備姿勢 ・開始時の定位置への戻り ・プレー後のボールや相手への正対	・空いている場所へのカバーの動き ・フォーメーションの動き

表5　ベースボール型のバットの操作やボール操作とボールをもたない時の動きの例

	小学5・6年	1・2年	3年
バット操作	・止まったボール、易しいボールを打つ	・肩越しでのバットの構え ・水平になるようなスイング ・タイミングを合わせた打撃	・体の軸を安定させたスイング ・高さやコースへのタイミング ・ねらった方向への打ち返し
ボール操作	・移動を伴う捕球 ・オーバーハンドスロー	・ゆるい打球に対応した捕球 ・大きな動作での送球 ・正面の送球を受ける	・最短距離で移動した捕球 ・一連の動きでの送球 ・タイミングよく送球を受けたり中継したりする
ボールをもたない時の動き	・簡易化されたゲームでの状況に応じた走塁	・全力疾走での塁への駆け抜け ・減速、反転による塁上での停止 ・守備位置での準備姿勢 ・ポジションごとの基本的な動き	・円を描く走塁 ・打球に応じた進塁 ・進塁先のベースカバー ・中継プレーに備える動き ・ダブルプレーに備える動き

したがって、児童生徒が観察、記録可能な学習カードの工夫等を通し、評価に必要な情報を蓄積していく工夫も教師には求められよう。

5. 学校段階の接続などを考慮した指導

　改訂された学習指導要領では、小学1～4年、小学5～中学2年、中学3～高校3年という4年単位のまとまりを意識して期待される学習成果が示されている。また、期待する学習成果が個々の種目を超えて示されている。ここには、小学1～4年を「基礎学習の時期」、小学5～中学2年を「探求する時期」、中学3年以降を「専門化を図る時期」とする発達観が反映されている。そのため指導に際しても、競技のルールありきではなく、期待される学習内容の習得を可能にする配慮が求められる。先述した易しいゲーム、簡易化されたゲーム、ルールを工夫したゲームといった表現は、その反映である。カリキュラムの作成や単元計画や授業計画の立案に際しては、このような発達観を踏まえた指導が求められる。

（岡出美則）

■引用・参考文献
◆グリフィン、L. 他著、髙橋健夫・岡出美則監訳「ボール運動の指導プログラム」大修館書店、1999年
◆教育課程審議会答申「児童生徒の学習と教育課程の実施状況の評価の在り方について」2000年12月
◆文部科学省「小学校学習指導要領解説」2008年
◆文部科学省「中学校学習指導要領解説」2008年
◆文部科学省「高等学校学習指導要領」2009年
◆髙橋健夫他監修「小学校学習指導要領の解説と展開」教育出版、2008年

第20講
ダンス

本講義のポイント
▶ ダンスでは、「創作ダンス」、「フォークダンス」、「現代的なリズムのダンス」を学ぶが、それぞれのダンスの特性や魅力に応じて、踊る喜びが味わえるようにする。
▶ 学習内容は、「技能」、「態度」、「知識、思考・判断」の側面から具体的に設定するが、運動学習が豊かに実践できるように、3側面を関連づけて設定することが大切である。
▶ 男女ともにダンスが必修化されたことから、男女共習や別習、また、男女教員による指導が想定されるが、指導のポイントはこれまでの基本的な指導と変わらない。しかしながら、学習のねらいと内容を一層明確にし、学び方を定着させる必要がある。
▶ 学習内容に対応した評価観点とその規準を具体化するとともに、肯定的な評価を工夫する。

1. 特性とねらい

生命の欲求「desire of life」を語源とするように、ダンスは、様々な風土や暮らしを生きる人々の「表現」として踊られてきた。これらのダンスは発展分化して、多様な今日のダンス文化を形成している。中学校では、次のような成り立ちや魅力などの特性をもつ、「創作ダンス」、「フォークダンス」、「現代的なリズムのダンス」を学習する❶。

「創作ダンス」は、心に残った印象や感動をイメージし、身体の動きを自由に工夫して踊るダンスである。走る、跳ぶ、回るなどの、誰でもできる身体の運動性を生かして表現し、身体の動きのもつ表現性・メッセージ性に着目しながら、感じを込めて踊ったり発表したりするところに楽しさや喜びを味わうことができる。

「現代的なリズムのダンス」は身体が奏でる動きとリズムを大切にして踊るダンスである。全身や身体の部位の動きを生かしたり、両者を組み合わせたりして音楽のリズムに乗って踊るところや、仲間とかかわって踊るところに楽しさや喜びがある。

「フォークダンス」は、日本や外国の各地域で伝承され踊られている固有のダンスを取り上げて踊る。手振りやステップなどの踊り方の特徴をとらえて踊ることや、友達と動きを合わせたり音楽に合わせて踊るところ、みんなで踊って互いに解け合い交流するところに楽しさや喜びがある。

中学校では、各々の特性や魅力をとらえてダンスを踊れるようになったり、また、ダンスに関する知識や理解を広げることや、イメージをとらえた表現や踊りを通して交流ができるようにする。積極的に役割を果たそうとしたり、互いのよさを認め合ったりすることに意欲的に取り組めるようにすることがねらいとなる。1・2年では誰でもダンスに親しむことができることを、3年では、個に応じて卒業後にも継続してダンスに親しむことができる基礎を培うことを目指す。

❶表現系、リズム系、フォーク系
民俗的・民族的な固有のダンスとして伝承され踊られているダンス(「フォークダンスや日本の民踊」)、国や地域を越えて踊られている世界共通のダンス(「創作ダンス」や「現代的なリズムのダンス」)に分けられる。さらには、身体の動きのもつ表現性・メッセージ性を大切にする「表現系」、どちらかといえば意味内容にとらわれずに動きとリズムを大切にする「リズム系」とに分けることができる。

2. 学習内容

　学習内容は「技能」、「態度」、「知識、思考・判断」の3つの内容から構成されるが、学習が豊かに実践できるように、3側面を関連づけて設定することが大切である。

(1) 技能

　「創作ダンス」では、多様なテーマから表したいイメージをとらえて表現し、感じを込めて踊ることができるようにする。1・2年では、多様なテーマから、基本となる表現課題に取り組み、動きを誇張したり変化を付けたりして「ひと流れの動き」にして表現できるようにする。また、「はじめ－なか－おわり」のあるひとまとまりの表現にして踊ることができるようにする。3年では、簡単な作品にまとめて、踊ったり発表したりできるようにする。

　「フォークダンス」では、日本や外国において、地域に伝承されてきた特有のダンスを取り上げ、ステップや動き、あるいは組み方などの踊り方の特徴をとらえて、音楽に合わせて踊ることができるようにし、みんなで踊って交流できるようにする。

　「現代的なリズムのダンス」では、現代的なリズムの曲などで、リズムの特徴をとらえ、変化のある動きを組み合わせて、リズムに乗って踊ることができるようにする。また、3年では、変化とまとまりを付けて、リズムに乗って踊ることができるようにする。

(2) 態度

　学習では、ダンスの活動に積極的に取り組むことや、互いのよさを認め合おうとすること、分担した役割を果たそうとすることなどに、意欲的に取り組もうとする態度を身に付けることが大切である。このことによって、信頼し共感できる仲間とのかかわりがつくられ、伸び伸びと自己を表現し、もてる力を互いに出し合ってよい表現や踊りを追求しようとする学習が確保されるからである。3年では、自主的に取り組み自己の責任を果たそうとする態度をさらに身に付け、自発的、主体的な取り組みができるようにして、卒業後にも踊ったり、観たりしてダンスに親しむことができる基礎を培うようにする。

(3) 知識、思考・判断

　ダンスの特性や踊りの由来と表現の仕方、関連して高まる体力などを理解できるようにする。そして、どのようなところを大切にしてダンスを踊るのか、踊る心や技能のポイント、学び方などを活用して、課題に応じたダンスの取り組み方を工夫することができるようにする。また、地域社会でどのようにダンスが楽しまれているかなどを理解することによって、ダンスに積極的に親しむことができるようにする。3年では、さらに、ダンスの名称や用語、踊りの特徴や表現の仕方、体力の高め方、交流や発表の仕方などを理解し、自己の課題に応じた取り組み方に適用したり応用したりできるようにする。

3. 学習指導のポイント

「創作ダンス」、「フォークダンス」、「現代的なリズムのダンス」の指導では、誰もが踊る楽しさや仲間と交流する楽しさを味わいながら、ダンスに対する知識や理解を広げ、力を合わせて表現や踊りに対する課題を達成していくように導くことが大切である。そのため、いつ何をどのように行うか、そのポイントは何かなど、学習の手順やグループづくり、活動の仕方や学習のポイント、評価の規準などが分かる資料や学習ノート、必要なグッズなどを準備して、生徒が見通しをもって進んで活動できるようにする。

「創作ダンス」では、多様なテーマなどから、簡単に取り組める基本的な課題による学習からスタートする。基本的な課題の学習では、表したいイメージを見つけて即興的に踊り、「ひと流れの動き」で表現することができるようにすることが大切である。特に、動きを誇張したりくり返したり、変化を加えて踊ることができるようにし、めりはりのあるひと流れの動きによる表現を生み出すことができるようにする。こうした基本的な学び方を身に付けて、いくつかのテーマを表現して踊ることができると、簡単な作品にして表現する段階へとスムーズに移行することができる。

学習に際しては、自己を表現したり、人前で踊ったりすることに抵抗を感じる生徒がいるため、体と心、互いの関係を解きほぐす「ダンスウォームアップ❷」を導入時に取り入れることが大切である。学習課題を提示する時には、教師の例示に従って実際に体を動かしながら行うことが効果的である。ダンスの特性や学習課題、表現を向上させる技能ポイントや活動への取り組み方などの「知識」については、基礎的なダンス用語（ダンスキーワード❸）を明示しながら、説明や確認を行うようにする。また、生き生きした表現を生み出すためには、その場で思いついたイメージを即座に動きにして踊ってみることや、一人ひとりが動きのアイデアを提供したり、友達の動きを自ら動いて試してみるなどの活動が必要である。そこで、「リーダーに続け❹」と呼ぶ簡易な活動をイメージや動きのアイデアを出し合う活動として定着させ、毎時間取り入れるようにする。また、「できたところまで踊ってみよう」、「見せ合って一言メッセージを」の合い言葉と活動の仕方を定着させ、まとめと評価の活動を主体的に進められるようにする。このように一連の学び方や知識を身に付けることによって、生徒は自らの学習を主体的積極的に進めることができるようになり、効果を上げることができる。

「現代的なリズムのダンス」では、リズムに乗って弾んで踊る楽しさが味わえるようにすることが大切なので、まず、乗りがよい動きやすいビートの曲や生徒の関心の高い曲を選ぶようにする。そして、体幹部を中心に全身でリズムをとらえて弾んで踊ることをしながら、身体の部位を生かした動きでリズムを強調したり、動きに変化を付けたりして、続けて踊れるようにする。特定のダンススタイルやテクニック、既存の振り付けられたダンスを模倣して踊ることにねらいがあるのではないので、毎時間の学習

❷「ダンスウォームアップ」
　リズムに乗って簡単な動きで仲間とかかわって踊ったり、ゲーム的に動きの遊びを楽しんだり、多様な動きの体験を引き出す活動などがある。簡単にでき、面白く、心と体が解放されたり、仲間と気軽にかかわれる活動の仕組みが工夫されている。

❸ DKW：ダンスキーワード
　学習のねらいである、身体表現のもつダイナミックイメージを強める技術は、美的原理をその源とする用語で語られる。また、ダンスの学習活動などを説明するために、特有の用語が必要になる。これらの用語を DKW（ダンスキーワード）として学習に用いて理解を図ることが大切である。「めりはり」、「ひと流れの動き」、「クライマックス」他が挙げられる。

❹「リーダーに続け」
　少人数グループで動きを見つけるために行うもので、リーダーの動きをみんなが真似て踊る活動である。動きのリーダーは全員が順番に務める。リーダーのとらえた動きを即座に踊り、みんながそれを共有することによって、よりよい動きや気に入った動きを選択したり、工夫を加えたりできる。

課題を具体的にして、ねらいをもって段階的に取り組めるようにすることが大切である。はじめは、教師や友達と一緒に、すぐできる易しい動きでリズムに乗って踊ったりする。次いで2～4人の少人数グループで動きを出し合って自分と仲間の動きを続けたり組み合わせたりして、仲間と工夫した動きでリズムに乗って踊る楽しさが味わえるようにする。

「フォークダンス」では、VTRや資料などを利用したり、曲を聴いたりして、踊りの由来や、風土や風習、心情などについて理解し、踊り方の特徴や独特な味わいをとらえて踊るようにすることが大切である。はじめは、踊り方を大づかみに覚えて踊ることができるようにし、次に難しいステップや動きを取り出して練習し、特徴や味わいをとらえて踊ることができるようにする。

4. 評価の仕方

評価に際しては、単元に入る前に診断的に評価を行ったり、単元の各時間や単元の終わりに、自己やグループについて、「技能」、「態度」、「知識、思考・判断」の学習内容に着目して評価する。どのような場合でも、簡便な方法を用いて短時間に継続的に評価できるように、<u>評価観点</u>❻やその規準が具体的にされていることが大切である。同時に、ダンスを学習する楽しさや喜びが深まる評価の工夫が重要である。自分や仲間、グループの上達や向上を肯定的に捉えよさを認める評価の工夫は、生徒の喜びや意欲・自信を引き出し、課題への粘り強い取り組みを導くことができる。例えば「メッセージカード」、「今日のダンスヒーローに学んだところ」などの自由記述欄では、友達のいいところや素晴らしいところを見つけて評価したり、記載したりする。肯定的な他者評価を通して、技能や態度、知識理解、思考・判断などに関するよさが具体的に述べられているため、有能感が高まったり、仲間への共感やグループへの所属感が高まったりすることから、極めて意欲的で協力的な活動が展開される。

ダンスの発表に際しても、発表グループがとらえたイメージや表現の工夫を理解して肯定的に評価したり、特にみてほしい「上手になったところ」などを評価することによって、さらによい表現や踊りへの視点や新たな目標を引き出すことができる。

(松本富子)

■引用・参考文献
◆文部科学省「中学校学習指導要領保健体育編」2008年
◆文部科学省「中学校学習指導要領解説保健体育編」2008年
◆松本富子編著「新しい課題に対応する中学校の授業3 現代的なリズムのダンス」明治図書、2003年
◆髙橋健夫編著「体育授業を観察評価する」明和出版、2003年
◆杉山重利・髙橋健夫他編著「中学校体育の授業 下巻」大修館書店、2001年
◆中村敏雄編「戦後体育実践論第3巻スポーツ教育と実践」創文企画、1998年

---

❺男女共習(修)
これまで行われてきた男女共習(修)によるダンスの実践結果からは、小学校からの接続から、中学1年生では男女がともに学ぶことが通常であり、違和感はない。男女が互いのダンスへの取り組みや表現の仕方に影響を受け、向上することが確認されている。この他、男女別クラスによる学習も想定されるが、学習指導の考え方やポイントはこれまでと変わらない。

❻評価観点とその例
評価観点は、技能(できる)、態度(取り組む、かかわる)、知識、思考・判断(分かる)の観点から項目を設定する。
技能
①感じを込めてできた。
②めりはりをつけてできた。
③ひと流れの動きでできた。
態度
①恥ずかしがらずにできた。
②協力して仲よくできた。
③自分から進んで取り組むことができた。
思考・判断
①イメージにふさわしい動きを工夫できた。
②友達の動きや表現のよさを認めることができた。

第21講
武道

本講義のポイント
▶武道は、武技・武術を元にしたわが国固有の運動文化である。
▶中学校で扱う武道の種目は、柔道、剣道、相撲である。学校などの実態に応じ、なぎなたなども履修させることができる。
▶学習内容は、1・2年と3年の学年段階に応じ、「技能」、「態度」、及び「知識・思考・判断」で構成されている。
▶評価は、武道の指導内容に応じた具体的な基準を4観点から作成し、指導と評価を一体化させて行う。

❶武術と武道
　武道は、幕末までは武士の道徳を示し、武士道と同じ意味で用いられていた。当時、種目の総称は、武術や武技などであった。1882年に柔道が創始されると、他の種目でも名称に「道」を用いるようになった。これに応じて、武道が種目の統括名称として確立されていった。今日の武道の種目には、柔道、剣道、相撲、なぎなた、弓道などがある。

❷形
　武道において、形は定められた仕方で運動を行うもので、練習法の一つである。形により、技のできばえを競技することもできる。また、種目や流派の技を後世に伝え、継承、存続させる意義もある。「型」と表すこともある。

❸学校教育における武道
　戦後、学校教育で武道が禁止される中、柔道や剣道などが「格技」の運動領域のもとで再開され行われてきた。格技は、格闘という運動構造に着目した、格闘技全般を包括する概念である。その後、学習指導の中でわが国固有の文化としての特性を生かそうとする機運が高まり、1989年に領域名が格技から武道に改められた。

1. 特性とねらい

(1)特性
　武道❶は、日本古来の武技・武術などから発展して生まれた、柔道や剣道などの運動種目である。武道における運動は対人的で、技を用いて相手を攻撃し、これを防御することを中核としている。武道は、技を身に付け相手と攻防し勝敗を競う中に楽しさや喜びを味わうことができる。また、武道の中には、実際の攻防は行わず、的を射る正確さを競う弓道や、形❷によって練習や競技を行うものもある。

　身体への効果は、全身を調和的に発達させるものが多いが、体力の高まり方には種目により特徴がみられる。また、武道は伝統的な行動の仕方が重視される運動であり、この考え方は学習指導の中で生かされている❸。

(2)学習指導のねらい
　武道における学習指導のねらいは、運動の特性を踏まえ表1のように捉えることができる。

表1　学習指導のねらい

1・2年	①基本動作や基本となる技を身に付け、攻防を展開できるようにする（技能）。 ②武道に積極的に取り組み、伝統的な行動の仕方を守ることなどに意欲をもち、健康や安全に気を配ることができるようにする（態度）。 ③伝統的な考え方を理解し、課題に応じた運動の取り組み方を工夫できるようにする（知識、思考・判断）。
3年	①得意技を身に付け、相手の動きの変化に応じた攻防を展開できるようにする（技能）。 ②武道に自主的に取り組み、伝統的な行動の仕方を大切にすることなどに意欲をもち、健康や安全を確保することができるようにする（態度）。 ③伝統的な考え方や見取り稽古の仕方などを理解し、自己の課題に応じた運動の取り組み方を工夫できるようにする（知識、思考・判断）。

2. 学習内容

　中学校において取扱う武道の運動種目は、柔道、剣道、相撲で、この中から一つを選択して履修できるようにする。また、地域や学校の実態に応じ、なぎなたなども履修させることができる。
　学習内容は、「技能」、「態度」、「知識、思考・判断」で構成されている。

(1) 技能
①基本動作
　基本動作は、表2に示す通りである。基本動作は、それぞれ個別ではなく、まとまりとして身に付けることが重要である。また、相手の動きやその変化に応じて、行うことができるよう指導する。

表2　基本動作

柔道	姿勢と組み方、進退動作、崩しと体さばき、受け身
剣道	構えと体さばき(自然体、中段の構え、足さばき)、基本打突の仕方と受け方(正面、左右面、小手《右》、胴《右》とそれらの受け方)
相撲	蹲踞姿勢、塵浄手、四股、伸脚、腰割、中腰の構え、調体、運び足、仕切りからの立ち会い、受け身

②技
　中学校で扱う技は、「基本となる技」である（表3）。技は、体さばきなど基本動作と関連させ指導し、1・2年から3年に段階的に配列する。技の指導順は、系統性❹などを元に考えるとよい。

表3　基本となる技

柔道	投げ技：(膝車、支え釣り込み足、大外刈り、小内刈り、大内刈り*、体落とし、大腰、釣り込み腰*、背負い投げ*) 固め技：抑え技(けさ固め、横四方固め、上四方固め) 技の連絡：(投げ技から投げ技、投げ技から固め技、固め技から固め技)*
剣道	しかけ技(二段の技、引き技、出ばな技*、払い技*) 応じ技(抜き技、すり上げ技*)
相撲	押し　寄り　突き* 前さばき(押っつけ、絞り込み、巻き返し、いなし*、はね上げ*) 投げ技(上手投げ、下手投げ、すくい投げ*) ひねり技*(突き落とし)

注)＊3年で例示されている技を示す。

③練習法と試合
　練習法には、かかり練習、約束練習、自由練習がある。練習を通して技を正しく身に付け、ごく簡単な試合（3年では簡単な試合）で攻防を展開できるようにする。3年では、相手の動きの変化に応じて得意技や連絡技を用いることができるよう発展させる。

(2) 態度
　武道への積極的な取り組み方、伝統的な行動の仕方の尊重、役割への責任、健康や安全への配慮などができるようにする。

(3) 知識、思考・判断
　知識については、武道の特性や成り立ち、伝統的な考え方、技の名称や行い方、見取り稽古❺の仕方、体力の高め方、運動観察の方法などを理解する。思考・判断については、課題に応じた運動の取り組み方を工夫できるようにする。

3. 学習指導のポイント

　中学校において武道が必修となり、これまで以上にいろいろな生徒に対応できる指導が求められる。また、武道は、中学校で初めて学ぶ内容であ

❹技の系統性
　運動の仕方などによる、技の類似した性質。柔道における、技の系統性からの分類は、支え技系として膝車、支え釣り込み足など、刈り技系として大外刈り、小内刈り、大内刈りなど、まわし系として体落とし、大腰などがみられる。

❺見取り稽古
　他の人の練習や試合をみて、技の掛け方や攻防の仕方、気合などを学び取る。

り、学習内容を明確にし、楽しさを得られる適切な学習指導が一層重要となる。

(1) **基本動作と技の関連性**

基本動作と技は、関連させながら一体的に学習させることが重要である。そのためには、ある基本動作を学習したらこれに関連した技を練習するとよい。早い段階で技に触れさせ生徒の興味・関心を引き付ける効果も期待できる。

(2) **楽しさを味わわせる指導**

自由練習や試合は、簡易化することにより、早い段階で行うことができ、全力で攻防する楽しさに早く触れさせることができる。試合の簡易化としては、ごく簡単な試合を1～2分程度行うことが示されている。その他、技を限定しルールを簡便にするなど工夫ができる。技は、運動を簡易化して、段階的❻に練習を工夫することができる。

生徒自らが工夫して学ぶような学習指導は、喜びを味わわせ効果的な技能の向上につながる。グループ学習や問題解決などを取り入れ、生徒の自発的な学習を促すことが重要である。

楽しみながら自然に技能を向上させる方法として、練習のゲーム化や体ほぐしの運動を活用することができる。

また、運動の欲求を満たし運動する喜びを得るためには、十分な運動量を確保する必要がある。

(3) **その他、指導の工夫**

基本動作や技の練習を継続的に行うことは、結果として体力を高める。練習の中に補助運動を取り入れ、運動の負荷を調節することなどで、効果的に体力を高めることができる。なお、高まりやすい体力❼は、種目により異なる。

効果的で安全❽な学習のためには、学習資料、ビデオなどの補助教材や投げ込み用マットなどの教具を活用することができる。また、武道においては、自分だけでなく相手の安全にも配慮が必要であることを理解させる。

4. 評価の仕方

評価はまとめとして行うだけでなく、単元を通して指導と評価を一体化させ行う必要がある。評価観点は、「関心・意欲・態度」、「思考・判断」、「技能」、「知識・理解」である。これら4観点について毎時間評価することは難しいので、どこでどの観点を用いるか決めて行うとよい。評価のためには、観点別に具体的評価規準が必要である。武道における具体的な評価規準例を表4に示す。評価の方法としては、観点に応じて学習ノート、運動の観察、スキルテストなどを用いることができる。

5. 学習段階の適切な接続を考慮した指導

武道は中学校で初めて学習する内容であり1・2年では用具の扱い方も含め基本的な内容を指導する。3年では高等学校へのつながりを考えながら、内容を発展させて指導を行う。指導内容は、学習段階に応じて明確に

---

❻ **段階的な指導**

最初から目標とする課題そのものを練習するのではなく、簡単な課題を積み重ねたり徐々に難度を上げたりして指導すること。安全の確保や効果的な技能の習得のために、有効であるとされる。武道で、段階的な指導の要点は、「易から難」、「遅から速」、「低から高」、「弱から強」、「単独から相対」、「その場から移動」、及び「基本から応用」などである。

❼ **高まりやすい体力**

種目に応じて高まりやすい体力は次の通りである。
柔道：瞬発力、筋持久力、巧緻性。
剣道：瞬発力、敏捷性、巧緻性。
相撲：瞬発力、巧緻性、柔軟性。

❽ **安全**

武道における安全確保のための主な留意点は次の通りである。
・技の難易度や自分の特徴に応じて練習する技を選ぶ。
・体調を考慮して練習する。
・危険な動作や禁止技などを用いない。
・相手の技能の程度に応じて力や運動の強さを調節する。
・用具や施設の点検。
・段階的な指導。
・安全のための教具の活用（マットなど）。

示すことが必要である。

武道の全般的な指導内容における、1・2年から3年への発展の要点は表5に示す。技の段階的な配列は、表3を参照されたい。

表4 武道における評価規準例

関心・意欲・態度	・技を習得し、攻防を展開する中で、武道の楽しさを味わおうとする。 ・自ら進んで、練習や試合に取り組もうとする。 ・練習や試合で、仲間や相手と協力しながら、励まし、教え合おうとする。 ・審判の指示や判定に従い、試合結果を受け入れようとする。 ・礼儀作法を大切にし、相手を尊重しようとする。 ・用具、服装、練習場の安全を確かめ、禁じ技を用いないなど、安全を意識しようとする。
思考・判断	・基本となる技のポイントを見つけている。 ・自分の技能・体力に応じた得意技を見つけている。 ・課題を設定し、課題を解決するための練習法を選んでいる。 ・相手の動きや体勢に応じた技の掛け方やタイミングを見つけている。 ・健康や安全を確保するために、体調に応じた練習方法を選んでいる。
技能	・相手の動きに応じた基本動作ができる。 ・体さばきなどを用いて、基本となる技を行うことができる。 ・基本動作と技を用いて相手を攻撃し、相手の技を防御することができる。 ・技を高め、得意技を身に付けることができる。 ・自由練習や試合で、技を使って攻防を展開することができる。
知識・理解	・武道の特性や成り立ち、伝統的な考え方について、言ったり書き出したりしている。 ・技の名称や運動の仕方について、言ったり書き出したりしている。 ・自己の課題に応じた練習の仕方について、具体的な例を挙げている。 ・体力の高め方について、具体的な例を挙げている。 ・審判法やルールについて、言ったり書き出したりしている。

表5 指導内容の発展

		1・2年	3年
技能		技ができる楽しさや喜び	技を高め勝敗を競う楽しさや喜び
		基本動作や基本となる技ができる	得意技を身に付けることができる
		相手の動きに応じた基本動作	相手の動きの変化に応じた基本動作
		基本となる技を用いて攻防を展開	基本となる技や得意技を用いて攻防を展開
		ごく簡単な試合	簡単な試合
態度		武道に積極的に取り組む	武道に自主的に取り組む
		伝統的な行動の仕方を守ろうとする	伝統的な行動の仕方を大切にしようとする
		分担した役割を果たそうとする	自己の責任を果たそうとする
		健康・安全に気を配る	健康・安全を確保する
知識、思考・判断		武道の特性や成り立ち	
		伝統的な考え方として自己形成を重視	伝統的な考え方を国際社会で生きていくことの関連で理解
		技の名称や行い方	技の名称や見取り稽古の仕方
		関連して高まる体力	体力の高め方 運動観察の方法
		課題に応じた運動の取り組み方	自己の課題に応じた運動の取り組み方

(三戸範之)

■引用・参考文献
◆文部科学省「中学校学習指導要領解説保健体育編」2008年
◆髙橋健夫「教師教育のための体育授業映像プログラムの開発とその有効性の検討」平成16年度～平成18年度科学研究費補助金(基盤研究B)研究成果報告書、2007年

第22講
体育理論

本講義のポイント
▶体育理論は、これまでの領域名称を変更して、高等学校との内容の系統性や発展性を考え、内容が新たに構成された。
▶体育理論の内容は、運動やスポーツの合理的な実践や生涯にわたる豊かなスポーツライフを送るうえで必要となる科学的知識で構成されている。
▶生徒の日々の運動やスポーツ実践に還元できるように授業を構想していくことが必要である。
▶体育理論の評価を適切に行うためには、指導計画と学習内容の明確化が必要である。

1. 体育理論の特徴とねらい

2005年に出された中央教育審議会の答申❶(「我が国の高等教育の将来像」)では、21世紀は政治や経済、文化をはじめ社会のあらゆる領域で新しい知識や情報、技術が飛躍的に重要性を増す「知識基盤社会」(Knowledge-based society) の時代であると指摘している。このように、社会の基盤に知識をおき、これを重視していこうとする考えは学習指導要領の改善に引き継がれ、2008年3月に公示された中学校学習指導要領の改訂にも大きく反映された。

このことを受けて、中学校保健体育科の改訂でも、知識に関する領域については、運動の合理的な実践を通して、生涯にわたって運動に親しみ豊かなスポーツライフを送るために必要とされる基礎的な知識を定着させることが一層求められることになった。このような改訂の趣旨を踏まえ、中学校の体育理論は、指導すべき知識の内容の精選と基礎的な知識の確実な定着、高等学校への接続を考慮して、領域名が「体育に関する知識」から「体育理論❷」に改められた。また、中学校の体育理論では、学習指導要領に示された各運動領域の「知識、思考・判断」との内容の整理を図って、各運動領域に共通する内容やまとまりで学習することが効果的なものを精選し、高等学校との内容の系統性や発展性を考え内容が新たに構成された。

このような観点から構成された体育理論では、各運動領域との関連を図りながら、体育理論で学習した内容が中学校期の生徒の実際の生活や将来の生活に生かされるように指導することが求められる。

これまでの「体育に関する知識」でも、すべての生徒に履修させることとなっていたが、体育理論では、すべての生徒に履修させるとともに、加えて、授業時数を各学年で3単位時間以上を配当することになった。

また、運動の各領域との関連で指導することが効果的な各領域の特性や成り立ち、技術の名称や行い方などの知識については、学習指導要領の各領域の「(3)知識、思考・判断❸」で示されているが、知識と技能を相互に関連させて学習させることによって、知識の確実な定着を促していくこと

---

❶**中央教育審議会答申**
2005年に出された答申では、これからの「知識基盤社会」においては、高等教育を含めた教育は、個人の人格の形成のうえでも、社会・経済・文化の発展・振興や国際競争力の確保等の国家戦略のうえでも、極めて重要であると述べている。

❷**体育理論**
新指導要領では、これまでの「体育に関する知識」という名称が「体育理論」に改められた。
これまで高等学校では「体育理論」という名称であったが、内容の系統性と発展性を考慮して、中学校でも高等学校と同じ領域名称がとられることになった。

❸**知識、思考・判断**
学習指導要領の各運動領域の内容には、「知識、思考・判断」が示されている。その中でも、特に、体育理論と関連が深いのが「知識」であるが、これは各運動領域で技能と関連させて指導することが効果的であると考えられた内容から構成されている。

が一層求められる。

　体育理論は、生徒が生涯にわたって運動やスポーツに親しみ、豊かなスポーツライフを送るうえで必要となる運動やスポーツに関する科学的知識を、自らの運動やスポーツ経験を振り返りながら理解を深め、日常の生活での運動やスポーツ実践に生かせることができるようにすることがねらいである。したがって、体育理論では各運動領域と体育理論との連携が図られることが必要で、各運動領域との関連を緊密に図りながら、体育理論で学習した内容が生徒の実際の生活や将来の生活に生かされるように指導することが大切である。

2. 体育理論の構成と内容

　中学校の体育理論は、生徒が中学校期における運動やスポーツ❹の合理的な実践や、生涯にわたる豊かなスポーツライフを送るうえで必要となる運動やスポーツに関する科学的知識を中心に、①運動やスポーツの多様性、②運動やスポーツが心身の発達に与える効果と安全、③文化としてのスポーツの意義で構成されている。なお、前述したように、運動に関する領域との関連で指導することが効果的な内容については、各運動に関する領域の「(3)知識、思考・判断」で扱う。

　体育理論の構成と主な内容は、具体的には次に示すように、3つの大単元と9つの小単元で構成されているが、下記①は1年で、②は2年で、③は3年で取り上げるようにする。

①運動やスポーツの多様性(1年)
　ア．運動やスポーツは健康を維持したりするなどの必要性や多様な楽しさから生み出されたことを理解する。
　イ．運動やスポーツには「する」、「見る」、「支える」などの多様なかかわり方があることを理解する。
　ウ．運動やスポーツには技術や戦術❺があり、合理的な学び方があることを理解する。

②運動やスポーツが心身の発達に与える効果と安全(2年)
　ア．運動やスポーツには体力の向上やストレスの解消などの心身に対する効果が期待できることを理解する。
　イ．運動やスポーツは人間関係を築き、社会性を高める効果が期待できることを理解する。
　ウ．運動やスポーツを行う際には、目的や体調などに応じて適切に運動を選択し、健康や安全に留意する必要があることを理解する。

③文化としてのスポーツの意義(3年)
　ア．私達の生活や現代社会でスポーツが果たしている意義やその重要性を理解する。
　イ．オリンピックなどの国際的なスポーツ大会❻が国際親善や平和に果たしている役割や意義を理解する。
　ウ．スポーツは様々な人々を結び付け、連帯を生み出し人々を結び付けることを理解する。

❹スポーツの定義
　最も広い意味では、楽しみや健康のために行われる身体活動の総称を指している。狭義には、それらの中でも競争の性格をもつものを意味する。最近では、社会で行われるスポーツの多様性を反映して、体操やダンス、野外活動、武道なども含めて広くスポーツと呼ぶようになっている。

❺技術と戦術
　技術は一定の運動課題を解決するための最も有効で合理的な体の動かし方のことである。他方、戦術は一定の運動課題を解決するために、最適な技術を選んだり、個々の技術を組み合わせたりする合理的な方法（技術を選択する際の方針）のことである。

❻国際的なスポーツ大会
　国際的なスポーツ大会で参加国・地域数や参加者数など、最も規模が大きいものが、4年ごとに開催されるオリンピック競技大会である。オリンピック競技大会は夏季と冬季の大会に分かれて行われる。この他にも各競技の国際競技連盟（IF）が行う大会がある。国際サッカー連盟（FIFA）が主催するサッカーワールドカップでは世界中で多くの人々が熱狂する。

第3章　中学校の体育の授業　93

ここに示した体育理論の構成及び内容は、生涯にわたって豊かなスポーツライフを送るうえで、是非とも中学校期に学んでおく必要があると考えられる運動やスポーツにかかわる科学的知識である。

　1年の「運動やスポーツの多様性」では、私達が日々接している運動やスポーツが、多くの人々の様々な必要性や運動やスポーツのもつ独自の楽しさに支えられながら歴史的に発展してきたこと、また運動やスポーツには、プレーしたり、観戦したり、サポーターやボランティアとして支えるなどの多様なかかわり方があること、運動やスポーツの技術や戦術、表現などを高めるための合理的な学び方があることなどで構成されている。

　2年の「運動やスポーツが心身の発達に与える効果と安全」では、運動やスポーツを適切に行うことが、私達の心と体の発達に大きな効果をもたらし、また人間関係を円滑にしたり、他者と協力するなどの社会性を高める効果が期待できること、また運動やスポーツを行う際は、健康や安全に特段に留意する必要があることなどで構成されている。

　3年の「文化としてのスポーツの意義」では、現代社会においてスポーツが、人々の生活や人生を豊かにする文化となり、またスポーツが世界中に広まり、国際的なスポーツ大会などが果たす文化的な役割が重要になってきていること、スポーツが人々を結び付ける重要な役割をもっていることなどで構成されている。

3. 学習指導のポイント

　次に、実際の学習指導に際しての要点を述べることにする。中学校に入学してくる1年の最初に、これまであまり意識しなかったであろう、スポーツの魅力❼を考えさせながら、なぜ運動やスポーツが人間にとって必要なのか、自らのまわりでは、運動やスポーツとどのような具体的なかかわり方が行われているのかなどを、生徒の身近な生活から題材をとり、調べたり、考えさせたりすることが有効である。中学校1年では、運動やスポーツの学び方には合理的な方法があることを自らの学習を客観化することで知的に学ぶことができるようになる。

　2年では、運動やスポーツが人間の心身の発達に対して大きな効果をもたらすことを、クラブ活動や地域での活動など、日常の実践を振り返らせ具体的に理解させたり、グループでの話し合いなどを通して相互に確認させたりすることは有効であろう。また、運動やスポーツの効果は安全で適切な行い方をすることによって得られることを、身近な例を紹介しながら考えさせていくようにすることが必要である。

　3年では、1年及び2年で既習した知識を元に、生徒のスポーツへの興味を大切にしながら、新聞やテレビなどのメディアなどから得られる情報を適切に用いながら、スポーツが文化として重要な意義をもつことを理解させるようにする。

　中学校期は運動やスポーツに大きな興味・関心を示す時期であり、この時期にこそ、運動やスポーツへの知的興味を満たし、生徒の日々の運動やスポーツ実践に還元できるように体育理論の授業を構想していくことが求

❼スポーツの魅力
　スポーツの魅力は、技ができるようになったり、目標とする記録が達成できたり、勝敗を競い合ったり、チームで作戦を実行して成功したりするなどの楽しさを味わうことにある。またイメージを表現する楽しさを味わうこともスポーツの魅力の一つである。

められる。

　実際の授業は、学年によっては学期ごとに配当したり、あるいは運動領域の学習との関連から、実技単元の間に配置したりするなど、より効果的な学習が行われるように授業時間の配置を弾力的に工夫することが大切である。

4. 評価の仕方

　評価は、生徒にとっては自己の学習状況を知り、課題解決の方法を見つけるためのものであり、教師にとっては自らの授業改善に資するためのものである。そのためには指導と評価の一体化が必要であるが、体育理論の評価を適正に行うためには、綿密な指導計画を立て、学習内容を明確化しておくことが必要である。

　2002年に国立教育政策研究所教育課程研究センターから示された「体育に関する知識の評価規準」に従えば、体育理論の評価の観点は、「運動の技能」を除く、「関心・意欲・態度」、「思考・判断」、「知識・理解」の3つで評価することになる。体育理論の評価[8]に当たっては、それぞれの観点からの適切な評価が望まれる。

　例えば、1年の「運動やスポーツの多様性」を3つの評価観点で示すと表1のようになる。このような評価規準を単元ごとに設定し、評価を行うことが必要である。

表1　観点別評価規準の例

関心・意欲・態度	運動やスポーツが多様であることついて、関心をもち、自ら学習に取り組もうとする。
思考・判断	運動やスポーツが様々な必要性や独自の楽しさに支えられながら歴史的に発展してきたこと、また運動やスポーツには、する、見る、支えるなどの多様なかかわり方があること、運動やスポーツの技術や戦術、表現などを高めるための一定の学び方があることなどを運動やスポーツの中で生かしたり、見つけたりしている。
知識・理解	運動やスポーツが様々な必要性や独自の楽しさに支えられながら歴史的に発展してきたこと、また運動やスポーツには、する、見る、支えるなどの多様なかかわり方があること、運動やスポーツの技術や戦術、表現などを高めるための一定の学び方があることなどを知っている。

5. 体育理論と運動領域との連携

　体育理論の学習を有効なものにするためには、体育理論と各運動領域との連携が図られることが何よりも必要である。各運動領域との関連を緊密に図りながら、体育理論で学習した内容が生徒の実際の生活や将来の生活に生かされるように指導することが大切である。

　　　　　　　　　　　　　　　　　　　　　　　　　（友添秀則）

■引用・参考文献
◆今関豊一・岡出美則・友添秀則編「新中学校教育課程講座＜保健体育＞」ぎょうせい、2008年
◆今関豊一・品田龍吉編「中学校　新学習指導要領の展開　保健体育科編」明治図書、2008年
◆友添秀則「体育の人間形成論」大修館書店、2009年

---

[8] 体育理論の評価の観点
　2002年に国立教育政策研究所教育課程研究センターから「評価規準の作成、評価方法の工夫改善のための参考資料（中学校）」が示された。そこでは、各運動領域の評価の観点は、「関心・意欲・態度」、「思考・判断」、「運動の技能」、「知識・理解」の4観点が示されたが、「体育に関する知識」では「運動の技能」が除かれ、上記の3観点から評価規準が示された。
　新学習指導要領では、領域の名称は「体育理論」になったが、「体育理論」の性格から考えて、評価観点から、これまでと同様に「運動の技能」は除かれる。

◆参考資料3　中学校の領域構成、内容、内容の取扱い

<体育分野>

領域及び領域の内容	1年	2年	内容の取扱い	領域及び領域の内容	3年	内容の取扱い
【A 体つくり運動】 ア　体ほぐしの運動 イ　体力を高める運動	必修	必修	ア、イ必修 （各学年7単位時間以上）	【A 体つくり運動】 ア　体ほぐしの運動 イ　体力を高める運動	必修	ア、イ必修 （7単位時間以上）
【B 器械運動】 ア　マット運動 イ　鉄棒運動 ウ　平均台運動 エ　跳び箱運動	必修		2年間で、アを含む②選択	【B 器械運動】 ア　マット運動 イ　鉄棒運動 ウ　平均台運動 エ　跳び箱運動	B、C、D、Gから①以上選択	ア～エから選択
【C 陸上競技】 ア　短距離走・リレー、長距離走またはハードル走 イ　走り幅跳びまたは走り高跳び	必修		2年間で、ア及びイのそれぞれから選択	【C 陸上競技】 ア　短距離走・リレー、長距離走またはハードル走 イ　走り幅跳びまたは走り高跳び		ア及びイのそれぞれから選択
【D 水泳】 ア　クロール イ　平泳ぎ ウ　背泳ぎ エ　バタフライ	必修		2年間で、アまたはイを含む②選択	【D 水泳】 ア　クロール イ　平泳ぎ ウ　背泳ぎ エ　バタフライ オ　複数の泳法で泳ぐまたはリレー		ア～オから選択
【E 球技】 ア　ゴール型 イ　ネット型 ウ　ベースボール型	必修		2年間で、ア～ウのすべてを選択	【E 球技】 ア　ゴール型 イ　ネット型 ウ　ベースボール型	E、Fから①以上選択	ア～ウから②選択
【F 武道】 ア　柔道 イ　剣道 ウ　相撲	必修		2年間でア～ウから①選択	【F 武道】 ア　柔道 イ　剣道 ウ　相撲		ア～ウから①選択
【G ダンス】 ア　創作ダンス イ　フォークダンス ウ　現代的なリズムのダンス	必修		2年間でア～ウから選択	【G ダンス】 ア　創作ダンス イ　フォークダンス ウ　現代的なリズムのダンス	B、C、D、Gから①以上選択	ア～ウから選択
【H 体育理論】 (1)運動やスポーツの多様性 (2)運動やスポーツが心身の発達に与える効果と安全	必修	必修	(1)1年必修 (2)2年必修 （各学年3単位時間以上）	【H 体育理論】 (1)文化としてのスポーツの意義	必修	(1)3年必修 （3単位時間以上）

<保健分野>

1年	2年	3年	内容の取扱い
(1)心身の機能の発達と心の健康	(2)健康と環境 (3)傷害の防止	(4)健康な生活と疾病の予防	3年間で48時間程度

（文部科学省「中学校学習指導要領解説編」2008年9月より）

第4章

高等学校の
体育の授業

第 23 講
体つくり運動

本講義のポイント
▶ 体つくり運動は、体ほぐし運動と体力を高める運動で構成されている。
▶ 2年以降の体つくり運動の主なねらいは、実生活に役立てることができるように学習を進めることである。
▶ 自己の体力や生活に応じて目標の設定、運動の組み立て、計画の作成ができるようにする。
▶ 体つくり運動の授業への取り組み方、運動部活動や家庭などでの実践内容、及び実践に基づく体力の向上などを総合的にみて評価する。

1. 特性とねらい

体つくり運動は、体ほぐしの運動と体力を高める運動で構成され、心と体をほぐすこと、健康を保持増進し体力を高めることを直接のねらいとした領域である。このことは、スポーツやダンスの領域とは大きく異なる体つくり運動の特性である。

体つくり運動のねらいは、他の運動領域と同様に、1年と2年以降に分けて理解しておく必要がある❶。

1年のねらいは、中学校3年のねらい❷を確実に定着させることである。また、2年以降のねらいとして、「体を動かす楽しさや心地よさを味わい、健康の保持増進や体力の向上を図り、目的に適した運動の計画や自己の体力や生活に応じた運動の計画を立て、実生活に役立てることができるようにする」ことが示されているので、高等学校では、実生活に役立てることができるように学習を進めることが中学校と大きく異なることである。

2. 学習内容

体つくり運動の学習内容は、「運動」、「態度」、「知識、思考・判断」の3つの内容で構成されている。他の運動領域における「技能」が、「運動」に変わっていることに注意しておく必要がある。

「運動」の学習内容は、体ほぐしの運動と体力を高める運動に大別されている。体ほぐしの運動の学習内容には、手軽な運動や律動的な運動❸を通して、心と体は互いに影響し変化することに気付くこと、体の状態に応じて体の調子を整えること、仲間と積極的に交流できること、などが示されている。

一方、体力を高める運動の学習内容には、健康の保持増進や体力の向上を図ることができるように、運動の計画を立てること、それに継続して取り組むこと、などが示されている。

「態度」の学習内容には、体つくり運動に主体的に取り組むこと、仲間との体力などの違いに配慮すること、役割を積極的に引き受け自己の責任

---

❶ **1年のねらいと2年以降のねらい**
今回の学習指導要領（2009年）では、小学校から高等学校までを4年ずつ3段階に大別し、さらに各段階を2年ずつ2段階に分けて示している。このために、高等学校の1年のねらいについては、中学校3年のねらいを理解しておく必要がある。

なお、本書における高等学校の学年の1年、2年、3年は、それぞれ「入学年次」、「その次の年次」及び「それ以降の年次」を指す。

❷ **中学校3年の体つくり運動のねらい**
学習指導要領には、「体を動かす楽しさや心地よさを味わい、健康の保持増進や体力の向上を図り、目的に適した運動の計画を立て取り組む。」ことが示されている。

❸ **手軽な運動や律動的な運動**
だれもが簡単に取り組むことができる運動、仲間と楽しくできる運動、心や体が弾むような軽快な運動などを意味する。

を果たすこと、合意形成に貢献すること❹、健康・安全を確保すること、などが示されている。

「知識」の学習内容には、体つくり運動の行い方、体力の構成要素❺、実生活への取り入れ方などを理解することが示されている。また、「思考・判断」の学習内容には、自己や仲間の課題に応じた運動を継続するための取り組み方を工夫できるようにすることが示されている。

3. 学習指導のポイント

体つくり運動では、意欲・興味・関心を引き出すことが難しいので、学習者も指導者も体つくり運動を行うことの意義（意識性の原則）と、体つくり運動を継続して行うことの重要性（継続性の原則）を絶えず確認することが大切になる。

また、何かを行うときには、planning（計画を立てる）、doing（実践する）、checking（評価する）、action（見直す）を1サイクル（PDCAサイクル）として捉え、これを螺旋状に向上させていく手順（漸進性の原則）が推奨されている。これは体つくり運動でも同じである。

planningでは、目標を明確にし（目標を設定する）、次にそれを達成できる運動を準備し（運動を組み立てる）、最後にそれを元にして計画（プログラム）をつくる（計画を作成する）ことが大切である。

目標としては、体ほぐし運動では、心と体の変化に気付く、体の調整、仲間との交流、などが示されている。一方、体力を高める運動では、疲労回復、体調維持、健康の保持増進、肥満解消（生活習慣病の予防）、バランスよく発達した体力の諸要素の向上（全面性の原則）、競技力の向上やけがの予防などが示されている。

運動としては、体ほぐし運動❻では、1人または仲間と行う、様々な心や体をほぐすリラックス運動（全身的運動・局所的運動、ペアで行う運動、用具をもって行う運動など）、伝承遊びなどが挙げられる。一方、体力を高める運動❼では、筋力を保持増進させる運動、無酸素性パワー（瞬発力、スピード、パワー）を保持増進させる運動、有酸素性持久力を保持増進させる運動、柔軟性を保持増進させる運動、調整力（器用性）を保持増進させる運動（動きつくりの運動）などが挙げられる。

計画としては、学校（体育の授業、休憩時間、運動部活動）や登校時・下校時、家庭などでの行動を考慮した1日・1回の運動の計画、行う運動の頻度（1週間の回数）や平日と週末を考慮した1週間の運動の計画、四季及び授業期間と長期休業期間を考慮した1年間・数か月の運動の計画、入学から卒業までの3年間の運動の計画に加えて、仲間や家族などの運動の計画などが示されている。

このように、planningではいくつかのことを考慮する必要がある。何を目標にするか、どんな運動を用いるか、どんなプログラムをつくるかについては、各人の健康・体力水準、生き方、生活環境などによって大きな個人差がある（個別性の原則）。特に、高校生になるとそれが顕著に現れてくるので、自分にふさわしい体つくりをしていくためには、何よりも自

❹合意形成に貢献する
　個人やグループの課題の解決に向けて、自己の考えを述べたり仲間の話を聞いたりするなど、グループの話し合いに責任をもってかかわろうとすることなどを意味する。

❺体力の構成要素
　体力の構成要素には、筋力、瞬発力、持久力（全身持久力、筋持久力）、調整力（平衡性、巧緻性、敏捷性）、柔軟性があり、それらは健康に生活するための体力と運動を行うための体力と密接に関係している。
　なお、中学校では知識の学習内容として、「体つくり運動の意義」、「体の構造」、「運動の原則」が取り上げられているので、理解の程度を確認し、必要に応じて復習する必要がある。また、体育理論の内容とも関連を図る必要がある。

❻体ほぐしの運動の行い方
　行い方として、以下の例が挙げられる。
・のびのびとした動作で用具などを用いた運動を行うこと。
・リズムに乗って心が弾むような運動を行うこと。
・ペアでストレッチングをしたり、緊張を解いて脱力したりする運動を行うこと。
・いろいろな条件で、歩いたり走ったり跳びはねたりする運動を行うこと。
・仲間と動きを合わせたり、対応したりする運動を行うこと。
・仲間と協力して課題に挑戦する運動を行うこと。

❼体力を高める運動の種類
　学習指導要領では、小学校から高等学校まで、体力を高める運動を、
・体の柔らかさを高める運動
・巧みな動きを高める運動
・力強い動きを高める運動
・動きを持続する能力を高める運動
の4群に分けて捉えている。

分自身をよく知ること、実践（doing）の成果をよく知ること（checking）が大切になる。checkingの1つの方法として、特に体については体力測定（新体力テスト❽）や健康診断があるが、これらは1年に何回も行うわけではない。それだけに、様々な運動を行った時の感じ、あるいは体つくり運動を継続して行った結果として感じる心や体の変化（効果）を主観的に知ることも必要である。絶えず自己観察、他者観察をし、自分自身や仲間、家族の心や体の変化に気付くことである。そして、それを元にしてplaning（目標の設定、運動の組み立て、計画の作成）を見直すこと（action）である。このような手順を繰り返し踏むことによって、「実生活に役立てることができる」という高等学校の体つくり運動の主要なねらいを達成することができる。

なお、内容の取扱いでは、主なものとして次のことが示されている。
①体つくり運動は、すべての生徒に履修させること。
　授業時数は、各年次ともに7〜10単位時間程度を配当することとなっているので、知識の学習内容や実践内容を、1年から3年までの見通しを立てて、段階的に計画的に配当することが大切である。
②「体ほぐしの運動」については、器械運動からダンスまでの運動に関する領域においても関連を図って指導すること❾。
　体ほぐし運動は、他の運動領域においてもそれぞれの運動特性を考慮しながら、準備運動、積極的休息、整理運動等の中で取り入れることができるが、その際には体ほぐし運動の内容と各運動領域の内容を整理し、指導と評価ができるようにすることが大切である。
③「体力を高める運動」では、日常的に取り組める運動例を組み合わせることに重点をおくなど指導方法の工夫を図ること。
　実生活に役立てることができるプログラムを数多く作成し実践することは困難である。このために、自分自身やクラスの仲間が作成し実践したプログラムを共有できる発表の場をつくるなどの工夫をすることが大切である。

4. 評価の仕方

体つくり運動における学習の評価については、「体つくり運動のおもなねらいが実生活に役立てることができるようにすること」にあるので、何よりも授業や運動部活動、家庭での取り組み方とその実践内容を評価することが重要である。なぜなら、学習のねらい・学習内容（指導内容）と評価は相互に関連性を有しているからである。したがって、「運動」、「態度」、「知識、思考・判断」などの学習内容が、体つくり運動への取り組み方と体つくり運動の実践内容に、どのように活用されているかを評価することが適切である。それと同時に、実践に基づく体や心の健康状態、体力の状態❿などについても評価を行う必要がある。このようにみると、これらのすべてを総合的にみて評価することが大切である。またその際には、指導者の評価のみではなく、生徒自身の自己評価や生徒同士の他者評価も加えることが大切である。

---

❽新体力テスト
1999年に、それまでのスポーツテストに代わるものとして作成されたものであり、6歳から79歳まで適用できるテストである。

❾スポーツやダンスの領域における体ほぐしの運動の取扱い
体つくり運動の学習のねらいを、各学年とも7〜10時間の授業のみで達成することは難しいことである。スポーツやダンスの領域の中で、それぞれの特性に応じた体ほぐしの運動を取り入れる必要がある。また、「保健」の内容とも関連を図る必要がある。

❿評価における体力水準、体力の向上率の取扱い
健康の保持増進や体力の向上を直接のねらいとした体つくり運動において、体力水準そのもの、あるいは体力の向上の程度を評価することは重要である。しかし、それを評価し過ぎると、実生活に役立てることができるようにという体つくり運動のねらいに即した評価を適切にできなくなる恐れがあるとともに、体つくり運動嫌い・体育嫌いを生み出す恐れがある。

5. スポーツやダンスの領域における体力の取扱い

　今回改訂された学習指導要領の中で、従来と大きく変わった体つくり運動の内容として、体つくり運動が小学校低学年から導入されたことの他に、スポーツやダンスの領域における知識の学習内容として、中学校1・2年では関連して高まる体力を理解すること、中学校3年と高等学校では体力の高め方を理解することが示されたことが挙げられる。

　前述のように、体ほぐしの運動については、スポーツやダンスの領域と関連を図る必要のあることが内容の取扱いで示されている。このことを考慮すると、<u>体力を高める運動においてもスポーツやダンスの領域と関連を図りながら学習を進める必要があろう</u>❶。

　体つくり運動は、どんなに工夫して実践しても、限られた授業時間数では期待できる効果に限界がある。それだけに、今回の学習指導要領において、スポーツやダンスの領域においても体力を取り上げることになったことは高く評価できよう。ただし、これらの領域においては、単に、体力を高めるためだけの授業にならないように配慮することが必要である。そのためには、技術と体力、技術トレーニング（練習）と体力トレーニングを明確に二分しないこと、技術練習は、体力からみれば調整力を高める運動（動きつくり）として位置付けられること、技術練習も行い方を工夫すれば、技術練習のねらいを達成しながら、他の体力要素もかなり高めることができること、体力を高めることが主なねらいである補強運動については、それぞれの種目の特性を考慮した動きを用いて行うことなどを学習者も指導者も共通理解としてもつことが重要である。これらのことを留意することによって、健康増進や体力の向上を、体つくり運動を核にして体育全体で進めることができることになろう。

（高松　薫）

■引用・参考文献
◆文部科学省「高等学校学習指導要領解説保健体育編」2009年
◆高松薫「これからの高等学校における体力の向上の推進－教科体育の役割」「中等教育資料　No.837」ぎょうせい、2006年❷

❶スポーツやダンスの領域における体力を高める運動の取扱い
　今回改訂された学習指導要領において、スポーツやダンスの領域における知識の学習内容として、中学校1・2年では関連して高まる体力を理解すること、中学校3年と高等学校では体力の高め方を理解することが示されている。このことは、❾に示した体ほぐしの運動とともに、スポーツやダンスの領域における体つくり運動の取扱い方が、これまでとは大きく異なってきていることを示すものである。各種のスポーツやダンスの特性を十分に考慮した体つくり運動の取扱いが望まれる。

❷スポーツやダンスの領域における体つくり運動の取扱い（組み込み方）
　このことについては、この文献を参考にすることが望まれる。

第 24 講
器械運動

本講義のポイント
▶器械運動は、マット運動、鉄棒運動、平均台運動、跳び箱運動で構成され、器械の特性に応じたいろいろな技に挑戦し、その技が「できる」楽しみや喜びを味わう運動である。
▶「できる」、「できない」、「より上手にできる」など、個人差の大きい運動であり、動きの正確さと一定のフォームが強く求められ、優越感や劣等感など生じやすい。
▶技の学習課題を達成する過程で、注意力や決断力が養われ、筋力や調整力、柔軟性やバランスなどの体力が高められる運動である。
▶常に危険を伴い、恐怖心をもちやすいので、系統的・段階的指導の徹底と、特に安全性が要求される運動である。

1. 特性とねらい

(1) 器械運動の特性

器械運動の領域は、学習指導要領で小学校3年より独立した領域として取扱われ、技の分類❶においても小学校・中学校・高等学校と一貫性が図られ、「基本的な技」から「発展的な技」へと継続されている。

器械運動は、マット、鉄棒、平均台、跳び箱などの器械・器具を用いて、回転・懸垂・支持・バランス・跳躍などの運動を行う巧技系の運動である。それぞれの器械・器具の特性に応じた基本的な技を系統的に組み立てて、各種の技が「できるようにする（小学校）、よりできるようにする（中学校）、円滑にできるようにする（高等学校）」ことをねらいとし、技の達成とそのできばえを評価し合うことが学習活動の中心である。したがって、自己の技能段階に応じた課題に取り組み、その技が「できた」、「完成した」という課題を克服した喜びを味わい、楽しむスポーツといえる。他人との競争ではなく、「自己に適した技で、演技する」など、自らの課題に挑戦し、その課題を達成することに基本的な意味がある。また、筋力を高め、身体の支配力や調整力、器用さや敏捷性など、日常生活に求められる体力の諸要素❷を養う特性もある。

(2) 器械運動のねらい

①各種の運動を系統的、段階的に整理し、自己に応じた課題を設定して、基本的な技を滑らかに安定して実施したり、条件を変えた技や発展技に取り組み、その技を組み合わせて発表させるなど技能を高める。
②練習目標や練習計画を明確にし、技の組み合わせや跳び方などを工夫して、根気強く、楽しく練習し、技能の習熟を図る。
③器械・器具を点検し、互いに補助したり、励まし合って、楽しく安全に練習できるようにする。
④器械運動の学習に自主的に取り組み、「技がよりよくできた」、「よい演

---

❶器械運動の技の分類
器械運動の各種目には、多くの技があることから、それらの技を、系・技群・グループの視点によって分類している。
系とは、各種目の特性を踏まえて、技の運動課題や運動技術の視点で分類したもの、グループとは、類似の運動課題や運動技術に加えて、運動の方向や運動の経過、さらに技の系統性や発展性も考慮して技を分類したものである。

❷体力の諸要素
体力とは、生活や活動の元となる身体の形態的要素（体格、姿勢）や機能的要素（筋力、瞬発力、敏捷性、持久力、平衡性、柔軟性、巧緻性、調整力）の運動関連体力、体温調節や病気に対する免疫力、身体的ストレスや環境に対する抵抗力などの健康関連体力、さらに意志や判断力、意欲、精神的ストレスに対する抵抗力などの精神的要素を含めて、身体活動にかかわる総合的能力を総称して体力と呼んでいる。

技ができた」などを評価し合い、挑戦した技ができるようになったことの喜びや楽しさを体験させる。

2. 学習内容

器械運動は、技能に関する内容と態度に関する内容、知識、思考・判断に関する内容で構成されている。

技能に関する内容では、マット運動・鉄棒運動・平均台運動・跳び箱運動を取扱い、これらの内容は、男女の特性や生徒の能力・適正に応じた種目を選択して履修❸させる。各種目の基本的な技を繰り返し、その技に求められる動き方が、いつでも動きが途切れず、滑らかに安定して続けてできるようにする。また、基本的な技や条件を変えた技、それを発展させた技など、技の静止や組み合わせの流れに着目して、「はじめ―なか―おわり」と技を構成し、演技発表できるようにする。

態度に関する内容では、器械運動に自主的・積極的に取り組むとともに、仲間のよい動きやよい演技を賞賛し、より一層、器械運動の楽しさを味わい高める。また、練習や発表会の運営など仲間と互いに役割分担し、自己の責任を果たすとともに、互いに補助したり、助け合い相互の信頼関係を深め、自己の体調・技能・体力の程度に応じた技を選んで段階的に練習するなど、健康の維持や安全性を保持する。

知識・思考・判断については、技の名称や行い方、体力・柔軟性・平衡性など、自己の演技と仲間の演技の違いをビデオの映像等で比較するなど、技術的課題を理解し、運動の行い方や練習の仕方、活動の仕方、ルールや採点、安全の確保の仕方などこれまでに学習した内容を、自己の課題に応じて学習場面に適用したり応用したり、取り組みを工夫できるようにする。

(1)マット運動(表1)

マット運動の特性❹を理解し、自己の技能・体力の程度に応じた回転系や巧技系の基本的な技を滑らかに安定して行い、2～3の技を組み合わせ、さらに新しく学習した発展技を組み合わせるなどして演技を発表する。

表1 マット運動の学習内容例

系	技群	グループ	基本的な技	発展技
回転系	接転	前転	開脚前転	伸膝前転
			倒立前転	跳び前転
		後転	開脚後転	伸膝後転、後転倒立
	ほん転	倒立回転	側方倒立回転	側方倒立回転跳び・1/4 ひねり
		倒立回転跳び	倒立ブリッジ	前方倒立回転　前方倒立回転跳び
		はねおき	はねおき	頭はねおき
	跳躍	跳びひねり	360度跳び・ひねり	前後開脚跳び　伸身跳びひねり
巧技系	平均立ち	片足平均立ち	片足正面水平立ち	片足側面水平立ち　Y字バランス
	倒立	倒立	倒立	頭倒立・倒立ひねり
	支持	腕立て支持		片足旋回、腕立て支持臥

(2)鉄棒運動(表2)

鉄棒運動の特性❺を理解し、自己の技能・体力の程度に応じた支持系や懸垂系の基本的な技を低鉄棒、または高鉄棒を選択して、滑らかに安定し

❸選択制の授業

生徒の特性や生徒の多様な欲求に対応するため、学校が用意した二つ以上の運動種目を自己の能力や適性、興味や関心などに応じて、生徒自身が判断し、選択して履修できるように計画された授業である。これは、指導体制や体育施設・用器具の条件などがかかわってくるが、生徒選択の趣旨を尊重し、可能な限り選択の幅を豊かに設定する工夫が大切である。今日の、個性を生かす教育と生涯スポーツの教育を重視する中学校以降の教育方法として強調されている。

❹マット運動の特性

マット運動は、高さのない平面としての床面、すなわちマットを器械として利用する種目である。マット上での前転系や後転系、側転系の運動をマット上で回転する接転技・ほん転技の回転系の運動、支持技・平均立ち技の巧技系の運動から成り立っている。マット運動の達成の喜びや面白さは「まっすぐ回転できた」、「倒立ができた」、「組み合わせがうまくなった」など、技に対する「自分の身体のコントロールがうまくなった」という達成感や喜びにある。

❺鉄棒運動の特性

鉄棒運動は、低鉄棒・高鉄棒のバーを中心軸としての上がり技や下がり技、前方に支持回転する技、高鉄棒での懸垂系の振動技の運動から成り立っている。鉄棒運動は発達段階と関係が深く、「できる」、「できない」の個人差が次第に大きくなる運動であるから、小学校中学年時に上がり技をはじめ回転技、下り技の基本的な運動を十分身に付けさせ、技の達成の喜びや面白さを享受させることが大切である。

て行い、基本的な技の発展技や条件を変えた技の中から、技を選択して「上がる―回る―下りる」の技を組み合わせて、演技を発表する。

表2 鉄棒運動の学習内容例

系	技群	グループ	基本的な技	発展技
支持系	前方支持回転	前転	前方支持回転 踏み越し下り	前方伸膝支持回転 支持跳び越し下り
		前方足掛け回転	前方膝掛け回転 膝掛け上がり	前方もも掛け回転 もも掛け上がり、け上がり
	後方支持回転	後転	後方支持回転 後ろ振り跳びひねり下り	後方伸膝支持回転、後方浮き支持回転、棒下振り出し下り
		後方足掛け回転	後方膝掛け回転	後方もも掛け回転
懸垂系	懸垂	懸垂	懸垂振動 後ろ振り跳び下り(順手・片逆手)	懸垂振動ひねり 前振り跳び下り

(3) 平均台運動（表3）

平均台運動の特性❻を理解し、自己の技能・体力の程度に応じた体操系やバランス系、ならびに回転系の基本的な技を低い平均台、または高い平均台を選択して滑らかに安定して行い、基本的な技の発展技や条件を変えた技の中から「上がる―移動・ポーズ・方向転換・跳躍・回転―下りる」技を組み合わせて、演技を発表する。

表3 平均台運動の学習内容例

系	グループ	基本的な技	発展技
体操系	歩走	前方歩 後方歩	前方ツーステップ、前方走 後方ツーステップ
	跳躍	伸身跳び(両足踏切) 開脚跳び(片足踏み切)	かかえ込み跳び 開脚跳び下り、かかえ込み跳び下り 前後開脚跳び、片足踏切跳び上がり
バランス系	ポーズ	立ちポーズ(両足・片足) 座臥・支持ポーズ	片足水平バランス V字ポーズ　片膝立ち水平支持ポーズ
	ターン	両足ターン	片足ターン(振り上げ型、回し型)
回転系	前転後転	前転後転(低い平均台)	前転・後転
	倒立回転	倒立回転(低い平均台)	側方倒立回転

(4) 跳び箱運動（表4）

跳び箱運動の特性❼を理解し、自己の技能・体力の程度に応じた切り返し系や回転系の基本的な技を選択し、踏み切板の位置や跳び箱の高さ、踏み切りや着手の仕方などを工夫して、技を発展させて踏み切りから着手・着地まで安定した動作でできるように技能を高めた演技を発表する。

表4 跳び箱運動の学習内容例

系	グループ	基本的な技	発展技
切り返し系	切り返し跳び	開脚跳び かかえ込み跳び	開脚伸身跳び 屈伸跳び
回転系	回転跳び	前方屈腕倒立回転跳び	前方倒立回転跳び　側方倒立回転跳び 頭はね跳び

❻平均台運動の特性

平均台運動では、台上で行う歩・走・跳躍などの体操系の運動や、ターン・片足立ち・ポーズなどのバランス系の運動、前転・側方倒立回転などの回転系の運動がある。これらの運動は、運動する場所が高さのある幅狭く細長い台上を使用することから、常に恐怖心を伴いバランスやいろいろな技（動き）を行うこと自体が課題となる種目である。まず低い台を使用して、上がり方や下り方を含むいろいろな遊びから、さらに台上を往復する中で技の組み合わせができるようにする。

❼跳び箱運動の特性

跳び箱運動は「跳び箱」という障害物に対して、足と腕の交互ジャンプの形式で跳び箱に跳び上がったり、跳び下りたり、跳び越したりするなどの支持跳躍で、切り返し系と回転系の跳び方の跳躍運動である。これらの技能は、助走後の着手の前後に技の条件をつけて、いろいろな跳び方を、どれだけ大きく安定した動作で跳べるか、安定した着地ができるか、また、跳び箱の高さに対する挑戦などの課題を克服することを目的とし、「跳べた」という達成の喜びを味わう運動である。

3. 学習指導のポイント

　器械運動の学習は、各運動の特性や基本技・発展技・その組み合わせなどを理解させ、「技ができた」という課題達成の喜びをもたせるとともに、「次の技をやってみよう」という意欲をもたせて挑戦させることが最大のポイントである。一人ひとりの課題に対して、個人別の練習計画や形態を工夫し、技のできばえや達成の喜び、演技発表の楽しさなどを享受できるような指導を心掛けたい。学習指導の留意点❽としては、脚注に挙げた点を考慮する。

4. 評価の仕方

　評価は、学習指導によって生じた行動の変化や成果を、学習目標に沿った一定の基準に照らして判定していく営みである。学習指導要領に示す「自ら学び自ら考える力などの生きる力」を養う教育が求められる。自ら学ぶ関心・意欲・態度や、思考力・判断力・表現力などの資質や能力を含む学習の到達度を適切に評価することが求められている。また体育の評価の観点では、技能の習得はもとより、自ら進んで運動の楽しさや喜びを体得しようとする意欲と、運動の課題解決のための知識や思考力・判断力など、学習の到達度を適切に評価する観点別評価や絶対評価法の活用が進められている。

　器械運動の評価方法については、次の点を考慮する。

① 運動技能については、いろいろな技に挑戦している状況を評価する。技の「できる」、「できない」の確率、自己の能力に応じた技がどの程度正確にできるようになったか、個々の技のできばえや組み合わせの円滑な実施など、5段階尺度法、到達度評価法、絶対評価法などを活用して評価する。

② 運動技能や健康・安全についての知識や理解、発表演技の採点やルール、運動の技術構造や理論、科学的・実践的な知識や理解力など、記述式・論文式のペーパーテストによる結果によって評価する。

③ 正しいマナーや行動の仕方については、器械器具の準備や安全点検、技の実施・補助・観察・協力などすべての学習場面を、生徒の自己評価や相互評価、教師による観察法などを有効に活用して評価する。

④ 教師の評価は、技術の上手・下手の基準で選別する技能重視の評価を改め、生徒一人ひとりの課題解決や進歩度の状況、課題の達成に努力している学習態度などを総合的に評価する。

（朝倉正昭）

❽学習指導の留意点
・器械運動は、生徒数や施設、用具、季節などとの関連を考慮し、各種目を同時に学習させるか、ある種目が終わってから次の種目を連続的に学習させるか、あるいは併用するかなど、具体的計画を作成し指導する。
・準備運動は全身的に実施し、練習はできるだけ恐怖感や危険性を感じさせないように、練習内容を細かくステップに分けて技の難易度を配列し、段階的に技を達成できるよう指導する。
・器械運動は、「できる」、「できない」の個人差が大きいので、個々の技がしっかりできるようになってから、その発展技や組み合わせに進むよう指導する。
・器械器具の取扱いや安全点検を指導し、実施・補助・観察・協力などの行動の仕方や学習態度についても指導する。
・学習カードの工夫や資料の提供、補助具や小道具などの利用・活用による効率のよい指導を心掛ける。

■引用・参考文献
◆文部科学省「中学校学習指導要領解説保健体育編」2008年
◆文部科学省「高等学校学習指導要領解説保健体育編」2009年
◆杉山重利他「最新体育科教育法」大修館書店、1999年
◆三木四郎他「中・高校器械運動の授業づくり」大修館書店、2006年
◆宇土正彦編著「学校体育授業辞典」大修館書店、1995年

第25講
陸上競技

本講義のポイント
▶陸上競技は、記録向上の喜びや競争の楽しさを味わうことのできる運動である。
▶学習内容は、「技能」、「態度」、「知識、思考・判断」で構成される。技能で取扱う運動の内容は、これまでと同様「競走」、「跳躍」、「投てき」の3つであるが、今次の学習指導要領の改訂では、それぞれに具体的な運動種目が示されている。
▶勝敗を冷静に受け止めること、ルールやマナーを大切にすることの意義を理解し、健康・安全に留意して運動ができるようにする。
▶役割を分担し責任をもって競技会の企画や運営ができるようにする。

1. 特性とねらい

　陸上競技は、「より速く走りたい」、「より遠くへ跳びたい」、「より高く跳びたい」、「より遠くへ投げたい」といった人間の挑戦の欲求に基づく運動であり、自己の記録を高めたり、定められたルールや条件のもとで時間や距離、高さを競い合うことを楽しむ運動である。本来は、歩く、走る、跳ぶ、投げるといった我々の日常的な動きの中から生じたスポーツであり、したがってルールも簡単で、年齢や体力レベルに応じてマイペースで楽しむことができる。また、技能の程度が記録として表されるので、練習の成果が客観的に把握しやすいスポーツでもある。

　陸上競技で学習する走、跳、投の運動は、多くのスポーツの基本となるものであり、この領域の学習の成果が他の運動領域の成果に転移❶することも考えられる。なお、陸上競技の成果は、体力要素（短距離走では主として瞬発力に、長距離走では主として全身持久力）に大きく影響されることから、生徒が自己の能力・適性、興味・関心等に応じて運動種目を選択し、より一層陸上競技に親しむことができるよう配慮することが大切である。特に、長距離走などは年齢、体力に応じた健康づくりや体力つくりにも適しており、生涯を通じてかかわることができるという特性を有している。したがって、陸上競技の学習に際しては、それに主体的にかかわりながら得意種目の獲得を目指し、記録向上の喜びを味わうとともに、向上した技能をもって競技会を楽しむなど陸上競技の魅力に触れることができるようにすることが重要である。

2. 学習内容

　陸上競技の学習内容は、他の運動領域と同様に「技能」、「態度」、「知識、思考・判断」の3つで構成されている。学習に際しては、「技能」に偏重することなく、3つの学習内容について相互の関連を図りながら陸上競技のねらいを達成できるよう努めることが大切である。

❶学習の転移
　学習の転移とは、ある経験や学習が後続の学習に影響を及ぼすことをいう。その影響が後続の学習に対して促進的に作用する場合を正の転移、妨害的に作用する場合を負の転移という。

それぞれにおいて学習すべき具体的内容を表1に示した。

表1　「技能」、「態度」、「知識、思考・判断」の具体的学習内容

技能	ア．競走	①短距離走(100 m〜400 m程度)・リレー(1人100 m程度) ②長距離走(1000 m〜5000 m) ③ハードル走(50〜110 m程度)
	イ．跳躍	①走り幅跳び(かがみ跳び、そり跳び) ②走り高跳び(はさみ跳び、背面跳び) ③三段跳び
	ウ．投てき	①砲丸投げ ②やり投げ
態度		①自らの課題に主体的に取り組む。 ②競技の結果などを冷静に受け止める。 ③ルールやマナーを大切にする。 ④自己の役割や責任を果たす。 ⑤相互学習に努める。 ⑥健康・安全に留意して運動する。 ⑦楽しみ方を工夫する。
知識 思考 判断		①競技のルール、審判法、安全で合理的な練習方法を理解する。 ②選択した種目に必要な体力の高め方、合理的な練習方法を理解する。 ③自己や仲間の課題に応じた目標を設定する。 ④目標を達成するための適切な練習や競技の仕方を工夫できるようにする。 ⑤競技会の企画や運営ができるようにする。 ⑥技能向上の過程を客観的に分析できる。 ⑦継続して楽しむための自己に適したかかわり方を見つける。

3. 学習指導のポイント

(1)「技能」の学習指導のポイント

「技能」の学習に際して、1年では中学校期に獲得した各種目特有の技能についてその定着が確実に図られるようにし、2年以降では、その技能をより一層高めることができるようにしたい。つまり、各種目の学習について1年と2年以降に獲得すべき具体的技能のレベルが異なることに留意し、学習指導を展開することが重要である。なお、陸上競技は、競走、跳躍、投てきのすべての中から選択できることになっているので、各学校の施設・設備、指導者等の条件を考慮するとともに、生徒が興味・関心に応じて種目を選択し、意欲をもって主体的に学習できるよう配慮することを心掛けたい。

学習を進めるに当たっては、体育理論の内容の「(2)運動やスポーツの効果的な学習の仕方について理解できるようにする。」との関連❷を図り、適切に定めた目標記録の達成に対して合理的な練習が展開できるようにすること。また、陸上競技の楽しさは記録の向上にあることから、選択した運動種目についてその技能の習熟が図られるような学習時間を確保することなどが大切である。

さらに、生徒それぞれの身体特性が各種目のパフォーマンスに大いに影響することなどから、競走、跳躍、投てきの中からいくつかの種目を選択し、混成種目として競技❸を楽しむことなども考慮したい。

(2)「態度」の学習指導のポイント

「態度」の学習について、1年では自主的な取り組みを通して記録の向上や競争の楽しさ喜びを味わい、2年以降は、主体的な取り組みを通して、より一層技能の向上が図られるようにしたい。また、陸上競技は競技する

❷体育理論との関連

ここでは、①技術の種類に応じた学習の仕方があること、②技能の上達課程にはいくつかの段階があり、その学習の段階に応じた練習方法や運動観察の方法、課題の設定方法などがあること、③運動やスポーツの技能と体力は、相互に関連していること、また、期待する成果に応じた技能や体力の高め方があること、④運動やスポーツを行う際は、気象条件の変化など様々な危険を予見し、回避することが求められること、について学習することになっている。

❸混成競技

全国高等学校総合体育大会における陸上競技の混成種目は、男子が8種目、女子は7種目で行われる。競技は連続した2日間で行われ、男子は第1日目、100 m、走幅跳び、砲丸投げ、400m、第2日目、110 mハードル、走高跳び、やり投げ、1000 mの順で、女子は、第1日目100 mハードル、走高跳び、砲丸投げ、200 m、第2日目、走幅跳び、やり投げ、800 mの順で行われる。

ことが学習内容の重要な要素となっていることから、特に勝敗の結果を冷静に受け止める態度、ルールやマナーを大切にする態度が養えるよう配慮したい。さらに、生徒が互いに励まし合い、教え合い、協力して課題の解決が図られるよう相互学習も取り入れたい。

なお、体調や環境の変化に注意を払いながら運動を行うこと、けがを未然に防ぐために必要に応じて危険を予測し回避行動をとること、健康を維持したり自己や仲間の安全を保持する習慣を養うことなども大切にしたい。

(3)「知識、思考・判断」の学習のポイント

「知識、思考・判断」の学習では、競技のルールや審判法に関する知見を深めることに加え、体育理論の学習の成果や学習資料等を活用し、適切な練習内容、運動の順序や負荷・回数などを決めるとともに、互いに練習を補助したり助言し合ったりするなど、仲間と協力して学習を進めることができるようにすることが大切である。

指導に当たっては、生徒が学習の見通しを立てたり、学習したことを振り返ったりする機会を計画的に取り入れながら学習意欲の向上を図り、主体的に学ぶ態度をはぐくむようにしたい。また、視聴覚機器を用いて自分のフォームが確認できるようにしたり、仲間のアドバイスや計測データを参考にして自己の課題の解決を図ることも大切である。

競技会では、生徒主体で企画や運営が展開できるようにすること、拮抗した力量で競技を楽しむことができるよう工夫することなどに配慮したい。

4. 評価の仕方

陸上競技の評価は、学習内容である「技能」、「態度」、「知識、思考・判断」について、それらの学習の成果を単元のねらいに照らし合わせ、総合的に判断するようにしたい。評価の観点は、陸上競技に対する「関心・意欲・態度」、「思考・判断」、「技能」、「知識・理解」の4つである。

陸上競技の技能の内容として示されている競走、跳躍、投てきは、その習熟の程度が記録によって把握できる。生徒はそれぞれの単元のはじめに、自らが選択した種目について目標記録を設定し学習を展開している。したがって、記録として示される個々の技能習熟の程度、目標記録の達成度は、陸上競技の単元における評価の中核となるべきである。加えて、記録の向上は、陸上競技の楽しさを味わうとともに、それを継続していくうえでの動機づけともなる。しかしながら、こうした記録の向上が何によってもたらされたのかを分析する視点も忘れてはならない。つまり、陸上競技に対する関心・意欲・態度、あるいは体育理論等で学習した知識やそれに基づく思考・判断が記録の向上にどのように影響を及ぼしているのかという視点である。合理的、計画的な運動実践の必要性については科目の目標に示されているところでもある。

また、安全に留意して学習する態度、練習の過程や競技会における自己の役割や責任を果たす態度、ルールやマナーを大切にする態度なども生涯にわたって豊かなスポーツライフを継続するうえで重要な要素であることを踏まえ、評価の内容に加えるようにしたい。つまり、陸上競技の評価は、

技能に中核をおきつつもそれを支える要因や生涯スポーツに必要な資質や能力の習得の程度に留意しつつ行うことが重要である。

特に、陸上競技のような個人的スポーツにおいては、他者との比較ではなく目標に準拠した評価、個人内評価❹を重要視し、生徒一人ひとりのもつよい点や可能性などの多様な側面、進歩の状況を把握し、単元のはじめと終わりでその生徒がどれだけ成長したかという視点を大切にすることが求められる。

陸上競技の評価について参考例を下記に示した（表2）。

表2　総括的評価の参考例

○自らの課題に意欲的に取り組み、陸上競技の楽しさを味わうことができた。
○合理的な練習方法を身に付け、記録の向上を図ることができた。
○記録の向上についてその要因が分析できた。
○健康・安全に留意して学習する習慣が身に付いた。
○相互学習に努めた。
○自己の責任を果たし、協力して競技会を開催することができた。
○生涯を通じて楽しめるような得意種目が身に付いた。

5. 生涯スポーツとしての陸上競技

陸上競技は、高等学校卒業後も気軽に楽しむことができるスポーツである。例えば、各都道府県にはマスターズ陸上競技連盟❺が設置され、毎年競技会が開催されている。男女とも35歳以上であれば、会員登録をすることによって競技成績に関係なく、どの種目にも自由に参加することができ、同年代の人との競技を楽しむことも可能である。マスターズのようにさほど競技性の高いものでなくても、記録の向上や仲間づくり、美容、健康のためなど、多様な目的をもってウォーキングやジョギング、市民マラソン大会を楽しむことができる。

したがって、この時期に陸上競技の魅力に触れ、得意種目を見出し、自己に適したかかわり方でもって生涯を通じてこのスポーツを継続できる資質や能力を養うようにすることが大切である。

（井筒次郎）

■引用・参考文献
◆杉山重利・園山和夫編著「最新体育科教育法」大修館書店、1999年

❹個人内評価
　個人内評価は、一人ひとりの生徒を生かすという教育理念に基づく評価の在り方である。つまり、個人の成績を他の生徒との比較や学習課題への到達度などによって評価するのではなく、個々の生徒が過去と比較してどのように変化したかという進歩の度合に着目して評価するものである。

❺マスターズ陸上競技連盟
　1932年にイギリスではじまったマスターズ陸上競技会は、1975年に第1回世界マスターズ陸上競技選手権大会（カナダ・トロント）へと発展した。わが国では、1980年に第1回全日本マスターズ陸上競技選手権大会が和歌山県で開催された。

第 26 講

水泳

本講義のポイント

▶ 水泳は、クロール、平泳ぎ、背泳ぎ、バタフライなどから構成され、浮く、進む、呼吸をするなどのそれぞれの技能の組み合わせによって成立している運動で、それぞれの泳法を身に付け、続けて長く泳いだり、速く泳いだり、競い合ったりする楽しさや喜びを味わうことのできる運動である。

▶ 中学校3年の「効率的に泳ぐことができるようにする」ことをねらいとした学習を踏まえて、1年では、その定着を確実に図ることができるようにする。さらに、2年以降においては、「自己に適した泳法を身に付け、その効率を高めることができるようにする」ことを学習のねらいとしている。

▶ 水泳の学習に主体的に取り組み、ルールやマナーを大切にすることや、役割を積極的に引き受け自己の責任を果たそうとすることなどに意欲をもち、健康や安全を確保するとともに、運動観察の方法などを理解し、自己の課題に適した運動の取り組み方などを工夫できるようにすることが大切である。

▶ 水泳の評価においては、指導と評価の一体化に向けた学習評価をすることが重要である。

1. 特性とねらい

水泳の特性は、「水の中で運動する」という陸上における各種の運動と異なる点を理解する必要がある。水の中での運動は、水の物理的特性に大きく影響される。代表的な特性は、「浮力❶」、「抵抗❷」、「水圧❸」の3つである。これらの水の特性が、泳ぎの中でバランスよく機能して泳法を構成していることを理解することが重要である。

泳法学習のねらいは、高校1年の「効率的に泳ぐことができようにする」こと、2年以降においては、「自己に適した泳法を身に付け、その効率を高めることができるようにする」ことが課題である。上記の水の特性の力学的理解があれば、個に応じた泳ぎ方を認めることができ、最終的に生徒の泳法を評価する際に、規準になる観点が明確にできる。

また、水泳は体力づくりにも適した運動である。続けて長く泳いだり、速く泳いだりする運動を通して、全身持久力や身体調整能力を養うことができる。さらに、生徒が自分に適した泳法を見つけることは、生涯スポーツの観点からも重要である。

水泳の意義としては、水の危険から身を守る運動であるということである。現在、日本では水辺でのスポーツやレジャー活動に参加する機会も多くなってきていることから、自己や他者の身を守るための安全教育❹について、水泳の意義を認識させる必要がある。

2. 学習内容

水泳については、これまでの学習指導要領に示されていた「クロール」、「平泳ぎ」、「背泳ぎ」、「バタフライ」に加え、身に付けた泳法を活用して行う「複数の泳法❺で長く泳ぐこと又はリレーをすること」を新たに示す

❶浮力
　水中での身体バランスに関する運動に影響する。特に、体を浮かせることや沈むことに関する力学的知識「重心・浮心」の位置関係が重要である。

❷抵抗
　水中で身体を進める力に関する運動に影響する。推進力を生み出すために必要な体の姿勢、特に抵抗を少なくした流線型の姿勢について理解することが重要である。

❸水圧
　水中での呼吸に影響する。水圧は、呼吸に関する運動に大きな影響を与えていることを理解する必要がある。水中での呼吸はわずかでも水圧の影響を受けるので、腹式呼吸法による正確な息継ぎを習得することが重要である。

とともに、中学校との接続を踏まえ指導内容を明確に示している。

表1は、技能面について、高校1年と2・3年の動きの例示である。各々の課題を解決するために必要な動作を身に付けることが重要である。中学校3年の「効率的に泳ぐことができるようにする」ことをねらいとした学習を踏まえて、1年では、その定着を確実に図ることができるようにする。さらに、2年以降においては、「自己に適した泳法を身に付け、その効率を高めることができるようにする」ことが課題である。

表1　4泳法の動きの例

種目	1年	2・3年
クロール	・手を頭上近くでリラックスして動かすプル ・左右どちらでもできる呼吸動作	・6ビートの力強いキック ・水中で、肘を曲げた力強いプル動作 ・呼吸動作後ローリングをして大きく伸びる
平泳ぎ	・逆ハート型を描くような強いプル ・1回のキック・プル・呼吸動作で伸びをとり大きく進む	・より大きな推進力を生み出すプル動作 ・抵抗の少ない姿勢を維持する力強いキック動作 ・1回のキック・プル・呼吸動作でグライドをとり大きく進む
背泳ぎ	・6ビートの力強いキック ・肘を伸ばし、肩を支点にまっすぐ肩の延長線の小指側からのリカバリー ・肩のスムーズなローリング	・大きな推進力を生み出すプル動作 ・水平姿勢の維持と大きな推進力を生み出すキック動作 ・ストロークに合わせた規則的な呼吸動作
バタフライ	・力強いドルフィンキック ・キーホールの形を描くように水をかき、手のひらを胸の近くを通るようにする動き ・キック2回ごとにプル1回と呼吸動作を合わせたコンビネーション	・肘を60～90度程度曲げて、力強い推進力を生み出すプル動作 ・姿勢の維持と大きな推進力を生み出すキック動作 ・抵抗の少ない水面の低い位置での呼吸動作

3. 学習指導のポイント

(1)技能

各種泳法の動作は、次のような観点でみることが重要である。「手と足、呼吸のバランスを保つ」とは、プル❻とキック❼のタイミングに合わせて呼吸1回ごとに大きな伸びのある泳ぎをすることである。

「伸びのある動作」とは、キック時にグライド姿勢を保つことで水の抵抗を少なくし、さらに、プルとキックのタイミングを取り、大きく前進する動作のことである。「安定したペースで長く泳いだり速く泳いだりすること」とは、プル、キック、呼吸動作❽のタイミングを合わせた無理のない一定のスピードで続けて長く泳ぐこと、力強いプルとキックで全力を出してスピードに乗って泳ぐことである。

(2)態度

水泳に主体的に取り組むとともに、勝敗などを冷静に受け止め、ルールやマナーを大切にしようとすること、役割を積極的に引き受け自己の責任を果たそうとすること、合意形成に貢献しようとすることなどや、水泳の事故防止に関する心得など健康・安全を確保することができるようにする。

特に、安全については、「練習、プールの施設・用具の使用は、自分と他者の安全に基づかなければならないこと」、「自己の体調の変化に気づき、

❹水中安全教育
着衣での泳ぎなど、日常生活の中で、水に落ちた場合の対処の方法と他者を救助する方法の理論と実習を行い、水中での身の保全を理解させる。
また、安全確認のために用いる「バディ（Buddy）・システム」は、必ず用いて、授業の安全を図る。さらに、このシステムは、グループ学習においても、安全確認と協力して教え合うなどに有効なシステムである。

❺複数の泳法
競泳では、個人メドレー（バタフライ・背泳ぎ・平泳ぎ・自由形の順に泳ぐ）とメドレーリレー（背泳ぎ・平泳ぎ・バタフライ・自由形の順位泳ぐ）が代表する種目である。自由形は、一般的にクロールが用いられている。

❻プル
腕で水を掻くこと。各泳法は、手首・肘・肩の動きで効率的な推進力を生み出している。

❼キック
足で水をけること。泳法によって、バタ足、ドルフィンキック、カエル足などがある。

❽呼吸動作
呼吸は、腹式呼吸をする。各泳法のプルとキックのタイミングに合わせたタイミングがある。

体調に応じて運動することは健康の維持につながること」、さらに、「着衣のまま水に落ちた場合の対処の仕方」について学習することは、水の安全に関して重要であることを理解させる。なお、「着衣のまま水に落ちた場合の対処の仕方」は技能（タイムや距離を指標にしない）でなく「態度」で取扱い、水中での自己保全能力を高める態度を養うようにする。

(3) **知識・思考・判断**

技術の名称や行い方、体力の高め方、課題解決の方法、競技会の仕方などを理解し、自己や仲間の課題に応じた運動を継続するための取り組み方を工夫できるようにする。

特に、水泳では見学者への対応❾として、「プールに入水できない場合の自己の課題に適した活動の仕方を見つけることができる」ように運動観察法など工夫をすることが重要である。

4. 評価の仕方

各泳法の特性を理解しているかどうかを判定し、タイムや距離の測定に重点をおき過ぎないようにする。生徒の技能・体力の程度など個に応じて弾力的に扱うようにする。そのため評価は、生徒の自ら学ぶ力を判定することが必要である。安定したペースで長く泳いだり、速く泳いだりすることを評価する場合には、各々のプル、キック、呼吸動作を評価し、さらに、それらのコンビネーション❿のタイミングをみることで評価する。「おおむね満足いく」段階は、無理のない一定のスピードで、続けて長く泳ぐことができ、力強いプルとキックで全力を出してスピードに乗って泳ぐことができることである。

このように評価規準を各泳法に応じて作成しておくことが重要である。具体的な泳法技能の規準は、指導と評価の一体化を元に「おおむね満足できる」状況(B)について作成する。評価の規準は、競泳的な泳ぎだけでなく各生徒の能力に応じて作成することが重要である。

また、態度・知識・思考・判断に関しても、具体的な評価規準を作成する必要がある（表2）。そのポイントは、以下のようなものである。

❾ **見学者の取扱い方**
生理や体調不良で見学する場合は、態度、知識、思考、判断で評価する。具体的には、学習カードを用いて、体育理論の運動観察の方法を利用し、運動構造など理論的な動きの特性や成り立ちなどを理解させることが重要である。

❿ **コンビネーション**
プル・キック・呼吸のタイミングを合わせて泳ぐこと。

表2 学習指導要領の趣旨を踏まえた評価規準の具体例
「水泳の評価規準(内容のまとまりごとの評価規準)」

運動への関心 意欲・態度	運動についての 思考・判断	運動の技能	運動についての 知識・理解
水泳の特性に関心をもち、楽しさや喜びを味わえるよう互いに協力して進んで取り組もうとするとともに、勝敗に対して公正な態度をとろうとする。 また、水泳の事故防止に関する心得を守り、健康・安全に留意して練習や競泳をしようとする。	自分の能力に応じた課題を設定し、その解決を目指して、練習の仕方や競泳の仕方を工夫している。	水泳の特性に応じた技能を身に付けるとともに、その技能を高め、速く泳いだり、続けて長く泳いだり、競泳をしたりすることができる。	水泳の特性や学び方を理解するとともに、各泳法の技術の構造、競泳の行い方、水泳の事故防止について理解している。

①「ヨコ」の関係
　評価規準が評価の観点別に設定されていることが重要。
②「タテ」の関係
　内容のまとまりごとの評価規準と授業で用いる具体の評価規準の関係。

5. 安全に関する留意点

　今回の指導要領の改訂では、スタートの指導については、中学校においては、新たに「水中からのスタート」を指導することを示している。各学校の施設等の状況によってスタート台等からの指導を行う場合は、段階的な指導を行い、安全を十分に確保することが大切である。図1は、水中スタートを表したものである。重要なポイントは、主要局面から終末局面に向かう時に、泳ぎ出すために打つ、キックのタイミングである。

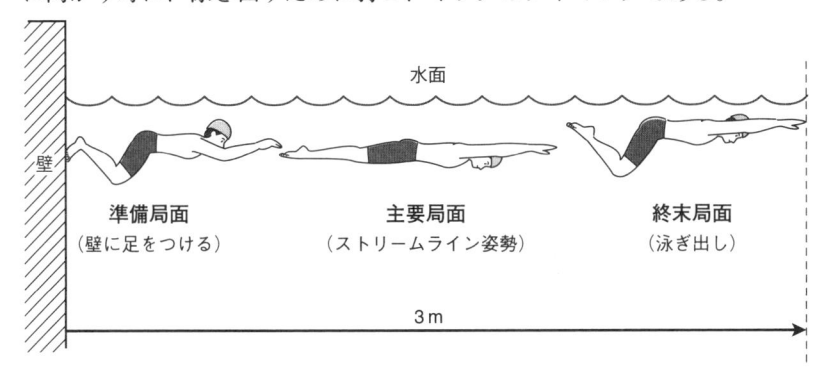

図1　水中からのスタート局面

準備局面（壁に足をつける）　主要局面（ストリームライン姿勢）　終末局面（泳ぎ出し）
3m

　最後に水泳の学習は、気候条件に影響を受けやすいため、教室での学習として視聴覚教材で泳法を確かめたり、「保健」の応急手当と関連させた学習などを取り入れたりするなどの指導計画を工夫することが大切である。

（椿本昇三）

■引用・参考文献
◆文部科学省「高等学校学習指導要領」2009年
◆文部科学省「高等学校学習指導要領解説保健体育編」2009年
◆文部科学省「水泳指導の手引（二訂版）」大阪書籍、2004年
◆杉山重利・園山和夫編著「最新体育科教育法」大修館書店、1999年
◆日本水泳連盟編「水泳指導教本　第3版」大修館書店、2009年

第27講

球技

本講義のポイント

▶ 球技は、「ゴール型」、「ネット型」、「ベースボール型」の3つの型に分類される。取扱う運動種目は、原則的にはこれまでと変わらない。
▶ 生涯にわたる豊かなスポーツライフへ向けて領域選択の弾力化が図られた。
▶ 学習内容は、「技能」、「態度」、「知識、思考・判断」で構成される。
▶ 技能は、ボール操作などの動きとボールをもたない動きの視点で指導内容が整理された。
▶ 中学校との接続を踏まえ、1年と2年以降に分け、学習のねらいが段階的に示された。
▶ 学習評価は、「技能」、「態度」、「知識」、「思考・判断」の観点からの評価が望まれる

1. 特性とねらい

球技は、個人やチームの能力に応じた作戦を立て、集団対集団、個人対個人で勝敗を競うことに、楽しみや喜びを味わうことができる特性をもっている。ゲームの特性❶や魅力に応じて、「ゴール型」、「ネット型」、「ベースボール型」に分類される（表1）。

❶「型」の特性と例
小学校のゲーム、ボール運動と中・高等学校の球技を通じた「型」の特性と例が、「中学校学習指導要領解説保健体育編」の174ページに掲載されているので参考となる。

表1 球技の分類

分類	特性
ゴール型	ドリブルやパスなどのボール操作で相手コートに侵入し、シュートを放ち、一定時間内に相手チームより多くの得点を競い合う。
ネット型	コート上でネットをはさんで相対し、身体や用具を操作してボールを空いている場所に返球し、一定の得点に早く到達することを競い合う。
ベースボール型	身体やバットの操作と走塁での攻撃、ボール操作と定位置での守備などによって攻守を規則的に交代し、一定の回数内で相手チームより多くの得点を競い合う。

❷取扱う運動種目
地域や学校の実態に応じて、その他の運動についても履修させることができるが、原則として、内容の取扱いに示された各型及び運動種目に加えて履修させることとし、特別な事情がある場合には、替えて履修させることもできる。

なお、取扱う運動種目❷は、ゴール型については、バスケットボール、ハンドボール、サッカー、ラグビーの中から、ネット型については、バレーボール、卓球、テニス、バドミントンの中から、ベースボール型については、ソフトボールを適宜取り上げることとしており、原則として現行通りである。

球技の領域の取扱いは、1年においては球技及び武道の中から1領域以上、2年以降においては器械運動からダンスまでの中から2領域以上を選択して履修できるようにすることとしている。このことは、生涯にわたって豊かなスポーツライフを継続する資質や能力を育てるため、12年間を見通して体系化を図り、領域選択の弾力化を図ることとしたものである。

球技の学習のねらいは、学習指導要領に示されている学習内容を生徒が身に付けることにあるが、そのことは、「体育」の目標である、運動の合理的、計画的な実践を通して、知識を深めるとともに技能を高め、運動の楽しさや喜びを深く味わうことができるようにし、自己の状況に応じて体

力の向上を図る能力を育て、公正、協力、責任、参画などに対する意欲を高め、健康・安全を確保して、明るく豊かで活力ある生活を営む態度を育てることにつながる。したがって、自ら運動に親しむ能力を高め、卒業後に少なくとも一つの運動やスポーツを継続することができるよう、希望する生徒の学習機会が確保されるよう年間指導計画を工夫することが大切であるといえる。

2. 学習内容

球技の学習内容は、他の運動領域と同様に「技能」、「態度」、「知識、思考・判断」の3つの内容で構成される。

(1)技能

技能に関しては、勝敗を競う楽しさや喜びを味わい、作戦や状況に応じた技能や、仲間と連携した動きを高めてゲームが展開できるようにすることとされている。

ゴール型、ネット型、ベースボール型の3つの型における指導技能は以下の通りである。

①ゴール型

状況に応じたボール操作と、空間を埋めるなどの連携した動きによって空間への侵入などから攻防を展開する。

②ネット型

状況に応じたボール操作や、安定した用具の操作と連携した動きによって空間をつくり出すなどの攻防を展開する。

③ベースボール型

状況に応じたバット操作と走塁での攻撃、安定したボール操作と状況に応じた守備などによって攻防を展開する。

球技には様々な種目があり、攻防を展開する際に共通してみられる「ボール操作などに関する動き」と「ボールを持たない時の動き」❸に着目し、指導内容が整理されている（表2）。

表2 各型におけるボール操作とボールをもたない時の動きの例

分類	ボール操作	ボールをもたない時の動き
ゴール型	・シュート／トライ ・パス ・ドリブル	・ポジショニング ・ディフェンス ・空間をつくる動き
ネット型	・サーブ ・レシーブ ・アタック／スマッシュ	・定位置への戻り ・空いた場所のカバー ・フォーメーション
ベースボール型	・打つ ・投球、送球、捕球	・走塁 ・中継、ダブルプレイの準備

(2)態度

態度に関しては、主体的な学習態度、フェアなプレイ態度、役割分担や責任ある態度、話し合いへの参加や合意形成貢献への態度、健康・安全確保の態度などが示されている。また、学習において、互いに助け合い高め合おうとする態度として、仲間や他のチームと互いに練習相手になったり、運動観察を通して仲間の課題を指摘したり、課題解決のアイデアを伝え

❸「ボール操作などに関する動き」と「ボールを持たない時の動き」

各型のボール操作とボールをもたない時の動きの例が、「中学校学習指導要領解説保健体育編」のp96、p97に掲載されているので参考となる。

合ったりしながら取り組む学習態度が示されている。

(3) 知識、思考・判断

知識に関しては、球技の各種目において用いられる技術・作戦・戦術の名称、それぞれの種目に必要な体力の高め方、競技会の仕方などがあり、選択する種目が一層個別となる2年以降では、自ら選んだ種目の行い方や高め方についても理解を深められるようにすることが重要となる。

思考・判断に関しては、自己に応じた目標設定、課題設定、課題解決のための練習法の選択と実践の工夫が示されている。

なお、知識については、「体育理論」❹の学習との関連にも着目して指導していくことが大切である。

3. 学習指導のポイント

「中学校学習指導要領解説保健体育編」(2008年) によれば、小学校では、「ゲーム」と「ボール運動」で簡易化されたゲームでルールを工夫したり、チームの特徴に応じた作戦を立てたりして攻防を展開できるようにすることをねらいとした学習をしており、中学校では、これらの学習を受けて、基本的な技能や仲間と連携した動きを発展させて、作戦に応じた技能で仲間と連携し、ゲームが展開できるようにすることが重視されている。

高等学校では、それまでの学習を踏まえ、勝敗を競う楽しさや喜びを味わい、作戦や状況に応じた技能や、仲間と連携した動きを高めてゲームが展開できるようにすることが求められる。

また、中学校3年との接続を踏まえ、1年では、それまでの学習の定着を確実に図り、2年以降においては、勝敗を競う楽しさや喜びを深く味わうとともに、球技の学習に主体的に取り組み、フェアなプレイを大切にし、役割や責任を果たし、合意形成に貢献することなどに意欲をもち、知識を高め、課題解決の方法を工夫できるようにすることが重要となる。球技には、様々な種目があるが、ゴール型、ネット型、ベースボール型の3つの型におけるボールや用具などの操作とボールをもたない時の動きの視点で指導内容を整理しつつ、学習段階によって、チームや個人の能力に応じた攻防の様相を十分に踏まえて、作戦や状況に応じた技能や仲間と連携した動きを高め、ゲームが展開できるようにすることを学習のねらいとして、指導を充実していかなければならない (表3)。

球技の領域における型の取扱いは、<u>1年においては、ゴール型、ネット型、ベースボール型の3つの中から2つの型を、2年以降においては1つの型を選択して履修できるようにすることとしている</u>❺。

4. 評価の仕方

評価は、かつては学習活動の締めくくり的なものとして捉えられがちであったが、今では、評価と指導は一体的なものであるという基本的な考え方に立ち、学習活動の全過程を通じた多様な評価活動が展開されている。

球技の学習内容は、技能、態度、知識、思考・判断であるので、それぞれの観点からの適切な評価が望まれる。以下にそれぞれの具体的な評価規

---

❹ 体育理論
　体育理論では、スポーツの歴史、文化的特性、スポーツの技術や戦術、ルールの変遷などを学ぶ。

❺ 運動種目等の数
　履修できる運動種目等の数については、特に制限を設けていないが、授業時数、指導内容、生徒の技能・体力の程度に応じて配慮することが大切である。

表3 1年と2年以降の学習のねらいと学習内容

分類	1年	2年
ゴール型	・安定したボール操作 ・空間をつくり出すなどの連携した動き	・状況に応じたボール操作 ・空間を埋めるなどの連携した動き
ネット型	・役割に応じたボール操作や安定した用具の操作 ・空いた場所を埋めるなどの仲間の動きに合わせた動き	・状況に応じたボール操作や安定した用具の操作 ・空間をカバーして守備のバランスを維持する動き ・仲間と連携して空間をつくり出す動き
ベースボール型	・安定したバット操作 ・スピードに乗った走塁 ・移動を伴う送捕球 ・連携した守備	・状況に応じたバット操作 ・状況に応じた走塁 ・状況に応じた送捕球 ・状況に応じた守備

準の例を挙げる。

(1) **技能**
- 状況に応じたボール操作や用具の操作ができたか。
- 空間を埋める動き、空間をつくり出す動き、空間へ侵入する動きなど、ボールをもたない時の動きができたか。
- チームの役割や状況に応じて連携した攻撃ができたか。
- チームの役割や状況に応じた守備ができたか。

(2) **態度**
- 勝敗を競う楽しさや喜びを味わうことができたか。
- ルールやマナーを守り、フェアなプレーを大切にできたか。
- 練習やゲームの際に、役割を積極的に引き受け、取り組むことができたか。
- 課題解決に向け、チームの話し合いに積極的にかかわることができたか。
- 自己や仲間の安全に配慮できたか。

(3) **知識、思考・判断**
- 種目における技術などの名称や行い方を理解できたか。
- ルールを理解し、競技の進行に貢献できたか。
- 自己に応じた目標を設定し、解決方法を考え実践できたか。

(谷藤千香)

■引用・参考文献
◆文部科学省「中学校学習指導要領解説保健体育編」2008年
◆文部科学省「高等学校学習指導要領解説保健体育編」2009年

第28講
ダンス

本講義のポイント
▶ ダンスは、「創作ダンス」、「フォークダンス」、「現代的なリズムのダンス」で構成され、それぞれの特性やねらいがある。
▶ 中学1・2年の男女必修化は高校での選択制において性差の別なく、履修の実質化が図られる。
▶ 学習内容は、「技能」、「態度」、「知識、思考・判断」である。特に「技能」については、3種類のダンスとも明確に例示されている。
▶ 学習指導は、ダンスの特性やねらいを踏まえて、指導のポイントを理解して当たることが大切になる。
▶ 学習評価は、観点別評価の観点を踏まえた多面的な評価が求められる。

1. 特性とねらい

ダンスは世代を超えて世界の人々に親しまれており、記録を高めたり勝敗を競う領域とは異なり、仲間とのコミュニケーションを豊かにすることを重視する運動である。イメージやリズムをとらえて自己を表現したり、仲間とともに感じを込めて踊ったり、自由に踊ったりすることに楽しさや喜びを味わうことのできる特性とねらいをもっている。ここで、ダンスの種類❶に着目してそれぞれの特性とねらいについてみていくことにする。

①創作ダンス
創作ダンスの特性は、イメージを表現することである。また、表したいテーマにふさわしいイメージをとらえ、個や群で、対極の動きや空間の使い方で変化を付けて即興的に表現したり、イメージを強調した作品にまとめたりして踊ることをねらいとしている。

②フォークダンス
フォークダンスは、伝承されてきた型を踊るという特性があり、踊り方の特徴を強調して、音楽に合わせて多様なステップや動きと組み方で仲間と対応して踊ることをねらいとしている。また、フォークダンスには、伝承されてきた日本の「民踊」や外国の「フォークダンス」があり、それぞれの踊りの特徴をとらえ、音楽に合わせてみんなで踊って交流して楽しむことができるようにすることが大切である。

③現代的なリズムのダンス
現代的なリズムのダンスは、リズムに乗って踊るという特性があり、ロックやヒップホップなどのリズムの特徴を強調して、全身で自由に踊ったり、変化とまとまりを付けて仲間と対応したりして踊ることをねらいとしている。

2. 学習内容

今回の学習指導要領改訂（2009年）では、学校段階の接続を重視して、

❶ダンスの種類
高等学校学習指導要領に提示されたダンスの種類は、創作ダンス、フォークダンス、現代的なリズムのダンスであり、この3つの種類の中から選択履修できることとしている。地域や学校の実態に応じて、社交ダンスなどのその他のダンスも履修させることができる。戦後のダンスの内容は、創作ダンスとフォークダンスで構成されていたが、1999年改訂の高等学校指導要領からは、現代的なリズムのダンスが加わり、中高生にも関心が高い。

中学3年と高校1年、高校2年と3年が、同じ学習（指導）内容になったことから、学習の定着が確実に図られると考えられる。また、ダンス領域では、中学校1・2年のいずれかの学年で全生徒に履修させるという必修化が図られた。このことは、明治5年の学制発布から120年来の出来事であり、中学校における男女のダンス必修化は、<u>高校の選択制</u>❷において性差の別なく履修の実質化が図られ、ダンス経験のある生徒が興味をもって履修できる内容を用意することも期待される。

　ここまでは学校段階の接続や選択制に触れてきたが、今次改訂では学習内容の観点（「技能」、「態度」、「知識、思考・判断」）や具体的内容が明確に例示されており、これらの学習内容をバランスよく行うことが求められている。

　「技能」に関する3種類のダンスに共通的な内容としては、感じを込めて踊ったり、仲間と自由に踊ったりする楽しさを味わい、それぞれの特有の表現や踊りを高めて交流ができるようにすることである。

　特に、創作ダンスや現代的なリズムのダンスの技能は、「何を」、「どのように」表現したり踊ったりするかという観点でみると分かりやすい。「何を」に当たるのは、創作ダンスではテーマや題材からの「イメージ」であり、現代的なリズムのダンスでは、ロックやヒップホップなどの「<u>リズム</u>❸」であり、フォークダンスでは「<u>曲目</u>❹」である。「どのように」に当たるのは、創作ダンスの初歩的な段階では、「即興的な表現」や「簡単な作品創作」、発展的な段階では「イメージを強調した作品創作」までを行うことである。現代的なリズムのダンスの初歩的な段階では、リズムに乗って全身で踊ること、発展的な段階では変化とまとまりを付けて対応して踊ることである。フォークダンスでは踊り方の特徴を強調したり、仲間と対応して踊ることである。どのダンスにおいても発表や交流を取り入れるようにする。

　「態度」は、ダンスへの主体的な学習態度、互いの共感性、責任を果たす態度、合意形成に貢献する意欲、健康・安全を確保する態度などが示されている。

　「知識、思考・判断」の知識に関しては、ダンスの名称や用語、文化的背景と表現の仕方、体力の高め方、課題解決の方法、交流や発表の仕方などが示されている。思考・判断に関しては、グループや自己の課題に応じた運動を継続するための取り組み方の工夫が示されている（表1）。

3. 学習指導のポイント

　次に、3種類のダンスの特性やねらいを踏まえた指導のポイントを示す。創作ダンスでは、<u>表したいテーマ</u>❺から中心となるイメージをとらえて動きにする際に、多様な題材の選択や表現の仕方、動きの展開が求められる。そのため、多様さを導き出すテーマや題材、動きや展開例を具体的に示し、動きの中に込めたい感じや表現の視点を重視して指導することが大切になる。また、簡単な作品やイメージを強調した作品にまとめて踊るためには、「はじめ―なか―おわり」の構成で表現して踊ることであるが、特に「な

❷高校の選択制
　従前は、1年では「武道」、「ダンス」から1領域以上を選択、2・3年では「球技」、「武道」、「ダンス」から2領域を選択した。
　今次の1年では「B器械運動」、「C陸上競技」、「D水泳」、「Gダンス」のまとまりの中から1領域以上を選択し、2年以降では、「B器械運動」から「Gダンス」までの中から2領域以上を選択でき、ダンス領域での大きな改訂点である。

❸リズムの分類と特徴
　ロックは速いテンポ（1分間のビート：BPM＝120〜150位）、ヒップホップはやや遅いテンポ（BPM＝80〜120位）である。

❹フォークダンスの曲目名
＜日本＞
　よさこい節、越中おわら節、佐渡おけさ、さんさ踊り
＜外国＞
　パティケーク・ポルカ、オスローワルツ、ハーモニカ、ヒンキー・ディンキー・パーリー・ブー、タンゴミクサー、アレクサンドロスカ、トゥ・トゥール、ミザルー

❺はp121

表1 ダンスの知識、思考・判断の例

	1年	2・3年
知識	次の事柄について理解できるようにする。 ○ダンスの名称や用語 ・創作ダンス、フォークダンス及び現代的なリズムのダンスで用いられる身体運動や作品創作に用いられる名称や用語。 ○踊りの特徴と表現の仕方 ・創作ダンスでは、テーマや題材からイメージを自由にとらえて仲間とともに表現し合って踊ること。 ・フォークダンスでは、伝承された踊りを仲間とともに動きを合わせて踊ること。 ・現代的なリズムのダンスでは、現代的なリズムに乗って自由に仲間とともにかかわり合って踊ること。 ○体力の高め方 ・様々な動きと関連させた柔軟運動やリズミカルな全身運動をすることで、結果として体力を高めることができること。 ○交流や発表の仕方 ・簡単な作品を見せ合うこと。 ・発表会やダンスパーティなどがあること。 ・見る人も拍手をしたりリズムをとるなどしたりして交流し合う方法があること。 ○運動観察の方法 ・ダンスを見せ合ったり、視聴覚教材などで自己のグループの表現や踊りを観察することで、自己の取り組むべき技術的な課題が明確になり、学習の成果を高められること。	次の事柄について理解できるようにする。 ○ダンスの名称や用語 ・多様な表現につながる重要な動きや空間の使い方のポイント、自ら選んだダンスの行い方やその高め方。 ○踊りの特徴と表現の仕方 ・創作ダンスは、自己表現のダンスとして誕生した文化的背景とテーマやイメージを自由にとらえた動きで仲間と表現し合って踊ること。 ・フォークダンスは、異なる風土や歴史を背景に、生まれてきた文化的背景と特徴をとらえ仲間とともに踊ること。 ・現代的なリズムのダンスは、20世紀後半に生まれた文化的背景と、特徴あるリズムと動きには多様な関係があること。 ○体力の高め方 ・柔軟性や調整力などに影響されるため、それぞれのダンスに応じた全身運動と関連させて体力を高めること。 ○交流や発表の仕方 ・交流や発表の形態、ステージの使い方、音響や衣装などをテーマに応じて選ぶことがあること。 ○鑑賞の仕方 ・見る人が手拍子をしたりその場で踊ったりして参加するなど、それぞれのダンスに特有の表現や踊りを共有して楽しむ鑑賞の仕方があること。
思考・判断	・テーマにふさわしいイメージを見つけること。 ・それぞれのダンスの特徴に合った踊りの構成を見つけること。 ・発表や仲間との交流の場面では、互いの違いやよさを指摘すること。 ・健康や安全を確保するために、体調に応じて適切な練習方法を選ぶこと。 ・ダンスを継続して楽しむための自己に適したかかわり方を見つけること。	・目標に応じたグループや自己の課題を設定すること。 ・課題解決の過程を踏まえて、取り組んできたグループや自己の課題を見つけること。 ・仲間との交流や発表後の話合いの場面では、互いの違いやよさを指摘し、合意を形成するための調整の仕方を見つけること。 ・練習、交流や発表の場面で、健康・安全を確保・維持するために体調に応じた活動の仕方を選ぶこと。 ・ダンスを生涯にわたって楽しむため、自己に適したかかわり方を見つけること。

か」に当たる展開では、最も特徴的な動きや構成を強調した盛り上がりのある起伏を付けて、個性を生かした作品に高めて踊ることが大切である。

　フォークダンスでは、踊りが生まれ伝承されてきた地域や風土などの背景や情景を思い浮かべるとともに、踊りや動きの中に込めたい感じや表現を重視したい。日本の民踊では、地域に伝承されてきた民踊や代表的な民踊の中から、優雅な踊りや力強い踊りなど、難易度を踏まえて選び、躍動的な動きや手振り、腰を落とした動きなどの特徴をとらえて踊ることが大切である。外国のフォークダンスでは、代表的な曲目から、曲想、隊形や組み方などが異なる踊りを、難易度を踏まえて選び、複数のステップのつなぎ方、パートナーとの組み方の特徴をとらえて、互いにスムーズに踊るようにさせることが大切である。

　現代的なリズムのダンスでは、指導の段階に応じてグループごとに選曲させ、リズムの特徴をとらえて全身で自由に踊ることや、独自な動きを楽しんで踊ることができるようにする。まとまりのある動きをグループで工夫する時は、一人ひとりの能力を生かす動きや相手と対応する動きなどを

取り入れながら、仲間とかかわりをもって踊ることに留意させ、仲間やグループ間で簡単な作品を見せ合う発表や、一緒に踊り合う交流の活動を取り入れることが大切になる。そのためには、リズムと動きの例を具体的に示すことも必要である。

4. 評価の仕方

「ダンスで何を教えるのか」、「ダンス学習でどんな力を身に付けさせるのか」、教師はこの指導と評価に真摯に応えなければならない。この指導と評価の問題は表裏一体の関係（指導と評価の一体化❻）にあり、どちらかだけを切り離して問題にしてはいけない。また、学習評価は、教育がその目標に照らしてどのように行われ、生徒がその目標の実現に向けてどのように変容しているか、どのような点でつまずき、それを改善するためにどのように支援していけばよいかを明らかにしようとするものである。であるから、目標に準拠した評価は、生徒の学習の到達度を適切に評価し、その評価を指導に生かすことが重要である。また、実技テストのみを重視し、一部の観点に偏した評価・評定が行われないように、観点別評価の観点を踏まえた多面的な評価をする工夫が求められる。具体的に評価規準を作成する際の参考として、高校1年の創作ダンスの例を表示する（表2）。

表2　創作ダンスの具体の評価規準例(高校1年)

関心・意欲・態度	思考・判断	運動の技能	知識・理解
①テーマにふさわしいイメージを積極的にとらえようとする。②変化を付けて即興的に表現したり、作品にまとめることについて、練習場面では互いの違いやよさを認め合ったり、呼びかけたりしようとする。また、話し合いに進んで参加し、自己の役割を果たそうとする。	①変化を付けて即興的に表現することについて、いろいろに動いて試す場面でどのように動くとよいか見つけている。②作品にまとめて踊ることについて、流れを構成している。	①テーマにふさわしいイメージをとらえ、変化を付けて即興的に表現できる。・イメージを端的にとらえて動きに変える。・緩急や強弱の動き、列や円などの空間を使って変化を付ける。②簡単な作品にまとめて踊るために、伝えたいことをはっきりさせて動いたり、変化や起伏のある「はじめーなかーおわり」をつくる。	①テーマにふさわしいイメージをとらえ即興的に表現すること、作品にまとめることについて、どのように動くことがよいか、言ったり書き出したりしている。②創作ダンスの表現の仕方を知っている。③創作ダンスのパフォーマンスは柔軟性や調整力などに影響されることを言ったり書き出したりしている。

（髙橋和子）

■引用・参考文献
◆文部科学省「小学校学習指導要領解説体育編」2008年
◆文部科学省「高等学校学習指導要領解説保健体育編」2009年
◆文部科学省「中学校学習指導要領解説保健体育編」2008年

❺表したいテーマと題材
A. 身近な生活や日常動作
（出会いと別れ、街の風景、綴られた日記、ただ今猛勉強中、シャッターチャンス、クラス討論、等）
B. 対極の動きの連続
（ねじる―回る―見る、伸びる―落ちる―回る・転がる、等）
C. 多様な感じ
（落ち着いた、重々しい、力強い、激しい・静かな、急変する・持続する、鋭い・柔らかい、素早い・ゆっくりした、等）
D. 群の動き
（大回り―小回り、主役と脇役、迷路、都会の孤独、カノン、ユニゾン、密集―分散、等）
E. ものを使った動き
（椅子、楽器、ロープ、傘、大きな布、ゴム、机、新聞紙、等）
F. はこびとストーリー
（序破急、起承転結、物語、詩、絵画、等）

❻指導と評価の一体化
　学校の教育活動は、計画、実践、評価という一連の活動が繰り返されながら、生徒の成長を目指した指導が展開されている。すなわち、指導と評価とは別物ではなく、評価の結果によって次の指導を改善し、指導の成果を再評価するという、指導に生かす評価を充実させることが重要である。生徒にとっても評価は自らの学習状況に気付き、自分を見つめ直すきっかけとなり、その後の学習や発達を促すという意義がある。

第29講

武道

本講義のポイント
▶武道は、対人性の中で心と技を学び合い、伝統的な行動の仕方や相手を尊重する態度を大切にし、実生活に活用できる学習内容とする。
▶学習内容は、「技能」、「態度」、「知識、思考・判断」で構成される。武道の種目❶は、柔道または剣道のいずれかを選択して履修するが、地域や学校の実態に応じてその他の武道についても履修できる。
▶武道の構造的・機能的特性を通して、効果的特性を学ばせる。
▶学習評価は、「技能」、「態度」、「知識、思考・判断」の学習内容を明確にし、その実現状況を質的に、また多面的に評価する。

---

❶武道の種目
　柔道または剣道以外に地域や学校の実態に応じて、相撲、なぎなた、弓道などその他の武道についても履修させることができる。

❷心技一如
　心と技は、一つであるという武道の考え方であり、技の習熟が心を練ることに通じるという意味である。

❸得意技
　得意技とは、自己の技能・体力の程度に応じて最も出しやすい技であり、相手から効率的に優位に立てる技のことである。

1. 特性とねらい

　武道は、武技・武術などを由来として発生した日本の伝統文化であり、心身を錬磨し、礼節・道徳心を敬い、豊かな人間性をはぐくむ「心技一如❷」の道として発展してきた運動文化である。また、武道は、対人性を中心に伝統的な行動の仕方や相手を尊重する態度を基盤とした技の習熟過程を重視することによって、自他を尊ぶ人格の向上をねらいとした教育的な特性をもっている。

　武道における技の習熟過程においては、技を高め勝敗を競う楽しさや喜びを味わい、得意技❸を用いた攻防の展開が主たるねらいとなる。そして、その技の攻防の楽しさや喜びが武道への主体的な取り組みを喚起するとともに、武道の礼法や伝統的な考え方を大切にすることにつながり、日常生活に生きる武道の効果的特性となる。武道は、生きる力をはぐくむことに資するものであり、社会において自立的に生きるために必要とされる力、すなわち、人間力（自他を尊ぶ力）をはぐくむねらいをもち、対人性という関係性を重視する中で対応力（コミュニケーション力）、自制心（セルフコントロール力）、及び心身のバランス（心身のコーディネーション力）といった心身に及ぼす効果的特性を有している。

　さらに、武道については、中学校・高等学校ともに、わが国固有の伝統と文化に、より一層触れることができるような指導の在り方が求められており、武道の特性や成り立ち、「礼に始まり、礼をもって行い、礼に終わる」という伝統的な考え方、及び技の名称や行い方等の武道の本質的な知識に関しても、武道の国際化の視点からの学習展開が必要であり、授業における工夫が求められている。また、武道の授業では礼法を含めて、道衣や道具を身に付けたり使用する伝統的な運動様式（構造的特性）や相手との対人的な技の攻防（機能的特性）の学習を通して、日本の伝統的な行動の仕方や考え方の魅力に触れることができ、国際社会に生きる日本人とし

ての自覚やわが国の伝統や文化を理解し愛着をもつとともに、それを基盤として他の国の伝統や文化を尊重できる態度を養うことにつなげることができる（効果的特性）。

2. 学習内容

　武道の学習内容は、他の運動領域と同様に３つの内容で構成される。

　まず、１つ目の「技能」については、技を高め勝敗を競う楽しさや喜びを味わい、得意技を用いた攻防が展開できるようにすることであり、身に付けた技能や動き等をより高めたり、新たに得意技を身に付けたりして、攻防や動きの様相を高めて、記録や技に挑戦したり、簡易化されたルールの制限を次第に正規に近づけるなどして、試合をしたり、発表したりできるようにすることを技能の共通的な学習内容としている。具体的な内容として、柔道では、相手の多様な動きに応じた基本動作から、得意技や連絡技・変化技を用いて、素早く相手を崩して投げたり、抑えたり、返したりするなどの攻防を展開すること。また、剣道では、相手の多様な動きに応じた基本動作から、得意技を用いて、相手の構えを崩し、素早く仕掛けたり応じたりするなどの攻防を展開することとしている。その他の武道に関しても、相手の多様な動きに応じた基本動作を活用して、得意技を用いた攻防の技能を高めて、自由練習や試合を展開できるようにすることが求められる。なお、試合に関しては、技能や攻防のレベルに応じた試合の仕方やルールを工夫すれば、誰もが勝つチャンスを得ることになる。

　次に「態度」に関しては、共通的には、自ら主体的に取り組むとともに、相手を尊重し、伝統的な行動の仕方を大切にしようとすること❹、役割を積極的に引き受け自己の責任を果たそうとすること❺などや、健康・安全を確保することができるようにすることである。態度面については、礼儀を重んじる武道の特性から、特に相手に対する態度や礼法、さらには道具や道場に対する作法など、学習内容としての位置付けが大きいことにも配慮して取り組む必要がある。

　最後に「知識、思考・判断」である。伝統的な考え方、技の名称や見取り稽古、体力の高め方、課題解決の方法、試合の仕方などを理解し、自己や仲間の課題に応じた運動を継続するための取り組み方を工夫できるようにする。特に知識に関しては、武道の歴史や文化の特性を知るうえで重要であり、技の名称も伝統的な考え方に基づいており、取扱いには、十分なる工夫が求められる。また、武道に関連して高められる体力や試合の仕方・ルール・審判法についても、知識として理解させることが不可欠である。さらに、課題解決の方法として対人をベースにしつつ、グループ学習の積極的活用が思考・判断の学習内容をより高めることになる。このことは、試合をより活性化するうえでも重要な意味をもつものである。

3. 学習指導のポイント

　武道の授業では、教師中心型の一斉指導が多くみられる。武道は、日本の伝統的な運動文化であるために、「基本」、「形」、「行動様式」などを

❹相手を尊重し、伝統的な行動の仕方を大切にしようとすること

　単に形の表面的な指導に終わるのではなく、相手を尊重し合うための独自の作法、所作を守ることに取り組むことを指している。そのためには、自分を自分で律する克己心を表するものとして、礼儀作法を守るなどがある。

❺役割を積極的に引き受け自己の責任を果たそうとする

　道具の準備や後片付け、審判などの分担に積極的に取り組もうとすることであり、練習や試合を円滑に進めることにつながる責任感をもたせることなどである。

❻**各種目の楽しさのポイント**
●柔道
　色々な技を身に付けて、柔よく剛を制す楽しさや、攻め方を工夫して、思い切った「一本」を取った時。
●剣道
　剣先を通じて、相手と駆け引きをしながら、攻めて打ち込んだり、相手の技に応じて「一本」を決めた時。
●相撲
　立ち会いで主導権を取って、相手を土俵の外に押し出したり、投げて相手を倒した時。

しっかり習得させなければならないという潜在意識が強く働いているためである。しかし、本来武道においてもこうした一斉指導という学習形態のみを重視した学習指導から、生徒の自発的・自主的な学習を促進し、武道の特性❻に触れさせながら学習内容を深めていく学習方法への転換が必要である。その意味では、課題別のグループ学習の積極的な活用が重要になってくる。武道の対人的な特性を生かして、対人的な学習形態を中核としながら、課題別にグループを編成し、相互に観察したり（見取り稽古）、技のできばえを評価し合う学習展開が必要である。その際には、技能や知識の理解を深めるために、ビデオや写真などの視聴覚機器の積極的な活用と分かりやすい示範が有効であり、武道経験者がいる場合には積極的に活用することが望ましい。

①武道の技の攻防の楽しさを味わわせる指導
　中学校1・2年で男女とも必ず武道の授業を受けるが、高等学校で武道を選択する際には、より質の高い武道の魅力を味わわせるようにしたい。相手を認め合うことを前提として、向かい合い、相手の動きに応じた対応動作としての得意技を用いた攻防が展開できるようにし、試合の中でも得意技を決めることができるようにする。また、その試合内容を正しく評価し、判定できるようにさせる。授業の雰囲気としては、凛とした緊張感の中にもメリハリがあって、元気あふれる攻防動作が繰り広げられるようなものとしたい。

②心を落ち着かせ、自分と向き合わせる指導
　授業の前後や練習・試合の前後に行う礼法をきちんと位置付けて、心を落ち着ける腹式呼吸法や、相手の目を見て行う礼法を大切にすることを習慣化することによって、自ら心を落ち着かせることや自分と向き合って心に余裕をもつことの心地よさを学ばせる。

③物を大切にする心を養う指導
　武道では、身に付ける道衣をきれいにたたんだり、用いる道具を大切に扱うことや、ぞうきん掛けなどで道場の掃除を丁寧に行うなど物を大切に扱う心を重要視している。

④武道の学習の進め方
・武道の学習では、まず、伝統的な運動文化の雰囲気、すなわち礼法や作法を重んじる伝統的な行動の仕方を大切にしたい。しかし、最初から堅苦しくなり過ぎると、生徒のレディネスが低くなり、学習効果が半減するので、礼法ばかりに時間をかけ過ぎないようにする。
・武道の基本動作の練習から、対人性を加味した学習内容を行うようにする。また、指導においては難しい武道の専門用語を多用しないようにしたい。
・技の演武的な発表形式を行うことで、技のできばえや得意技の質の高まりを学ばせて、試合に発展させる。

4. 評価の仕方

●学習評価の基本的な考え方と評価の仕方
①目標に対する実現状況を評価する。

　学習指導要領の目標や内容に示された生徒に身に付けさせる「生涯にわたって運動に親しむ資質や能力（技能、態度、知識、思考・判断）」を明確にし、その実現状況を評価する。

　技能：技能や攻防の様相・動きの様相
　態度：自主的、公正に取り組む・互いに協力する・責任を果たす
　知識、思考・判断：伝統的な考え方・技の名称・関連した体力の高め方・課題解決の方法・試合の仕方

　評価の仕方としては、武道の特性にどの程度触れることができたか、技に関してどのような上達をしたのか、練習や試合での行動の仕方や態度はどうであったか等の観点について以下の評価観点を踏まえて評価する。

②観点別評価の観点を踏まえた多面的な評価をする。

　実技テストのみの評価ではなく、多面的な観点別評価を行う。

③生徒の学びの姿を質的に評価する。

　量的な評価だけでなく、生徒の学びの変容を捉えた質的な評価、すなわち学習し身に付けた知識や技能面の質的変化を評価する。

④指導と評価の一体化を図る。

　目標－指導内容（学習内容）－学習活動－評価の一貫性による一体化を図ること。

⑤学習活動における具体の評価規準の信頼性、妥当性を図る。

5. 武道の教育力❼

①健全な自己のイメージに気付く。

　自分の身体を媒介として相手と対峙することによって、自分の能力を知り、健全で偽りのない自己のイメージを獲得することができる。

②対人的人間理解力と人間関係力を獲得する。

　相手と競い合う中で、自分理解だけでなく、相手の立場に立った他者理解ができるようになり、人間関係における思いやりの心が養われる。

③耐える力や我慢力が育成される。

　相手に投げられたり、打たれることによって、自分の弱さや未熟さを知るが、その場から逃げるわけにはいかない。痛みや弱さに耐えたり、我慢することによって、くじけない強い心が育成できる。

（山神眞一）

■引用・参考文献
◆文部科学省「中学校学習指導要領」2008年
◆文部科学省「高等学校学習指導要領」2009年
◆日本武道館「日本の武道」2007年
◆全日本剣道連盟「剣道授業の展開」2009年

❼学校体育において武道を学ぶ意義
・自分の得意技を生かした相手との直接的な攻防の楽しさや喜びを味わうことができる。
・自分の感情をコントロールすることができる自制心や克己心を養うことができる。
・相手にすべてをぶつけて果敢に挑戦することと、相手を尊重する価値を態度として身に付けることができる。
　以上のことから、「スポーツとしてのよさ」と「武道独自のよさ」をあわせて学ぶことができるということが武道を学ぶ意義である。

第30講
体育理論

本講義のポイント
▶ 体育理論では、運動やスポーツを合理的、計画的に実践するとともに生涯にわたって豊かなスポーツライフを送るために必要となるスポーツに関する科学的知識を扱う。
▶ 学習内容は、「1　スポーツの歴史、文化的特性や現代スポーツの特徴」(1年)、「2　運動やスポーツの効果的な学習の仕方」(2年)、「3　豊かなスポーツライフの設計」(3年)となっており、各年次6単位時間以上で取扱うことになっている。
▶ 学習指導の際には、知識伝達型の一斉指導だけにとどまることなく、学習形態を工夫して生徒の自発的な問いや議論が促されるようにする。

1. ねらいと意義

　体育の学習とは、実際に身体を使って運動し、汗を流しながら体力や技能を高めたり、心地よさを味わったりすることだけにあると思われがちである。しかし、運動をすることだけが体育の学習対象であるなら、それは往々にして理屈抜きの繰り返し運動＝トレーニング、を強いることに結び付きやすくなり、その弊害や問題点はこれまでもよく指摘されてきた。小学校から必修で行われてきた体育の学習は高等学校でその最終段階を迎えるが、ここでは運動をする当の本人達からみた運動の意味や価値❶が知識や理論として問われることで、生涯スポーツ実践に向けた理論的基礎を培う必要がある。これまで運動する主体にとっての意味や価値があまり問われなかったのは、体育学習を成立させている学校や教育という制度が、そのことを問おうとしなかったからに他ならない。体育には、まさに「理屈はいらない」という考え方が定着してきた歴史があるのである。
　これに対して、運動する主体＝人間の側から運動の意味や価値を見出そうとする、いわば自己目的的な運動❷の捉え方がある。そこで第一に問題になるのは、なぜ人間は自ら運動しようとするのかという目的それ自体に対する考察であり、そのために必要な歴史的知識や文化的理解の仕方である。スポーツは、そのような意味で自発的に運動を行おうとする対象であったからこそ、人類の歴史とともに今日まで継続してきた。
　このような運動に対する見方は、戦後のわが国においても1970年代後半になってようやく現われてきたのであり、それまでは目的がどうであれ、運動「による」教育❸が目指されてきたからスポーツ＝する、だけの体育的観点はそのまま引き継がれることになった。そして、およそ100年にわたって体育を支配してきたこのような運動観は、他の教科との相違を鮮明にさせるという意味においても、その学習内容を「する」ことだけに特化させてきたのである。また、これに加えて運動部活動における勝利至上主義は、子どもや指導者にとって練習＝トレーニング＝「する」ことだけに

❶ **運動の意味や価値**
　身体を鍛えることによって得られる効果に意味や価値を置くのでなく、運動それ自体がもたらす行う者にとっての好ましさ（意味）や社会が求める望ましさ（価値）のこと。

❷ **自己目的的な運動**
　自らの欲求や必要を充足するために行われる運動で、目的それ自体が運動の内容を構成する。これに対して手段的運動とは、目的が外から与えられ、その達成の手段として運動が行われる。

❸ **運動による教育**
　身体機能の向上と鍛錬を目的とした身体の教育に対して、運動による教育は他教科と同じく全人格的人間形成のため、運動をすることが身体・生理的、心理的、社会的な側面で役立つということを目指した教育のこと。

終始する、という習慣や考え方を自動的に植え付けさせてきたと考えられる。高等学校における全国大会の隆盛は、そのような体育学習の見方にさらに拍車をかける結果となったことであろう。

だから、「することだけが体育学習ではない」という体育理論の重要性の指摘に対する表層的な理解を得ることは簡単かもしれないが、これを体育学習論の中に位置付け、体育学習の重要な柱として考え、展開していくことは、案外難しい。体育学習における理論の学習の強調が、ややもすると「する」だけの学習と同様に「知る」だけの学習になってしまい、この両者の統合的学習の重要性が見失われがちになるからである。その根本的な課題は、人間と運動（スポーツ）との関係、すなわち人間はなぜスポーツに魅力を感じ、それに意味付けられ、社会における重要な価値を形成するものとしてスポーツとかかわってきたのかを「問う」ことにある。

人間という動物の運動能力は、他の（人間が下等と位置付ける）動物のそれにはかなわない。「する」という人間にとっての運動の価値を人間が評価するためには、「する」ということの結果から得られる勝利や記録の達成を、動物のそれと比較して評価するわけにはいかない。「する」ということを評価するためには、それが何よりも人間が意味付け、価値付けた「行為」であるという理解が前提になければならない。しかもそれは、個人ではなく当該社会の人々が共通に望ましいと考え合意された目標に向けて行為するという社会的性格をもたなければ存在する意味がないのだが、体育学習ではそのような理論があまり授業で取り上げられることがなかった。したがって、高等学校における体育理論では、このような人間的意味と社会的価値を明らかにする「知」の学習❹によってこそ、運動やスポーツを合理的、計画的に実践することができるとともに、自ら生涯にわたって豊かなスポーツライフを送るために必要となる科学的知識が身に付くと考えるのである。

2. 学習内容

高等学校学習指導要領（2009年）では、体育理論の学習内容として大きく3つの大項目が掲げられている（表1、次頁）。また、各年次に割り当てられた大項目ごとの時間数は、それぞれ6単位時間以上と規定されている。

1年では、「スポーツの歴史、文化的特性や現代のスポーツの特徴」が取り上げられる。この大項目は、中学校3年の体育理論で扱われる「文化としてのスポーツの意義」とのつながりを意識しながら、スポーツそれ自体の歴史や文化的な特性と現代スポーツの特徴をより深く理解しようとするものである。小項目は大きく4つに分けられるが、アとイの項目は歴史と文化を、ウとエの項目は現代的特徴を扱っている。前者では、近代以降のスポーツの歴史や文化的変容が中心になるが、現代のスポーツが体操や武道、ダンスを含む幅広い身体活動全般を指す概念として用いられていることに留意する必要がある。後者の現代的特徴では、オリンピックムーブメント❺が国際平和との関連で取り上げられるとともに、競技スポーツの

❹「知」の学習
情報としての知識ではなく、なぜ、どのようにしてそのような現象が生まれたのか、またなぜ社会的な広がりや文化的な意味をもったのかなどの「問い」を伴う知識として理解し、それが他の課題や学習場面に応用可能な内容として生かされる学習のこと。

❺オリンピックムーブメント
フランスのP.クーベルタンの提唱によって復活した近代オリンピック（1896年第1回アテネ大会）の精神や理想を継承・発展させていこうとする運動で、最終的には人類の平和を実現することを目指している。

表1 体育理論の学習内容

大項目		小項目
1 スポーツの歴史、文化的特性や現代スポーツの特徴	ア	スポーツの歴史的発展と変容
	イ	スポーツの技術、戦術、ルールの変化
	ウ	オリンピックムーブメントとドーピング
	エ	スポーツの経済的効果とスポーツ産業
2 運動やスポーツの効果的な学習の仕方	ア	運動やスポーツの技術や技能
	イ	運動やスポーツの技能の上達過程
	ウ	運動やスポーツの技能と体力の関係
	エ	運動やスポーツの活動時の健康・安全の確保の仕方
3 豊かなスポーツライフの設計の仕方	ア	各ライフステージにおけるスポーツの楽しみ方
	イ	ライフスタイルに応じたスポーツとのかかわり方
	ウ	スポーツ振興のための施策と諸条件
	エ	スポーツと環境

発展がもたらす負の側面としてドーピング問題が扱われる。また、スポーツと経済や産業との関連にも注目する必要がある。

2年では、「運動やスポーツの効果的な学習の仕方」が取り上げられる。この大項目は、中学校3年から開始されている選択制授業❻が高等学校のこの段階で「体つくり運動」を除く運動領域の全面的な選択制に移行することとも関連させて学習することが大切である。すなわち、生涯にわたって運動やスポーツを継続していくためには、技術の特徴に応じた学習の仕方があること（ア）、技能を高める過程の特徴やそれに応じた取り組み方と体力の高め方があること（イとウ）、健康・安全の適切な確保の仕方があること（エ）、などを理解することである。いずれも各運動領域では具体的な技能の発揮の仕方やその練習方法、体力の高め方や安全確保の方法として個別的に扱われるが、体育理論ではこれらの概念や考え方の基本を学ぶことで選択した運動領域や種目の学習に応用したり、生涯スポーツの継続的な学び方に結び付けたりしていくことが求められるのである。

3年では、「豊かなスポーツライフの設計の仕方」が取り上げられる。この大項目は、高等学校卒業後のスポーツライフの設計の基本的な考え方やライフスタイルに応じたスポーツとのかかわり方を中心に、スポーツを生涯にわたって継続していくための施策や社会的条件、さらには環境問題との関係を理解しようとするものである。この段階で生徒達は、すでに必修の体育授業を中心に運動部活動や地域スポーツクラブ等で様々なスポーツ活動を長期間経験してきている。しかし、この経験は青少年期という人生の一時期における狭い、限られた条件で培われた、ある意味で偏ったスポーツに対する考え方やかかわり方を生み出すことにもなる。だから、ここでは豊かなスポーツの楽しみ方（ア）やかかわり方（イ）を学び、それを支える社会的な振興施策や諸条件（ウ）、あるいは環境との関係（エ）を理解する必要が出てくるのである。

3. 学習指導のポイント

今回の学習指導要領の改訂では、各教科ともに知識基盤社会❼形成の要

❻選択制授業
　高等学校において学校選択ではなく、生徒選択を基本として全面的な運動領域の選択制が実施されたのは1989年の学習指導要領からである。今回の要領では、高校入学年次の選択制が中学3年次とのまとまり（つながり）を重視し、「器械運動」、「陸上競技」、「水泳」、「ダンス」と「球技」、「武道」の2つ区分の領域から1つ以上を選択することになっている。

❼知識基盤社会
　21世紀社会は、新しい知識・情報・技術が政治・経済・文化をはじめ社会のあらゆる領域における活動の基盤として飛躍的に重要度を増す社会である。その意味ではグローバル化や絶え間ない競争と技術革新が促され、それに伴う幅広い知識と柔軟な思考力に基づく判断が一層重要となる社会のことである。

として「知識」、「思考・判断」といった観点別評価規準❽の重要性が指摘され、体育科においてもそれを受けた体育理論の内容の充実と発展が中・高校ともに企図されている。しかし、このことは体育理論の学習において基礎となる知識を一方的に、効率的に生徒に詰め込むような知識伝達型の一斉指導が学習形態として推奨されることを意味しているのではない。中央教育審議会答申（2008年1月）にもあるように、基礎的な知識の習得は「決して一つの方向で進むだけではなく、例えば、知識・技能の活用や探究がその習得を促進するなど、相互に関連し合って力を伸ばしていくものである」と述べられ、その活用や探究の場面との関連性が重要であると指摘している。

このような関連性を意識していくためには、生徒達が各運動領域でスポーツを「する」経験の中から学習が期待されている各領域の特性や成り立ち、技術名称や行い方などの実践的な知識が、各領域の「知識、思考・判断」の学習内容として十分に取扱われる必要がある。ここでの実践的で正しい基礎的な知識の習得に基づく生徒同士の「問い」や「コミュニケーション」が促されることで、体育理論で扱われる抽象的な概念や理論の理解が同時に具体化されるとともに、新たな「問い」や「コミュニケーション」が誘発され、スポーツにかかわる問題の発見やテーマ設定につながっていくものと考えられる。

したがって、学習形態としてはグループ学習❾を交えながら、各項目の学習内容を生徒自らが深めようとする「問い」の誘発の仕方や身近な話題の提供、あるいは生徒自らがスポーツ体験を意識し、発言しようとする具体的な場面設定や議論の仕掛けが必要となってこよう。一方で、今日の生徒達はマスメディアからの一方的な情報や興味本位の報道に慣らされており、これによって植え付けられた「何気ない」固定観念や常識を覆す様々な問いかけや指導方法を開発していく必要がある。そのためには、他方で、体育理論を指導する教師自身が、スポーツの文化的、社会的側面に興味・関心を抱き、そこから驚きをもった「問い」を発見してこれをいかに生徒と共有したいのかが、それこそ鋭く「問われる」のではないかと思われる。

4. 評価の仕方

体育理論は、知識に対する理解の程度を評価するのが一般的なので、各大項目を単元として単元終了後に総括的な評価を行うことになる。しかし、まとめの段階だけでなく、単元の最初の段階における理解の程度を知る診断的評価や理解の高まり具合を評価する形成的評価も重要である。

（菊　幸一）

■引用・参考文献
◆文部科学省「高等学校学習指導要領解説保健体育編」2009年
◆文部科学省「中学校学習指導要領解説保健体育編」2008年
◆中央教育審議会答申「幼稚園、小学校、中学校、高等学校及び特別支援学校の学習指導要領等の改善について」2008年1月
◆菊幸一「することだけがスポーツではない」「体育科教育」、大修館書店、2009年8月

❽観点別評価規準
改訂学習指導要領では、従来の4つの観点から、「知識」と「思考・判断」が1つの観点にまとめられ「知識、思考・判断」となっている。評価規準は、学習の成果（できばえ）を質的に評価するために観点別に概ね良好と評価されるできばえの状態や状況を記述したもので、指導の在り方に対する評価にもなりえる。

❾グループ学習
学習形態の1つの方法で、メンバーの能力を同質・異質の2つのパターンに分けるグループ編成の仕方がある。また、課題別にグループが流動化する形態もある。一般的には、適切な教師の指導のもとで生徒自らのリーダーシップによる自発的で自主的な学習活動が展開されやすいといわれる。

◆**参考資料4　高等学校の領域構成、内容、内容の取扱い**
<科目　体育>

領域及び領域の内容		1年※	2年※	3年※	内容の取扱い
【体つくり運動】		必修	必修	必修	ア、イ必修 (各学年7〜10 単位時間程度)
ア	体ほぐしの運動				
イ	体力を高める運動				
【B 器械運動】		B、C、D、G から①以上 選択	B、C、D、E、F、 Gから②以上 選択	B、C、D、E、F、 Gから②以上 選択	ア〜エから選択
ア	マット運動				
イ	鉄棒運動				
ウ	平均台運動				
エ	跳び箱運動				
【C 陸上競技】					ア〜ウに示す運動から 選択
ア	競走				
イ	跳躍				
ウ	投てき				
【D 水泳】					ア〜オから選択
ア	クロール				
イ	平泳ぎ				
ウ	背泳ぎ				
エ	バタフライ				
オ	複数の泳法で長く泳ぐまたはリレー				
【E 球技】		E、Fから ①以上選択			1年では、ア〜ウから ②選択 2年以降では、ア〜ウ から選択
ア	ゴール型				
イ	ネット型				
ウ	ベースボール型				
【F 武道】					アまたはイの いずれか選択
ア	柔道				
イ	剣道				
【G ダンス】		B、C、D、G から①以上 選択			ア〜ウから選択
ア	創作ダンス				
イ	フォークダンス				
ウ	現代的なリズムのダンス				
【H 体育理論】		必修	必修	必修	(1) 1年 (2) 2年 (3) 3年 (各学年6単位時間 以上)
(1)スポーツの歴史、文化的特性や 　現代スポーツの特徴					
(2)運動やスポーツの効果的な学習の仕方					
(3)豊かなスポーツライフの設計の仕方					

<科目　保健>

内容	1年	2年	3年	内容の取扱い
(1)現代社会と健康 (2)生涯を通じる健康 (3)社会生活と健康	必修			(1)〜(3)を1年及び2年

(注)　高等学校の学年の1年※、2年※、3年※は、それぞれ「入学年次」、「その次の年次」及び「それ以降の年次」を指す。

(文部科学省「高等学校学習指導要領解説保健体育編」2009年7月より、一部改編)

第5章
試験想定問題と解答例

第1講 体育の新しい方向（今後の改訂の要点）

❏問題1

体育の今次改訂（2008年）の基本方針について、次の空欄に入る適切な用語を語群より選び、記号で答えなさい。

「体育科、保健体育科については、その課題を踏まえ、生涯にわたって健康を保持増進し、（①）を実現することを重視し改善を図る。その際、（②）をより一体としてとらえ、健全な成長を促すことが重要であることから、引き続き保健と体育を関連させて指導することとする。また、学習したことを（③）、実社会において生かすことを重視し、学校段階の（④）及び発達の段階に応じて指導内容を整理し、明確に示すことで体系化を図る。」ことが示された。

改善の要点は次の通りである。
1. （⑤）を考慮し、小学校、中学校及び高等学校を見通した指導内容の（⑥）を図ること。
2. 指導内容の確実な定着を図る観点から（⑦）を明確に示すとともに、学校段階の接続を踏まえ、領域の取り上げ方の（⑧）を図ること。
3. 体力の向上を重視し、（⑨）の一層の充実を図るとともに、学校の教育活動全体や（③）で生かすことができるようにすること。
4. 基礎的な（⑩）の確実な定着を図るため、発達の段階を踏まえて（⑩）に関する領域の構成を見直し、各領域に共通する内容に精選するとともに、各領域との関連で指導することが効果的な内容については、各領域で取り上げるよう整理すること。

＜語群＞
ア．体つくり運動　イ．体系化　ウ．実生活
エ．弾力化　オ．知識
カ．豊かなスポーツライフ　キ．接続
ク．発達の段階のまとまり　ケ．心と体
コ．指導内容

◆解答
①カ　②ケ　③ウ　④キ　⑤ク　⑥イ　⑦コ
⑧エ　⑨ア　⑩オ

❏問題2

生きる力を表すキーワードについて、次の空欄に入る適切な用語を記入せよ。その際、①については、学校教育法第30条第2項で示された要素について、記入しなさい。

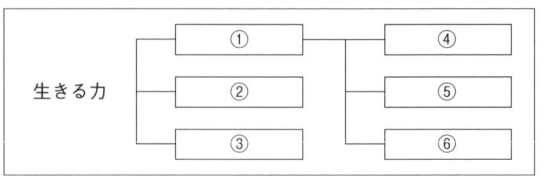

（生きる力の図：①②③が左列、④⑤⑥が右列）

◆解答
①確かな学力　②健やかな体　③豊かな心
④基礎的、基本的な知識・技能の習得
⑤思考力、判断力、表現力等　⑥学習意欲
（②③及び④⑤⑥順不同）

❏問題3

今次改訂では、指導内容の体系化等を背景として、中学校、高等学校ではどのような改善が図られたのか。語群に示されたキーワードの下記の表に該当する箇所を示しなさい。

	該当する箇所				
中学校1・2年	①	⑤			
中学校3年	②		⑦	⑧	⑨
高等学校1年	③				
高等学校2年以降	④	⑥			

＜語群＞
ア．すべての領域を取扱う。
イ．体つくり運動を7単位時間以上配当する。
ウ．球技、武道のいずれかから選択する。
エ．体育理論を6単位時間以上配当する。
オ．ゴール型、ネット型、ベースボール型で示される。
カ．すべての領域から②以上選択できるようにする。
キ．多くの領域を体験する時期。
ク．多くの領域の学習を経験する時期。
ケ．卒業後に少なくとも一つの運動やスポーツを継続することができるようにする時期。

◆解答
ア．①　イ．⑤　ウ．⑦　エ．⑥　オ．⑨
カ．④　キ．①　ク．①　ケ．⑧

（佐藤　豊）

第2講 総則と体育

❏問題1

2008年3月告示の中学校学習指導要領総則第1章第1の3「学校における体育・健康に関する指導」において、新たに加えられた指導内容は、以下のどれか。当てはまるものをすべて答えなさい。
＜選択肢＞
ア．食育の推進に関する指導
イ．保健に関する指導
ウ．体力の向上に関する指導
エ．安全に関する指導
オ．心身の健康の保持増進に関する指導
カ．運動に親しむ資質や能力を育成する指導
◆解答
ア、エ

❏問題2

体力の向上を図るためには、学校教育活動全体で効果的に取り組むことが大切である。体力の向上に向けて有効と考えられる具体的な教育活動には、どのようなものがあるか。3つ答えなさい。
◆解答例
・体育科、保健体育の授業、クラブ活動、運動会・水泳大会などの体育的行事。
・持久走大会など休み時間や放課後を使った活動。
・夏季水泳教室・臨海学校・部活動など教育課程外の活動。
※完答でなくとも正解とする（運動会だけでも正解とする）。

❏問題3

運動部の活動の意義について、簡潔に述べなさい。
◆解答例
・より高い水準の技能や記録に挑戦する中で、スポーツの楽しさや喜びを味わうことができる。
・目標の達成など学校生活を充実し、豊かなものにする活動である。
・体力の向上や健康の増進にも極めて効果的な活動である。
・学習意欲の向上や責任感を育てることができる。
・豊かな人間関係の育成や連帯感の涵養に資する。

❏問題4

中学校学習指導要領第1章総則第1の2「学校における道徳教育」には、「道徳の時間などとの関連を考慮しながら、第3章道徳の第2に示す内容について、保健体育科の特質に応じて適切な指導をすること。」が明記されている。保健体育において道徳教育と関連する指導内容はどのようなものが考えられるか。具体例を2つ答えなさい。
◆解答例
・集団でのゲームなど運動することを通して、粘り強くやり遂げる。
・試合などでルールを守り、公正な態度を身に付ける。
・集団の話し合いや準備・片付けに積極的に参加し協力する。

❏問題5

2008年1月17日の中央教育審議会答申「幼稚園、小学校、中学校、高等学校及び特別支援学校の学習指導要領等の改善について」では、体力に対する考え方が述べられている。次の（　）に入る語句を語群から選び完成しなさい。
「体力は、人間の（①）の源であり、健康の維持のほか（②）や（③）といった精神面の充実に大きくかかわっており、「（④）」の重要な要素である。子どもたちの体力の低下は、将来的に国民全体の体力低下につながり、社会全体の（⑤）や（⑥）を支える力が失われることにもなりかねない。」
ア．気力　イ．活力　ウ．元気　エ．文化
オ．生きる力　カ．活動　キ．意欲　ク．学力
ケ．スポーツ　コ．健康
◆解答
①カ　②キ　③ア　④オ　⑤イ　⑥エ

（白旗和也）

第3講　体育の目標

❏問題1

次の文章は、中学校学習指導要領保健体育科の目標である。空欄に下記の語群より選び記号で答えなさい。

（①）を一体としてとらえ、運動や（②）についての理解と運動の（③）な実践を通して、生涯にわたって運動に親しむ（④）を育てるとともに健康の保持増進のための（⑤）の育成と（⑥）の向上を図り、明るく（⑦）を営む態度を育てる。

＜語群＞
ア．資質や能力　イ．豊かな生活　ウ．心と体
エ．体力　オ．実践力　カ．健康・安全
キ．合理的

◆解答
①ウ　②カ　③キ　④ア　⑤オ　⑥エ　⑦イ

❏問題2

次の文章は、中学校学習指導要領保健体育科の体育分野第1・第2学年の目標である。空欄に下記の語群より選び記号で答えなさい。

(1) 運動の合理的な実践を通して、運動の（①）を味わうことができるようにするとともに、（②）を身に付け、（③）を豊かに実践することができるようにする。
(2) 運動を適切に行うことによって、（④）を高め、心身の（⑤）を図る。
(3) 運動における（⑥）の経験を通して、公正に取り組む、互いに（⑦）する、自己の役割を果たすなどの（⑧）を育てるとともに、（⑨）に留意し、自己の（⑩）を尽くして運動をする態度を育てる。

＜語群＞
ア．競争や協同　イ．意欲　ウ．最善　エ．知識や技能　オ．体力　カ．楽しさや喜び　キ．協力　ク．健康・安全　ケ．運動　コ．調和的発達

◆解答
①カ　②エ　③ケ　④オ　⑤コ
⑥ア　⑦キ　⑧イ　⑨ク　⑩ウ

❏問題3

次の文章は高等学校学習指導要領保健体育科の科目体育の目標である。（　）の中に適語を入れて文章を完成させなさい。

運動の合理的、（①）な実践を通して、（②）を深めるとともに技能を高め、運動の楽しさや喜びを（③）味わうことができるようにし、（④）の状況に応じて体力の向上を図る（⑤）を育て、公正、協力、責任、（⑥）などに対する（⑦）を高め、健康・安全を確保して、生涯にわたって（⑧）を継続する資質や能力を育てる。

◆解答
①計画的　②知識　③深く　④自己　⑤能力
⑥参画　⑦意欲　⑧豊かなスポーツライフ

❏問題4

中学校学習指導要領保健体育科の目標にある「運動に親しむ資質や能力」とは具体的に何を指すのか、説明しなさい。

◆解答
①それぞれの運動の特性や魅力に応じてその楽しさや喜びを味わおうとすること、②公正・協力・責任などのいわゆる社会的態度、参画するなどの意欲、③健康安全に留意する態度、④運動の技能、⑤運動に関する知識、⑥自らの運動の課題を解決する思考力・判断力などを指している。

❏問題5

高等学校学習指導要領保健体育科の目標の文言の中で、「具体的目標」を3つ挙げなさい。

◆解答
①生涯にわたって豊かなスポーツライフを継続する資質や能力の育成。
②健康の保持増進のための実践力の育成。
③体力の向上。

❏問題6

中学校体育分野の目標に「知識や技能を身に付け」ということが今示されているが、それはなぜか、説明しなさい。

◆解答
中央教育審議会答申（2008年1月）にあるように、学習指導要領改訂の基本的な考え方、つまり「基礎的・基本的な知識・技能の習得」を受けたものである。

（本村清人）

第4講　体育の内容

❑問題1

次の文章の（　）に適切な用語を入れて文章を完成させなさい。

体育の内容は、授業で取り上げられる各種の（①）とそれに関連する（②）である。

また、（①）は次の3つに基本的分類されるが、この2つの分類は40年以上にわたって体育の授業を考える基本的な考え方である。

（③）、（④）、（⑤）

◆解答
①運動　②知識　③体つくり運動　④スポーツ　⑤ダンス（③、④、⑤は順不同でも可）

❑問題2

次の文章は、小学校学習指導要領解説体育編の一部である。（　）に入る用語を下記の語群から選び、記号で答えなさい。

低・中学年で示していた（①）は、高学年への（②）が見えにくく、当該学年で何を身に付けさせたらよいか分かりにくいことから、従前（③）として示していたものを（④）として示すこととした。

これらの領域では、従前の（①）の趣旨を踏まえ、児童が（⑤）運動に仲間と（⑥）やいろいろな（⑦）をもって取り組むことによって、運動をしたいという（⑧）を充足し、（⑨）できるようにすることが大切である。

＜語群＞
ア．課題　イ．領域　ウ．楽しく
エ．競争　オ．基本の運動　カ．内容
キ．易しい　ク．欲求　ケ．系統性

◆解答
①オ　②ケ　③カ　④イ　⑤キ　⑥エ　⑦ア　⑧ク　⑨ウ

❑問題3

中学校の保健体育科・体育分野について、次の文章の（　）に適切な用語を入れて文章を完成させなさい。

中学校の保健体育科・体育分野の内容構成は、（①）、（②）、（③）、（④）、（⑤）、（⑥）、（⑦）の運動領域と体育理論である。この運動領域のうち、（⑥）については、中学校から授業で取り上げられる。

また、発達段階に応じた運動領域の名称が検討されており、以下の運動領域は、小学校高学年と名称が異なっている。
・（③）・（⑤）・（⑦）

◆解答
①体つくり運動　②器械運動　③陸上競技
④水泳　⑤球技　⑥武道　⑦ダンス
（①、②、③は順不同でも可。また、③、⑤、⑦も順不同でも可。）

❑問題4

中学校の保健体育科・陸上競技での「知識、思考・判断」の内容のうち、「知識」の内容を1年・2年及び3年ごとに、それぞれ3つ示しなさい。

1．1年・2年
　①（　　　　　）
　②（　　　　　）
　③（　　　　　）
2．3年
　①（　　　　　）
　②（　　　　　）
　③（　　　　　）

◆解答
①陸上競技の特性や成り立ち
②技術の名称や行い方
③関連して高まる体力
④技術の名称や行い方
⑤体力の高め方
⑥運動観察の仕方
（①、②、③は順不同でも可。また④、⑤、⑥も順不同でも可。）

（池田延行）

第5講　体育の指導計画

❏問題１
指導計画を作成する意義について述べなさい。
◆解答例
　体育科・保健体育科の目標を達成するためには、地域や学校の実態、子どもの現状等を踏まえ、意図的・計画的に授業を展開するための指導計画が必要になる。このように指導計画は、授業の善し悪しを決定する大きな要素となるものであり、各学校においては、周到な指導計画を作成することが求められる。

❏問題２
指導計画の種類にはどのようなものがあるかを述べ、それぞれについて簡単に説明しなさい。
◆解答例
　指導計画は、①年間計画、②単元計画、③時間計画（指導案、時案）の３つに大別することができる。
①年間計画は、「何を」・「いつ」・「どのくらい配当するか」という、１年間の体育の学習指導の見通しを具体的に示したものである。
②単元計画は、授業者が単元の学習指導をどのように進めようとするかを示したものである。
③時間計画は、単元計画に準じて１単位時間の単位で学習指導（授業）や評価がどのように展開されるかを示したものである。

❏問題３
体育の年間計画を作成するに当たっての具体的手順について述べなさい。
◆解答例
　体育の年間計画を作成するに当たっての具体的手順としては、
①学校全体としての目標の確認、
②内容としての運動種目の選定、
③学習のねらい及び内容の具体化、
④体育授業時数の決定、
⑤単元構成の決定（単独か組み合わせか、単元の規模・大きさなど）、
⑥単元の配列（実施時期）、
という順序でなされるのが一般的である。

❏問題４
指導計画を作成するに当たり、学習指導要領のどのような記載事項を確認しておく必要があるかを述べなさい。
◆解答例
　体育科・保健体育科の指導計画を作成するに当たっては、学習指導要領に沿って作成することが求められる。特に、教科全体として留意事項（総則「指導計画の作成等に当たって配慮すべき事項」）とともに、教科固有の留意事項（「内容の取扱い」、「指導計画の作成と内容の取扱い」）を確認しておく必要がある。

（渡邉　彰）

第6講　体育の学習指導

❏問題 1

学習指導に際して、指導と評価の一体化が求められる理由について説明しなさい。

◆解答例

指導と評価の一体化は、2000年教育課程審議会答申において明確に示された考え方であり、目標に準拠した評価に基づく、授業改善を求める提案である。それは、教師にとっては学習指導の過程における工夫を促すものであり、生徒にとっては学習や発達を促すものである。

❏問題 2

効果的な授業の特徴について説明しなさい。

◆解答例

効果的な授業では、生徒が良質の練習に時間を費やしている。また、生徒の実態に即した挑戦性のある課題が設定されていること、生徒の理解度が重視されていること、教師の積極的なモニターが行われ、コミュニケーションが上手に営まれているといった特徴がみられる。

❏問題 3

授業の計画立案時に検討すべき事項は、マネジメントに関する事項と教科内容に関連する事項に分けることができる。この2つの概念について、具体例を挙げながら説明しなさい。

◆解答例

期待する学習成果を生徒に保障するためには、教える内容や教材といった授業の内容的条件と同時に、授業の雰囲気やマネジメントといった授業の基礎的条件を意図的に整えていくことが必要になる。前者が教科内容に関連する事項であり、後者がマネジメントにかかわる事項である。授業の計画立案時には、この両者に配慮することが必要である。

教科内容にかかわる事項は、さらに、1）スポーツ固有の技術的、戦術的内容、2）活動に関する学習カードの内容、3）フィットネスに関する学習カードの内容、4）生徒コーチに指導する内容、5）生徒の評価法の検討に区別することができる。

マネジメントにかかわる事項は、1）チームの決定、2）生徒の担うべき役割、3）チームのアイデンティティと所属意識の形成手続き、4）チームの練習と試合スケジュール、5）授業運営と学習指導法、6）生徒への要求事項、水準の検討に区別することができる。

❏問題 4

授業を効果的に観察するために何を、どのような順序で観察すればいいのか。観察の観点と優先順序について説明しなさい。また、観察した結果に基づき下すべき判断についても説明しなさい。

◆解答例

授業を行っている際には、安全性、指示した学習活動への従事率ならびに対応すべき生徒を観察することが必要になる。

観察に際しては、まず、生徒が安全に学習活動に従事しているかどうかを観察する必要がある。安全面に問題がある場合には、生徒を止め、全体に対して安全確保を周知する必要がある。

安全面に問題がない場合には、指示した学習活動への生徒の従事率を観察する必要がある。生徒の従事率が低い場合、授業を止め、課題を再提示する必要がある。その際、課題の趣旨が生徒に理解されていない場合には、説明の仕方の修正が求められる。課題の難度が原因で生徒の従事率が低い場合には、課題の難度そのものを修正して、次の課題を指示する必要がある。

また、課題の難度の修正に関しては、クラス全体の課題を修正する必要性があるか否かの判断が求められる。個別に対応すればいい範囲であれば、クラス全体の課題を修正する必要はない。

生徒の課題への従事率が高い場合には、課題に従事していない生徒を特定する必要がある。そのような生徒は、授業では必ずといってよいほど複数存在する。したがって、どの生徒から対応するのか、方針を決定して対応することが必要になる。

（岡出美則）

第7講　体育の学習評価

❑問題1

「目標に準拠した評価」と「個人内評価」について説明しなさい。

◆解答例

目標に準拠した評価とは、いわゆる絶対評価であり、認定された目標を児童生徒がどの程度達成したかを評価するものである。この目標設定には、学習の実現状況を質的に捉える「評価規準」が用いられている。評価規準に基づく評価は、目標に準拠した評価とされている。

個人内評価とは、いわゆる個人の伸び率を評価するものである。例えば、学習前の状況と学習後の状況における差を比べて、その大きさで評価するものがある。

また、児童生徒ごとのよさや可能性、進歩の状況を文章記述で評価するものがある。

❑問題2

評価規準とは、どのようなものか説明しなさい。

◆解答例

評価規準という用語は、新しい学力観に立って子ども達が自ら獲得し身に付けた資質や能力の質的な面、すなわち、学習指導要領の目標に基づく幅のある資質や能力の育成の実現状況の評価を目指すという意味から用いられている。

評価規準は、「関心・意欲・態度」、「思考・判断」、「運動の技能」、「知識・理解」の4つの観点で作成し評価することとされている。評価規準に基づく評価は、それぞれの観点を「おおむね満足」、「十分満足」、「努力を要する」の3段階で観点別に評価し、これを元に、評定（5段階）に総括することとされている。

❑問題3

学校教育法に定められた学力規定とは何か。

◆解答例

「生涯にわたり学習する基盤が培われるよう、基礎的な知識及び技能を習得させるとともに、これらを活用して課題を解決するために必要な思考力、判断力、表現力その他の能力をはぐくみ、主体的に学習に取り組む態度を養うことに、特に意を用いなければならない。」とされている（30条2項）。

「意を用いる」の「意」とは、注意する、意識するという意味で用いられる。

❑問題4

評価の方法にはどのようなものがあるか。

◆解答例

評価方法としては、教師の観察による補助簿等への記録の他に、学習カードやグループノートを作成し、児童生徒に観察や振り返りを記入させる方法が挙げられる。これらは、自分に適した課題をもっているか、その課題は適切か、学習のつまずきはないか、運動の特性に触れ楽しさを味わっているか、などを知る手掛かりの方法として活用することが大切である。

❑問題5

指導と評価の一体化とはどのようなことか説明しなさい。

◆解答例

指導と評価の一体化とは、指導と評価とは別物ではなく、評価の結果によって後の指導を改善し、さらに新しい指導の成果を再度評価するという、指導に生かす評価を充実させることである。

指導と評価の一体化では、指導したことを評価することや、評価をする過程において学習や指導の改善をすること、改善した指導の結果を再度評価することが行われなければならない。

これらの指導と評価は、個性を生かす教育を充実することを基本的なねらいとして観点別学習状況の評価を評価の基本とすることとされており、学習指導要領に示す目標の実現状況の評価をしていくことになる。

（今関豊一）

第8講 選択制授業、男女共習授業

❏問題1

選択制授業の定義について述べなさい。

＜解答の要点＞

選択制授業のねらいと背景、授業の進め方について述べる。

◆解答例

体育における選択制授業とは、「学習すべき内容として用意された2つまたはそれ以上の運動について、学習者がそのいずれかを選択できるように計画された授業」（文部省、1991年）のことである。選択制授業は、生涯スポーツへのつながりと、生徒の個性に合った体育授業を実現するために、中学校及び高等学校の体育科に、1989年告示の学習指導要領から導入されてきた。

選択制授業は、「生徒一人一人の多様な運動やスポーツへの欲求に対応して、運動の楽しさや喜び（特性）をより深く味わわせるとともに、自分の能力・適性、興味・関心等に応じて主体的に運動の行い方や楽しみ方を工夫していく能力を育成する」こととされている。そのため、選択制授業では、生徒自身が自己の能力や適性に応じて、学習内容を主体的に決定するという「生徒選択」を前提とした学習指導の方法が用いられる。

❏問題2

選択制授業を実施するうえでの留意点について述べなさい。

＜解答の要点＞

選択制授業の前提条件、計画の段階、実施の段階、評価の段階のそれぞれの観点から述べる。

◆解答例

選択制授業の実施にかかわる問題としては、体育科として、選択制授業のねらいや学習の進め方、評価・評定の仕方について、意思統一や共通理解を図る必要がある。また、生徒の運動を選択する能力や運動の行い方や楽しみ方を工夫して学習する能力などの学習レディネスや、学校の体育施設・用具の実態に応じて選択制授業の形態や進め方を判断しなければならない。

計画段階においては、単元はじめの段階でのオリエンテーションを充実させ、生徒が主体的に運動種目を選択できるように、運動種目の映像情報や学習の進め方を示すなどの方策をとる必要がある。実施段階においては、教師はそれぞれの生徒の学習状況に応じた学習指導が必要である。具体的には、①生徒の学習計画や施設・用具の使い方を調整する、②学習カードを媒介として生徒の学習状況を把握する、③各種目の学習資料を準備して、生徒の主体的な学習を支える、④学習活動を観察して、必要に応じて安全面・時間の運営について助言する、⑤学習につまずいている生徒や能力の劣っている生徒に対しては、積極的な指導が求められる。

評価段階に関しては、教師間の共通理解のもとであらかじめ設定した評価規準について、授業中に収集した学習状況や成果の情報から適切に評価・評定する必要がある。

❏問題3

男女共修授業を行ううえでの留意点について述べなさい。

＜解答の要点＞

男女共習授業のねらいや進め方の観点から述べる。

◆解答例

男女共習授業とは、男女が同じ学習の内容を同じ学習の場所で、相互のコミュニケーションを通して学習する授業で、男女差は個人差であるという認識に立ち、男女が互いにかかわり合う中で、相互交流の楽しさや運動の行い方、楽しみ方を学習することがねらいとされる。

男女共習授業は、時間割の編成や種目の特性によっては有効であるが、すべてを男女共習で考える必要はない。生徒の実態や種目の特性を考慮して、授業のねらいや具体的な内容によって男女共習授業の進め方を工夫していくことが大切である。

例えば、男女共習でも、単元や授業を通して男女混合のグループで実施する方法もあれば、男女混合のグループで学習計画づくりや練習をするが、ゲーム場面などは男女別の形態で実施する方法が考えられる。

（長谷川悦示）

第9講 体つくり運動

❏問題1

次の文章は、小学校学習指導要領解説体育編（2008年）の一部である。①から⑩の（　）に当てはまる適切な語句を下の語群から選び、記号で答えなさい。

「体つくり運動」では、次の運動を行い、体を動かす（①）や（②）を味わうとともに、体の（③）な動きができるようにする。
ア．体ほぐしの運動では、（④）の変化に気付いたり、（⑤）を整えたり、みんなで（⑥）するための手軽な運動や（⑦）な運動をすること。
イ．多様な動きをつくる運動遊びでは、（⑧）をとったり（⑨）をしたりするとともに、（⑩）などをすること。

＜語群＞
ア．力強い　イ．体のバランス　ウ．心拍数
エ．体の調子　オ．体温調節　カ．移動
キ．楽しさ　ク．緊張感　ケ．具体的　コ．課題
サ．心地よさ　シ．用具の操作　ス．基本的
セ．心や体　ソ．律動的　タ．教え合ったり
チ．かかわり合ったり　ツ．激しさ　テ．ねらい

◆解答
①キ　②サ　③ス　④セ　⑤エ
⑥チ　⑦ソ　⑧イ　⑨カ　⑩シ

❏問題2

小学校高学年の体力を高める運動は、
ア．a）体の柔らかさを高めるための運動
　　b）巧みな動きを高めるための運動
イ．c）力強い動きを高めるための運動
　　d）動きを持続する能力を高めるための運動
で構成されています。下記に示した①から⑧の動きを a）〜d）に分類しなさい。
①登り棒を、登ったり下りたりする。
②体の各部位を大きく広げたり曲げたりする姿勢を維持する。
③投げ上げたボールを姿勢を変えて捕球する。
④全身を振ったり、回したり、ねじったりする。
⑤いろいろな姿勢で腕立て伏臥腕屈伸をする。
⑥短なわを使って、5分間なわ跳びを続ける。
⑦押し、寄りを用いて相撲をとる。
⑧ミニハードルを並べたコースを、リズミカルに走る。

◆解答
a）②④　b）③⑧　c）①⑤⑦　d）⑥

❏問題3

体つくり運動の指導について、正しいものには○印を、誤っているものには×印を付けなさい。
ア．体つくり運動は、それぞれの内容を2学年にわたって指導する。
イ．体ほぐしの運動は、仲間とのかかわりが重要なので、毎時間固定した2人組で行う。
ウ．体力水準は子どもによって異なるので、体力向上プログラムは教師が準備して行わせる。
エ．体力を高める運動は、基本の動き（運動技能）の高まりを目指して、学習に取り組ませる。
オ．新体力テストの結果は全国平均値や仲間の記録と比較させ、体力向上への意欲を喚起する。
カ．体ほぐしの運動は、体つくり運動以外の領域でも指導することができる。
キ．体力を高める運動は反復することで効果が高まるので、種類を限定し回数を増やして行う。

◆解答
ア○　イ×　ウ×　エ×　オ×　カ○　キ×

❏問題4

運動（遊び）を子どもの生活習慣に組み入れるために、学校・教師はどのような取り組みができると思うか。簡単に述べなさい。

◆解答例
・授業中に、休み時間や放課後にもやってみたくなる運動（遊び）を指導する。
・休み時間の配置を工夫して、グラウンドで活動できる時間（長い休み時間）を確保する。
・子どもを誘って休み時間に一緒に運動する。
・子どもが使ってみたくなるような遊具（例：古タイヤなどで工夫）をグラウンドに設置する。
・学級通信を作成して、家庭でも子どもに運動させるように協力を呼びかける。

（芹澤康子）

第10講　器械運動系

❏問題1

次の文章は、「小学校学習指導要領解説・体育編「各運動領域の内容・器械運動系」の一部である。空欄の（　）に入る適切な用語を書きなさい。

器械運動系の領域として、低学年を「（①）を使っての運動遊び」、中・高学年を「（②）運動」で構成している。

（①）を使っての運動遊びは、「（③）を使った運動遊び」、「（④）を使った運動遊び」、「（⑤）を使った運動遊び」、「（⑥）を使った運動遊び」で内容を構成している。（中略）

（②）運動は、中・高学年ともに「（④）運動」、「（⑤）運動」、「（⑥）運動」で内容を構成している。（中略）（④）運動は（⑦）技、倒立技を、（⑤）は（⑧）技、（⑨）技、下り技を、（⑥）運動は支持（⑩）技を取り上げている。

◆解答
①器械・器具　②器械　③固定施設　④マット
⑤鉄棒　⑥跳び箱　⑦回転
⑧⑨上がり、支持回転　⑩跳び越し

❏問題2

以下に示した（ア）〜（シ）のそれぞれの運動を最も関係の深い3つの領域に分類しなさい。
ア．ゆりかご　イ．馬跳び　ウ．かかえ込み回り
エ．壁登り逆立ち　オ．跳び下り
カ．足抜き回り　キ．腕立て横跳び越し
ク．開脚跳び　ケ．転向前下り　コ．ロンダート
サ．台上前転　シ．逆上がり
①マット運動（　　　　　　　　　　）
②鉄棒運動　（　　　　　　　　　　）
③跳び箱運動（　　　　　　　　　　）

◆解答
①マット運動（ア、エ、キ、コ）
②鉄棒運動（ウ、カ、ケ、シ）
③跳び箱運動（イ、オ、ク、サ）

❏問題3

以下の技から発展した技を1つ書きなさい。
①大きな前転　＿＿＿＿＿＿＿＿＿＿＿＿
②安定した後転　＿＿＿＿＿＿＿＿＿＿
③補助倒立　＿＿＿＿＿＿＿＿＿＿＿＿
④側方倒立回転　＿＿＿＿＿＿＿＿＿＿
⑤かかえ込み回り　＿＿＿＿＿＿＿＿＿
⑥後方片膝掛け回転　＿＿＿＿＿＿＿＿
⑦両膝掛け倒立下り　＿＿＿＿＿＿＿＿
⑧開脚跳び　＿＿＿＿＿＿＿＿＿＿＿＿
⑨台上前転　＿＿＿＿＿＿＿＿＿＿＿＿
⑩大きな台上前転　＿＿＿＿＿＿＿＿＿

◆解答
①倒立前転、とび前転　②後転連続
③倒立　④ロンダート
⑤前方筋回転、後方支持回転　⑥前方片膝掛け回転　⑦両膝掛け振動下り　⑧大きな開脚跳び、かかえ込み跳び　⑨大きな台上前転　⑩首はね跳び、頭はね跳び

❏問題4

器械運動の学習指導のポイントとして、基礎となる動きの指導、運動の関連性の理解等とともに場の工夫が挙げられる。そこで、マット運動、鉄棒運動、跳び箱運動における場の工夫の例とねらいを1つずつ書きなさい。

◆解答例
「マット運動」
・重ねたマット―起き上がりやすくするため。
・踏み切り板での坂道―回転力をつけるため。
・セーフティマット―安全な着地のため。
「鉄棒運動」
・跳び箱と踏み切り板―逆上がりをやりやすくするため。
・セーフティマット―安全な着地のため。
「跳び箱運動」
・重ねた丸椅子―開脚跳びの予備練習のため。
・高跳びのスタンド―踏み切りの高い台上前転に取り組むため。

（松本格之祐）

第11講　陸上運動系

❑問題 1

小学校の陸上運動系の運動の特性について簡潔にまとめなさい。

◆解答例

小学校の陸上運動系の走る、跳ぶ、走り越す、走って跳ぶという運動は、友達と速さや距離、高さなどを競い合って楽しむ競争型の運動特性と、自分の目標とする記録や距離、高さに挑戦して楽しむ達成型の運動特性をあわせもつ。

また、陸上運動系の運動は、一人であるいは仲間と協力したり、グループで対抗したりするなど、運動の楽しみ方を工夫することができる運動である。

❑問題 2

次の文章は、小学校学習指導要領解説体育編（2008年）の一部である。空欄に入る用語を下記の語群から選び、記号で答えなさい。

低学年の（①）の内容は、「（②）」及び「跳の運動遊び」で構成し、中学年の「走・跳の運動」の内容は、「（③）」、「小型ハードル走」、「幅跳び」及び「高跳び」で構成した。高学年の「陸上運動」の内容は、（④）、「ハードル走」、「走り幅跳び」及び（⑤）で構成した。

なお、低・中学年で示していた「基本の運動」は、高学年への（⑥）が見えにくく、当該学年で何を身に付けさせたらよいか分かりにくいことから、従前（⑦）として示していたものを（⑧）として示すこととした。

これらの（⑧）では、従前の（⑨）の趣旨を踏まえ、児童が易しい運動に仲間との競争やいろいろな課題をもって取り組むことによって、運動をしたいという（⑩）を充足し、楽しくできるようにすることが大切である。

＜語群＞
ア．内容　イ．走の運動遊び　ウ．系統性
エ．走・跳の運動遊び　オ．欲求　カ．領域
キ．短距離走・リレー　ク．基本の運動
ケ．走り高跳び　コ．かけっこ・リレー

◆解答
①エ　②イ　③コ　④キ　⑤ケ
⑥ウ　⑦ア　⑧カ　⑨ク　⑩オ

❑問題 3

次の文章の空欄に入る用語を下記の語群から選び、記号で答えなさい。

学習・指導の評価は、（①）に示される3観点で行われることになる。とりわけ、（②）の観点の評価に際しては、陸上運動系の運動が、競争の結果が客観的に表出されることから、客観的に数値で測定される結果のみを（③）的に評価するのではなく、（④）的な到達状況を客観的に評価することが求められる。

また、（⑤）の観点では、運動に進んで取り組もうとする、（⑥）を守って運動しようとする、運動する場所を整備するなど（⑦）を確かめようとする等を評価することになる。さらに、（⑧）の観点では、自分の力に合った競争や（⑨）を知っている、運動を楽しむための活動や場を選んだり（⑩）しているなどを評価することになる。

学習の評価は、児童を序列化するためのものではないので、評価結果を後の学習や指導にいかに生かしていくかが大切なこととなる。

＜語群＞
ア．運動の仕方　イ．考えたり　ウ．きまり
エ．評価規準　オ．運動の技能　カ．安全
キ．運動への関心・意欲・態度　ク．質
ケ．運動についての思考・判断　コ．相対

◆解答
①エ　②オ　③コ　④ク　⑤キ
⑥ウ　⑦カ　⑧ケ　⑨ア　⑩イ

（赤松喜久）

第12講　水泳系

❏問題 1

次の表は、水泳系の領域及びその内容について示したものである。（　）に入る適語を示しなさい。

	領域	内容
低学年	水遊び	③ ④
中学年	（①）	浮く運動 （⑤）
高学年	（②）	クロール 平泳ぎ

◆解答
①浮く・泳ぐ運動　　②水泳
③水に慣れる遊び　　④浮く・もぐる遊び
⑤泳ぐ運動

❏問題 2

次の文章は、小学校学習指導要領解説体育編（2008年）における「体育科の内容」の一部である。空欄に入る適語を語群より選択し、記号で答えなさい。

水泳の学習指導では、一人一人の児童が自己の能力に応じた課題をもち、練習を工夫し、互いに協力して学習を進めながら、水泳の（①）を味わうことができるようにすることが大切である。とりわけ（②）面では、（③）の仕方を身に付けること、手と足の動きに（④）を合わせながら続けて長く泳ぐことが重要な課題となる。なお、（⑤）の指導に合わせて（⑥）からの（⑦）を指導する。また、水泳の（⑧）を広げる観点から、（⑨）での（⑩）などを指導に取り入れていくこともできる。

＜語群＞
ア．態度　イ．着衣泳　ウ．台上　エ．呼吸
オ．集団　カ．スタート　キ．安全の心得
ク．リズム水泳　ケ．楽しさ　コ．飛び込み
サ．水中　シ．泳法　ス．技能　セ．バタ足
ソ．けのび

◆解答
①ケ　②ス　③エ　④エ　⑤シ
⑥サ　⑦カ　⑧ケ　⑨オ　⑩ク

❏問題 3

次の文章は、水泳の指導について述べたものである。正しいものには○を、誤っているものには×を付けなさい。

(1)クロールの指導において、腕と脚の動作が調和していない者には、「かいて、ける」のことばのリズムを付けて声をかけ、調和させる。
(2)平泳ぎの指導において、足の甲で水をける者には、陸上で足首の返しを練習させたり、プールの壁につかまらせて足首の返しを補助して足の裏で水をけることを覚えさせる。
(3)適切な水泳場の確保が困難な場合には、水泳系を取扱わないことができるが、これらの心得については、必ず取り上げる。
(4)高学年の水泳では、クロールと平泳ぎの指導とともに泳ぎにつなげる水中からのスタートを指導することができる。しかし、背泳ぎやバタフライは取扱うことはできない。

◆解答
(1)×　(2)○　(3)○　(4)×

❏問題 4

バディシステムの目的、方法、留意点を示しなさい。

◆解答例

バディシステムは、二人一組の組をつくらせ、互いに相手の安全を確かめさせる方法のことで、事故防止のためだけでなく、学習効果を高めるための手段としても効果的である。

具体的には、教師の笛の合図と、「バディ」という号令があったとき、互いに片手をつなぎ合わせて挙げさせ点呼をとる方法が一般的である。バディシステムによる場合、単に手を組ませることにねらいがあるのではなく、組数を数えること、その数を記憶するか記録しておくこと、表情や動作を観察することなどが必要な事柄である。

また、相互に相手の表情、動作について観察し異常があったら直ちに連絡するように指導することを忘れてはならない。

（文部科学省「水泳指導の手引（二訂版）」2004年より）

（大庭昌昭）

第13講　ボール運動系

❏問題 1

次の文の（①）～（⑧）に適語を入れなさい。

・へこんでしまったピンポン球をふくらませるためには、ピンポン球を（①）につけるとよい。その理由は（②）である。
・ボールゲーム及び（③）について、易しい遊び方を身に付け、みんなでゲームが楽しくできるようにする。
・ゴール型、ネット型、ベースボール型のうち、学校の実態に応じて（④）は取扱わないことができる。
・バスケットボールは1891年にアメリカの体育教師（⑤）が冬季に室内で行えるスポーツとして考案したのが始まりである。
・バレーボールはバスケットボールと（⑥）を参考に考案された。
・サッカーのフィールドの大きさは、ワールドカップ及びオリンピックでは（⑦）と決められている。
・ソフトボールのピッチングで、腕を1回転させて投球する方法を（⑧）という。

◆解答
①湯　②空気を温めるとかさが大きくなるから
③鬼遊び　④ベースボール型　⑤J・ネイスミス
⑥テニス　⑦105m×68m
⑧ウインドミルモーション

❏問題 2

バレーボールの1時間目の授業である。バレーボールの特性や安全面への配慮を踏まえて、オリエンテーションとして話す内容を記しなさい。

◆解答
バレーボールは、ネットを挟んでボールを打ち合い、得点を競うネット型のゲームの特性を理解させ、既習の集団的技能や個人的技能を活用して、学習段階に応じた作戦を立て、守備から攻撃への連係を生かしたゲームができるようにさせる。突き指の事故や、ネット際の接触に注意し、ふざけてボールを投げつけたり、スパイクのときに相手コートへ跳び込んだりしないように注意する。

❏問題 3

次の(1)～(3)は、何について説明したものか答えなさい。

(1)バレーボールで、他の競技者と対照的な色のユニフォームを着用した守備専門の選手。
(2)バスケットボールで攻撃側が協力して壁をつくり、相手のマークをはずすプレー。
(3)バドミントンで、ゲームに勝つ1点前に同点とされた時に、あと3点を追加すること。

◆解答
(1)リベロ　(2)スクリーンプレー　(3)セティング

❏問題 4

次の各文はスポーツのルールについて述べたものである。下線部分の内容が正しいものには○、誤っているものには×を付け、その箇所を抜き出し、正しい語句や数字に訂正せよ。

(1)バスケットボール競技において、バックコート内でボールを保持したチームが、8秒以内にボールをフロントコートに進めなかった時はバイオレーションの反則となる。
(2)バレーボール競技（6人制）において、セットカウントが2対2のタイになった場合、最終セットは最小限25点を先取したチームが勝ちとなる。
(3)ハンドボール競技において、警告に値するプレーが繰り返された場合、相手のボールと判断されたにもかかわらずボールを投げたりした場合、及び選手交代が不正に行われた場合には退場となる。退場は1分間である。
(4)バドミントン競技の男子シングルスにおいて、得点が14点オールになった時、デュースという方法を用いる場合がある。この方法を用いるか用いないかは、先に得点を得た方が選択できる。

◆解答
(1)○　(2)×　25点→15点　(3)×　1分→2分
(4)×　デュース→セティング

（福ヶ迫善彦）

第14講　表現運動系

❏問題1

表現運動の主な内容を挙げ、共通する特性とねらいについて述べなさい。

＜解答の要点＞
表現運動の主な内容である「表現」、「リズムダンス」、「フォークダンス」を挙げ、それらに共通する特性とねらいについて説明する。

◆解答例
表現運動は、「表現」、「リズムダンス」、「フォークダンス」の3つの内容で構成されている。これらの運動に共通する特性は、「自己の心身を解き放して、リズムやイメージの世界に没入してなりきって踊ることが楽しい運動であり、互いの違いやよさを生かし合って仲間と交流して踊る楽しさや喜びを味わうことのできる運動」と捉えられる。表現運動の学習指導では、児童一人ひとりがこれらの踊りの楽しさや喜びに十分に触れていくことがねらいとなる。

❏問題2

次の文章は、小学校学習指導要領解説体育編の一部である。空欄に入る用語を下記の語群から選び、記号で答えなさい。

中・高学年の「（①）」は、身近な生活などから（②）を選んで表したい（③）や思いを表現するのが楽しい運動であり、中学年の「（④）」は、軽快な（⑤）や（⑥）などのリズムに乗って仲間とかかわって踊るのが楽しい運動で、いずれも自由に動きを工夫して楽しむ（⑦）で進められるのが特徴である。高学年の「（⑧）」は、日本各地域の（⑨）と外国の（⑧）で構成され、伝承された踊りを身に付けてみんなで一緒に踊るのが楽しい運動であり、特定の踊り方を再現して踊る（⑩）で進められるのが特徴である。

＜語群＞
ア．ロック　イ．定形の学習　ウ．イメージ
エ．民踊　オ．表現　カ．リズムダンス
キ．創造的な学習　ク．フォークダンス
ケ．題材　コ．サンバ

＜解答の要点＞
表現運動で取り上げられている内容と各々の特性に関する文章の内容を理解しているか。

◆解答
①オ　②ケ　③ウ　④カ　⑤ア
⑥コ　⑦キ　⑧ク　⑨エ　⑩イ

❏問題3

低学年の「表現遊び」、中・高学年の「表現」の題材例としてふさわしいものを、下記の語群から選び、記号で答えなさい。
①低学年の「表現遊び」　（　　　　）
②中学年の「表現」　（　　　　）
③高学年の「表現」　（　　　　）

＜語群＞
ア．激しい感じの題材　イ．空想の世界からの題材　ウ．動物や乗り物などの身近な題材
エ．具体的な生活からの題材　オ．群（集団）が生きる題材

＜解答の要点＞
低学年の「表現遊び」、中・高学年の「表現」の発達とねらいにふさわしい題材として「学習指導要領解説」に例示されている内容について理解しているか。

◆解答
①ウ　②エ、イ　③ア、オ

❏問題4

表現運動の特性とねらいを踏まえた学習指導のポイントについて、3つ挙げ、簡潔にまとめなさい。

＜解答の要点＞
表現運動の特性とねらいを踏まえた学習指導の要点や工夫について理解し説明する。

◆解答例
①児童の今もっている力やその違いを生かせるような題材や音楽の選択。
②一人ひとりの課題解決に向けた創意工夫ができるような多様な活動や場の工夫。
③学習者と運動の関係を大切にして、低・中学年では即興的な動きの体験を、高学年では拡大する個の違いに対応した進め方を工夫する。

（村田芳子）

第15講 体つくり運動

❏問題1

次の文章は、中学校学習指導要領解説保健体育編から、抜粋したものである。空欄に入る用語を下記の語群から選び、記号で答えなさい。

小学校では、体つくり運動で学んだことを（①）で生かすことをねらいとした学習をしている。

中学校では、これらの学習を受けて、（②）の教育活動全体や（③）で生かすことができるようにすることが求められる。

したがって、1年及び2年では、体を（④）楽しさや心地よさを味わい、体力を高め、目的に適した運動を身に付け、（⑤）ことができるようにする。また、体つくり運動の学習に積極的に取り組み、分担した役割を果たすことなどに意欲をもち、健康や（⑥）に気を配るとともに、体つくり運動の（⑦）と行い方、運動の（⑧）の立て方などを理解し、（⑨）の健康や体力の課題に応じた運動の取り組み方を（⑩）できるようにすることが大切である。

<語群>
ア．安全　イ．計画　ウ．実生活　エ．自己
オ．家庭　カ．意義　キ．学校
ク．組み合わせる　ケ．動かす　コ．工夫

◆解答
①オ　②キ　③ウ　④ケ　⑤ク
⑥ア　⑦カ　⑧イ　⑨エ　⑩コ

❏問題2

中学校学習指導要領保健体育編の「指導計画の作成と内容の取扱い」において、「体つくり運動」の授業時数を各学年で7単位時間以上を配当することとしているが、その理由を簡潔にまとめなさい。

◆解答例
昨今、児童生徒の体力の低下傾向や運動実践の二極化がみられ、学校教育の課題となっている。

今回の学習指導要領はこのような状況を改善するため、総則の健康・体育に関する指導の一層の充実を図るとともに、保健体育の体つくり運動の内容を改訂し、体力の向上を重視している。そのため、学校における指導が計画的・継続的に展開できるよう体つくり運動への配当時間が7単位時間以上と明示された。

各学校においては、指導内容の定着が確実なものとなるよう、3年間を見通して適切に配当していくことが大切である。

❏問題3

体ほぐし運動のねらいを挙げ、留意点を述べなさい。

◆解答例
「心と体の関係に気付く」こと、「体の調子を整える」こと、「仲間と交流する」ことをねらいとして行われる運動である。なお、一つの運動例においても、複数のねらいが関連している場合があるので、指導に際しては、これらのねらいをかかわり合わせながら指導することにも留意しなければならない。

❏問題4

動き持続する能力を高めるための運動の行い方の例を挙げ、合理的な行い方を述べなさい。

◆解答例
○運動例
・走やなわ跳びなどを、一定の時間や回数、または、自己で決めた時間や回数を持続して行うこと。
・動きを持続するねらいをもった複数の異なる運動例を組み合わせて、時間や回数を決めて持続して行うこと。
○合理的な行い方
・心拍数や疲労感などを手掛かりにして、無理のない運動の強度と時間を選んで行うようにする。

（古川善夫）

第16講　器械運動

❑問題 1

次の各文は、器械運動について説明したものである。文中の（ア）〜（エ）に当てはまる適切な語句の組み合わせとして正しいものを①〜⑤の中から1つ選びなさい。

・マット運動を大きく2つに分類すると、回転系と（ア）の技になる。
・鉄棒運動を大きく2つに分類すると、懸垂系と（イ）の技になる。
・平均台運動を大きく3つに分類すると、体操系と回転系と（ウ）の技になる。
・跳び箱運動を大きく2つに分類すると、回転系と（エ）の技になる。

① ア．倒立系　　イ．支持系
　ウ．バランス系　エ．跳躍系
② ア．巧技系　　イ．切り返し系
　ウ．支持系　　エ．跳躍系
③ ア．倒立系　　イ．支持系
　ウ．支持系　　エ．切り返し系
④ ア．巧技系　　イ．支持系
　ウ．バランス系　エ．切り返し系
⑤ ア．倒立系　　イ．切り返し系
　ウ．バランス系　エ．跳躍系

◆解答
④

❑問題 2

次の各文は、中学校学習指導要領解説保健体育編（2008年）の中で、器械運動の「技能」について示されているものである。文中の（ア）〜（シ）に当てはまる適切な語句を書きなさい。

(1)器械運動の各種目には多くの技があることから、それらの技を（ア）、（イ）、（ウ）の視点によって分類した。（ア）とは各種目の特性を踏まえて技の運動（エ）の視点から大きく分類したものである。（イ）とは類似の運動（エ）や運動（オ）の視点から分類したものである。（ウ）とは類似の運動（エ）や運動（オ）に加えて、運動の（カ）や運動の（キ）、さらには技の（ク）性や（ケ）性も考慮して技を分類したものである。

(2)器械運動では、生徒の技能・体力の程度に応じて（コ）技、（ケ）技など難易度の高い技に挑戦するとともに、学習した基本となる技の（サ）を高めることも器械運動の特性や魅力に触れるうえで大切であることから、（ケ）技の例示を示すとともに、技の（サ）の（シ）変化を含めた指導内容の整理をしている。

◆解答
ア．系　イ．技群　ウ．グループ　エ．課題
オ．技術　カ．方向　キ．経過　ク．系統
ケ．発展　コ．条件を変えた　サ．できばえ
シ．質的

❑問題 3

跳び箱運動の分類における、切り返し跳びグループと回転跳びグループの特徴を説明し、それぞれのグループに属する代表的な技の名前を書きなさい。

◆解答
・切り返し跳びグループ：跳び箱上に支持して回転方向を切り替えて跳び越す技のグループ。
　代表的な技：開脚跳び、かかえ込み跳び。
・回転跳びグループ：跳び箱上を回転しながら跳び越す技のグループ。
　代表的な技：頭はね跳び、前方倒立回転跳び。

❑問題 4

開脚前転の起き上がりの局面で、「腰が上がりきらず、しりもちをついてしまう」というつまずきに悩んでいる生徒がいる。最終局面で開脚の状態で立てるようにするために、どのようにしたらよいか、指導のポイントと、解決するための練習方法を2つ書きなさい。

◆解答例
・マットを手で強く突き放す、足をしっかり開く、前転の回転力をつける、足の開きを遅くするなど。
・傾斜をつけたマットで回転力を増して練習する・狭いマット・縦に折ったマット等で足とおしりの位置の段差を利用して練習する、など。

（柴田俊和）

第17講　陸上競技

❏問題1

次の文章は、中学校学習指導要領解説保健体育編（2008年）の陸上競技（3年）の一部である。空欄に当てはまる用語を答えなさい。

第1学年及び第2学年の「（①）や（②）を身に付ける」ことをねらいとした学習を受けて、第3学年では、「（③）を身に付ける」ことを学習のねらいとしている。

したがって、（④）や（⑤）を味わい、陸上競技の学習に（⑥）に取り組み、（⑦）を大切にすることや、自己の責任を果たすことなどに（⑧）をもち、健康や安全を確保するとともに、（⑨）などを理解し、（⑩）に応じた運動の取り組み方を工夫できるようにすることが大切である。

◆解答
①基本的な動き　②効率のよい動き　③各種目特有の技能　④記録の向上　⑤競争の楽しさや喜び　⑥自主的　⑦ルールやマナー　⑧意欲　⑨運動観察の方法　⑩自己の課題　⇒「中学校学習指導要領解説保健体育編」（2008年）、p.63参照

❏問題2

「短距離走・リレー」、「長距離走」及び「走り幅跳び」の技能の内容について、空欄に当てはまる用語を答えなさい。

＜短距離走・リレー＞1年及び2年では、（①）で速く走ること。3年では、（②）などして速く走ること。

＜長距離走＞1年及び2年では、（③）を守り（④）を走ること。3年では、（⑤）を維持して走ること。

＜走り幅跳び＞1年及び2年では、（⑥）から（⑦）跳ぶこと。3年では、（⑥）から（⑧）跳ぶこと。

◆解答と解説
①滑らかな動き　②中間走へのつなぎを滑らかにする　③ペース　④一定の距離　⑤自己に適したペース　⑥スピードに乗った助走　⑦素早く踏み切って　⑧力強く踏み切って　⇒新学習指導要領では、1・2年と3年とで学習内容が区別して示されたことに留意。（「中学校学習指導要領解説保健体育編」（2008年）、pp.58-63参照）

❏問題3

1・2年の「ハードル走」の学習について、下記に答えなさい。
(1)リズミカルにインターバルを走れるようにするための場の工夫
(2)滑らかなハードリングをするための①動きのポイントと②恐怖心を起こさせない場の工夫

◆解答例と解説
(1)生徒の走力やストライド（歩幅）に応じたインターバル（ハードル間の距離）の設定がポイント。あらかじめストライドを測定しておき、クラスの実態に即してインターバルの異なるいくつかのコースを設ける（⇒3歩のリズムを引き出すインターバルの長さは「ストライド×4倍」がめやす）。
(2)①遠くから踏み切り、インターバルで得たスピードを落とすことなく走り越す動き。膝を折りたたんで横に寝かせて前に運ぶ、抜き脚の動き等。
②段ボール箱や小型ハードルの使用。また、ハードルの横木を、ゴムひもやウレタン材にする等。なお、ハードルの高さは、恐怖心やハードリングのリズムに影響することから、低く易しい高さから始め、徐々に高くしていくとよい。

❏問題4

1・2年：走り幅跳びの技能について「具体の評価規準」を例示しなさい。

◆解答例と解説
　（例1）踏み切り前でスピードを落とさない助走の走り方ができる
　（例2）助走で得たスピードを維持したまま（ブレーキをかけないで）走り抜けるように踏み切ることができる

等、「動きの質」を「おおむね満足(B)」レベルで記述する。

（品田龍吉）

第18講　水泳

❏問題 1

次の文章は、水泳領域における今回の中学校学習指導要領改訂（2008年）の主なポイントである。空欄に入る用語を答えなさい。
・取扱う種目については、従来の泳法に（①）が加えられた。
・3年において、これまで身に付けた泳法を活用して行う「（②）の泳法で泳ぐこと、または（③）をすること」が新たに示された。
・「内容の取扱い」では、1年及び2年において「クロール」及び「平泳ぎ」を含む（④）を選択して履修できるようにした。また、スタートの指導については、（⑤）への配慮から、すべての泳法について（⑥）からのスタートを扱うようにした。さらに、水泳の指導に当たっては、保健分野の（⑦）との関連を図ることが示された。

◆解答
①バタフライ　②複数　③リレー　④二　⑤安全
⑥水中　⑦応急手当

❏問題 2

中学校保健体育で取扱う水泳の特性及びねらいについて説明しなさい。

◆解答例
　水泳の特性は、「続けて長く泳ぐ」、「速く泳ぐ」、「競い合う」などの楽しさや喜びを味わうことにある。
　水泳のねらいは、小学校での学習を受けて、4泳法を身に付け、効率的に泳ぐことができるようにする過程を通して水泳の特性に触れることである。

❏問題 3

安全への理解を一層深めることをねらいとした「着衣泳」について論じなさい。

◆解答例
　水泳指導の大きなねらいの一つに「自己の生命を守る」という安全教育のねらいがある。水の事故の多くが着衣のままで発生している実態を考えると、着衣泳に取り組む意義は極めて大きい。その直接的なねらいは、着衣のままでの泳ぎにくさを体験することにより、実際に不慮の事故に遭遇した際にパニックに陥ることなく、落ち着いて対応できるようにすることにある。

❏問題 4

次の文章は、水泳に関する文章である。空欄に当てはまる用語を答えなさい。
・個人メドレーの種目で最初に泳ぐ泳法は（①）であり、2番目の泳法は（②）である。メドレーリレーの種目で最初に泳ぐ泳法は（②）であり、2番目の泳法が（③）となっている。
・世界新記録を33回も連発して第二次世界大戦後の荒廃期の光明となった古橋広之進選手は、（④）という異名で賞賛された。

◆解答
①バタフライ　②背泳ぎ　③平泳ぎ
④フジヤマのトビウオ

❏問題 5

「溺者の救助法」に関する留意点を述べなさい。

◆解答例
①足の立たない所では、原則として泳いで救助してはならない。
②近くにいる人達に救助協力を呼びかけ、監視員（ライフセーバー）や消防署への急報も依頼する。
③救助者の安全確保を最優先にしたうえで、溺者に届きそうな長い棒状またはロープ状のもの、空のペットボトルや板などの水に浮くものを駆使して救助に当たる。
④救助して安全な場所まで移動したら、溺者の状態をよく観察し、意識がなかったり呼吸や心臓が停止している場合は、直ちにCPR（気道確保、人工呼吸、心臓マッサージ）を実施する。その場合、一般の人は死の判定ができないため、消防隊員や医者などの専門家に引き渡すまでCPRを継続しなければならない。また、AED（自動体外式除細動器）が近くにある場合は必ず使用する。

（中島一郎）

第19講　球技

❏問題 1

中学校の球技で扱うゴール型、ネット型ならびにベースボール型の各型の特徴について説明しなさい。また、各型で学習が期待されているボールをもたない時の動きを具体的に挙げなさい。

◆解答
・ゴール型
　ドリブルやパスなどのボール操作で相手コートに侵入し、シュートを放ち、一定時間内に相手チームより多くの得点を競い合うゲームを指す。なお、得点をねらってゴール前の空いている場所に走り込む動きや、守備の際に、シュートやパスをされないように、ボールをもっている相手をマークする動きの習得が期待されている。

・ネット型
　コート上でネットを挟んで相対し、身体や用具を操作してボールを空いている場所に返球し、一定の得点に早く到達することを競い合うゲームを指す。なお、相手側のコートにボールを打ち返した後、基本的なステップなどを用いて、自分のコートに空いた場所をつくらないように定位置に戻り次の攻撃に備えるなどの動きの習得が期待されている。

・ベースボール型
　「ベースボール型」とは、身体やバットの操作と走塁での攻撃、ボール操作と定位置での守備などによって攻守を規則的に交代し、一定の回数内で相手チームより多くの得点を競い合うゲームを指す。なお、投球が開始されるごとに、各ポジションの決められた位置に繰り返し立つことや、打球や送球などに備える準備姿勢で構えるなどの動きの習得が期待されている。

❏問題 2

中学校学習指導要領保健体育編の「球技」に関する「内容の取扱い」を簡潔にまとめなさい。

◆解答例
　1・2年ではゴール型、ネット型、ベースボール型をすべての生徒に履修させ、3年ではこれらの中から2つを選択して履修させることになっている。種目は、ゴール型は、バスケットボール、ハンドボール、サッカーの中から、ネット型は、バレーボール、卓球、テニス、バドミントンの中から、ベースボール型はソフトボールを適宜取り上げることとなっている。地域や学校の実態によっては、その他についても履修させることができる。なお、ベースボール型については十分な広さの運動場が確保できない場合は指導方法を工夫して行わなければならない。

❏問題 3

中学校学習指導要領保健体育編の「球技」の「態度」に関する次の文章の空欄に適語を記載しなさい。

　「分担した役割を果たそうとする」とは、練習やゲームの際に、用具の準備や後片付け、記録や審判などの分担した役割に（①）取り組もうとすることを示している。そのため、分担した役割を果たすことは、練習やゲームを円滑に進めることにつながることや、さらには、（②）を過ごすうえで必要な（③）を育てることにつながることを理解し、取り組めるようにする。

◆解答
①積極的に　②社会生活　③責任感

❏問題 4

中学校1年の「知識、思考・判断」で求められている、課題に応じた運動の取り組み方の工夫について、具体例を示して説明しなさい。

◆解答例
　活動の仕方、組み合わせ方、安全上の留意点など学習した内容を、学習場面に適用したり、応用したりすることを指す。

　ボール操作や、ボールをもたない時の動きなどの技術を身に付けるための運動の行い方のポイントを見つけることや、自己やチームの課題を見つけること、提供された練習方法から、自己やチームの課題に応じた練習方法を選ぶこと、仲間と協力する場面で、分担した役割に応じた協力の仕方を見つけること、学習した安全上の留意点を他の練習場面や試合場面に当てはめることは、その具体例である。

（岡出美則）

第20講　ダンス

問題1

次の文章は、中学校学習指導要領保健体育編の解説書（2008年）の一部である。空欄に入る用語を下記の語群から選び、記号で答えなさい。

1　ダンスの領域は、従前、第1学年においては、（①）又は（②）から男女とも1領域を選択して履修できるようにすることとしていたことを改め、（③）及び（④）においては、（⑤）の生徒に履修させることとした。また、（⑥）では、器械運動、（⑦）、陸上競技及び（⑧）のまとまりの中から（⑧）を選択して履修できるようにすることとしている。

2　ダンスの指導内容は、「創作ダンス」、「フォークダンス」及び「（⑨）」の中から選択して履修できるようにすることとしているので、生徒の発達や（⑩）等に応じた学習指導が必要である。

＜語群＞
ア．1領域　イ．2領域　ウ．すべて　エ．武道
オ．球技　カ．水泳　キ．ダンス
ク．現代的なリズムのダンス　ケ．ヒップホップ
コ．第1学年　サ．第2学年　シ．第3学年
ス．学年の段階

◆解答
①エ　②キ　③コ　④サ　⑤ウ
⑥シ　⑦カ　⑧ア　⑨ク　⑩ス

問題2

次の文章は、創作ダンスにおける初心者指導について述べたものである。①②は初心者がかかえる問題点である。それぞれの問題点に対する解決のための手立てについて、記述しなさい。

A　問題点
①人が見ている前で、体を動かすのが恥ずかしい。
①に対する手立て
（　　　　　　　　　　　　　　　）
②連想されるイメージや題が浮かばない。
②に対する手立て
（　　　　　　　　　　　　　　　）

◆解答例
①に対する手立て
　例えば、誰でもできる手軽なゲーム的な運動を毎時間行って仲間に対する構えを取り除いていく。また、床に寝て動かしたりすることなどによって、他の人の視線が気にならないようにしたり、二人組で手をつないで動くなどにより、動かざるをえなかったり、動くのが楽しくなったりするなどの条件を整えて、次第にみんなの中で動くことに慣れていくようにする。

②に対する手立て
　クラスやグループで一定時間を限って、連想されることを出し合って紙面に記録する。それをクラス全体で見合うことによって、いろいろなイメージや題を知ることや、そこからやってみたいものを選んでもよいことを知らせる。また、どんな連想を言っても間違い、友達と同じ事を言ってもかまわないことを知らせ、グループでイメージトレーニングを毎時間行い、自分でも一つは見つけられるようにする。

問題3

ダンスの特性とねらいについて述べた以下の文章が、正しい場合には○を、誤っている場合は×を（　　）の中に付けなさい。

①即興は、思いつくままにとらえたイメージをすぐに動きに変えて表現することである。（　　）
②「めりはり」は大きく動かすことを示す創作ダンスに用いられる用語である。（　　）
③現代的なリズムのダンスでは、既存の振り付けを模倣して踊るところに重点をおく。（　　）
④創作ダンスでは、個や群で、緩急強弱のある動きや空間の使い方で変化を付けて簡単な作品にまとめて踊る。（　　）
⑤日本の民踊では、リズムに乗って簡単な動作を繰り返して踊るものや、労働の動作を由来とした表現的な動きで踊るものがある。（　　）

◆解答
①○　②×　③×　④○　⑤○

（松本富子）

第21講 武道

❑問題1

次の文章は、中学校学習指導要領解説からの抜粋である。（　）に入る用語を下の語群から選びなさい。

　武道は、武技、（①）などから発生した我が国（②）の文化であり相手の動きに応じて、基本（③）や基本となる（④）を身に付け、相手を（⑤）したり相手の技を（⑥）したりすることによって、（⑦）を競い合う楽しさや喜びを味わうことのできる運動である。また、武道に積極的に取り組むことを通して、武道の（⑧）的な考え方を理解し、相手を（⑨）して練習や（⑩）ができるようにすることを重視する運動である。

＜語群＞
ア．攻撃　イ．伝統　ウ．固有　エ．試合
オ．技　カ．尊重　キ．勝敗　ク．防御
ケ．動作　コ．武術

◆解答
①コ　②ウ　③ケ　④オ　⑤ア
⑥ク　⑦キ　⑧イ　⑨カ　⑩エ

❑問題2

次の攻防は武道のどの種目のものか、種目名を（　）に答えなさい。
①押したり寄ったりする。（　　　）
②投げたり抑えたりする。（　　　）
③仕掛けたり応じたりする。（　　　）

◆解答
①　相撲　②　柔道　③　剣道

❑問題3

武道の種目ごとに技を一つ挙げ、その技の指導について学習指導要領解説の例示の概要を記述しなさい。

①柔道　技＿＿＿＿＿
　例示概要＿＿＿＿＿＿＿＿＿＿＿＿＿
　　＿＿＿＿＿＿＿＿＿＿＿＿＿＿＿＿

②剣道　技＿＿＿＿＿
　例示概要＿＿＿＿＿＿＿＿＿＿＿＿＿
　　＿＿＿＿＿＿＿＿＿＿＿＿＿＿＿＿

③相撲　技＿＿＿＿＿
　例示概要＿＿＿＿＿＿＿＿＿＿＿＿＿
　　＿＿＿＿＿＿＿＿＿＿＿＿＿＿＿＿

◆解答の要点と解答例
　学習指導要領解説に示されている技を挙げ、基本動作を用いて技を掛けることが示されている。
①柔道　技　体落とし
　例示概要　取は後ろさばきから体落としを掛けて投げ、受は横受け身をとること。

❑問題4

次の指導内容は、ア．1・2年とイ．3年でどちらの学習段階で扱うべきか、記号で答えなさい。
①相手の動きの変化に応じた攻防を展開できるようにする。
②基本動作や基本となる技ができるようにする。
③武道に積極的に取り組もうとする。
④健康・安全を確保できるようにする。
⑤武道の特性や成り立ち、技の名称や行い方を理解する。
⑥自己の課題に応じた運動の取り組み方を工夫できる。

＜学習段階＞
　ア．1・2年　　イ．3年

◆解答
①イ　②ア　③ア　④イ　⑤ア　⑥イ

❑問題5

武道において、「伝統的な考え方」について具体的にどのようなことを学習するのか説明しなさい。

◆解答例
　単に勝敗を目指すのではなく、技能の習得を通し礼法を身に付けるなど望ましい自己形成を重視する考え方を理解する。また、わが国固有の文化である武道を学習することは、国際社会で生きるうえで有意義であることを理解する。

（三戸範之）

第22講 体育理論

❏問題 1

次の文章は中学校学習指導要領解説保健体育編（2008年）の体育理論の内容を示したものである。
空欄に入る用語を下記の語群から選び、記号で答えなさい。

体育理論の内容は、（①）における運動やスポーツの（②）な実践や生涯にわたる豊かな（③）を送るうえで必要となる運動やスポーツに関する（④）知識等を中心に、運動やスポーツの（⑤）、運動やスポーツが心身の発達に与える（⑥）、文化としてのスポーツの（⑦）で構成されている。

＜語群＞
ア．スポーツライフ　イ．多様性　ウ．意義
エ．効果と安全　オ．中学校期　カ．科学的
キ．合理的

◆解答
①オ　②キ　③ア　④カ　⑤イ　⑥エ　⑦ウ

❏問題 2

中学校学習指導要領保健体育編の「体育理論」に関する「内容の取扱い」を簡潔にまとめなさい。

◆解答例
体育理論は、各学年において、すべての生徒に履修させ、1年では運動やスポーツの多様性、2年では運動やスポーツが心身の発達に与える効果と安全、3年では文化としてのスポーツの意義をそれぞれ取り上げることになっている。
なお、授業時数は各学年で3単位時間以上を配当することとしている。

❏問題 3

運動やスポーツはどのような必要性や楽しさから生み出されてきたと考えられるかを簡潔に述べ、加えて、運動やスポーツへの代表的なかかわり方についても答えなさい。

◆解答例
運動やスポーツは、体を動かしたり、健康を維持したりする必要性、いろいろな競技に応じた力を試したり、海や山、川などの自然と親しんだり、多くの仲間と交流したり、様々な感情を表現したりするなどの楽しさから生みだされてきた。
また、運動やスポーツのへのかかわり方には、「行う」、「見る」、「支える」などの代表的なかかわり方や運動やスポーツの歴史や記録などを「調べる」というかかわり方がある。

❏問題 4

現代生活におけるスポーツの文化的意義について記し、さらに、文化的意義を記した憲章やスポーツ振興の計画などについても知るところを答えなさい。

◆解答例
スポーツは人々の生活の中で、生きがいのある豊かな人生を送るために必要な健やかな心と体、コミュニティでの豊かな交流の機会を提供する。また、ライフステージに応じた自己実現や伸びやかな自己開発の機会を提供することができる。このような点から、スポーツは私達の日常生活において重要な意義をもっている。

スポーツの文化的意義を具体的に示した憲章には、国連教育科学文化機関（ユネスコ）が1978年に出した体育およびスポーツに関する国際憲章がある。またスポーツ振興に関する計画では、2000年に文部科学省から出されたスポーツ振興基本計画がある。スポーツ振興基本計画では、スポーツの文化的意義について「心身の両面に影響を与える文化としてのスポーツは、明るく豊かで活力に満ちた社会の形成や個々人の心身の健全な発達に必要不可欠なものであり、人々が生涯にわたってスポーツに親しむことは、極めて大きな意義を有している。」と述べている。

（友添秀則）

第23講 体つくり運動

❏問題1

高等学校（2年次以降）における体つくり運動の主なねらいを述べなさい。

◆解答例

解説には、体つくり運動の学習のねらいとして、「体を動かす楽しさや心地よさを味わい、健康の保持増進や体力の向上を図り、目的に適した運動の計画や自己の体力や生活に応じた運動の計画を立て、実生活に役立てることができるようにする」ことが示されている。

この文章の下線部より前は中学校と同じであり、下線部が高等学校で特に求められていることから、体つくり運動の主なねらいは、学習の成果を実生活に役立てることができるようにすることといえる。

❏問題2

学習指導要領には、「体ほぐしの運動では、心と体は互いに影響し変化することに気付き、体の状態に応じて体の調子を整え、仲間と積極的に交流するための手軽な運動や律動的な運動を行うこと」が示されている。手軽な運動や律動的な運動とはどのような運動を指すのかを述べよ。また、行い方の例を挙げなさい。

◆解答例

解説には、「『手軽な運動や律動的な運動』とは、だれもが簡単に取り組むことができる運動、仲間と楽しくできる運動、心や体が弾むような軽快な運動を示している。」とし、「行い方の例」として次のような運動が挙げられている。

・のびのびとした動作で用具などを用いた運動を行うこと。
・リズムに乗って心が弾むような運動を行うこと。
・ペアでストレッチングをしたり、緊張を解いて脱力したりする運動を行うこと。
・いろいろな条件で、歩いたり走ったり跳びはねたりする運動を行うこと。
・仲間と動きを合わせたり、対応したりする運動を行うこと。
・仲間と協力して課題に挑戦する運動を行うこと。

❏問題3

解説には、体力を高める運動（2年次以降）においては、「自己のねらいに応じた運動の計画を立て実践すること」として、いくつかの取り組み方の具体例が示されている。それらを挙げなさい。

◆解答例

解説には、下記の例が示されている。

・疲労回復、体調維持などの健康の保持増進をねらいとした運動の計画と実践。
・生活習慣病の予防をねらいとした運動の計画と実践。
・体力の構成要素をバランスよく全面的に高めることをねらいとした運動の計画と実践。
・競技力を高めたり、競技で起こりやすいけがや疾病を予防することをねらいとした運動の計画と実践、など。

❏問題4

体力の構成要素を挙げなさい。

◆解答例

解説には、体力の構成要素として、筋力、瞬発力、持久力（全身持久力、筋持久力）、調整力（平衡性、巧緻性、敏捷性）、柔軟性が挙げられている。

❏問題5

体つくり運動を実生活に取り入れることができるようにするためには、どのような計画（プログラム）を作成できるようにするとよいかを述べなさい。

◆解答例

解説には、「実生活への取り入れ方」を理解できるようにするために、次のような計画（プログラム）があることが示されている。

・学校（体育の授業、休憩時間、運動部活動）や登校時・下校時、家庭などでの行動を考慮した1日・1回の運動の計画。
・行う運動の頻度や平日と週末を考慮した1週間の運動の計画。
・四季及び授業期間や長期休業期間を考慮した1年間・数か月の運動の計画。
・入学から卒業までの3年間の運動の計画。
・仲間や家族の運動の計画などの自己と違う体力の状況や加齢期における運動の計画、など。

（高松　薫）

第24講　器械運動

❏問題 1

次の文章は、器械運動をスポーツ特性の観点からみたものである。（　）の中に下記＜解答群＞より記号で答えなさい。

　器械運動は、（①）スポーツ特性の観点から、今まで学んだ自己の（②）の程度を知り、今までの技を充分練習し、次に（③）を身に付けるための練習の仕方を工夫し、互いに補助・協力して（④）・（⑤）な計画によって技術を習得し、「できる技」・「できた技」を個人や（⑥）で発表するなど楽しみや（⑦）を味わうことができるようにすることが大切である。それには（⑧）・器具の安全を確かめ互いの補助や協力によって、安全な学習のための（⑨）の仕方や（⑩）を養うことが大切である。

＜解答群＞
ア．器械　イ．態度　ウ．喜び　エ．技能
オ．段階的　カ．克服的　キ．新しい技
ク．系統的　ケ．行動　コ．集団

◆解答の要点と解答例
　器械運動は、個人の技能に応じた課題を克服することによって技能習得を進めていくスポーツであり、課題を克服した喜びや一つの技を完成した喜び、楽しさなどを経験させるところに、教育的価値を求めるスポーツ特性をもっている。
①カ　②エ　③キ　④オ　⑤ク
⑥コ　⑦ウ　⑧ア　⑨ケ　⑩イ

❏問題 2

　器械運動の下記の〔技の種類〕について、〔種目〕と〔技の分類〕の関連について記号で答えよ。
〔種目〕
A．マット運動　B．鉄棒運動　C．跳び箱運動
D．平均台運動
〔技の分類〕
a. 回転系の接転技　b. 回転系のほん転技　c. 巧技系の平均立ち技　d. 巧技系の支持技　e. 支持系の前方支持回転技　f. 支持系の後方支持回転技　g. 切り返し系　h. 回転系　i. 回転系の倒立回転技
〔技の種類〕
①開脚跳び（　・　）②側方倒立回転下り（　・　）③後方支持回転（　・　）④側方倒立回転（　・　）⑤とび前転（　・　）⑥水平片足立ち（　・　）⑦片足旋回（　・　）⑧もも掛け上がり（　・　）⑨踏み越し下り（　・　）⑩頭はね跳び（　・　）

◆解答の要点と解答例
　高等学校の器械運動の技能内容として取り上げられている各種目について、各運動の技術系統とその技の分類を考える。
①（C・g）②（D・i）③（B・f）④（A・b）
⑤（A・a）⑥（A・c）⑦（A・d）⑧（B・e）
⑨（B・f）⑩（C・h）

❏問題 3

　次の文章の（　）の中に適当な語句を記入せよ。
　高等学校・平均台運動では、体操系として（①）グループと（②）グループがある。バランス系として（③）グループと（④）グループがあり、回転系として（⑤）グループと（⑥）グループがある。
　平均台運動では、自己の能力に応じて技を選択し、習得して、それらの技を組み合わせ、「上がる・⑦・⑧・⑨・下りる」という連続した技ができるようにするとともに（⑩）ができるようにする。

◆解答例
①徒歩　②跳躍　③ポーズ　④ターン
⑤前転・後転　⑥倒立回転　⑦移動　⑧バランス
⑨回転する　⑩演技発表

❏問題 4

　器械運動を指導するときのけが・事故防止について、その留意点を箇条書きで5つ述べよ。

◆解答の要点と解答例
　器械運動はけがや事故の発生が多く、今まで学習した技術や自己の能力に応じた課題設定と技の系統的・段階的学習指導をすることが大切である。
①器械・器具の安全を確かめること。
②関節部位のストレッチや準備運動を十分に行い今まで経験した技の練習を行った後、新しい技に取り組み、無理な練習は避けること。
③技の系統性や練習段階を充分考慮し、その個人の能力に見合った課題に取り組ませること。
④互いに補助・協力して学習し、自他の安全に努めること。
⑤身体の清潔、場所の清潔などを心掛け、練習する時の服装や補助具などに留意すること。

(朝倉正昭)

第25講　陸上競技

❑問題 1

高等学校で学習する陸上競技の技能の内容を挙げ、その履修の仕方について書きなさい。

◆解答

競走では、短距離走・リレー、長距離走、ハードル走、跳躍では、走り幅跳び、走り高跳び、三段跳び、投てきでは、砲丸投げ、やり投げが示されており、これらの中から選択して履修できるようになっている。

❑問題 2

陸上競技の態度の内容について、次の（　）に当てはまる適語を下記の語群から選び、記号で答えなさい。

陸上競技に（①）に取り組むとともに、（②）などを冷静に受け止め、ルールや（③）を大切にしようとすること、役割を（④）に引き受け自己の（⑤）を果たそうとすること、（⑥）に貢献しようとすることなどや、（⑦）を確保できるようにすること。

<語群>
ア．積極的　イ．健康・安全　ウ．マナー
エ．主体的　オ．勝敗　カ．責任　キ．合意形成
ク．義務　ケ．記録

◆解答

①エ　②オ　③ウ　④ア　⑤カ　⑥キ　⑦イ

❑問題 3

陸上競技の授業で競技会を開催する場合、生徒にはどのようなことを学ばせるべきか書きなさい。

◆解答の要点

競技のルール、審判の方法、運営の仕方、役割に応じた行動の仕方が理解できるようにする。

❑問題 4

陸上競技における技能の学習について、1年と2年以降では、どのようなねらいをもって学習を進めていけばよいか述べなさい。

◆解答

1年では、中学校3年で身に付けた各種目特有の技能の定着を確実に図ることができるようにし、2年以降では、各種目特有の技能を身に付け、その技能を高めることができるようにすることを学習のねらいとして進めていくべきである。

❑問題 5

（　）内に適語を入れなさい。

1. 走る距離は、短距離走では（①）m程度、リレーでは（②）m程度、長距離走では（③）m程度を目安とする。
2. 走り幅跳びには（④）や（⑤）など、走り高跳びには（⑥）や（⑦）などの空間動作がある。
3. 砲丸投げでは（⑧）度程度の角度で砲丸を突き出し、やり投げでは（⑨）度程度の角度でやりを投げ出すこと。

◆解答

①100〜400　②100　③1000〜5000
④かがみ跳び　⑤そり跳び　⑥はさみ跳び
⑦背面跳び　⑧25〜35　⑨25〜35

❑問題 6

陸上競技の知識、思考・判断の内容について、次の（　）に当てはまる適語を下記の語群から選び、記号で答えなさい。

陸上競技の（①）は体力要素の中でも、短距離走は主として（②）に、長距離走では主として（③）などに強く影響される。そのため、技術と関連させた（④）や部分練習を取り入れ、繰り返したり、継続して行ったりすることで、結果として（⑤）を高めることができることを理解できるようにする。

<語群>
ア．記録　イ．瞬発力　ウ．全身持久力
エ．補助運動　オ．体力　カ．パフォーマンス
キ．筋力　ク．筋力トレーニング

◆解答

①カ　②イ　③ウ　④エ　⑤オ

（井筒次郎）

第26講　水泳

❑問題 1

次の文章は、高等学校学習指導要領解説の一部である。空欄に入る用語を下記の語群から選び、記号で答えなさい。

水泳は、（①）、（②）、（③）、（④）などから構成され、（⑤）、（⑥）、（⑦）をするなどのそれぞれの技能の組み合わせによって成立している運動で、それぞれの（⑧）を身に付け、（⑨）泳いだり、速く泳いだり、（⑩）する楽しさや喜びを味わうことのできる運動である。

＜語群＞
ア．続けて長く　イ．競い合ったり　ウ．泳法
エ．クロール　オ．平泳ぎ　カ．背泳ぎ
キ．バタフライ　ク．呼吸　ケ．浮く　コ．進む

◆解答
①エ　②オ　③カ　④キ　⑤ク
⑥ケ　⑦コ　⑧ウ　⑨ア　⑩イ

❑問題 2

水泳の学習で、態度、知識・思考・判断に関するポイントを簡潔にまとめなさい。

◆解答例
・態度
水泳に主体的に取り組むとともに、勝敗などを冷静に受け止め、ルールやマナーを大切にしようとすること、役割を積極的に引き受け自己の責任を果たそうとすること、合意形成に貢献しようとすることなどや、水泳の事故防止に関する心得など健康・安全を確保することができるようにする。
・知識・思考・判断
技術の名称や行い方、体力の高め方、課題解決の方法、競技会の仕方などを理解し、自己や仲間の課題に応じた運動を継続するための取り組み方を工夫できるようにする。

❑問題 3

水中安全に関する次の文章の空欄に入る用語を下記の語群から選び、記号で答えなさい。

着衣での泳ぎなど、（①）生活の中で、水に落ちた場合の（②）と（③）を救助する方法の理論と実習を行い、（④）での身の保全を理解させることは、重要である。

また、安全確認のために用いる「（⑤）・システム」は、（⑥）の安全を図るとともに、（⑦）学習においても、（⑧）確認と（⑨）して教え合うなど（⑩）システムである。

＜語群＞
ア．水中　イ．授業　ウ．他者　エ．対処の方法
オ．日常　カ．グループ　キ．バディ　ク．協力
ケ．有効な　コ．安全

◆解答
①オ　②エ　③ウ　④ア　⑤キ
⑥イ　⑦カ　⑧コ　⑨ク　⑩ケ

❑問題 4

水泳の授業では、見学者が多く見られるが、その取扱い方について、簡潔にまとめなさい。

◆解答例
見学者の理由としては、生理や体調不良が多くみられる。そこで、プールサイドで見学する場合には、態度、知識、思考、判断を評価する。

具体的には、学習カードを用いて、体育理論の運動観察の方法を利用し、運動構造など理論的な動きの特性や成り立ちなどを理解させることが重要である。

（椿本昇三）

第27講　球技

❏問題 1

球技は、個人やチームの能力に応じた作戦を立て、集団対集団、個人対個人で勝敗を競うことに楽しさや喜びを味わうことのできる運動である。球技を構成している3つの型とその攻防の様相を述べなさい。

◆解答例

ゴール型は、相手コートに侵入し攻防を楽しみ、状況に応じたボール操作と空間を埋めるなどの動きによって空間への侵入などから攻防を展開する。

ネット型は、ネットを挟んで攻防を楽しみ、状況に応じたボール操作や安定した用具の操作と連携した動きによって空間をつくり出すなどの攻防を展開する。

ベースボール型は、攻守を交代して攻防を楽しみ、状況に応じたバット操作と走塁での攻撃、安定したボール操作と状況に応じた守備などによって攻防を展開する。

❏問題 2

高等学校学習指導要領保健体育編の「球技」に関する「内容の取扱い」を簡潔にまとめなさい。

◆解答例

1年においては、球技及び武道の中から1領域以上を、2年以降においては、器械運動からダンスまでの中から2領域以上を選択して履修させることになっている。

球技で取扱う運動種目は、ゴール型、ネット型、ベースボール型の中から、1年においては2つ、2年以降においては1つを選択して履修できるようにし、ゴール型は、バスケットボール、ハンドボール、サッカー、ラグビーの中から、ネット型は、バレーボール、卓球、テニス、バドミントンの中から、ベースボール型は、ソフトボールを適宜取り上げることとなっている。地域や学校の実態によっては、その他の運動についても履修させることができる。

❏問題 3

次の文章は、高等学校学習指導要領保健体育編の「球技」の内容の態度、知識、思考・判断に関する記述の一部である。空欄に入る用語を下記の語群から選び、記号で答えなさい。

球技に（①）に取り組むとともに、フェアなプレーを大切にしようとすること、役割を積極的に引き受け自己の責任を果たそうとすること、（②）しようとすることなども、健康・安全を確保することができるようにする。

技術などの名称や行い方、体力の高め方、（③）の方法、競技会の仕方などを理解し、チームや自己の課題に応じた運動を継続するための取り組み方を工夫できるようにする。

＜語群＞
ア．積極的　イ．主体的　ウ．自主的
エ．合意形成に貢献　オ．話し合いに参加
カ．運動観察　キ．課題解決

◆解答

①イ　　②エ　　③キ

❏問題 4

球技では、攻防を展開する際に共通してみられるボールや用具などの操作と、ボールをもたない時の動きについての学習課題に着目することができる。各型における、ボールをもたない時の動きの視点での指導内容の例を挙げなさい。

◆解答例

①ゴール型

味方から離れる動きや、人のいない場所に移動する動き。守備の際、相手をマークして守る動きや空間をカバーする動き。相手陣地に侵入する動きやスクリーンプレーなどの味方が侵入する空間をつくり出す動き。

②ネット型

空いた空間を埋める動き。仲間とタイミングを合わせて守備位置を移動する動き。ポジションに応じて相手を引き付ける動き。

③ベースボール型

走塁や進塁に備える動き。中継プレイやダブルプレーに備える動き。状況に応じた守備位置に立つ動き。

（谷藤千香）

第28講　ダンス

❏問題1

次の文章は、高等学校学習指導要領解説保健体育編（2009年）の一部である。空欄に入る用語を下記の語群から選び、記号で答えなさい。

ダンスは、創作ダンス、フォークダンス、（①）で構成され、（②）をとらえた表現や踊りを通した交流を通して（③）との（④）を豊かにすることを重視する運動で、仲間とともに感じを込めて踊ったり、イメージをとらえて（⑤）を表現したりすることに楽しさや喜びを味わうことのできる運動である。

高等学校では、これまでの学習を踏まえて、「（⑥）を込めて踊ったり、仲間と（⑦）に踊ったりする楽しさや喜びを味わい、それぞれ特有の表現や踊りを（⑧）（⑨）や（⑩）ができるようにする」ことが求められる。

＜語群＞
ア．仲間　イ．感じ　ウ．現代的なリズムのダンス　エ．高めて　オ．発表　カ．イメージ　キ．自由　ク．コミュニケーション　ケ．交流　コ．自己

◆解答
①ウ　②カ　③ア　④ク　⑤コ
⑥イ　⑦キ　⑧エ　⑨ケ　⑩オ

❏問題2

高等学校学習指導要領保健体育編の「ダンス」に関する「内容の取扱い」を簡単にまとめなさい。

◆解答例
ダンスの指導内容は、創作ダンス、フォークダンス、現代的なリズムのダンスの中から選択履修できる。その際、履修できるダンスの種類等の数については、特に制限を設けていないが、その領域に配当する授業時数との関連から指導内容の習熟を図る範囲にとどめるとともに、生徒の技能・体力の程度に応じて指導の充実及び健康・安全に配慮することが大切になる。また、地域や学校の実態に応じて、社交ダンスなどのその他のダンスも履修させることができる。

❏問題3

創作ダンスでは、表したいテーマから中心となるイメージをとらえて動きにする際に、多様な題材の選択や表現の仕方、動きの展開が求められる。多様さを導き出すテーマや題材や動きを、AからFまでの項目ごとに（　）の中に具体的に示しなさい。

A．身近な生活や日常動作　（　　　　）
B．対極の動きの連続　　　（　　　　）
C．多様な感じ　　　　　　（　　　　）
D．群の動き　　　　　　　（　　　　）
E．ものを使った動き　　　（　　　　）
F．はこびとストーリー　　（　　　　）

◆解答例
A．身近な生活や日常動作
　出会いと別れ、街の風景、綴られた日記、ただ今猛勉強中、シャッターチャンス、クラス討論　等
B．対極の動きの連続
　ねじる―回る―見る、伸びる―落ちる―回る・転がる　等
C．多様な感じ
　落ち着いた、重々しい、力強い、激しい・静かな、急変する・持続する、鋭い・柔らかい、素早い・ゆっくりした　等
D．群の動き
　大回り―小回り、主役と脇役、迷路、都会の孤独、カノン、ユニゾン、密集―分散　等
E．ものを使った動き
　椅子、楽器、ロープ、傘、大きな布、ゴム、机、新聞紙　等
F．はこびとストーリー
　序破急、起承転結、物語、詩、絵画　等

❏問題4

フォークダンスで取扱う日本の踊りはどのような観点から選定するとよいか。3つ述べなさい。

◆解答例
自分達の地域に伝承されてきた踊り、踊り方の難易度、踊り方の特徴の違い。

（高橋和子）

第29講　武道

❏問題 1

体育において武道を学ぶ意義について、スポーツ的な側面と武道的な側面の両面から説明しなさい。

◆解答例
(1)自分の得意技を生かした、相手との直接的な攻防の楽しさや喜びを味わうことができるスポーツ的な側面があること。
(2)武道の伝統的な行動の仕方や考え方を学ぶことや、身体を媒介として行う武道の対人性の中から、自分の感情をコントロールすることができる自制心や克己心を養うことができる。
(3)武道の対人的な関係性において、相手にすべてをぶつけて果敢に挑戦することと、相手を尊重することの価値を、態度として身に付けることができる。

　以上のことから、「スポーツとしてのよさ」と「武道独自のよさ」をあわせて学ぶことができるということが武道を学ぶ意義である。

❏問題 2

柔道、剣道、相撲の内容について、次の文の（　）に適する語句を記入しなさい。ただし、同じ番号は同じ語句である。
(1)柔道では、相手の動きの変化に応じた基本動作から、基本となる技、得意技や（①）を用いて、相手を崩して（②）、抑えたりするなどの（③）を展開すること。
(2)剣道では、相手の動きの変化に応じた基本動作から、基本となる技や（④）を用いて、相手の（⑤）を崩し、仕掛けたり（⑥）するなどの（③）を展開すること。
(3)相撲では、相手の動きの変化に応じた基本動作から、基本となる技や（④）を用いて、相手を崩し、投げたり（⑦）するなどの（③）を展開すること。

◆解答例
①連絡技　②投げたり　③攻防　④得意技
⑤構え　⑥応じたり　⑦ひねったり

❏問題 3

柔道について、次の問いに答えなさい。
(1)柔道の基本理念である「精力善用」と「自他共栄」について説明しなさい。
(2)柔道における受け身の種類を4つ挙げなさい。

◆解答例
(1)「精力善用」：自分がもっている心身の力を最大限に使い、社会に対してよい方向にその力を用いること。
　「自他共栄」：相手を敬い、助け合う心をはぐくみ、他者と共に栄える世の中にしようとすること。
(2)後ろ受け身、横受け身、前受け身、前回り受け身

❏問題 4

剣道について、次の問いに答えなさい。
(1)剣道における残心について説明しなさい。
(2)剣道で身に付ける道具の名称を4つ挙げなさい。

◆解答例
(1)剣道における残心とは、一般的に打突後の気構えと身構えの総称であり、打突後も決して油断しないということである。
(2)面、小手、胴、垂れ

❏問題 5

武道における見取り稽古について説明しなさい。
◆解答例
　武道における見取り稽古とは、見学した時や稽古の順番を待っている時などに、見て学ぶ学び方である。しかし、稽古は単なる練習ではなく、歴史と伝統を重んじて成立発展してきた技を心と体で学ぶことであり、見取り稽古は、現象だけを見ているわけではない。その意味では、見取り稽古は、武道の伝統的な考え方であり、その意味するところは、大きく深いものである。

(山神眞一)

第30講 体育理論

❑問題 1

体育理論について全般的に述べた次の文章の中で、正しいものには○を、誤っているものには×をそれぞれの（ ）内に記入しなさい。

① （ ）体育理論は基礎的な知識に関する教育であるから、もっぱら内容を記憶させる一斉指導型の授業が中心になる。
② （ ）体育理論で扱う知識は、自発的に運動に取り組もうとする体育学習の「知識、思考・判断」に生かされなければならない。
③ （ ）体育理論を学ぶ1つの理由は、人間の運動が他の動物の運動とは異なる意味や価値をもっているからである。
④ （ ）各運動領域の体育学習で扱う技術名称や行い方、課題解決の方法などの知識は体育理論でも扱わなければならない。
⑤ （ ）高等学校の体育理論では、全面的な選択制授業導入との関連からも「効果的な学習の仕方」が学ばれる必要がある。
⑥ （ ）体育理論の学習指導では、各運動領域の「知識、思考・判断」における学習内容とのつながりをあまり考慮しなくてよい。
⑦ （ ）体育理論で扱う現代のスポーツとは、体操、武道、ダンスを含む幅広い身体活動全般を指す概念である。
⑧ （ ）体育理論の内容は、運動やスポーツの合理的、計画的実践に必要な科学的知識であり、生涯スポーツとの関係はあまりない。

◆解答
① ×　② ○　③ ○　④ ×
⑤ ○　⑥ ×　⑦ ○　⑧ ×

❑問題 2

体育理論の学習内容について述べた次の文章の中で、空欄に入る用語を下記の語群から選び、記号で答えなさい。

高等学校で取り上げる体育理論の学習内容は、大きく3つの項目に分けられる。1年では、「スポーツの（①）、文化的特性や現代のスポーツの特徴」が取り上げられ、特に現代のスポーツでは、（②）ムーブメントとドーピング、あるいはスポーツの経済的効果とスポーツ（③）が扱われる。2年では、「運動やスポーツの効果的な学習の仕方」が取り上げられ、その内容としては（④）の特徴に応じた学習の仕方、（⑤）を高める上達過程とそれに応じた（⑥）の高め方、活動時における健康・（⑦）の確保の仕方、などが扱われる。それ以降の年次では、「豊かなスポーツライフの（⑧）の仕方」が取り上げられ、スポーツの楽しみ方の特徴や変化を各ライフ（⑨）で考えたり、それぞれの生き方や暮らし方といったライフ（⑩）に応じて考えたりすることで、高等学校卒業後における生涯スポーツ実践に向けた基礎的知識が扱われる。

＜語群＞
ア．設計　イ．オリンピック　ウ．体力
エ．歴史　オ．ステージ　カ．産業　キ．技能
ク．安全　ケ．スタイル　コ．技術

◆解答
① エ　② イ　③ カ　④ コ　⑤ キ
⑥ ウ　⑦ ク　⑧ ア　⑨ オ　⑩ ケ

❑問題 3

「体育理論」に関する「内容の取扱い」について、その要点を述べなさい。
＜解答の要点＞
①各年次の履修形態、学習内容及び配当授業時数とその考え方を明らかにすること。
②中学校との接続に対する考慮や各運動領域で取り上げる「知識、思考・判断」の内容との関係性を取り上げること。

◆解答例
「体育理論」は、各年次においてすべての生徒に履修させることになっている。1年では「スポーツの歴史、文化的特性や現代スポーツの特徴」、2年では「運動やスポーツの効果的な学習の仕方」、3年では、「豊かなスポーツライフの設計の仕方」を取り上げ、各年次で6単位時間以上を配当する。この配当時数には、各年次で事例などを用いたディスカッションや課題学習などについて各学校の実態に応じて取り入れることができるような配慮が含まれている。中学校の体育理論との接続を考慮して単元を構成し、知識の十分な定着を図るようにする。また、各運動領域の「知識、思考・判断」で扱われる内容とは区別して扱い、主に概念的、理念的な知識を中心に取り上げるが、両者を相互に関連させながら知識を深めていくことも大切である。

（菊　幸一）

第II部
保健科教育法

第1章
総説

第2章
小学校の保健の授業

第3章
中学校の保健の授業

第4章
高等学校の保健の授業

第5章
試験想定問題と解答例

「第Ⅱ部　保健科教育法」を学ぶに当たって

　第Ⅱ部は、教師を目指す学生が保健科教育法に関して理解しておくべき内容についてまとめた。

　第1章は、今回の学習指導要領（小学校及び中学校は平成20年告示：高等学校は平成21年告示）に示された保健の新しい考え方や、総則の中の健康に関する内容などについてまとめた。さらにこの章では、教科教育法で学ぶ基礎的な事項ともいえる目標、内容、指導計画、学習指導、学習評価についてもまとめている。

　第2章から第4章までは、学校種別に、各単元のねらい、学習内容、学習指導のポイント、評価の仕方などをまとめているので、教員免許を取得しようとする学校種別に関係する部分について十分に理解しておいてほしい。

　第5章は、教師を目指す学生諸君が、各都道府県教育委員会等が行う採用試験に対応できるよう、保健科教育法15講に関する試験想定問題と解答例をまとめた。受験する都道府県の出題傾向を分析するとともに、この想定問題も活用しながら教員採用試験への対策に万全を期してほしい。

　今回の保健の改訂の特徴は、生涯を通じて自らの健康を適切に管理し改善していく資質・能力を育成するために内容の一層の改善が図られたことである。ヘルスプロモーションの理念をより重視した考え方といえる。そして、小学校、中学校、高等学校を通じて系統性のある指導ができるよう、児童生徒の発達段階を踏まえて内容の体系化が図られた。また、児童生徒をめぐる健康・安全にかかわる問題の多様化や生活習慣の乱れなどの現状を踏まえ、生活習慣病などの予防、保健・医療制度の活用、傷害の防止のための安全などの内容の改訂が行われた。

　なお、保健の指導に当たっては、小学校の運動領域、中学校の体育分野、高等学校の科目体育との関連を図りながら指導していくことが大切である。

　第Ⅱ部の構成に当たり、小学校教諭免許を取得する学生は第1章と第2章を、中学校教諭免許を取得する学生は第1章と第3章を、高等学校教諭免許を取得する学生は第1章と第4章を重点的に勉強すれば、今回の学習指導要領の要点はおおむね学修することができるよう編集した。

　学生諸君が第Ⅱ部の内容を十分に理解し、保健を担当する教師としての資質・能力を高めてくれることを願っている。

第1章

総説

第1講
保健の新しい方向(今次の改訂の要点)

本講義のポイント
▶現代的な健康課題に対応しつつ、生涯を通じて自らの健康を適切に管理し、改善していく資質や能力を育成する。
▶心身の発育・発達と健康、生活習慣病などの疾病の予防、保健・医療制度の活用、健康と環境、傷害の防止としての安全などの内容について、子ども達の発達の段階を踏まえて、小・中・高等学校を通じて系統性のある指導をする。
▶基礎的・基本的な知識の暗記や再現にとどまらず、知識を活用する学習活動によって思考力・判断力などの資質や能力が育成されるよう指導する。

1. 新しい保健科教育

　体育科、保健体育科の「保健」をはじめとする健康教育は、教育基本法❶第1条の「心身ともに健康な国民の育成」、第2条第1号の「健やかな身体を養うこと」を踏まえ、学校教育法❷第21条第8号の「健康、安全で幸福な生活のために必要な習慣を養うとともに」、「心身の調和的発達を図ること」を目指して行われる。

　特に「保健」は、健康・安全に関する基礎的・基本的な内容を児童生徒が体系的に学習することにより、健康課題を認識し、これを科学的に思考・判断し、適切に対処できるようにすることをねらいとしており、生涯を通じて健康で安全な生活を送るための基礎を培ううえで健康教育の中心的な役割を担っているのである。

　一方、現代社会における健康課題❸は、社会の急激な変化による近年の児童生徒の成育環境や生活行動の変化、国民の疾病構造等の変化にかかわって深刻化している心の健康、食生活をはじめとする生活習慣の乱れなど多様化しており、それらを踏まえて、中央教育審議会の答申（2008年）は、保健について次の通り示された。

> 保健については、生涯を通じて自らの健康を適切に管理し改善していく資質や能力を育成するため、一層の内容の改善を図る。その際、小・中・高等学校を通じて系統性のある指導ができるように、子どもたちの発達の段階を踏まえて保健の内容の体系化を図る。また、生活習慣の乱れやストレスなどが健康に影響することを学ぶことが重要であり、健康の概念や課題などの内容を明確に示すとともに、心身の発育・発達と健康、生活習慣病などの疾病の予防、保健医療制度の活用、健康と環境、傷害の防止としての安全などの内容の改善を図る。特に、小学校低学年においては、運動を通して健康の認識がもてるよう指導の在り方を改善する。

　このように、「保健」は生活習慣の乱れやストレスなどの現代社会にお

---

❶**教育基本法**
　日本国憲法の精神に基づき、わが国の教育の基本理念を規定した法律で、2006年6月に約60年ぶりに改正された。

❷**学校教育法**
　教育基本法に規定する目的を実現するため、教育目標、修業年限、教育課程等を定めた法律。教育基本法の改正を踏まえ、2007年6月に改正された。

❸**現代社会における健康課題**
　小学校に保健領域がはじめて規定された1958年当時は、寄生虫・トラコーマ・結核などの感染症やう歯等が子どもの重要な健康課題と認識されていたが、近年、都市化、少子高齢化、情報化、国際化などの社会の急激な変化により、生活習慣の乱れ、メンタルヘルスに関する課題、アレルギー疾患、性の問題行動や薬物乱用、感染症など新たな課題が顕在化している。

ける健康課題に対応しつつ、生涯を通じて自らの健康を適切に管理し改善していく資質や能力を育成するため、心身の発育・発達と健康、生活習慣病などの疾病の予防、保健・医療制度の活用、健康と環境、傷害の防止としての安全などの内容について、子ども達の発達の段階を踏まえて、小・中・高等学校を通じて系統性のある指導ができるようにすることが重要である。そのためには、小・中・高等学校においてはそれぞれどんな改訂がされたのか、理解することが大切である。

また、「保健」の指導に当たっては、教科書を読んで、単に健康に関する用語を暗記するだけの授業に陥らないように気を付けなければならない。今回の学習指導要領（2008年、2009年）の内容の取扱いに、小・中・高等学校すべての校種に、保健の指導に当たっては、「知識を活用する学習活動❹」を取り入れるなどの指導方法の工夫を行うことが示されており、保健の知識の習得を重視したうえで、健康に関する基礎的・基本的な知識の暗記や再現にとどまらず、知識を活用する学習活動を積極的に行うことにより、思考力・判断力等を育成されるよう指導することが大切である。

2. 小学校学習指導要領の改訂（2008年）

小学校体育科保健領域についての中央教育審議会の答申は、次の通りであった。

> エ 保健領域については、身近な生活における健康・安全に関する基礎的な内容を重視するという観点から、指導内容を改善する。その際、けがの防止としての生活の安全に関する内容について取り上げ、体の発育・発達については、発達の段階を踏まえて指導の在り方を改善する。また、健康な生活を送る資質や能力の基礎を培う観点から、中学校の内容につながる系統性のある指導ができるよう健康に関する内容を明確にし、指導の在り方を改善する。低学年は、運動領域との関係を踏まえ、健康と運動のかかわりなど、運動領域の運動を通して健康の認識がもてるよう指導の在り方を改善する。

このように、小学校では、身近な生活における健康・安全に関する基礎的な内容を重視し、指導内容を改善するとともに、健康な生活を送る資質や能力の基礎を培う観点から、系統性のある指導ができるよう健康に関する内容を明確にすることが示されている。

これを踏まえ、具体的な内容のまとまりについては、3・4年では、「毎日の生活と健康」及び「育ちゆく体とわたし」、5・6年では、「心の健康」、「けがの防止」及び「病気の予防」で構成されている。

特に、新しい内容として「毎日の生活と健康」については、健康の状態の捉え方に関する内容❺が、「けがの防止」については、身の回りの生活の危険が原因となって起こるけがの防止に関する内容❻が、「病気の予防」については、地域での保健活動に関する内容❼が加わっている。

❹知識を活用する学習活動
学校教育法では、第30条第2項に「基礎的な知識及び技能を習得させるとともに、これらを活用して課題を解決するために必要な思考力、判断力、表現力その他の能力をはぐくみ、主体的に学習に取り組む態度を養うことに、特に意を用いなければならない」と、いわゆる学力についての規定がなされた。保健においてもこれを踏まえ、保健に関する思考力・判断力等の育成を目指して、知識を活用する学習を積極的に取り入れ指導方法の工夫を行うことが、学習指導要領に明記された。

❺健康の状態の捉え方に関する内容
心や体の調子がよいなどの健康の状態は、主体の要因や周囲の環境の要因がかかわること。
（学習指導要領該当部分）

❻身の回りの生活の危険が原因となって起こるけがの防止に関する内容
交通事故や身の回りの生活が原因となって起こるけがの防止には、周囲の危険に気付くこと、的確な判断の下に安全に行動すること、環境を安全に整えることが必要であること。
（学習指導要領該当部分）

❼地域での保健にかかわる様々な活動に関する内容
地域では、保健にかかわる様々な活動が行われていること。
（学習指導要領該当部分）

第1章 総説

3. 中学校学指導要領の改訂（2008年）

中学校保健体育科保健分野についての中央教育審議会の答申は、次の通りであった。

> オ保健分野については、個人生活における健康・安全に関する内容を重視する観点から、二次災害によって生じる傷害、医薬品に関する内容について取り上げるなど、指導内容を改善する。また、自らの健康を適切に管理し改善していく思考力・判断力などの資質や能力を育成する観点から、小学校の内容を踏まえた系統性のある指導ができるよう健康の概念や課題に関する内容を明確にし、知識を活用する学習活動を取り入れるなどの指導方法の工夫を行うものとする。

このように、中学校では、個人生活における健康・安全に関する内容を重視し、指導内容を改善するとともに、健康の保持増進のための実践力の育成のため、自らの健康を適切に管理し、改善していく思考力・判断力などの資質や能力を育成する観点から、系統性のある指導ができるよう内容を明確にすることが示されている。

これを踏まえ、具体的な内容のまとまりについては、「心身の機能の発達と心の健康」、「健康と環境」、「傷害の防止」、「健康な生活と疾病の予防」で構成されている。

特に、新しい内容として、「傷害の防止」については、災害安全の視点から、二次災害によって生じる傷害に関する内容❽が、「健康な生活と疾病の予防」については医薬品に関する内容❾が加わっている。また、中学校の学習のまとめとして、個人の健康は、健康を保持増進するための社会的な取り組みと密接なかかわりがあることが示された。

4. 高等学校学習指導要領の改訂（2009年）

高等学校保健体育科科目「保健」についての中央教育審議会の答申は、次の通りであった。

> 科目「保健」については、個人生活及び社会生活における健康・安全に関する内容を重視する観点から、指導内容を改善する。その際、様々な保健活動や対策などについて内容の配列を再構成し、医薬品に関する内容について改善する。また、生涯を通じて自らの健康を適切に管理し改善していく思考力・判断力などの資質や能力を育成する観点から、小学校、中学校の内容を踏まえた系統性のある指導ができるよう健康の概念や課題に関する内容を明確にし、指導の在り方を改善する。

このように、高等学校では、個人生活及び社会生活における健康・安全に関する内容を重視し、指導内容を改善するとともに、ヘルスプロモーション❿の考え方を生かし、生涯を通じて自らの健康を適切に管理し、改善していく思考力・判断力などの資質や能力を育成する観点から、系統性のある指導ができるよう内容を明確にすることが示されている。

---

❽二次災害によって生じる傷害に関する内容
　自然災害による傷害は、災害発生時だけでなく、二次災害によっても生じること。また、自然災害による傷害の多くは、災害に備えておくこと、安全に避難することによって防止できること。
（学習指導要領該当部分）

❾医薬品に関する内容
　健康の保持増進や疾病の予防には、保健・医療機関を有効に利用することがあること。また、医薬品は、正しく使用すること。
（学習指導要領該当部分）

❿ヘルスプロモーション
　WHOのオタワ憲章（1986年）で「人々が自らの健康をコントロールし、改善することができるようにするプロセス」として表現されたヘルスプロモーションは、健康の実現のため個人の行動選択だけでなく、環境づくり等も含む包括的な概念である。

これを踏まえ、「保健」の内容については、個人生活及び社会生活に関する理解を通して健康についての総合的な認識を深め、ヘルスプロモーションの考え方を生かし、生涯を通じて自己の健康を適切に管理し、改善していく思考力・判断力などの資質や能力の育成を図ることに重点をおき、小学校、中学校の「保健」の内容を踏まえた系統性のある指導ができるよう改訂が行われた。

　具体的な内容のまとまりについては、「現代社会と健康」、「生涯を通じる健康」及び「社会生活と健康」で構成されている。

　特に、新しい内容として、個人生活及び社会生活における健康・安全に関する内容を重視する観点から、「現代社会と健康」の健康の考え方に関する内容❶が明確に示されるとともに、「現代社会と健康」から「生涯を通じる健康」へ様々な保健活動や対策などについて内容を移動し、保健・医療制度及び保健・医療機関と関連して指導できるように配列の再構成がなされている。また、今まで「現代社会と健康」の薬物乱用と一緒に示されていた医薬品に関する内容❷が、「生涯を通じる健康」の保健・医療制度及び保健・医療機関の中に移動し、充実して示されている。

　　　　　　　　　　　　　　　　　　　　　　　　　（森　良一）

■引用・参考文献
◆文部科学省「小学校学習指導要領」2008年
◆文部科学省「中学校学習指導要領」2008年
◆文部科学省「高等学校学習指導要領」2009年
◆文部科学省「小学校学習指導要領解説体育編」2008年
◆文部科学省「中学校学習指導要領解説保健体育編」2008年
◆文部科学省「高等学校学習指導要領解説保健体育編」2009年
◆中央教育審議会答申「幼稚園、小学校、中学校、高等学校及び特別支援学校の学習指導要領等の改善について」2008年1月
◆中央教育審議会答申「子どもの心身の健康を守り、安全・安心を確保するために学校全体としての取組を進めるための方策について」2008年1月

❶健康の考え方に関する内容
　健康の考え方は、国民の健康水準の向上や疾病構造の変化に伴って変わってきていること。また、健康は、様々な要因の影響を受けながら、主体と環境の相互作用の下に成り立っていること。健康の保持増進には、健康に関する個人の適切な意志決定や行動選択及び環境づくりがかかわること。
（学習指導要領該当部分）

❷医薬品に関する内容
　医薬品は、有効性や安全性が審査されており、販売には制限があること。疾病からの回復や悪化の防止には、医薬品を正しく使用することが有効であること。
（学習指導要領該当部分）

第 2 講
総則と健康

本講義のポイント
▶体育・健康に関する指導については、新たに学校における食育の推進及び安全に関する指導が加わった。
▶体育・健康に関する指導については、児童生徒の発達の段階を考慮して、体育科、保健体育科はもとより、家庭科、技術・家庭科、特別活動などにおいてもそれぞれの特質に応じて適切に行うよう努めることとなった。

❶体育・健康に関する指導
　前回の改訂（1998年）で、体力の向上はもとより、健康に関する新たな現代的課題に適切に対応するなど心身の健康に関する指導をより充実する観点から、「体育に関する指導」を「体育・健康に関する指導」に改めた。

❷教育基本法
（教育の目的）
第一条　教育は、人格の完成を目指し、平和で民主的な国家及び社会の形成者として必要な資質を備えた心身ともに健康な国民の育成を期して行われなければならない。
（教育の目標）
第二条
一　幅広い知識と教養を身に付け、真理を求める態度を養い、豊かな情操と道徳心を培うとともに、健やかな身体を養うこと。

❸家庭科、技術・家庭科
　これまでは、「体育・健康に関する指導」は、「体育科、保健体育科はもとより、特別活動などにおいても」と示されていたが、学校における食育の推進が加わったため、新たに、家庭科、技術・家庭科が加えられ、学校教育活動全体で行うことで、その一層の充実を図ることが示された。

1. 体育・健康に関する指導と保健

　総則は、教育課程の編成、実施について各教科等にわたる通則的事項を示しており、「教育課程編成の一般方針」、「内容等の取扱いに関する共通的事項」、「授業時数等の取扱い」及び「指導計画の作成に当たって配慮すべき事項」の4つで構成されている。各学校においては、総則に示されている事項に従い、それぞれの学校の実情に合わせて創意工夫を加えながら教育課程を編成し、実施することになる。

　総則で、保健に関してもっとも関係が深いのは、第1章第1の3「体育・健康に関する指導❶」である。特にその中の「健康に関する指導」は、教育基本法が定める教育の目的及び目標❷を踏まえ、学校教育活動全体で行われる健康教育全般について示しており、保健はその中核的な役割を担っている。

　「体育・健康に関する指導」のねらいは、健康・安全で活力ある生活を営むために必要な資質や能力を育て、心身の調和的な発達を図ることである。今回の改訂（2008年）では、これまでの体力の向上に関する指導、心身の健康の保持増進に関する指導に、新たに学校における食育の推進及び安全に関する指導が加わった。また、児童生徒の発達の段階を考慮して、学校における食育の推進ならびに体力の向上に関する指導、安全に関する指導及び心身の健康の保持増進に関する指導を、体育科、保健体育科はもとより、家庭科、技術・家庭科❸、特別活動などにおいてもそれぞれの特質に応じて適切に行うよう努めることとした。このことを十分に踏まえて、指導を充実していかなければならない。

2. 学習内容

　「体育・健康に関する指導」の内容は、「体育に関する指導」と「健康に関する指導」の2つの内容で構成される。

　保健は、特に「健康に関する指導」と密接にかかわる。現行の学習指導要領においては、「健康に関する指導」の内容は、心身の健康の保持増進に関する指導が示されていた。今回の改訂では、児童生徒の心身の調和的

発達を図るため、運動を通じて体力を養うとともに、食育の推進を通して望ましい食習慣を身に付けるなど、健康的な生活習慣を形成することが必要であることから、学校における食育の推進❹が加わった。また、児童生徒の安全・安心に対する懸念が広がっていることから、安全に関する指導❺が加わった。

これによって、「健康に関する指導」は、学校における食育の推進、安全に関する指導及び心身の健康の保持増進に関する指導の３つの内容から構成されることとなった（表１）。「健康に関する指導」は、児童生徒が健康に関する知識を身に付けることや活動を通じて自主的に健康な生活を実践することのできる資質や能力を育成することが大切である。

表１　体育・健康に関する指導

体育に関する指導	健康に関する指導
○体力の向上に関する指導	○学校における食育の推進 ○安全に関する指導 ○心身の健康の保持増進に関する指導

具体的な内容については、学校における食育の推進においては、偏った栄養摂取などによる肥満傾向の増加など、食に起因する健康課題に適切に対応するため、児童生徒が食に関する正しい知識と望ましい食習慣を身に付けることにより、生涯にわたって健やかな心身と豊かな人間性をはぐくんでいくための基礎が培われるよう、栄養のバランスや規則正しい食生活、食品の安全性などの内容を重視している。

安全に関する指導においては、身の回りの生活の安全、交通安全、防災に関する指導についての内容を重視している。

心身の健康の保持増進に関する指導においては、心の健康、薬物乱用、生活習慣病の兆候等の現代的な健康課題に関する内容を重視している。

3. 学習指導のポイント

健康に関する指導については、児童生徒が身近な生活における健康に関する知識を身に付けることや活動を通じて、自主的に健康な生活を実践することのできる資質や能力を育成する指導をすることが大切である。

このことから考えると、体育・健康に関する指導のポイントは、保健の役割を認識するとともに、体育科、保健体育科だけではなく関連の教科や道徳、特別活動、総合的な学習の時間なども含めた学校の教育活動全体を通じて行うことによって、一層の指導の充実を図ることが重要である。

例えば、特別活動や総合的な学習の時間では、保健で身に付けた知識及び資質や能力を生かして健康に関する課題解決に取り組んだり、家庭科、技術・家庭科においては、食文化などを通して食育の推進に取り組んだりと、それぞれの教科・領域等の特質に応じた指導が行われることで、体育・健康に関する指導の充実が図られる。

また、地域や学校の健康に関する実態を的確に把握し、学校の全体計画❻を作成し、家庭、地域の協力を得つつ、計画的、継続的に指導することが重要である。さらに、学校生活はもちろんのこと、家庭や地域社会における日常生活においても、児童生徒が積極的に心身の健康の保持増進を図っ

❹学校における食育の推進
　中央審議会答申（2008年）では、食育の課題について次のように指摘された。
　「食生活の改善や睡眠時間の確保といった生活習慣の確立は「生きる力」の基盤であり、その第一義的な責任は家庭にある。しかしながら、家庭の教育力が低下する中で、近年、子どもたちに偏った栄養摂取、朝食欠食等の食生活の乱れや肥満傾向の増大などが見られ、食生活の乱れが生活習慣病を引き起こす一因であることも懸念されており、学校教育においても、子どもたちの生活や学習の基盤としての食に関する指導の充実が求められている。」

❺安全に関する指導
　中央審議会答申（2008年）では安全教育の課題について次のように指摘された。
　「近年、子どもが被害者となる痛ましい事件・事故が発生するなど生活の安全・安心に対する懸念が広まっており、子どもたちの安全は家庭を含め社会全体で守ることが必要であるが、とりわけ学校については、身の回りの生活の安全、交通安全、災害に対する総合的な安全教育の充実が課題となっている。」

❻学校の全体計画
　学校の全体計画とは、体育科、保健体育科はもとより、関連教科、特別活動、総合的な学習の時間など学校教育活動全体が位置付いた「体育・健康に関する指導」の総合的な計画であるが、その形式については各学校等が工夫して作成している。

ていく資質や能力を身に付け、生涯を通じて健康・安全で活力ある生活を送るための基礎が培われるよう配慮することが大切である。

4. 体育・健康に関する指導の評価

　総則と保健に関する評価は、体育・健康に関する指導と保健を構造的に捉え、それぞれの役割を理解することが重要である。

　前述したように、総則に示された健康に関する指導は、学校における食育の推進、安全に関する指導及び心身の健康の保持増進に関する指導の3つの内容から構成されている。学校では、これらの内容について目標を明確にし、目指す児童生徒の姿などの基準を設定し、評価することになる。

　健康に関する指導は、体育科、保健体育科だけではなく関連する教科や道徳、特別活動、総合的な学習の時間なども含めた学校の教育活動全体を通じて行うことによって、一層の指導の充実が図られるため、その評価は、より視野を広げて全体を見渡し実施される。

　実際には、健康に関する指導の評価は、それぞれの教科・領域の担当が個別に行っている。保健主事❼等が学校保健計画❽を作成し、例えばPDCAといったマネジメントサイクルを機能させる中で、全体の調整をしている場合もある。その際、重要なことは、計画段階で目標を明確にし、目指す児童生徒の能力や具体的な達成基準を設定することである。それによって、体育・健康に関する指導の評価がより具体的になされるようになる。

5. 心身の成長発達についての正しい理解

　中央教育審議会答申（2008年）では、「社会の変化への対応の観点から教科等を横断して改善すべき事項」について、食育、安全教育とともに「心身の成長発達についての正しい理解」について次のように示された。

> （心身の成長発達についての正しい理解）
> ○学校教育においては、何よりも子どもたちの心身の調和的発達を重視する必要があり、そのためには、子どもたちが心身の成長発達について正しく理解することが不可欠である。しかし、近年、性情報の氾濫など、子どもたちを取り巻く社会環境が大きく変化してきている。このため、特に、子どもたちが性に関して適切に理解し、行動することができるようにすることが課題となっている。また、若年層のエイズ及び性感染症や人工妊娠中絶も問題となっている。
> ○このため、学校全体で共通理解を図りつつ、体育科、保健体育科などの関連する教科、特別活動等において、発達の段階を踏まえ、心身の発育・発達と健康、性感染症等の予防などに関する知識を確実に身に付けること、生命の尊重や自己及び他者の個性を尊重するとともに、相手を思いやり、望ましい人間関係を構築することなどを重視し、相互に関連づけて指導することが重要である。
> また、家庭・地域との連携を推進し保護者や地域の理解を得ること、集団指導と個別指導の連携を密にして効果的に行うことが重要である。

❼保健主事
　学校教育法施行規則第45条に規定された教員で、学校における保健に関する事項の管理に当たる。

❽学校保健計画
　2008年6月に約50年ぶりに学校保健法が改正され、学校保健安全法が2009年4月から施行された。その第5条に学校保健計画の策定等として「学校においては、児童生徒及び職員の心身の健康の保持増進を図るため、児童生徒及び職員の健康診断、環境衛生検査、児童生徒等に対する指導その他保健に関する事項について計画を策定し、これを実施しなければならない。」と規定された。

「心身の成長発達についての正しい理解」は、一般的には性教育といわれる指導のことであり、この答申を踏まえ、総則の解説においては、児童生徒が心身の成長発達に関して適切に理解し、行動することができるようにする指導に当たっては、学校の教育活動全体で共通理解❾を図り、家庭の理解を得ること❿に配慮するとともに、関連する教科、特別活動等において、発達の段階を考慮して、指導することが重要であることが示された。保健の学習指導要領解説にも、心身の発育・発達や性感染症の予防に関する内容において、「発達の段階を踏まえること、学校全体で共通理解を図ること、保護者の理解を得ることなどに配慮することが大切である」ことが示されている。

（森　良一）

■引用・参考文献
◆文部科学省「小学校学習指導要領」2008年
◆文部科学省「中学校学習指導要領」2008年
◆文部科学省「高等学校学習指導要領」2009年
◆文部科学省「小学校学習指導要領解説体育編」2008年
◆文部科学省「中学校学習指導要領解説保健体育編」2008年
◆文部科学省「高等学校学習指導要領解説保健体育編」2009年
◆中央教育審議会答申「幼稚園、小学校、中学校、高等学校及び特別支援学校の学習指導要領等の改善について」2008年1月
◆財団法人日本学校保健会「保健主事研修プログラム」2008年5月

❾学校全体での共通理解
　心身の成長発達についての正しい理解は、いわゆる性に関する教育に関することであり、学校保健計画や性教育の年間計画等に関連する内容を位置付け、全教職員の共通理解のもと、適切に進めることが重要である。

❿家庭の理解を得ること
　例えば、指導する内容について、学級通信などの各種便りや授業参観等を通して情報提供したり、保護者懇談会等で意見交換したりすることで保護者に理解を得ながら、適切な指導ができるよう配慮することが重要である。

第 3 講
保健の目標

本講義のポイント
- 保健の目標は、生涯を通じて自らの健康を適切に管理し、改善していく資質や能力を育てることである。
- 小学校の保健領域の目標は、身近な生活における健康・安全に関する内容を、実践的に理解できるようにすることを重視。
- 中学校の保健分野の目標は、主として個人生活における健康・安全に関する内容を、科学的に理解できるようにすることを重視。
- 高等学校の科目「保健」の目標は、個人及び社会生活における健康・安全に関する内容を、総合的に理解できるようにすることを重視。

❶「明るく豊かな生活を営む態度を育てる」
これは、生涯にわたる豊かなスポーツライフを実現するための資質や能力、健康で安全な生活を営むための思考力・判断力などの資質や能力としての実践力及び健やかな心身を育てることによって、現在及び将来の生活を健康で活力に満ちた明るく豊かなものにすることを示したものである。

❷学校教育法の規定
「中学校は、小学校における教育の上に、心身の発達に応じて、義務教育として行われる普通教育を施すことを目的とする」(第45条)
「生涯にわたり学習する基盤が培われるよう、基礎的な知識及び技能を習得させるとともに、これらを活用して課題を解決するために必要な思考力、判断力、表現力その他の能力をはぐくみ、主体的に学習に取り組む態度を養うことに、特に意を用いなければならない。」(第30条第2項)
「健康、安全で幸福な生活のために必要な習慣を養うとともに、運動を通じて、体力を養い、心身の調和的発達を図ること」(第21条)

1. 教科の目標と保健

教科の目標は、各学校種の中での体育科、保健体育科の特性を総括的に示すとともに、小・中・高等学校における教科の重点や、基本的な指導の方向を示したものである。

今回改訂 (2008年) した体育科、保健体育科の目標は、教育基本法、学校教育法の改正を踏まえつつ、引き続き、体育と保健を関連させていく考え方を強調したものである。具体的には、中学校の目標を例に説明する。

(1) 中学校保健体育科の教科の目標

> 心と体を一体としてとらえ、運動や健康・安全についての理解と運動の合理的な実践を通して、生涯にわたって運動に親しむ資質や能力を育てるとともに健康の保持増進のための実践力の育成と体力の向上を図り、明るく豊かな生活を営む態度を育てる。

中学校の保健体育科の目標は、保健体育科の究極的な目標である「明るく豊かな生活を営む態度を育てる❶」ことを目指している。この目標を達成するためには、心と体をより一体として捉え、健全な発達を促すことを求められことから、体育と保健を一層関連させて指導することが重要である。

また、教科の目標は、学校教育法❷を踏まえ、「生涯にわたって運動に親しむ資質や能力の育成」、「健康の保持増進のための実践力の育成」及び「体力の向上」の3つの具体的な目標が相互に密接に関連していることを示すとともに、教科の重要なねらいであることを明確にしている。

主に保健に関係することでは、「運動や健康・安全についての理解」と「健康の保持増進のための実践力の育成」がある。

「健康・安全についての理解」とは、心身の機能の発達と心の健康、健康と環境、傷害の防止及び健康な生活と疾病の予防など、心身の健康の保

持増進について科学的な原理や原則に基づいて理解できるようにすることである。

また、「健康の保持増進のための実践力の育成」とは、健康・安全について科学的に理解することを通して、生徒が現在及び将来の生活において健康・安全の課題に直面した場合に、科学的な思考と正しい判断のもとに意志決定や行動選択を行い、適切に実践していくための思考力・判断力などの資質や能力の基礎を育成することを示している。(以下、中学校の目標と重なる内容については省略し、主に保健に関係することについて説明する。)

(2) <u>小学校体育科の教科の目標</u>❸

「健康・安全についての理解」とは、主として3年・4年及び5年・6年の保健領域に関連したねらいを示すものである。

具体的には、健康な生活、体の発育・発達、心の健康、けがの防止及び病気の予防についての基礎的・基本的な内容を実践的に理解することである。このことは、グループ活動や実習などを通して児童が、身近な生活における学習課題を発見し、解決する過程を通して、健康・安全の大切さに気付くことなどを含んでいる。

「健康の保持増進」を図るとは、身近な生活における健康・安全に関する内容を実践的に理解することを通して、自らの生活行動や身近な生活環境における学習課題を把握し、改善することができる資質や能力の基礎を培うことを示している。

(3) <u>高等学校保健体育科の教科の目標</u>❹

「健康・安全や運動についての理解」の「健康・安全についての理解」とは、健康・安全についての総合的な理解を意味している。健康・安全面では、小・中学校での内容を踏まえ、個人生活のみならず社会生活とのかかわりを含めた健康・安全に関する内容を総合的に理解することを通して、生涯を通じて健康や安全の課題に適切に対応できるようにすることを目指しているものである。

「健康の保持増進のための実践力の育成」とは、健康・安全について総合的に理解することを通して、生徒が現在及び将来の生活において、健康・安全の課題に直面した場合に、科学的な思考と正しい判断に基づく意志決定や行動選択を行い、適切に実践していくための思考力・判断力などの資質や能力の基礎を培い、実践力の育成を目指すことを示している。

2. 小学校の保健領域の目標

〔第3学年及び第4学年〕
(3)健康な生活及び体の発育・発達について理解できるようにし、身近な生活において健康で安全な生活を営む資質や能力を育てる。
〔第5学年及び第6学年〕
(3)心の健康、けがの防止及び病気の予防について理解できるようにし、健康で安全な生活を営む資質や能力を育てる。

❸小学校体育科の教科の目標
「心と体を一体としてとらえ、適切な運動の経験と健康・安全についての理解を通して、生涯にわたって運動に親しむ資質や能力の基礎を育てるとともに健康の保持増進と体力の向上を図り、楽しく明るい生活を営む態度を育てる。」

❹高等学校保健体育科の教科の目標
「心と体を一体としてとらえ、健康・安全や運動についての理解と運動の合理的、計画的な実践を通して、生涯にわたって豊かなスポーツライフを継続する資質や能力を育てるとともに健康の保持増進のための実践力の育成と体力の向上を図り、明るく豊かで活力ある生活を営む態度を育てる。」

「保健領域」の目標は、「体育」の目標を受けて、これを「保健」の立場から具体化し、学習指導の到達すべき方向を明らかにしたものである。

　中学年の「健康な生活及び体の発育・発達について理解できるようにし」は、保健領域の内容との関連から、健康の保持増進には、健康の大切さを認識できるようにするとともに、毎日の生活の仕方がかかわっていること、体を清潔に保つこと、生活環境を健康的に整えることなどがあること、また、発育・発達には、年齢に伴う体の変化と身近な事柄としての思春期における体の変化などがあることについて、小学生の発達の段階を踏まえて、実践的に理解できるようにすることを目指している。「身近な生活において健康で安全な生活を営む資質や能力を育てる」は、これらの身近な生活における健康・安全についての理解等を通して、生涯にわたり健康を保持増進し、安全な生活を送る資質や能力の育成を目指している。

　また、高学年の「心の健康、けがの防止及び病気の予防について理解できるようにし」は、保健領域の内容との関連から、心の発達や心と体の相互の影響及び不安や悩みへの対処の仕方、交通事故や身の回りの生活の危険が原因となって起こるけがの防止、病気の起こり方と予防について中学年同様、実践的に理解できるようにすることを目指している。「健康で安全な生活を営む資質や能力を育てる」は、これらについて興味・関心をもち、考え、理解することを通して、生涯にわたり健康を保持増進し、安全な生活を営む資質や能力の育成を目指している。

3. 中学校の保健分野の目標

> 個人生活における健康・安全に関する理解を通して、生涯を通じて自らの健康を適切に管理し、改善していく資質や能力を育てる。

　「保健分野」の目標は、「保健体育」の目標を受けて、これを「保健」の立場から具体化し、学習指導の到達すべき方向を明らかにしたものである。

　「個人生活における健康・安全に関する理解を通して」は、心身の機能の発達の仕方及び精神機能の発達や自己形成、欲求やストレスへの対処などの心の健康、自然環境を中心とした環境と心身の健康とのかかわり、健康に適した快適な環境の維持と改善、傷害の発生要因とその防止及び応急手当ならびに健康な生活行動の実践と疾病の予防について、個人生活を中心として科学的に理解できるようにすることを示している。

　その際、学習の展開の基本的な方向として、小学校での身近な生活における健康・安全に関する内容を実践的に理解できるようにするという考え方を生かすとともに、抽象的な思考なども可能になるという発達の段階を踏まえて、個人生活における心身の健康の保持増進に関する基礎的・基本的な内容について興味・関心をもち、科学的に思考し、理解できるようにすることを目指している。

　「生涯を通じて自らの健康を適切に管理し、改善していく資質や能力を育てる」は、健康・安全について科学的に理解できるようにすることを通して、現在及び将来の生活において健康・安全の課題に直面した場合に、

的確な思考・判断を行うことができるよう、自らの健康を適切に管理し、改善していく思考力・判断力などの資質や能力を育成することを目指している。

4. 高等学校の科目「保健」の目標

> 個人及び社会生活における健康・安全について理解を深めるようにし、生涯を通じて自らの健康を適切に管理し、改善していく資質や能力を育てる。

「保健」の目標は、「保健体育」の目標を受けて、これを「保健」の立場から具体化し、学習指導の到達すべき方向を明らかにしたものである。

「個人及び社会生活における健康・安全について理解を深めるようにし」とは、わが国の疾病構造や社会の変化に対応し健康を保持増進するためには、個人の行動選択やそれを支える社会環境づくりなどが大切であるというヘルスプロモーションの考え方を生かし、人々が自らの健康を適切に管理すること及び環境を改善していくことが重要であることを理解できるようにするとともに、思春期から高齢者までの生涯の各段階における健康課題への対応と、保健・医療制度や地域の保健・医療機関の適切な活用及び環境と健康、環境と食品の保健、労働と健康など社会生活における健康の保持増進について、個人生活のみならず社会生活とのかかわりを含めて総合的に理解することを示している。

その際、学習の展開の基本的な方向として、小・中学校の系統性を踏まえ、自我の確立とともに個人にかかわる事柄のみでなく社会的な事象に対する興味・関心が広がり、自ら考え判断する能力なども身に付きつつあるという発達の段階を考慮し、個人生活だけでなく社会生活における健康・安全に関する内容に興味・関心をもち、科学的に思考・判断し、総合的に理解できるようにすることを目指したものである。

「生涯を通じて自らの健康を適切に管理し、改善していく資質や能力を培う。」とは、個人生活及び社会生活における健康・安全について総合的に理解することで、現在及び将来の生活において健康・安全の課題に直面した場合に、的確な思考・判断に基づいて適切な意志決定を行い、自らの健康の管理や健康的な生活行動の選択及び健康的な社会環境づくりなどが実践できるようになるための基礎としての資質や能力を育成することを目指している。

(森　良一)

■引用・参考文献
- ◆文部科学省「小学校学習指導要領」2008年
- ◆文部科学省「中学校学習指導要領」2008年
- ◆文部科学省「高等学校学習指導要領」2009年
- ◆文部科学省「小学校学習指導要領解説体育編」2008年
- ◆文部科学省「中学校学習指導要領解説保健体育編」2008年
- ◆文部科学省「高等学校学習指導要領解説保健体育編」2009年
- ◆中央教育審議会答申「幼稚園、小学校、中学校、高等学校及び特別支援学校の学習指導要領等の改善について」2008年1月

第 4 講
保健の内容

本講義のポイント
▶学習指導要領に示す内容で保健の学習指導の内容を構成する。
▶小学校、中学校、高等学校の系統性を踏まえる。
▶学習指導要領及び解説から読み取って端的な文章表現で捉える。
▶学習内容には「名称（用語）」、「方法」、「考えの枠組み（きまり）」で分類されるものがある。

1. ねらい

保健の学習は、学習指導要領❶に定める小学校体育科・中学校及び高等学校保健体育科において行われる。それぞれは、次のようなねらいをもっている。

小学校体育科保健領域では、健康な生活、体の発育・発達、けがの防止、心の健康及び病気の予防についての基礎的・基本的な内容を実践的に理解することをねらいとしている。このことは、グループ活動や実習などを通して単に知識や記憶としてとどめるだけではなく、児童が、身近な生活における学習課題を発見し、解決する過程を通して、健康・安全の大切さに気付くことなどを含んでいる。

中学校保健体育科保健分野では、心身の機能の発達と心の健康、健康と環境、傷害の防止及び健康な生活と疾病の予防など、心身の健康の保持増進について科学的に理解することをねらいとしている。このことは、これらの内容を単に知識として、また、記憶としてとどめることではなく、生徒が現在及び将来の生活において健康・安全の課題に直面した場合に、科学的な思考と正しい判断のもとに意志決定や行動選択を行い、適切に実践していくための思考力・判断力などの資質や能力の基礎を育成することをねらいとしている。

高等学校保健体育科科目保健では、健康・安全について総合的に理解することを通して、生徒が現在及び将来の生活において、健康・安全の課題に直面した場合に、科学的な思考と正しい判断に基づく意志決定や行動選択を行い、適切に実践できるような資質や能力の基礎を培い、実践力の育成を目指すことをねらいとしている。

2. 学習内容

保健の学習内容❷については、表1の各内容項目に示す通りである。今次改訂（2008年）では、健康の保持増進のための実践力の育成のため、自らの健康を適切に管理し改善していく思考力・判断力などの資質や能力を育成する観点から、系統性のある指導ができるよう内容を明確に示すよう改訂が行われている。

---

❶学習指導要領
　学習指導要領は、小学校、中学校、高等学校等の教育課程の編成にかかる国の規準。教育課程には、各教科、道徳（小学校と中学校のみ）、総合的な学習の時間及び特別活動が示されている。保健の学習にかかる内容は、小学校体育科、中学校及び高等学校保健体育科に示されている。

❷保健の学習内容
　保健の学習において学ぶ内容のこと。保健の内容は、小学校3年から始まり、高等学校の2年（入学の次の年次）まで継続して学ぶことができるように構成されている。それぞれの領域、項目についての原理や原則が知識として文章記述されている。
　表1の内容項目一覧は、学習内容の見出しである。

表1 新学習指導要領の小学校・中学校・高等学校の内容項目一覧

小学校(2008年版)	中学校(2008年版)	高等学校(2009年版)
[第3学年・第4学年] (1)毎日の生活と健康 　ア　健康な生活とわたし 　イ　1日の生活の仕方 　ウ　身の回りの環境 (2)育ちゆく体とわたし 　ア　体の発育・発達 　イ　思春期の体の変化 　　(ｱ)思春期の体つきの特徴 　　(ｲ)思春期の体の変化と個人差 　ウ　体をよりよく発育・発達させるための生活 [第5学年・第6学年] (1)心の健康 　ア　心の発達 　イ　心と体の相互の影響 　ウ　不安や悩みへの対処 (2)けがの防止 　ア　交通事故や身の回りの生活の危険が原因となって起こるけがとその防止 　　(ｱ)事故の発生と原因 　　(ｲ)交通事故や身の回りの生活の危険が原因となって起こるけがの防止 　　(ｳ)事故防止と安全な環境 　イ　けがの手当 　　(ｱ)けがをしたときは 　　(ｲ)自分でできる簡単なけがの手当 (3)病気の予防 　ア　病気の起こり方 　イ　病原体がもとになって起こる病気の予防 　ウ　生活行動がかかわって起こる病気の予防 　エ　喫煙、飲酒、薬物乱用と健康 　　(ｱ)喫煙、飲酒と健康への影響 　　(ｲ)薬物乱用と健康への影響 　オ　地域の様々な保健活動の取組 注)小学校の「(ｱ)」や「(ｲ)」に相当する項目名は学習指導要領解説より作成	[第1学年]保健分野 (1)心身の機能の発達と心の健康 　ア　身体機能の発達 　イ　生殖に関わる機能の成熟 　ウ　精神機能の発達と自己形成 　　(ｱ)知的機能、意思機能、社会性の発達 　　(ｲ)自己形成 　エ　欲求やストレスへの対処と心の健康 　　(ｱ)心と体のかかわり 　　(ｲ)欲求やストレスへの対処と心の健康 [第2学年] (2)健康と環境 　ア　身体の環境に対する適応能力・至適範囲 　　(ｱ)気温の変化に対する至適範囲とその限界 　　(ｲ)温熱条件や明るさの至適範囲 　イ　飲料水や空気の衛生的管理 　　(ｱ)飲料水の衛生的管理 　　(ｲ)空気の衛生的管理 　ウ　生活に伴う廃棄物の衛生的管理 (3)傷害の防止 　ア　交通事故や自然災害などによる傷害の発生要因 　イ　交通事故などによる傷害の防止 　ウ　自然災害による傷害の防止 　エ　応急手当 　　(ｱ)応急手当の意義 　　(ｲ)応急手当の方法 [第3学年] (4)健康な生活と疾病の予防 　ア　健康の成り立ちと疾病の発生要因 　イ　生活行動・生活習慣と健康 　　(ｱ)食生活と健康 　　(ｲ)運動と健康 　　(ｳ)休養及び睡眠と健康 　　(ｴ)調和のとれた生活と生活習慣病 　ウ　喫煙、飲酒、薬物乱用と健康 　　(ｱ)喫煙と健康 　　(ｲ)飲酒と健康 　　(ｳ)薬物乱用と健康 　エ　感染症の予防 　　(ｱ)感染症の原因とその予防 　　(ｲ)エイズ及び性感染症の予防 　オ　保健・医療機関や医薬品の有効利用 　カ　個人の健康を守る社会の取組	[科目「保健」] (1)現代社会と健康 　ア　健康の考え方 　　(ｱ)国民の健康水準と疾病構造の変化 　　(ｲ)健康の考え方と成り立ち 　　(ｳ)健康に関する意志決定と行動選択 　　(ｴ)健康に関する環境づくり 　イ　健康の保持増進と疾病の予防 　　(ｱ)生活習慣病と日常の生活行動 　　(ｲ)喫煙、飲酒と健康 　　(ｳ)薬物乱用と健康 　　(ｴ)感染症とその予防 　ウ　精神の健康 　　(ｱ)欲求と適応機制 　　(ｲ)心身の相関 　　(ｳ)ストレスへの対処 　　(ｴ)自己実現 　エ　交通安全 　　(ｱ)交通事故の現状 　　(ｲ)交通社会で必要な資質と責任 　　(ｳ)安全な社会づくり 　オ　応急手当 　　(ｱ)応急手当の意義 　　(ｲ)日常的な応急手当 　　(ｳ)心肺蘇生法 (2)生涯を通じる健康 　ア　生涯の各段階における健康 　　(ｱ)思春期と健康 　　(ｲ)結婚生活と健康 　　(ｳ)加齢と健康 　イ　保健・医療制度及び地域の保健・医療機関 　　(ｱ)我が国の保健・医療制度 　　(ｲ)地域の保健・医療機関の活用 　ウ　様々な保健活動や対策 (3)社会生活と健康 　ア　環境と健康 　　(ｱ)環境の汚染と健康 　　(ｲ)環境と健康にかかわる対策 　イ　環境と食品の保健 　　(ｱ)環境保健にかかわる活動 　　(ｲ)食品保健にかかわる活動 　　(ｳ)健康の保持増進のための環境と食品の保健 　ウ　労働と健康 　　(ｱ)労働災害と健康 　　(ｲ)働く人の健康の保持増進

＊下線部は今次改訂で新たに示されたところ及び内容の示し方に変更が行われた部分の例

3. 学習内容の捉え方のポイント

保健の学習内容を捉えるには、学習指導要領及び解説からその内容を読み取ることが大切である。

学習内容を的確に捉えることは、「何を」教えるか、「どのように」教えるかを明確にすることができることになる。これらは、知識として記述されるが、それには、「名称（用語）」、「方法」、「考えの枠組み（きまり）」で分類されるものがある。これらの学習内容は、一般的であり、また、客観的である。多くの場面や事柄に共通するものであり、抽象的である。教科・領域としての保健学習に関連することを、一般化したものである。例えば、書き表し方については、次の5つの点に留意する。

①主部と述部からなる文章で記述する。

例えば、表2は、左側が学習指導要領であり、右側はそれを読み取った学習内容である。このように整理することにより、学習内容が明確になる。

②文体は、「○○には、△△がある」、または「○○は、△△がある」を基本形とする。

③強制する表現は用いないこととする。

強制する表現としては、「○○は、△△すべきである」というものがある。避けたい表現としては、「○○は、△△である」という断定になるものである。この場合、「A＝Bである」が成り立つ場合など、表現としては起こりうる場合がある。しかし、他の要因があることを認めない断定的な表現であることから、なるべく避けることとしておく。

④述部は「条件」や「要因」を示す表現とする。

主部で示していることに対して、主部に対する「条件」や「要因」を述部で示す。この表現の仕方については、十分な検討が求められる。

⑤できばえ、能力を含めないで記述する。

記述される文章は、一般化されたものである。できばえ、能力が出現する元となっているもので、学ぶ対象となる一般化される知識を記述する。

表2　学習指導要領から読み取れる学習内容の例（高等学校）

学習指導要領	学習内容
(1)現代社会と健康（高等学校） イ　健康の保持増進と疾病の予防 　健康の保持増進と生活習慣病の予防には、食事、運動、休養及び睡眠の調和のとれた生活を実践する必要があること。 　喫煙と飲酒は、生活習慣病の要因になること。また、薬物乱用は、心身の健康や社会に深刻な影響を与えることから行ってはならないこと。それらの対策には、個人や社会環境への対策が必要であること。 　感染症の発生や流行には、時代や地域によって違いがみられること。その予防には、個人的及び社会的な対策を行う必要があること。	(1)-イ-①健康の保持増進と生活習慣病の予防には、食事、運動、休養及び睡眠の調和のとれた生活を実践する必要があること。 (1)-イ-②-1 喫煙と飲酒は、生活習慣病の要因になること。 (1)-イ-②-2 薬物乱用は、心身の健康や社会に深刻な影響を与えることから行ってはならないこと。 (1)-イ-②-3 喫煙と飲酒、薬物乱用の対策には、個人や社会環境への対策が必要であること。 (1)-イ-③-1 感染症の発生や流行には、時代や地域によって違いがみられること。 (1)-イ-③-2 感染症の予防には、個人的及び社会的な対策を行う必要があること。

＊下線は、学習内容を明確にするために筆者が修正・加筆

例えば、「疾病は、主体の要因と環境の要因がかかわりあって発生することを進んで調べようとする。」という記述は、「進んで調べようとする」という意欲の表れとなる構えを示している。そこで、学習内容は、「疾病は、主体の要因と環境の要因がかかわりあって発生すること。」というように、疾病の発生要因が明確になるように記述する。

　広過ぎもせず、また狭過ぎることもない記述をすることは、時間のかかる作業を伴うものである。学習内容を記述することの難しさには、「①学習内容そのものを特定すること」、「②包括的な記述と具体的な記述を書き分けること」、「③記述したものを分類したり配列したりすること」、「④発達段階に照らして適時性を踏まえること」の4つが考えられる。

　これらの学習内容は、次のような整理をすると明確になる（表3）。

表3　小学校5年「応急手当」に用いる学習内容の整理の参考例

学習内容 （応急手当のきまり）	応急手当のきまりにかかわる具体例や方法		具体例や手当の方法に用いる用語
・自分で、その場でできるけがの手当には、 「①傷口を清潔にする」、 「②圧迫して出血を止める」、 「③患部を冷やす」ことがある。	・すり傷の手当は、水洗いを先にする。 （すり傷の手当は、傷口を清潔にしてから消毒する。）		・すり傷 ・水洗い ・清潔 ・消毒
	・鼻血の手当は、出血したところを圧迫して出血を止める。 （鼻血の手当は、下を向いて鼻を押さえる。）	・鼻とのどは、体の中でつながっている。	・鼻血 ・下向き（上向き） ・出血 ・圧迫する ・鼻とのどのしくみ
	・やけどの手当は、患部を冷やす。	・水道水で冷やす時は、やけどをした部位の少し上に水を当てて冷やす。 ・やけどの水ぶくれは悪化するのでつぶさないようにする。	・やけど ・冷やす ・部位 ・水ぶくれ
	・打撲の手当は、患部を冷やす。		・打撲 ・冷やす ・皮膚 ・出血
	（・ねんざの手当は、○○。（「冷やす」を入れて説明する。））		・ねんざ

（今関豊一）

■引用・参考文献
◆文部科学省「小学校学習指導要領」2008年
◆文部科学省「中学校学習指導要領」2008年
◆文部科学省「高等学校学習指導要領」2009年
◆文部科学省「小学校学習指導要領解説体育編」2008年
◆文部科学省「中学校学習指導要領解説保健体育編」2008年
◆文部科学省「高等学校学習指導要領解説保健体育編」2009年
◆今関豊一・品田龍吉編著「中学校新学習指導要領の展開　保健体育科編」明治図書、2008年
◆今関豊一・岡出美則・友添秀則編著「平成20年改訂中学校教育課程講座　保健体育」ぎょうせい、2008年
◆今関豊一「新学習指導要領が体育教師に求める新たな役割と力量」「体育科教育」2008年7月、大修館書店
◆今関豊一編著「体育科・保健体育科の指導と評価」ぎょうせい、2009年

第 5 講
保健の指導計画

本講義のポイント
▶指導計画は、保健の指導についての授業の善し悪しを左右する。
▶年間指導計画、単元計画、単位時間計画、それぞれを端的に示す。
▶指導計画は、標準授業時数を踏まえる。
▶指導計画は、総則3の「体育・健康に関する指導」などの他の領域との関連をもつようにする。
▶他の領域との関連をもちつつ、保健固有の内容を明確にして指導計画を作成する。

1. 保健の指導計画作成の意義

　各学校においては、それぞれの学校の教育目標を達成するために、適切な教育計画が作成されなければならない。その教育計画を具体化したものが指導計画である。指導計画とは、各教科、道徳、総合的な学習の時間ならびに特別活動のそれぞれについて、学年ごとあるいは学級ごとに、学習目標、学習内容、学習内容の学年への配列❶、学習方法、教材、学習時間の配当、指導上の留意事項などを定めた具体的な見通しであり、学習指導の方向性を示すものである。したがって、保健の目標を達成するうえでも意図的、計画的に学習を展開するための指導計画が必要になる。
　授業は、保健の目標達成の過程である。指導計画は、授業を効果的に展開するために作成される合理的な手順であるから、授業の善し悪しは指導計画の良否に依存することになる。
　なお、指導計画は、目標の達成状況、学習内容や単元の規模の妥当性、指導方法、教材などの授業を支える諸条件の在り方を評価し、授業改善の方向性を検討する際の手掛かりともなる。

2. 指導計画の例

　指導計画には、「年間指導計画」あるいは「学期指導計画」といった長期の指導計画と、「月間指導計画」、「週案」、「日案」などの短期計画がある。保健領域、保健分野、科目保健にかかる指導計画では、学習内容のまとまり（単元）が学習指導要領及び解説に示されているので、それを重視して作成する。指導計画は、「年間計画」から「単元計画（指導と評価の計画）❷」、そして「単位時間計画（「指導案」あるいは「時案」）と具体化するのが一般的である。

(1) **年間計画**
　年間計画は、1年間の保健の学習をどのように展開するかの見通しである。保健の目標を達成するために、健康・安全的行事など特別活動との関連を図りながらどのような内容を、どのようなまとまり（単元）として、いつ、どのように指導するのかを明らかにしたものである。つまり、年間

---

❶**学習内容の学年への配列**
　保健の学習内容は、どの内容をどの学年で行うのかについて、小学校及び中学校では学年の配列が内容の取扱いに定められている。

❷**単元計画（指導と評価の計画）**
　単元計画は、指導目標等を示す、評価規準を含めて、「指導と評価の計画」として作成される場合もある。

計画は、学年ごとに、指導目標、指導内容、指導内容の学年への配列、指導方法、使用教材、指導時数の配当、指導上の留意事項などを定めた総合的な計画である。

　各学校段階における保健の目標は、小学校では3年から6年までの4年間、中学校は3年間・高等学校は2年間の学習を通して達成しようとするものであるから、年間計画は4年間、3年間、あるいは2年間を見通して立案されることになる。

(2) **単元計画**

　単元とは、学習内容のひとまとまりのことである。保健では、学習指導要領及び解説において内容のまとまりが3種類のまとまりで示されていることから、計画の大きさによってひとまとまりの括りをつくるようにする。

　例えば、中学校保健分野では、内容が4つの領域で示されている。その1つとしてもっとも大きなまとまりとして、「(1)心身の機能の発達と心の健康」が示されており、これを「大単元」とする。次に、項目に相当するものとして「ア　身体機能の発達」から「エ　欲求やストレスへの対処と心の健康」までの4つが示されている。これを「中単元」とする。そして、中単元の「ウ　精神機能の発達と自己形成」の中には、「(ア)知的機能、情意機能、社会性の発達」といったものが示されている。これを「小単元」とする（表1）。

　このように単元の大きさを、学習指導要領及び解説で示されている枠組みで捉えて単元計画を作成することもできる。

表1　単元の分類の例（中学校）

学習指導要領及び解説	単元の分類
[第1学年] 保健分野 (1) 心身の機能の発達と心の健康	→大単元
ア　身体機能の発達	→中単元
イ　生殖に関わる機能の成熟	→中単元
ウ　精神機能の発達と自己形成	→中単元
(ア)知的機能、情意機能、社会性の発達	→小単元
(イ)自己形成	→小単元
エ　欲求やストレスへの対処と心の健康	→中単元
(ア)心と体のかかわり	→小単元
(イ)欲求やストレスへの対処と心の健康	→小単元

(3) **単位時間計画**

　単位時間計画は、教師が1単位時間の授業をどのように展開するかを表したものであり、指導案（授業案）、時案などとも呼ばれている。単位時間計画は、いわば授業のシナリオであり、設計図である。指導計画の中では、もっとも具体的な計画である。単位時間計画を作成するに当たっては、授業の構想を計画として示すものであるから、担当する授業がイメージできるように、学習の目標（ねらい）、学習内容、児童生徒の学習活動、用いる方法などを明確に記述することが大切である。

3. 保健の指導計画作成の基本

　保健の指導計画を作成するに当たっての基本的な考え方は、学習指導要領及び解説に示されているので、各学校においてはそれを踏まえ、創意工

夫を生かして、全体として調和のとれた指導計画を作成し、充実した学習活動が展開できるよう配慮することが大切である。

(1) 標準授業時数

年間指導計画を作成するに当たっては、まず、標準授業時数❸を踏まえることが大切である。

学習指導要領及び解説に示されている保健にかかる指導計画の作成については、例えば中学校では次のようになっている（一部抜粋）。

> 1　指導計画の作成に当たっては、次の事項に配慮するものとする。
> 　(1) 授業時数の配当については、次のとおり取り扱うこと。
> 　　ア　保健分野の授業時数は、3学年間で48単位時間程度を配当すること。
>
> （学習指導要領解説）
> ＜各分野に当てる授業時数＞
> 　3学年間で各分野に当てる授業時数は、体育分野267単位時間程度、保健分野48単位時間程度を配当することとしている。
> 　このうち、体育分野の授業時数は、例えば、体ほぐしの運動と心の健康、水泳と応急手当などの指導に当たっては、体育分野と保健分野との密接な関連をもたせて指導するように配慮する必要がある。そのため、3学年間で各分野に当てる授業時数は、若干の幅をもたせて「程度」とした。
> ＜保健分野の学年別授業時数＞
> 　保健分野の学年別授業時数の配当については、3学年間を通して適切に配当するとともに、生徒の興味・関心や意欲などを高めながら効果的に学習を進めるため、学習時間を継続的又は集中的に設定することが望ましいことを示している。ただし、課題学習においては、課題追究あるいは調べる活動の時間を十分確保するために、次の授業時間との間にゆとりを持たせるなどの工夫をすることも効果的であると考えられる。

これについては、保健分野の3学年間の授業時数は48単位時間程度を配当することとしていること、学年別の授業時数は示されていないが学習内容の定着に必要な時数を配当することが求められよう。また、学習時間の設定については、学習方法によって継続的または集中的に設定することが求められよう。

(2) 指導計画作成上の留意事項

保健の年間計画は、体育科・保健体育科として1年間の保健領域、保健分野、科目保健の学習指導をどのように進めるかの見通しであり、体育科・保健体育科の目標を実現することを見通して計画されることが大切である。また、体育、体育分野、科目体育の目標も視野に入れておくことが大切である。

年間計画を作成するに当たっては、小学校の保健領域の学習の基礎に立って、中学校保健分野の学習、さらに高等学校科目保健とつながることを重視して、各学校段階のそれぞれにおいて生徒の興味・関心や意欲などを高めながら効果的に学習を進めるため、小学校及び中学校においては学

---

❸ 標準授業時数
　各教科等には、標準授業時数が学校教育法附則に定められている。中学校の保健体育科は、各学年105単位時間となっている。また、授業時数の1単位時間は50分を標準とすることが定められている。
　さらに、保健体育科においては、学習指導要領において体育分野と保健分野の標準授業時数が定められている。

習時間を継続的または集中的に設定することが望ましい。高等学校においては、1年及び2年の配列となるので50分を授業時間とする場合には週に1単位時間の実施となる。授業時間が50分よりも長い場合には、保健の授業がある週とない週が出てくるため、指導の効果が上がる計画にすることが大切である。

保健の年間指導計画の作成に当たり、特に留意しておきたいこととしては、次のことがある。

①指導内容を明確にすること

指導内容を明確に示すことについては、今次改訂（2008年）において、従前以上に保健の内容の示し方に改善が図られている。保健の年間指導計画の作成に当たっては、他の各教科、道徳、特別活動、総合的な学習の時間をはじめ、学校教育活動全体との関連を図りつつ、保健の学習で継続的または集中的に学習時間等を設定することとなるが、保健で取り上げる指導内容（学習内容）を明確にしておくことが重要である。

②他の領域等との関連を図ること

保健の学習に限ったことではないが、教育課程は学校教育活動全体との関連を図ることが求められよう。ここでは、総則3体育・健康に関する指導、関連する教科、道徳、総合的な学習の時間、特別活動との関連を図って年間指導計画を作成することが大切である。

注意しておきたいのは、他の領域との関連を図ろうとするあまり、保健の学習で指導する内容が曖昧になってしまい、「活動は行っているが保健の学習で何を指導している（学んでいる）か不明瞭になってしまう」ことを避けることである。教育課程には、総則、各教科、道徳、総合的な学習の時間、特別活動といった領域があり、それぞれ固有の目標や方向性をもっている。関連を図ろうとするあまり、保健の学習指導の際に、他の領域の内容の指導や活動が中心となることは避けなければならない。

年間指導計画作成に当たっては、体育科・保健体育科の「保健」という独自の目標や指導内容を明確にしつつ、また、この「保健」以外のそれぞれの領域固有性も踏まえつつ関連を図って実践できるような年間指導計画の作成が求められよう。

（今関豊一）

■引用・参考文献
◆文部科学省「小学校学習指導要領」2008年
◆文部科学省「中学校学習指導要領」2008年
◆文部科学省「高等学校学習指導要領」2009年
◆文部科学省「小学校学習指導要領解説体育編」2008年
◆文部科学省「中学校学習指導要領解説保健体育編」2008年
◆今関豊一・岡出美則・友添秀則編著「中学校教育課程講座」ぎょうせい、2008年

第6講
保健の学習指導

本講義のポイント
▶新学習指導要領で示された「知識を活用する学習活動を取り入れる」とは、思考力・判断力等の育成を目指すものであること。
▶多様な指導方法の工夫では、各指導方法の特長を生かし、留意事項に配慮して適切に用いること。
▶肯定的に展開することを大切にして指導すること。

❶学力とは
　中央教育審議会答申（2008年）では、学力の重要な要素として、①基礎的・基本的な知識・技能の習得、②知識・技能を活用して課題を解決するために必要な思考力・判断力・表現力等、③学習意欲が示された。

1. 知識を活用する学習活動を積極的に取り入れる

　2008・2009年告示の学習指導要領では、「内容の取扱い」において保健の学習指導では、「知識を活用する学習活動を取り入れるなどの指導方法の工夫を行うこと」が明示されている。

　ここでまずは、「知識を活用する学習活動を取り入れる」こととは、思考力・判断力等の育成を目指していることを理解する必要がある。学習指導要領解説によれば、小学校体育編（2008年）、中学校保健体育編（2008年）、高等学校保健体育編（2009年）に共通して、「知識を活用する学習活動を積極的に行うことにより、思考力・判断力等を育成していくことを示したものである。」と説明されている。

　すなわち、基礎・基本となる知識を習得する指導を重視しながらも、そのうえで習得した知識を活用する学習活動を積極的に取り入れて思考力・判断力等を培い、生きてはたらく知恵として身に付けていけるような指導が求められているのである。

　保健の場合、「知識の活用」だけが一人歩きして、学習した知識を日常生活の中で実践・活用することのように誤解されかねないので、注意が必要である。

　なお実際の授業では、1単位時間の中に、知識を習得する学習と、知識を活用して思考・判断が促される学習とが、効果的にうまく組み込まれることが望まれる。例えば、前の授業では知識を習得する学習を行い、次の授業でその知識を活用する学習を行うというように、授業毎で習得する学習活動と活用する学習活動を明確に分けて、授業を構想するようなことは基本的に避けるべきといえる。

2. 多様な指導方法を工夫する

　学習の成果を上げるには、学習内容に適した指導方法を用いることが求められる。まずは、すべての学習内容に適した指導方法などは存在しないことを肝に銘じることである。そして、学習意欲を高め、主体的な学習を促すために、児童生徒が活躍できる場面を保障して、魅力的な指導展開を工夫する必要がある。

保健学習の指導方法に関して、例えば中学校学習指導要領解説保健体育編のでは次のように示されている。

> 　指導に当たっては、事例などを用いたディスカッション、ブレインストーミング、心肺蘇生法などの実習、実験、課題学習などを取り入れること、また、必要に応じてコンピュータ等を活用すること、地域や学校の実情に応じて養護教諭や栄養教諭、学校栄養職員など専門性を有する教職員等の参加・協力を推進することなど多様な指導方法の工夫を行うよう配慮することを示したものである。
> 　実習を取り入れる際には、応急手当の意義や手順など、該当する指導内容を理解できるようにすることに留意する必要がある。
> 　また、実験を取り入れるねらいは、実験の方法を習得することではなく、内容について仮説を設定し、これを検証したり、解決したりするという実証的な問題解決を自ら行う活動を重視し、科学的な事実や法則といった指導内容を理解できるようにすることに主眼を置くことが大切である。

　なお、具体的に授業を構想するに当たっては、配当時間や設備・器具等の条件を現実的に考慮しながら、指導方法を工夫する必要があろう。

(1) 各指導方法の特長を生かし、留意事項に配慮して適切に用いる

　各指導方法には長所と短所があるので、特長を生かし、留意事項に配慮して適切に用いる必要がある。表1（p189）に、主な指導方法の特長などを示したので参考にされたい。

　なお多くの場合、いくつかの指導方法を用いて授業を展開することになるので、それぞれの指導方法の短所を補う視点で組み合わせを考えることも工夫の一つである。

(2) ブレインストーミングが新たに学習指導要領解説で例示された

　<u>ブレインストーミング（Brain Storming）</u>❷❸とは「頭に嵐が吹く」如く、頭の働きを活発にして、ある課題に対してアイデアや意見を自由奔放に出し合う集団思考法の一種である。他人のアイデアや意見から連想が起こり、一人の頭の中で考えるよりも豊かな発想で思考することができ、創造的な思考力、拡散的な思考力を高めるのに有用である。また、学習者に自由な発言を保障するので、自分なりに考えたり発言したりすることが容易となり、積極的な学習活動を促すことになる。普段は考えることが苦手な児童生徒にとってもグループの仲間とともに考え、楽しく取り組むことが期待される。

(3) ロールプレイングでは学習内容にかかわる問題点や解決方法を考えさせることに意味がある

　社会学習理論を基礎にした<u>ロールプレイング</u>❹を用いた指導では、学習者にある役割を与えて演じさせるだけではなく、それを通じて学習者に演者としてあるいは観察者として、学習内容にかかわって問題点や解決方法を考えさせる活動が重視されなければならない。

　このロールプレイングについては、新学習指導要領解説の小学校体育編と中学校保健体育編では指導方法の例示に見当たらないが、1998・1999

❷ブレインストーミングの約束
・批判、コメントはしない（出されたアイデアや意見はすべて尊重し、賛否の意見やコメントは一切言わない）。
・自由にアイデアを出す（実現可能性や正誤にとらわれず、自由奔放に考える）。
・できる限り多くのアイデアを出す（質より量を重視する）。
・他人のアイデアもヒントにする（他の人のアイデアに便乗、結合、言葉の言い換えでもよい）。

❸ブレインライティング
　短冊や模造紙などにアイデアなどを書き出すようにする手法で、基本的にはブレインストーミングと同様であり、その変形といえる。言葉にして直接発言することに抵抗が生じやすいテーマ、例えば性に関する内容などでは特に有用と思われる。

❹ロールプレイングを用いた指導のポイント
(1) 時間は3分程度とする。
(2) 実施中に横道にそれ始めたらすぐに止め、話合って改善した後に再開する。
(3) 演者以外の児童生徒には、観察者として注意深く観察する役割があることをしっかりと伝える。
(4) まとめでは、まず演者の役割を解き、提示された問題とその結果について話合う必要がある。児童生徒の参加や努力に対して、肯定的なコメントを多く与えるようにする。

告示の学習指導要領解説では小学校、中学校、高等学校ともに示されたものである。単に演技を見せて面白いだけの指導や演劇の演技指導などに陥ることなく、保健の学習としてより深い理解へ導くロールプレイングを用いた指導が求められている。なお、新学習指導要領解説の高等学校保健体育編では、引き続きロールプレイングが例示されている。

(4) 事例などを用いたディスカッションではケーススタディも有用

授業で取扱う事例としては、身近な経験や実際の出来事（事故や事件に関する新聞記事の提示など）について話し合うことが考えられるが、ケーススタディを用いた指導❺も効果的である。

ここでいうケーススタディを用いた指導とは、日常生活で起こりそうな架空の物語で場面を設定して、学習者に登場人物の気持ちや考えまたは行動の結果を予想させたり、主人公がどのように対処（態度や行動）すべきかについて考えさせたりする指導方法のことである。そこでは、学習者は自分の個人的な経験を話すような気恥ずかしい思いをする心配がないので、率直な気持ちや考えを発言しやすくなり、活発な話し合いなどが期待できる。

(5) 文字通りのティームティーチング（TT）を目指そう

養護教諭や栄養教諭、学校栄養職員など専門性を有する教職員や地域の専門家等とのTTは、学習内容に関する情報を豊かにし、興味深い学習が可能となる。指導に当たっては、単なる分担ではなく、それぞれの特質を生かして効果的に連携し、文字通りティームとしての利点を十分に生かすことが求められる。その際、専門的になり過ぎて、学習指導要領に位置付けられた内容、学習者の発達段階や理解力などが見失われた指導に陥らないよう注意を要する。指導前に両者が十分な打ち合わせをし、共通理解を図ることが不可欠である。

3. 肯定的に展開することを大切にして指導する

学習者が、指導する教師から否定されない安心感をもち、生き生きと自分を発揮し、クラスのみんなで探究していけるような学びの空間・共同体づくりが授業の基盤として求められる。そのためには、学習指導ができる限り肯定的に展開される必要がある。このことは、教師にとって十分理解されているはずともいえるが、実践することは容易ではないようである。ここで改めて強調しておきたい。

---

❺ケーススタディを用いた指導のポイント
(1) 学習者に自由な発想と十分な時間を保障し、批判的な思考や創造的な思考を促す問いかけをすること。
(2) 授業の展開では、「もしあなただったら」という問いかけは避け、登場人物について考えさせること。
(3) 教師にとって都合のよい特定の考えや価値観を強引に押しつけないこと。
(4) 授業の終わりにまとめとして、ありがちな結論を性急に位置付けないこと。
(5) 学習者にすばらしいアイデアや考え、または正しい回答を求めることよりも、学習者自身が自分なりに思考し、他の人の考えを知ってさらに思考を深めるといった過程を重視すること。

表1 主な指導方法の特長と留意事項

指導方法	特長	留意事項
講義形式	・情報を効率よく伝達できる。 ・教室の設備等の影響を受けない。	・児童生徒が理解できる表現で説明する。 ・文章等を読み上げるばかりにならない。 ・作業や発問等を取り入れ、児童生徒の積極的な参加を図る。
実習	・実践的に理解できる。	・相互評価やフィードバック等により、観察している児童生徒にも学習を促す。
実験	・結果が明確に示され、児童生徒の興味・関心が高まりやすい。	・実験前の結果予想、実験後の意見交換や教師の説明など、児童生徒の理解を深める活動を取り入れる。
ブレインストーミング	・他人のアイディア等からさらに考えたりして、思考が促される ・発言が活発になりやすい。	・出されたアイデア等を批判しないなど、活発な発言を促すためのブレインストーミングのルールを周知させて行う。
ケーススタディ （事例を用いた学習の一つ）	・架空の人物について話し合うため、児童生徒の率直な気持ちや考え等を引き出しやすい。	・身近に起こりうる事例を設定する。 ・事例には、実在する児童生徒の氏名等の固有名詞を用いない。
ロールプレイング （役割演技法）	・実際に演じたり、観察することによって、より現実的に考えたり検討したりできる。	・単なる体験・観察に終わらないように、発問などを工夫する。 ・実施上の留意点を十分周知しておく。
ティームティーチング （TT）	・児童生徒に強い印象を与え、学習意欲を高めることが期待される。	・単なる分担ではなく、それぞれの特性を生かして連携する。 ・学習内容や授業展開等について、事前に打ち合わせ、共通理解を図っておく。
コンピュータ等を用いた学習	・教室へ持ち込めないものを見せられる。 ・繰り返し見せられる。	・単に見て終わることなく、学習目標の達成に向けて効果的に位置付ける。
視聴覚教材を用いた学習	・児童・生徒の注目を引きやすい。 ・リアルに伝わる。 ・多様な情報を伝えられる。	・適宜「一時停止」し、補足説明や発問などによって、児童生徒の思考を促す。 ・視聴後に意見交換するなど、内容の理解を深めさせる。
課題学習	・児童生徒の関心や意欲を引き出しやすい。 ・思考や判断する力が高まりやすい。	・学習の内容を踏まえ、それをより深めていくための課題を見つけさせる。 ・「課題追究」の場面では、単なる文献の丸写し等にならないようにする。
フィールドワーク （実地調査）	・児童生徒が積極的で主体的に学習できる。	・調査する理由や結果を出す意義を伝えるなど、動機付けを十分に行う。

（日本学校保健会「実践力を育てる中学校保健学習のプラン」2001年、加筆修正）

（野津有司）

■引用・参考文献
◆中央教育審議会答申「幼稚園、小学校、中学校、高等学校及び特別支援学校の学習指導要領等の改善について」2008年1月
◆依田新監修「新・教育心理学事典」金子書房、1977年
◆野津有司「授業におけるブレインストーミング」「スポーツと健康」第一法規1999年
◆野津有司「青少年の健康課題に対応できる能力を育てる保健学習−実践力を高めるための指導内容と方法の工夫−」「中等教育資料」大日本図書、1999年
◆日本学校保健会「新学習指導要領に基づくこれからの中学校保健学習」大東印刷工業、2009年

❻教科書とは

　教科書は、学習指導要領に示された内容を習得するために用いられる「教科の主たる教材」（教科書の発行に関する臨時措置法第2条）と位置付けられている。重要なことは、教科書に記載された内容をすべて教えるということではなく、教科書を教材として用いて学習指導要領で示された内容を教えるということである。

第 7 講
保健の学習評価

本講義のポイント
▶ 保健の評価は、児童生徒の学習と成長を支えていく重要な教育的機能をもつものであり、それには3つの局面がある。
▶ 保健の評価観点は、「関心・意欲・態度」、「思考・判断」、「知識・理解」である。
▶ 保健の評価は、目標に準拠しつつ、評価規準に沿いながら行う。
▶ 今日では、保健の評価をする際に、テストによる方法に過度に偏らないことやテスト問題そのものを工夫することが求められている。

1. 保健の学習評価の意義と3つの局面

(1) 評価の意義

保健の学習において主体となるのは児童生徒である。児童生徒が保健をより意欲的にかつ効果的に学ぶことができるよう、教材の開発や学習方法の工夫が進められてきた。保健の学習評価の重要性について、誰も否定するものではないと思われるが、これまで保健において、教材の開発や学習方法の工夫に比べて、評価についての検討が不十分であったことは否めない。それゆえ、評価の意義が成績をつける目的のみに歪曲して捉えられたり、評価する際に学力を点数化したり序列化することのみに注目が向けられたり、テスト問題は保健の教科書を丸暗記してしまえば解けてしまうようなものに限られてしまったりしていた。しかしながら、評価は、本来児童生徒自身が自らの学習の過程と成果を確認していくものである。そして評価は、児童生徒の学習と成長を支え、児童生徒がもつ潜在的な可能性を引き出し育てる教育的機能をもつものである。

(2) 評価の3つの局面

保健の評価活動は、次の3つの局面で行われる。

①診断的評価❶

児童生徒が保健に関するどのような能力や関心をもっているのかをみて取るとともに、児童生徒の発達の様子や態度、発言、行動などについて、どの点はそのままにして伸ばしてやればよいのか、どの点は特に指導すべきであるのかを判断し、授業の計画を立てる局面。

②形成的評価❷

保健の学習過程で、児童生徒がどのように変容しつつあるのかをみて取り、次なる課題を提示したり、指導の在り方を考えたりする局面。

③総括的評価❸

保健の学習が目標に対してどの程度まで達成できたのかを、児童生徒からみて取る局面。狭義に学習評価という場合は、この局面のことを学習評価ということが多い。

---

❶**診断的評価**
事前評価とも呼ばれる。学習計画の立案や学習の展開に先立ち、学習者である児童生徒の特性を把握する評価である。児童生徒の既習事項、興味、関心、能力、それまでに経験している学習形態の把握などが中心となる。

❷**形成的評価**
過程評価とも呼ばれる。学習過程における児童生徒の学習内容の習得状況や学習過程が目標と合っているか、また次の学習段階のレディネス等を把握する評価である。その学習が最も効果的なものとなるように、確認と修正のために用いられる。

❸**総括的評価**
結果評価とも呼ばれる。学習が一段落した時点で、学習の成果を把握するために行われる。学期末試験や学年末試験等がこれに当たる。その結果は、指導要録や通知票の基礎資料となる。

2. 評価観点

　文部科学省は、指導要録❹の在り方として、保健の評価観点として「関心・意欲・態度」、「思考・判断」、「知識・理解」の3つを示している。ところで、保健学習は、小学校では体育科保健領域で行われる。中学校では保健体育科保健分野で行われる。高等学校では科目保健で行われる。それゆえ、小学校と中学校においては、保健学習の単元ごとに「関心・意欲・態度」、「思考・判断」、「知識・理解」の3観点の評価を出し、それに体育分野の「関心・意欲・態度」、「思考・判断」、「運動の技能」、「知識・理解」の4観点と合わせて総合的に評価していくことになる。高等学校では、保健学習は科目保健として2単位が卒業要件として定められていることから、保健学習単独で評価がなされる。また、これまで高等学校では、総合的な評価がなされることが一般的であったが、今日では、小学校や中学校と同様に、「関心・意欲・態度」、「思考・判断」、「知識・理解」の3観点から評価したうえでの総合的な評価がなされることが求められている。

3. 評価規準

　評価を行う場合、テストの点数や提出物を比較したり、照合したりするための判断の「よりどころ」が必要になる。この「よりどころ」には、何を評価するのかという質的な「よりどころ」と、それがどの程度であるのかを評価する量的な「よりどころ」がある。何を評価するのかという「よりどころ」は、教育目標を評価目的に従って具体化した目標や行動（児童生徒の姿）などで表現される。これを評価規準という。一方で、どの程度であるのかを量的に判断していくための「よりどころ」を評価基準という。

　国立教育政策研究所教育課程センターや各教育委員会では、学習指導要領に示された教育目標や教育内容を元に評価規準の作成❺が行われているが、そこでは「おおむね満足できる」児童生徒の学習の実現状況（行動や姿）を評価規準として定義している（表1）。

表1　単元「心身の発達と心の健康」（中学1年）の評価規準の具体例

関心・意欲・態度	思考・判断	知識・理解
年齢に伴う身体機能の発達や心身の調和と心の健康などについて関心をもち、仲間と協力して資料を集めたり、意見を交換したりしながら課題を見つけ、意欲的に学習しようとしている。	年齢に伴う身体機能の発達や心身の調和などについて、自分の知識や経験を、資料、仲間の意見や考えなどを元に、課題の設定や解決の方法を考え、判断できる。	心身の機能は生活経験などの影響を受けながら発達すること、身体と精神は互いに密接な関係にあることを科学的に理解し、日常生活の課題解決に役立つ知識を身に付けている。

（国立教育政策研究所教育課程センター、2002年）

4. 評価の工夫

(1) 評価をしやすくするために

　評価はもともと簡単にできる作業ではないが、評価をしやすくするための工夫として、学習のどの場面で、どの観点の評価を、どういう方法で行うかを前もって決めておくとよい。学習のどの場面というのは、授業中だけではなく、授業終了後や定期試験なども含んで考える。指導案を作成し

---

❹指導要録
　児童生徒の学籍や指導、あるいは指導の結果の要約などを記録して証明などに役立たせるための原簿のことである。児童生徒の卒業後20年間学校が保管する。2002年度からは、教育目標に準拠した絶対評価の比重が増し、さらに本人への開示請求の対象となることも考慮されるようになっている。

❺評価規準の作成
　評価規準の作成は、おおよそ次のような手順を踏むとよいと考えられる。
　中学校の場合は、国立教育政策研究所教育課程センターが、単元ごとの評価規準を例示している（表1）。これを参考にしながら、自校の教育目標や生徒の特徴を踏まえて単元ごとの評価規準を作成する。この時、表1にあるように、保健の評価観点である「関心・意欲・態度」、「思考・判断」、「知識・理解」ごとに評価規準を作成する。次に、学習活動のまとまりごとに教育目標に照らしながら評価規準を作成する。学習活動のまとまりは、1単位時間ごとの場合もあれば、数単位時間ごとの場合もある。学習活動あるいは内容がまとまっているところで作成する。いずれの場合も、児童生徒の学習の実現状況は「おおむね満足できる」行動や姿になる。

❻**多様な評価方法**
評価方法には次のようなものがある。
1）教師作成のテスト
　これは最も一般化された評価方法である。個々の教師が自由に問題をつくり、得点の解釈をするものである。教師が児童生徒について、自分の関心や目標との関連で把握したい内容についての問題を作成することができる。ペーパーテストの形をとることが一般的である。
2）質問紙（自己評価票を含む）
　設問に対して解答を記述するという点では教師作成のテストと同じであるが、児童生徒が自らの実状を反省したり診断したりして答える。したがって、回答に正解や誤答の区別がないという点で異なる。
3）観察による方法
　児童生徒が様々な活動に取り組んでいる際に示す態度や発言などを観察し、教師があらかじめ用意したチェック項目や規準に照らし合わせて評価する方法。
4）レポート・作文などによる方法
　何らかの課題を与えてレポートや作文を書かせ、教師があらかじめ準備した規準に照らし合わせて評価する方法。
5）製作物や実演による方法
　製作された作品を提出させたり、あるいは実際に演じさせて、教師があらかじめ準備した規準に照らし合わせて評価する方法。

たら、指導案の中に評価計画を書き込む（表2）。その評価計画の中には、評価規準である「おおむね満足できる状況」の児童生徒の姿だけではなく、「十分満足できる状況」と「努力を要する状況」の児童生徒の姿についても書き込んでおくとよい。また、評価を一つの方法だけではなく、テスト、観察、ワークシート、レポートなど多様な評価方法❻を組み合わせることも、総括的に評価する際の材料が多くなり、結果的に評価をしやすくする。

表2　高等学校保健学習の単元「現代社会と健康」の「健康の考え方」の指導案における評価計画例

評価観点	関心・意欲・態度	
目標	健康に対する考え方について、自ら深く考察し前向きに取り組んでいる。	
生徒の姿	十分満足できる状況	健康をイメージするイラストを描くという課題に対して前向きに取り組んでいる。
	おおむね満足できる状況（評価規準）	健康をイメージするイラストを描くという課題に対して取り組んでいる。
	努力を要する状況	健康をイメージするイラストを描くという課題に対して取り組もうとせず、そのままの状態にとどまっている。
教師の支援	なかなか描けない生徒には、「どんな時に健康を感じるかな？」とか「君が思う健康な人ってどんな人かな？」といった発問を行い、イラストが描けるように働きかける。	

(2) テスト問題の工夫

　教師が自分でテスト問題を作成して行う方法は、授業の診断的評価としても、形成的評価としても、総括的評価としても用いることができる。中でも、総括的評価においては、筆記テストとしてこの方法が用いられることが多い。筆記テストには再任形式テスト❼や再生形式テスト❽がある。

　これらのテストの長所としては、①採点が容易なこと、②採点が客観的になされること、③出題が広範囲にわたりうること、④字の上手下手などが採点に影響せず、公正に行われること、⑤正誤が明らかであること、などが挙げられる。

　一方短所としては、①分析能力や総合能力といった深い認知をみることができないこと、②暗記のみで答えることができてしまったりすること、③問題作成が困難であること、④当てずっぽうで答える態度をつくりやすいこと、などが挙げられる。

　そこで、テスト問題を工夫し、語句の暗記のみで答えることができてしまう問題ではなく、応用的な問題を作成することが求められている。

問題例1）：
　（医師）「診察と検査をしましたところ、からだの○○が△△です。Ａという薬を１週間分処方しておきますので、服用してください。」
　（患者）「１週間で治るのでしょうか。その薬には副作用はないでしょうか。以前にＢという薬を飲んだところ、顔がとてもむくんだのですがそのようなことはないでしょうか。」
　これは医療機関で行われた医師と患者の会話のやりとりの一部です。これを参考にして、医療機関において医師とのやりとりをする際どんなことに気を付けるとよいかをまとめなさい。

問題例2）：
　医療機関などで医師などの医療関係者と会話する際には、自分の健康状態や課題を把握するために、必要な情報を引き出すことが大切です。そのためには不安や疑問を自ら積極的に尋ねたり、自分の希望をきちんと伝えることが大切です。あなたは患者だとします。医師から次のように告げられたとしたら、どのように答えるとよいか例示しなさい。
　（医師）「診察と検査をしましたところ、からだの○○が△△です。Ａという薬を１週間分処方しておきますので、服用してください。」
　（あなた）「　　　　　　　　　　　　　　　　　　　　　　　　　」

　問題例1）と問題例2）は、病院や診療所などの医療機関を適切に活用していく内容について、帰納的・演繹的に考える❾ことができるかを問うものである。問題例1）では具体例から一般化・抽象化することが問われており、問題例2）では一般的・抽象的概念から具体化することが問われている。なお、問題例1）と問題例2）は表裏の関係であり、ここでは解答例を省略する。

　この他、資料や事例を分析したり分類・整理したり、状況場面を総合的に考えたりするような問題を工夫し、それらによって、評価観点である「思考・判断」についてもテストで評価していくことができる。

（植田誠治）

■引用・参考文献
◆保健学習推進委員会「高等学校保健学習の指導と評価－生徒・授業を変える評価への転換」日本学校保健会、2004年
◆植田誠治「保健認識を促す評価の工夫」「体育科教育」、2007年
◆辰野千壽「改訂増補　学習評価基本ハンドブック－指導と評価の一体化を目指して－」図書文化、2001年
◆森昭三、和唐正勝「新版保健の授業づくり入門」大修館書店、2002年
◆植田誠治「保健学習の評価の仕方について考えてみよう」「心とからだの健康」、2007年

❼再認形式テスト
　再任形式テストには次のようなものがある。
1）真偽法（二者択一法）
　正しければ○、間違えていれば×をつけさせる形式。いわゆる○×式。
2）多肢選択法
　多くの答えの中から正答を一つ選ばせる形式。選択肢を多くすれば、当て推量を防ぐことができる。
3）組み合わせ法
　一定の関係をもつものを結び付けさせる形式。

❽再生形式テスト
　再生形式テストには次のようなものがある。
1）簡易再生法
　記憶内容の簡単な再生を求める形式。
2）完成法
　空欄を埋める形式。
3）訂正法
　誤りを訂正させる形式。

❾帰納的・演繹的に考える
　保健事象の具体例を学んだら、「まとめると、どういうことがいえるのか」、「すなわち、何がいえるのか」というように帰納的に考えてみる。一方で、保健の基礎的概念を獲得したとしたら、「それは具体的な場面ではどういうことになるのか」、「例えば、どういうことになるのか」というように演繹的に考えてみる。その２方向性の思考をテストにおいても積極的に使うのである。

第2章

小学校の
保健の授業

第8講
毎日の生活と健康、育ちゆく体とわたし

本講義のポイント
- 毎日の生活と健康は、「健康な生活とわたし」、「1日の生活の仕方」、「身の回りの環境」で構成されている。
- 健康についての理解を広げ、健康によい1日の生活や環境を整えることなどに、意欲をもてるようにすること。
- 育ちゆく体とわたしは、「体の発育・発達」、「思春期の体の変化」、「体をよりよく発育・発達させるための生活」で構成されている。
- 発育・発達などに違いがあることに気付き、それらを肯定的に受け止めることができるように配慮すること。
- 評価では、授業時間中のワークシートの活用や、学習の様子の観察などの方法が有効であること。

---

❶健康の大切さの認識
　1998年告示の学習指導要領解説体育編においては、「健康の大切さについては、保健領域の学習全体さらには教育活動全体通して認識させる必要がある」とされてきた。今改訂では「ア健康な生活とわたし」で健康な状態についての学習が位置付けられた。が、そこでの指導も踏まえて、健康の大切さについては従来と同様に、様々な機会を通して、その認識が深まるようにすべきであろう。

❷健康がかけがえのないもの
　学習指導要領解説（2008年）においては、「心と体が健康であることは、人とかかわりながら明るく充実した生活を送れることにつながり、健康がかけがえのないものであること」にも触れるようにすることとされている。人間関係などの社会的な健康について、あるいは心の健康についての学習は、後の学年でさらに深く学習するものの、ここでも簡単に触れておくことで、児童の健康に対する認識を広げることに役立つと思われる。

　保健領域では、「健康な生活とわたし」を3年で、「育ちゆく体とわたし」を4年で指導するものとされている。また、授業時数の配当は、それぞれ4単位時間程度（合わせて8単位時間程度）とされている。

1. 毎日の生活と健康

(1) **ねらい**

　保健の学習は、この3年での「毎日の生活と健康」が最初となる。従来は5・6年から指導することとなっていたが、1998年版学習指導要領の改訂時に児童の発育・発達の早期化や生活習慣の乱れなどに対応すべく3・4年から指導が開始されることとなった。2008年版の学習指導要領においてもこうした趣旨は引き継がれ、3・4年から4年間にわたって保健の学習が行われる。この単元では、児童が自ら主体的に健康によい生活を送るための基礎として、健康の大切さを認識させる❶とともに、毎日の生活に関心をもたせ、健康によい生活の仕方を理解できるようにする必要がある。

(2) **学習内容**

　3年の保健領域では、健康の状態には主体の要因や周囲の環境の要因がかかわっていること、また、健康を保持増進するには、1日の生活の仕方が深くかかわっていること、体を清潔に保つこと、生活環境を整えることが必要であることなどを中心として構成している。

　「ア　健康な生活とわたし」では、まず、健康な状態について取り上げ、気持ちが意欲的であること、元気なこと、具合の悪いところがないことなどの心や体の調子がよい状態があることについて理解できるようにする。また、健康の状態には、1日の生活の仕方などの主体の要因や身の回りの環境の要因がかかわっていることを理解できるようにする。その際、健康がかけがえのないもの❷であることにも触れるようにする。

　「イ　1日の生活の仕方」では、健康の増進には、1日の生活の仕方が深

くかかわっており、1日の生活リズムに合わせて、食事、運動、休養及び睡眠をとることが必要であることを理解できるようにする。また、手や足などの清潔、ハンカチや衣服などの清潔を保つことが必要であることを理解できるようにする。

「ウ 身の回りの環境」では、健康の保持増進には、生活環境がかかわっており、部屋の明るさの調節や換気などの生活環境を整えることが必要であることを理解できるようにする。

(3)指導のポイント

今次改訂（2008年）では、新たに「ア 健康な生活とわたし」という内容が加わった。従来は、「健康」そのものを特に取り上げて学習するような位置付けではなく（p196❶参照）、1日の生活を振り返る学習の中で「健康」についても取扱う程度であったと捉えられる。しかし、今回の改訂によって、そうした学習内容が明確に位置付けられたことになる。とはいえ、小学3年生にとって「健康」そのものを理解したり、考えたりすることは難しい。また、WHO（世界保健機関）の健康の定義❸を暗記させたりすることがここでのねらいではない。むしろ、普段はあまり考えない「健康」について、普段の生活体験をたくさん発表させて、体調がよい時、元気な時、何にでも意欲的に取り組める時などの個々の意見を出させながら、健康についての認識を確かめ、拡張できるようにしたい。なお、ここで示されている「主体の要因」及び「環境の要因」はそれぞれ次のイとウで具体的に取り上げるような構成になっている。

「イ 1日の生活の仕方」に関して学習指導要領解説（2008年）には、「自分の生活を見直すことを通して、健康によい1日の生活の仕方を実践する意欲をもてるようにする」とある。これは、「身近な生活における健康・安全に関する内容を実践的に理解する」ことが求められる小学校の保健においては、特定の「望ましい生活の仕方」と思われるものを児童に押し付けるような指導は避け、自分の生活を見直すことを通して、自ら課題を見つけられるようにすべきといえよう。また、「実践する意欲をもてるようにする」とは、自分の生活の問題を悲観したり、「改善は難しいな」といった気持ちに陥らせるのではなく、まさしく「意欲をもてるように」指導するべきといえる。

「ウ 身の回りの環境」にかかわっては、解説の「内容の取扱い」において「学校でも、健康診断や学校給食など様々な活動が行われていることについて触れるものとする」となっている❹。地域での保健にかかわる様々な活動に関する内容については、今次改訂で6年の学習内容に位置付けられたため、ここでは学校内でのこれらの活動について関連づけて指導することも大切であるといえる。

2. 育ちゆく体とわたし

(1)ねらい

本単元は、1998年告示の学習指導要領改訂において近年の児童の発育・発達の早期化に対応すべく、主に5年で取扱われてきた内容が4年に位置

❸ WHO（世界保健機関）の健康の定義

健康とは、身体的・精神的・社会的に完全に良好な状態であり、たんに病気あるいは虚弱でないことではない。

❹ 保健活動の大切さ

学校での健康診断や学校給食などは、学校全体で計画的に行われていること、また、保健室では、養護教諭が中心となってけがの手当や健康についての相談などが行われ、学校での保健活動の中心的な役割を担っていることなどを取り上げ、保健活動の大切さについて気付かせるよう配慮するものとすること。

第2章 小学校の保健の授業 197

付けられ、今次改訂でも引き継がれたものである。ここでは、体の発育・発達について、その一般的な現象や思春期の体の変化などについて理解できるようにする必要がある。また、体をよりよく発育・発達させるための生活の仕方について理解できるようにする必要がある。

(2) 学習内容

4年の保健領域では、体が年齢に伴って変化すること、体の発育・発達には個人差があること、思春期になると体に変化が起こり、異性への関心も芽生えること、体の発育・発達には調和のとれた食事、適切な運動、休養及び睡眠が必要であることなどを中心として構成している。

「ア 体の発育・発達」では、身長、体重など目で見て確認できるようなものを手掛かりとし、年齢に伴って変化することを理解できるようにするとともに、体の変化には個人差があることを理解できるようにする。

「イ 思春期の体の変化」では、さらに「男女の特徴」と「初経、精通などの思春期に起こるからだの変化、及び異性への関心の芽生え」で構成されている。前者では、思春期には、体つきに変化が起こり、人によって違いがあるものの、男子はがっしりとした体つきに、女子は丸みのある体つきになるなど、男女の特徴が現れることを理解できるようにする。後者では、思春期には、初経、精通、変声、発毛が起こり、また、異性への関心も芽生えることについて理解できるようにする。さらに、これらは、個人によって早い遅いがあるものの誰にでも起こる、大人の体に近づく現象であることを理解できるようにする。

「ウ 体をよりよく発育・発達させるための生活」では、多くの種類の食品をとることができるような調和のとれた食事、体の発育・発達によい適切な運動、休養及び睡眠などが必要であることを理解できるようにする。

(3) 指導のポイント

指導内容の明確化が図られた今次改訂においては、これまで解説で示されていた「個人差」が「ア 体の発育・発達」に位置付けられた。また、「イ 思春期の体の変化」においても「個人によって早い遅いがあるものの誰にでも起こる、大人の体に近づく現象であること」といった内容が示されている。思春期を迎える児童においては、これらの体の変化について不安や羞恥心をもっている場合もあるため、<u>指導に当たっては十分な配慮が求められる</u>❺。指導の場面においても、ワークシートを活用したり、グループでの話し合いを踏まえたりする工夫によって、児童が過度に恥ずかしさを感じることのないように配慮することも大切であろう。また、内容の取扱いにもあるように「<u>自分と他の人では発育・発達などに違いがあることに気付き、それらを肯定的に受け止めることが大切であること</u>」について配慮した指導が望まれる❻。場合によっては、教師が誰でも起こる大切なこととメッセージを肯定的に伝えることも重要となろう。

ところで、今回の学習指導要領の改訂では「食育の推進」も重視されている。学習指導要領の指導計画の作成と内容の取扱いにおいて次のように述べられている。「保健の内容のうち食事、運動、休養及び睡眠については、食育の観点も踏まえつつ健康的な生活習慣の形成に結び付くよう配慮

---

❺ **性に関する内容の学習**
「イ 思春期の体の変化」の指導に当たっては、発達の段階を踏まえること、学校全体で共通理解を図ること、保護者の理解を得ることなどに配慮することが大切である。

❻ **発育・発達などの違いを肯定的に受け止める**
自分を大切にする気持ちを育てる観点から、自分の体の変化や個人による発育の違いなどについて自分のこととして実感し、肯定的に受け止めることが大切であることに気付かせるよう配慮するものとすること。

するとともに、保健を除く第3学年以上の各領域及び学校給食に関する指導においても関連した指導を行うよう配慮すること」。保健では、3・4・6年において、これらの内容について取扱うことになるが、それぞれの学習におけるポイントを踏まえて、内容が重複しないように心掛けたい。まず、3年では、1日の生活のリズムに合わせて食事、運動、休養及び睡眠が必要であることを理解できるようにする。したがって、ここでは個別の内容を踏み込んで学習するのではなく、例えば「しっかり運動することが、食事や睡眠の充実にもつながる」という理解となるようにする。4年では「ウ 体をよりよく発育・発達させるための生活」として、調和のとれた食事、適切な運動、休養及び睡眠などが必要であることを理解できるようにする。その際、<u>食事については、特に、体をつくる元になるたんぱく質、不足しがちなカルシウム、不可欠なビタミンなどを摂取する必要があることについても触れるようにする</u>❼。6年では、生活行動が主な要因となって起こる病気の予防という視点から、「糖分、脂肪分、塩分などを摂りすぎる偏った食事や間食を避ける必要があること」を理解できるようにする。

3. 評価の仕方

<u>保健学習での評価方法</u>❽には、子どもの学習の様子の観察、ワークシートや振り返りシートへの記述など、いくつかの方法がある。3・4年という発達段階を踏まえて、より有効な評価方法を選択することが大切である。保健の授業時数内にペーパーテストを用いて単元末のテストを実施することは困難であるため、授業時間中や授業のまとめの時にワークシートや振り返りカードなどを活用することが少なくない。ただ、予想以上に「自分の意見を書く」ことに時間を要する児童もいるので、十分な時間を確保したり、期待するコメントを引き出せるようなワークシートづくりにも工夫が必要となる。また、振り返りシートでは授業の感想を自由に書かせるのではなく、評価規準を踏まえてしっかりと作成しておく必要がある。

また、この時期の児童は、素直な反応も多いので、発言や話し合いなどの様子を観察することからも評価が可能である。ただし、当然、学級のすべての児童の学習状況を評価しなければならないため、あらかじめ観察の要点と評価規準を決めておくこと、また、座席表等に○や△等の記号で記録したり、簡単なコメント等を書き込んだりしておくとよい。

（岩田英樹）

■引用・参考文献
◆安彦忠彦監修・髙橋健夫・野津有司編著「小学校学習指導要領の解説と展開 Q&A と授業改善のポイント・展開例」教育出版、2008年
◆財団法人日本学校保健会「『新学習指導要領』に基づくこれからの小学校保健学習」財団法人日本学校保健会、2009年

❼家庭科との重複を避ける
　家庭科の5・6年で「B日常の食事と調理の基礎」の内容の中で「体に必要な栄養素の種類と働きについて知ること」が位置付けられている。そのためここでの指導は、栄養素の種類の指導に傾斜しないように配慮し、「体をよりよく発育・発達させるため」という視点からたんぱく質、カルシウム、ビタミンなどについて触れるようにする。

❽保健の評価方法
　第7講保健の学習評価を参照。

第9講
心の健康、けがの防止、病気の予防

本講義のポイント
▶心の健康は、「心の発達」、「心と体の相互の影響」、「不安や悩みへの対処」で構成されている。
▶けがの防止は、「交通事故や身の回りの生活の危険が原因となって起こるけがとその防止」、「けがの手当」で構成されている。
▶病気の予防は、「病気の起こり方」、「病原体がもととなって起こる病気の予防」、「生活行動がかかわって起こる病気の予防」、「喫煙、飲酒、薬物乱用と健康」、「地域の様々な保健活動の取組」で構成されている。

5年では、「心の健康」と「けがの防止」を、6年では「病気の予防」を指導するものとされている。また、授業時数の配当は、それぞれ8単位時間程度（合わせて16単位時間程度）とされている。

1. 心の健康

(1) ねらい
この「心の健康」は、心の教育の充実の一環として1998年告示の学習指導要領から独立して示されるようになった。2008年告示の今次改訂においても大きな内容の変更もなく、引き続き心の健康は重視されている❶といえる。ここでは、身長や体重などの体の成長だけではなく、心も年齢とともに発達することについて理解できるようにする必要がある。また、心と体が相互に影響し合うこと、不安や悩みに対して、適切な対処の方法があることを理解できるように学習が工夫される必要がある。

(2) 学習内容
本単元は、心❷が年齢に伴い、様々な生活経験を通して発達すること、心と体は相互に影響し合っていること、そして不安や悩みにはいろいろな対処の方法があることなどを中心に構成されている。

「ア 心の発達」では、家族や友達、地域の人々とのかかわりや、生活経験において自分の感情を抑えて我慢したり、誰かと一緒に喜んだりするなどの事例を通して、心も年齢に伴って発達することについて理解できるようにする。

「イ 心と体の相互の影響」では、緊張で心臓がドキドキしたり、逆に体調がよい時には気持ちが明るくなったりすることなどの児童の経験も踏まえさせながら、心と体は互いに影響し合っていることを理解できるようにする。

「ウ 不安や悩みへの対処」では、不安や悩み❸があるということは誰もが経験することであり、そうした場合には家族や先生、友達などに話したり相談したりすること、仲間と遊んだり運動したり、音楽を聴くことなどで気持ちを楽にしたり、気分を変えたりすることなどいろいろな方法があ

---

❶「育ちゆく体とわたし」とのつながり
今次改訂で「心の健康」は、「けがの防止」と入れ替わって示された。これにより、4年の「異性への関心の芽生え」とかかわらせて指導することも考えられる（p198参照）。

❷「心」の捉え方
「心の健康」では、心を感情、社会性、思考力など、様々な働きの総体として捉えることができる、とされている。こうした捉え方は、中学校の保健分野においても同様である（p207参照）。

❸不安や悩み
小学校の保健では、「不安や悩み」という用語が示されておりストレスという用語は取り上げられていない。「ストレス」は、中学校で「欲求やストレスへの対処と心の健康」において初めて取り上げられる。したがって、小学校での学習は、「ストレス」という用語の説明ばかりに偏った指導とならないようにすべきといえる。また「不安や悩み」に対処するための体験も、心の発達のために大切であることにも触れるようにする。

り、自分に合った方法❹で対処できることを理解できるようにする。また、自分の心に不安や悩みがあるという状態に気付くことは、心の発達のために大切であることにも触れるようにする。

(3)指導のポイント

心が発達すること、心と体が相互に影響し合うことなど本単元で取扱う内容の多くは抽象的なものが多い。そのため、用語を暗記させたりするような学習ではなく、児童が自分の体験を具体例として説明できるような学習となるように心掛けたい。また、不安や悩みへの対処では、「自分に合った方法」を既存の対処法の中から見つけることがねらいではなく、「自分に合った方法で対処できること」が理解できるようにすることが大切である。そのため、対処の方法を単に紹介するだけの学習になったり、特定の対処法を試すのみにとどまるような学習に陥らないようにすべきであろう。

2. けがの防止

(1)ねらい

2008年告示の学習指導要領の改訂において、「けがの防止」では犯罪被害の防止も含めた身の回りの生活の危険が原因となって起こるけがの防止も指導が行えるようになった❺。ここでは、けがの発生要因や防止の方法について理解できるようにする必要がある。さらに、けがが発生した時には、その症状の悪化を防ぐために速やかな手当が必要であることを理解できるようにすることが大切である。

(2)学習内容

本単元は、交通事故や身の回りの生活の危険を取り上げ、けがの起こり方とその防止、けがの悪化を防ぐための簡単な手当などを中心に構成している。

「ア 交通事故や身の回りの生活の危険が原因となって起こるけがとその防止」では、さらに3つの下位要素で構成されており、まずは、けがの発生について、交通事故や水の事故、学校生活での事故や犯罪被害などが少なくないこと、また、けがの発生には人の行動❻と環境の要因がかかわって起こることについて理解できるようにする。次に、けがを防止するために、周囲の状況をよく見極め、危険に早く気付いて、的確な判断のもとに安全に行動する必要があることについて理解できるようにする。そして、危険な場所の点検や施設・設備を安全に整えるなど、安全な環境をつくることが必要であることを理解できるようにすることとなっている。

「イ けがの手当」では、けがが発生した際の対処としてまず、けがの種類や程度などの状況をできるだけ速やかに把握して処置すること、近くの大人に知らせることが大切であることを理解できるようにする。そして、すり傷、鼻出血、やけどや打撲などを事例として、傷口を清潔にする、圧迫して出血を止める、患部を冷やすなどの自分でできる簡単な手当について、実習を通して理解できるようにすることとなっている。

❹「体ほぐしの運動」との関連
運動領域における「体ほぐしの運動」は、不安や悩みへの対処の有効な方法の一つである。相互に関連を図った指導が必要である。

❺防犯教室との役割分担を明確に
各学校で行われている学校安全行事における防犯教室などでは、不審者対策など当該学校の事情に合わせた具体的な指導が中心となるであろう。一方、「けがの防止」の学習では、「周囲の状況をよく見極め、危険に早く気付いて、的確な判断の下に安全に行動する必要があること」を中心として取扱うこととなっているため、両者が混同しないようにしなければならない。

❻心の状態や体の調子
けがの発生やその防止にかかわって「心の状態や体の調子が的確な判断や行動に影響を及ぼすこと」についても触れることとされている。前単元「心の健康」ともかかわらせながら、悩みごとがあって注意不足になった時などにけがが起こりやすいことなどを例示することも考えられよう。ただし、「触れるようにする」という程度なので、あまり時間をかけ過ぎないようにすべきであろう。

(3) 指導のポイント

けがが起こる原因についての学習では、飛び出し、前方不注意など「人の行動」については児童にとっても理解しやすいが、「環境」の要因を気付くことは難しいと思われる。そのため、例えば、危険な行動だけが原因に思える事故でも環境を整えることで回避できることを示したり、環境をよく見極めて行動することの大切さについて気付かせるような指導が大切といえる。

また、けがの手当では、例示されているすり傷、鼻出血、やけどや打撲などの手当の手順を習得すること自体がねらいではなく、実習を通して簡単な手当の原理・原則❼が習得できるようにする必要がある。すなわち、清潔、圧迫による止血、冷却などについて、けがの種類や程度に合わせて理解できるようにする。また、自分一人で対応できない場合などは近くの大人に知らせることが大切であることを理解できるようにする。

3. 病気の予防

(1) ねらい

今回の改訂では、この「病気の予防」の単元に新たに「地域の様々な保健活動の取組」が加わった。これは、中学・高校の保健学習でも取り上げられているヘルスプロモーション❽の考え方につながっていくための基礎となる学習といえる。ここでは、病気の発生要因や予防の方法について理解できるようにするとともに、喫煙、飲酒、薬物乱用が健康に与える影響について理解できるようにすることとされている。

(2) 学習内容

この単元では、病気の予防には、病原体が体に入ることを防ぐこと、病原体に対する体の抵抗力を高めること及び望ましい生活習慣を身に付けることが必要であること、また、喫煙、飲酒、薬物乱用などの行為は健康を損なう原因となること、そして、地域において保健にかかわる様々な活動が行われていることなどを中心として構成されている。

「ア 病気の起こり方」では、「かぜ」などを取り上げて、病気が病原体、体の抵抗力、生活行動、環境などがかかわって起こることについて理解できるようにする。

「イ 病原体がもとになって起こる病気の予防」では、インフルエンザ、結核、麻疹、風疹などを取り上げて、病原体の発生源をなくしたり、感染経路を防いだり、あるいは予防接種や食事、運動、休養及び睡眠を整えることで体の抵抗力を高めることが大切であることを理解できるようにする。

「ウ 生活行動がかかわって起こる病気の予防」では、食事において糖分、脂肪分、塩分などを摂り過ぎることを避けたり、口腔の衛生を保ったりするなど、健康によい生活習慣を身に付ける必要があることを理解する。その際、心臓や脳の血管が硬くなったりつまったりする病気、むし歯や歯ぐきの病気などを取り上げることとなっている。

「エ 喫煙、飲酒、薬物乱用と健康」では、まず喫煙と飲酒については、それぞれの急性影響❾を中心に理解できるようにし、慢性影響❿について

---

❼ 手当の原理・原則
例えば、水で洗う時には水道水が直接傷口を傷めないようにすること、鼻出血ではどこを押さえれば血が止まるのか、患部の冷やし方(冷やす時間)など、児童が自分でできる事柄を確認しながら学習することが大切である。

❽ ヘルスプロモーション
高等学校学習指導要領(2009年)では、「健康を保持増進するためには、個人の行動選択やそれを支える社会環境づくりが大切である」という、ヘルスプロモーションの考え方が示されている。

❾ 喫煙・飲酒の急性影響
喫煙ではせきが出たり心拍数が増えたりするなどして呼吸や心臓の働きに対する負担などの影響がすぐに現れること。飲酒では、判断力が鈍る、呼吸や心臓が苦しくなるなどの影響がすぐに現れること。

❿ 喫煙・飲酒の慢性影響
喫煙を長い間続けると肺がんや心臓病などの病気にかかりやすくなるなどの影響があること。また、飲酒を長い間続けると肝臓などの病気の原因になるなどの影響があること。これらの内容は中学校で主に学習するため、小学校では「触れる程度」とすること。

も触れる程度に取り上げるようにする。また、低年齢からの喫煙や飲酒は害が大きいことや、未成年の喫煙や飲酒は法律で禁止されていることについても触れるようにする。

薬物乱用について❶は、シンナーなどの有機溶剤を取り上げ、1回の乱用でも死に至ることがあり、乱用を続けるとやめられなくなり、心身の健康に深刻な影響を及ぼすことを理解できるようにする。

「オ 地域の様々な保健活動の取組」では、保健所や保健センターなどを取り上げ、人々の病気を予防するために、健康な生活習慣にかかわる情報提供や予防接種などの活動が行われていることを理解できるようにする。

(3) 指導のポイント

例示されている病気については、結核や風疹、動脈硬化や歯肉炎などの病気そのものを詳しく学習するのではなく、それらの病気の理解を通して予防のために必要な知識について習得できるようにする。

また、従来は「好奇心から喫煙、飲酒、薬物乱用を始める場合などが多くみられること」とされていたが、今次改訂では「好奇心や周りの人からの誘い等がきっかけで喫煙や飲酒を開始する場合があることについても触れるようにする」となった。そのため、これらの内容は喫煙と飲酒に絞って取扱うこと、また、中学校での内容の「宣伝・広告や入手のし易さなどの社会環境」などと重複を避けるようにすべきであろう。

「オ 地域の様々な保健活動の取組」では、中学校でも「住民の健康診断や心身の健康に関する相談などを取り上げ、地域における健康増進、生活習慣病及び感染症の予防のための地域の保健活動が行われていること」について学習することとなっているため、重複しないように配慮する。

4. 評価の仕方

5・6年になると自分なりの意見や考えも記述できるようになってくるため、評価方法としてはワークシートなどを工夫して活用することが大切である。その際、児童から期待するコメントが解答されるように観点別の評価規準を踏まえて工夫する必要がある。例えば、思考・判断では「～よい点や問題点を見つけている」、「～予想したり、関係を見つけたりする」、知識・理解では「～を書き出している」等、文末表現を工夫するとともに、ワークシート等の問題文も対応させておくことが望ましい。また「けがの防止」の手当の実習の評価においては、技能の評価❷とするのではなく、手当の原理・原則に関する理解や、事故などの状況の思考・判断などについて評価できるように工夫する必要がある。その際、児童がグループ内でお互いに確認し合うような方法も考えられる。

（岩田英樹）

■引用・参考文献
◆安彦忠彦監修・髙橋健夫・野津有司編著「小学校学習指導要領の解説と展開 Q&A と授業改善のポイント・展開例」教育出版、2008年
◆財団法人日本学校保健会「『新学習指導要領』に基づくこれからの小学校保健学習」財団法人日本学校保健会、2009年

❶薬物乱用について（覚せい剤の取扱い）
　薬物乱用の心身への影響については、シンナーなどの有機溶剤等を中心に取扱う。また、覚せい剤については、乱用される薬物にはいろいろなものがあることに触れる例として示されている。

❷保健の評価観点
　保健では3つの観点から評価を行う。つまり「関心・意欲・態度」、「思考・判断」、「知識・理解」の3つであり、「技能」の観点はない。詳細は第7講の保健の学習の評価を参照。

第3章
中学校の保健の授業

… 第 10 講

心身の機能の発達と心の健康

本講義のポイント

▶ ここでは、心身の機能の発達の仕方や心の健康を保持増進する方法などについて理解できるようにすることがねらいである。
▶ 学習内容は、身体の各器官の発達の時期などには個人差があることや、心の健康を保つには欲求やストレスに適切に対処することなどである。
▶ 生殖にかかわる機能の成熟を指導する際の配慮事項として、発達の段階を踏まえること、学校全体で共通理解を図ること、保護者の理解を得ることなどが示されている。

1. ねらい

1年で指導する「心身の機能の発達と心の健康」では、健康の保持増進を図るための基礎として、心身の機能は生活経験などの影響を受けながら年齢とともに発達することについて理解できるようにし、また、これらの発達の仕方や心の健康を保持増進する方法についても理解できるようにすることをねらいとしている。

2. 学習内容

小学校において、体の発育・発達の一般的な現象や個人差、思春期の体つきの変化や初経、精通などを、また、心も体と同様に発達し、心と体は相互に影響し合うことなどを学習することとなっている。それを踏まえて、中学校では、年齢に伴って身体の各器官が発育し、機能が発達することを呼吸器、循環器を中心に取り上げるとともに、発育・発達の時期や程度には個人差があること、また、思春期は、身体的には生殖にかかわる機能が成熟し、精神的には自己形成の時期であること、さらに、精神と身体は互いに影響し合うこと、心の健康を保つには欲求やストレスに適切に対処することなどを中心として構成されている❶。

「ア 身体機能の発達」では、1998年告示の学習指導要領解説(以下、1998年解説)を整理して、大きく2つの内容が示されている。一つは、身体には多くの器官が発育し、それに伴い、様々な機能が発達する時期があることである。ここでは、骨や筋肉、肺や心臓などの器官が急速に発育し、呼吸器系、循環器系などの機能が発達する時期があることを扱う。この中での器官の具体例は、今次改訂の学習指導要領解説(2008年、以下2008年解説)の中で新たに例示されたものである。もう一つは、器官の発育・発達の時期やその程度には、個人差があることである。1998年解説で示されていた器官の発達の性差については、次項の「生殖にかかわる機能の成熟」で重点的に取り上げている。

「イ 生殖にかかわる機能の成熟」に関して、一つは、思春期には、内

❶「心身の機能の発達と心の健康」の項目構成

ア	身体機能の発達
イ	生殖にかかわる機能の成熟
ウ	精神機能の発達と自己形成 (ｱ)知的機能、情意機能、社会性の発達 (ｲ)自己形成
エ	欲求やストレスへの対処と心の健康 (ｱ)心と体のかかわり (ｲ)欲求やストレスへの対処と心の健康

分泌の働きによって生殖にかかわる機能が成熟することが示されている。ここでは、思春期には、下垂体から分泌される性腺刺激ホルモン❷の働きにより生殖器の発育とともに生殖機能が発達すること、男子では射精、女子では月経がそれぞれみられ、妊娠が可能となることを扱う。

　もう一つは、思春期には、生殖にかかわる機能の成熟に伴う変化に対応した適切な行動が必要となることが示されている。ここでは、思春期には、身体的な成熟に伴う性的な発達に対応し、性衝動が生じたり、異性への関心などが高まったりすることなどがあること、そのため、異性の尊重、性情報への対処など性に関する適切な態度や行動の選択が必要となることを扱う。

　「ウ　精神機能の発達と自己形成」では、「(ア)知的機能、情意機能、社会性の発達」について、知的機能、情意機能、社会性などの精神機能は、生活経験などの影響を受けて発達することが示されている。ここでは、心は、知的機能、情意機能、社会性などの精神機能の総体として捉えられること、それらの精神機能は、生活経験や学習などの影響を受けること、また、大脳の発達とともに発達することを扱う。その際、知的機能については、認知、記憶、言語、判断などから構成されていること、情意機能については、感情や意志などから構成されていること、知的機能や情意機能の発達には、人や社会との様々なかかわりなどの生活経験や学習などが有効であることも扱う。また、社会性については、家族関係や友人関係などへの依存の状態は、生活経験や学習などの影響を受けること、社会性の発達によって、家族関係や友人関係などへの依存の状態から、自立しようとする傾向が強くなることを扱う。

　「(イ)自己形成」については、思春期においては、自己の認識が深まり、自己形成がなされることが示されている。ここでは、思春期になると、自己を客観的にみつめたり、他人の立場や考え方を理解できるようになったりすること、物の考え方や興味・関心を広げ、次第に自己を認識し、自分なりの価値観をもてるようになることなど、自己の形成がなされることを扱う。その際、自己は、社会性の発達とともに、様々な経験から学び、悩んだり、試行錯誤を繰り返したりしながら確立していくことにも触れる。

　「エ　欲求やストレスへの対処と心の健康」では、指導内容の系統性を考慮して、1998年告示の学習指導要領（以下、1998年要領）と内容構成を変え、心身相関、欲求やストレスの概念及びそれらへの対処の大きく3つの内容に整理されている。

　「(ア)心と体のかかわり」については、今次改訂の学習指導要領（2008年）で新たに示されたもので、精神と身体は相互に影響を与え、かかわっていることである。ここでは、精神と身体には、密接な関係があり、互いに様々な影響を与え合っていること、心の状態が体に現れたり、体の状態が心に現れたりするのは、神経などの働きによることを扱う。

　「(イ)欲求やストレスへの対処と心の健康」については、大きく2つの内容が示され、一つは、欲求やストレスは、心身に影響を与えることがあることである。ここでは、欲求には、生理的な欲求と心理的、社会的な欲求

❷性腺刺激ホルモン
　主要なものとして、黄体形成ホルモン（LH）と卵胞刺激ホルモン（FSH）の2種類がある。男性において、黄体形成ホルモンは男性ホルモンの分泌を促進あるいは抑制したりし、卵胞刺激ホルモンは男性ホルモンとともに精子の形成を促す。一方、女性において、黄体形成ホルモンは排卵を誘発し、卵胞刺激ホルモンは卵胞の成熟を促す。

があること、ストレスとは、外界からの様々な刺激により心身に負担がかかった状態であること、ストレスを感じることは、自然なことであること、個人にとって適切なストレスは、精神発達上必要なものであることを扱う。もう一つは、心の健康を保つには、欲求やストレスに適切に対処する必要があることである。ここでは、精神的な安定を図るには、欲求の実現に向けて取り組んだり、自分や周囲の状況からよりよい方法を見つけたりすることなどがあること、ストレスへの適切な対処には、コミュニケーションの方法を身に付けること、体育分野で学習する体ほぐしの運動などでリラクセーションの方法を身に付けること、趣味をもつことなどの自分自身でできることがあること、また、友達や周囲の大人などに話したり、相談したりするなどの他者の支援を要するものなど、いろいろな方法があること、ストレスへの適切な対処には、自分に合った対処法を身に付けることが大切であることを扱う。

3. 学習指導のポイント

「ア　身体機能の発達」では、呼吸器系と循環器系の機能を中心に取扱うものとしていることから、例えばスキャモンの発育曲線で考えると、一般型、神経型、生殖型、リンパ型のどれに焦点を当ててもよいというわけではなく、骨や筋肉、肺や心臓などの一般型の発育の仕方に着目しながら指導する必要がある。

「イ　生殖にかかわる機能の成熟」については、発達の段階を踏まえた指導上の配慮事項として、2008年解説では、発達の段階を踏まえること、学校全体で共通理解を図ること、保護者の理解を得ることなどに配慮することが大切であることが新たに示されている。これらの事項は、<u>2008年解説総則編第1章第1の3「体育・健康に関する指導」</u>❸において、同様のものが示されており、対応させた示し方となっている。特に、保健の指導に当たっては、このような配慮事項を踏まえて、学年だよりや保健だより、保護者会での説明などの方法により、保護者の理解を得るようにすることなどが求められる。

「ウ　精神機能の発達と自己形成」については、社会性にかかわって、家族関係への依存の状態を扱う際には、親の有無といった家族構成ではなく、家族同士の関係性に着目させることが大切である。

「エ　欲求やストレスへの対処と心の健康」では、「(ア)心と体のかかわり」を指導する際に、具体例として、人前に出て緊張した時に脈拍が速くなったり口が渇いたりすることなどの心から体への影響と、反対に、体に痛みがある時に集中できなかったりするなどの体から心への影響など、心と体の双方向の影響を扱う必要がある。また、小学校では「心と体の相互の影響」として現象面の学習を中心に行うことから、神経などの働きがかかわっていることなどの背景に注目させながら指導することが大切である。

4. 評価の仕方

観点別評価のうち、「関心・意欲・態度」については、生徒の発言を教

❸「体育・健康に関する指導」
（一部抜粋）
　生徒が心身の成長発達に関して適切に理解し、行動することができるようにする指導に当たっては、学校の教育活動全体で共通理解を図り、家庭の理解を得ることに配慮するとともに、関連する教科、特別活動等において、発達の段階を考慮して、指導することが重要である。

師が観察すること等を通じて、自分やまわりの人々の心や体の機能の発達について学習しようと取り組んでいるかなどを評価する。

「思考・判断」については、ワークシートなどを活用しながら、自分の知識や経験などを元に、心身の機能の発達に効果的な生活の仕方や心の健康を保持増進する方法を選んでいるかなどを評価する。

「知識・理解」については、テストやワークシートなどを活用しながら、身体の各器官の発達の時期などには個人差があることや、心の健康を保つには欲求やストレスに適切に対処することなどを書き出しているかなどを評価する。

(渡部　基)

■引用・参考文献
◆文部科学省「中学校学習指導要領解説保健体育編」2004 年、一部補訂
◆文部科学省「中学校学習指導要領解説保健体育編」2008 年
◆小澤治夫他「これからの授業に役立つ新学習指導要領ハンドブック－中学校保健体育」時事通信社、2008 年
◆今関豊一他「平成 20 年改訂中学校教育課程講座－保健体育」ぎょうせい、2008 年
◆今関豊一他「中学校新学習指導要領の展開－保健体育編」明治図書、2008 年
◆財団法人日本学校保健会「新学習指導要領に基づくこれからの中学校保健学習」財団法人日本学校保健会、2009 年

第 11 講
健康と環境、傷害の防止

本講義のポイント
- ▶「健康と環境」では心身の健康に対する環境の影響などについて、「傷害の防止」では傷害の発生要因に対する適切な対策によって傷害の多くは防止できることなどについて理解できるようにすることがねらいである。
- ▶「健康と環境」に関して指導する際は、個人生活に焦点を当て、大気汚染による酸性雨等、地球規模の環境問題や生態系にまで拡大しないように留意する。
- ▶「傷害の防止」に関連して応急手当の実習を行う時には、傷害の悪化を防止できるという指導内容が十分に理解できるように留意する。

1. ねらい

2年で指導する「健康と環境」では、人間の健康は、個人を取り巻く環境から深く影響を受けており、健康を保持増進するためには、心身の健康に対する環境の影響について理解できるようにすることをねらいとしている。同様に、2年で指導する「傷害の防止」では、傷害の発生には様々な要因があり、それらに対する適切な対策によって傷害の多くは防止できること、また、応急手当は傷害の悪化を防止することができることについて理解できるようにすることをねらいとしている。

2. 学習内容

(1)「健康と環境」

小学校において、毎日を健康に過ごすためには、明るさの調節や換気などの生活環境を整えることが必要であることを学習することとなっている。それを踏まえて、中学校では、主として身体に直接かかわりのある自然環境を取り上げ、人間の身体は環境の変化に対してある程度まで適応する生理的な機能を有すること、また、身体の適応能力を超えた環境は生命や健康に影響を及ぼすことがあること、さらに、飲料水や空気を衛生的に保ったり、生活によって生じた廃棄物は衛生的に処理したりする必要があることなどを中心として構成されている❶。

「ア 身体の環境に対する適応能力・至適範囲」では、「(ｱ)気温の変化に対する適応能力とその限界」について、指導内容が整理され、大きく2つの内容が示されている。一つは、身体には環境に対してある程度まで適応能力があることである。ここでは、気温の変化に対する体温調節の機能を例として、身体には、一定の範囲内で環境の変化に適応する能力、すなわち調節機能があることを扱う。もう一つは、身体の適応能力を超えた環境は、健康に影響を及ぼすことがあることで、これは、1998年告示の学習指導要領解説（以下、1998年解説）に示されていたものである。ここでは、

❶「健康と環境」の項目構成

ア	身体の環境に対する適応能力・至適範囲
	(ｱ)気温の変化に対する適応能力とその限界
	(ｲ)温熱条件や明るさの至適範囲
イ	飲料水や空気の衛生的管理
	(ｱ)飲料水の衛生的管理
	(ｲ)空気の衛生的管理
ウ	生活に伴う廃棄物の衛生的管理

熱中症や山や海での遭難によって起こる凍傷などを例として、体温を一定に保つ身体の適応能力には、限界があること、その限界を超えると健康に重大な影響がみられることを扱う。「(イ)温熱条件や明るさの至適範囲」については、快適で能率のよい生活を送るための温度、湿度や明るさには一定の範囲があることが示されている。ここでは、温熱条件については、室内の温度、湿度、気流の温熱条件には、人間が活動しやすい至適範囲があること、その至適範囲は、体温を容易に一定に保つことができる範囲であることを扱う❷。

「イ　飲料水や空気の衛生的管理」では、指導内容が整理され、「(ア)飲料水の衛生的管理」については、飲料水は、健康と密接なかかわりがあること、また、飲料水を衛生的に保つには、基準に適合するよう管理する必要があることが示されている❸。また、「(イ)空気の衛生的管理」については、空気は、健康と密接なかかわりがあること、また、空気を衛生的に保つには、基準に適合するよう管理する必要があることが示されている。ここでは、まず、室内の二酸化炭素を例として、室内の二酸化炭素は、人体の呼吸作用や物質の燃焼により増加すること、二酸化炭素の濃度は、室内の空気が汚れてきているという指標となること、定期的な換気は、室内の二酸化炭素の濃度を衛生的に管理できることを扱う。なお、定期的な換気に関する内容は、今次改訂の学習指導要領解説（2008年、以下2008年解説）で新たに示されたものである。次に、一酸化炭素を例として、空気中の一酸化炭素は、主に物質の不完全燃焼によって発生すること、一酸化炭素は、中毒を容易に起こし、人体に有害であることを扱う❹。

「ウ　生活に伴う廃棄物の衛生的管理」に関しては、指導内容が整理され、人間の生活によって生じた廃棄物は、環境の保全に十分配慮すること、また、環境を汚染しないように衛生的に処理する必要があることが示されている。ここでは、人間の生活に伴って生じたし尿やごみなどを例として、生活に伴う廃棄物は、その種類に即して自然環境を汚染しないように衛生的に処理されなければならないことを扱う❺。

(2)「傷害の防止」

小学校において、交通事故や身の回りの生活の危険が原因となって起こるけがの防止、すり傷や鼻出血などの簡単な手当などを学習することとなっている。それを踏まえて、中学校では、交通事故や自然災害などによる傷害は人的要因、環境要因及びそれらの相互のかかわりによって発生すること、交通事故などの傷害の多くはこれらの要因に対する適切な対策を行うことによって防止できること、また、自然災害による傷害の多くは災害に備えておくこと、災害発生時及び発生後に周囲の状況に応じて安全に行動すること、災害情報を把握することで防止できること、及び適切な応急手当は傷害の悪化を防止することができることなどを中心として構成されている❻。1998年告示の学習指導要領は、全体として2項目であったが、今次改訂の学習指導要領（2008年）では傷害全般の発生要因、傷害全般の防止、自然災害による傷害の防止、応急手当の4項目で構成されている。

「ア　交通事故や自然災害などによる傷害の発生要因」では、交通事故

❷至適範囲などに関する内容
(1)至適範囲については、以下のことに触れる。
・その至適範囲は、学習や作業及びスポーツ活動の種類によって異なること。
・その至適範囲を超えると、学習や作業の能率やスポーツの記録の低下がみられること。
(2)明るさについては、以下のことを扱う。
・視作業を行う際には、物がよく見え、目が疲労しにくい至適範囲があること。
・その至適範囲は、学習や作業などの種類により異なること。

❸飲料水の衛生的管理に関する内容
以下のことを扱う。
・水は、人間の生命の維持や健康及び生活と密接なかかわりがあり重要な役割を果たしていること。
・飲料水の水質には、一定の基準が設けられていること。
・水道施設を設けるなど、衛生的な水を確保することが重要であること。
・飲料水としての適否は、科学的な方法によって検査し管理されていること。こと。

❹一酸化炭素に関する内容
一酸化炭素の濃度には、基準が設けられていることにも触れる。

❺生活に伴う廃棄物の衛生的管理
ごみの減量や分別などの個人の取り組みが、自然環境の汚染を防ぎ、廃棄物の衛生的管理につながることにも触れる。

❻「傷害の防止」の項目構成

ア	交通事故や自然災害などによる傷害の発生要因
イ	交通事故などによる傷害の防止
ウ	自然災害による傷害の防止
エ	応急手当 (ア)応急手当の意義 (イ)応急手当の方法

や自然災害などによる傷害は、人的要因や環境要因などがかかわって発生することが示されている❼。

「イ　交通事故などによる傷害の防止」では、交通事故などによる傷害の多くは、安全な行動、環境の改善によって防止できることが示されている。ここでは、交通事故などによる傷害を防止するためには、傷害全般の防止の原理として、人的要因や環境要因にかかわる危険を予測すること、人的要因に対しては、心身の状態や周囲の状況を把握し、判断して、安全に行動することなどの適切な対策を行うこと、環境要因に対しては、環境を安全にするために、道路などの交通環境などの整備、改善をすることなどの適切な対策を行うことを扱う。さらに、交通事故についての具体的な事例などを取り上げながら、中学生期には、自転車乗車中の事故が多く発生すること、交通事故を防止するためには、自転車や自動車の特性を知ること、交通法規を守ること、車両、道路、気象条件などの周囲の状況に応じ、安全に行動することが必要であることを扱う。

「ウ　自然災害による傷害の防止」では、災害安全にかかわる内容の充実により、自然災害による傷害は、災害発生時だけでなく、二次災害によっても生じること、また、自然災害による傷害の多くは、災害に備えたり、安全に避難したりすることによって防止できることが示されている。ここでは、地震などを例にして、自然災害による傷害は、家屋の倒壊や家具の落下、転倒などによる危険が原因となって生じること、自然災害による傷害は、津波、土砂崩れ、地割れ、火災などによる二次災害によっても生じること、自然災害による傷害を防止するためには、日頃から災害時の安全の確保に備えておくこと、地震などが発生した時や発生した後、周囲の状況を的確に判断すること、冷静・迅速・安全に行動すること、事前の情報やテレビ、ラジオなどによる災害情報を把握することが必要であることを扱う。

「エ　応急手当」では、「(ｱ)応急手当の意義」については、応急手当を適切に行うことによって、傷害の悪化を防止することができることが示されている。ここでは、その場に居合わせた人が行う応急手当として、傷害を受けた人の反応の確認など状況を把握すること、周囲の人へ連絡すること、傷害の状態に応じた手当をすること、適切な手当は、傷害の悪化を防止できることを扱う。その際、必要に応じて、医師や医療機関などへの連絡を行うことにも触れる。「(ｲ)応急手当の方法」については、心肺蘇生などがあることが示されている❽。ここでは、2008年解説で指導内容を明確に示し、患部の保護、固定、止血といった適当な手当は、傷害の悪化を防止できることを扱う❾。

3. 学習指導のポイント

(1)「健康と環境」

「健康と環境」全体に関しては、中学校が個人生活を中心としていることから、大気汚染による酸性雨など、地球規模の環境問題や生態系にまで指導内容が拡大しないように留意する必要がある。また、実験を取り入れ

---

❼傷害の発生要因に関する内容
　以下のことを扱う。
・傷害の発生には、人間の心身の状態や行動の仕方といった人的要因がかかわっていること。
・傷害の発生には、生活環境における施設・設備の状態や気象条件などの環境要因がかかわっていること。
・傷害は、人的要因と環境要因の相互のかかわりによって発生すること。

❽救命処置にかかわる法的な責任
　総務庁によれば、一般市民が行う心肺蘇生などの救命処置にかかわる法的な責任については、民法第698条「緊急事務管理」などにより、悪意または重過失がなければ救急蘇生法の実施者が救急患者などから責任を問われることはないとされている。

❾AEDについて
　必要に応じて、AED（自動体外式除細動器）にも触れる。

る際には、実験の方法を習得することがねらいではなく、指導内容について仮説を設定させ、これを検証させたり、解決させたりするという実証的な問題解決を生徒自らが行う活動を重視し、科学的な事実や法則といった指導内容を理解できるようにすることに主眼をおくことが大切である。「イ 飲料水や空気の衛生的管理」については、水系感染症や酸素欠乏症など、飲料水や空気が人間の生命や健康へ及ぼす影響を踏まえて指導する。なお、空気の衛生的管理に関連して、1998年解説では、一酸化炭素に対して許容濃度という用語を用いていたが、2008年解説では、基準という用語を用い、飲料水の水質基準と統一的な表現となっている。「ウ 生活に伴う廃棄物の衛生的管理」については、飲料水や空気が健康に対して直接的な影響がある一方で、生活に伴う廃棄物は、自然環境の汚染を通じて、人間の健康に対して間接的に影響を及ぼしていることに留意する❿。

(2)「傷害の防止」

「ア 交通事故や自然災害などによる傷害の発生要因」については、傷害全般を包括的に取扱う。「イ 交通事故などによる傷害の防止」については、必要に応じて、犯罪被害をはじめ身の回りの生活の危険が原因となって起こる傷害を適宜取り上げ、危険予測・危険回避の能力を身に付けることが必要であることについて理解できるよう配慮する。「ウ 自然災害による傷害の防止」については、事前に把握すべき災害情報として、緊急地震速報といった事前の情報も新たに示されていることに留意する。また、地域の実情に応じて、気象災害などを適宜取り上げることにも配慮する。「エ 応急手当」の「(イ)応急手当の方法」については、<u>各学校の実情に応じて可能な範囲で包帯法、止血法、心肺蘇生法などの実習を行うようにする</u>⓫。これらの実習を行う際には、傷害の悪化を防止できるという指導内容が十分に理解できるようにし、方法自体を学習することとならないように留意する必要がある。また、効果的な指導を行うため、水泳など体育分野の内容との関連を図ることが大切である。

4. 評価の仕方

観点別評価のうち、「関心・意欲・態度」については、実験や実習などを活用して、「健康と環境」で心身の健康に対する自然環境の影響、「傷害の防止」で傷害の発生要因とその防止、それぞれについて学習しようと取り組んでいるかなどを評価する。「思考・判断」については、ワークシートなどを活用しながら、自分の知識や経験等を元に、「健康と環境」では空気や生活廃棄物を衛生的に管理する方法、「傷害の防止」では交通事故や自然災害による傷害を防ぐ生活の仕方、それぞれを選んでいるかなどを評価する。「知識・理解」については、テストやワークシートなどを活用しながら、「健康と環境」では自然環境は心身の健康に対して影響を及ぼすこと、「傷害の防止」では傷害の発生要因に対する適切な対策によって傷害の多くは防止できること、それぞれを書き出しているかなどを評価する。

(渡部　基)

※引用・参考文献については、第10講（p209）を参照のこと。

---

❿公害がみられる地域での配慮

公害がみられる地域にあっては、「イ 飲料水や空気の衛生的管理」と「ウ 生活に伴う廃棄物の衛生的管理」の内容と関連させて、その公害と健康との関係を具体的に取扱うことにも配慮する。

⓫AEDの実習

AEDについては、各学校の実情などにより、心肺蘇生法の学習を行う際に必要と思われる場合には、授業中に触れることが可能であることを示しており、すべての学校がAEDの実習を必ず行うことを示したものではないことに留意する。

第12講
健康な生活と疾病の予防

本講義のポイント
- ここでは、健康の保持増進や疾病の予防には、人間の健康にかかわる主体と環境の要因に対する適切な対策があることについて理解できるようにすることがねらいである。
- 生活行動・生活習慣と健康については、食育の観点も踏まえつつ、健康的な生活習慣の形成に結び付くように指導する。
- エイズ及び性感染症の予防を指導する際の配慮事項として、発達の段階を踏まえること、学校全体で共通理解を図ること、保護者の理解を得ることなどが示されている。

1. ねらい

3年で指導する「健康な生活と疾病の予防」では、人間の健康は、主体と環境がかかわり合って成り立つこと、健康を保持増進して疾病を予防するためには、それにかかわる要因に対する適切な対策があることについて理解できるようにすることをねらいとしている。

2. 学習内容

小学校において、健康の大切さや健康によい生活、病気の起こり方や予防などについて学習することとなっている。それを踏まえて、中学校では、健康の保持増進や疾病の予防をするためには、調和のとれた食事、適切な運動、休養及び睡眠が必要であること、生活行動と健康に関する内容として喫煙、飲酒、薬物乱用を取り上げ、これらと健康との関係を理解できるようにすること、また、疾病は主体と環境がかかわりながら発生するが、疾病はそれらの要因に対する適切な対策、例えば、保健・医療機関や医薬品を有効に利用することなどによって予防できること、社会的な取り組みも有効であることなどを中心として構成されている❶。1998年告示の学習指導要領（以下、1998年要領）では、全体として5項目で構成されていたが、今次改訂の学習指導要領（2008年、以下2008年要領）では、「オ 個人の健康と集団の健康」がヘルスプロモーションの視点で整理され、2つの項目に分かれ、全体で6項目となっている。

「ア 健康の成り立ちと疾病の発生要因」では、指導内容が整理され、大きく2つの内容が示されている。一つは、健康は、主体と環境の相互作用のもとに成り立っていることである。ここでは、健康の定義に関連して、健康は、主体と環境を良好な状態に保つことにより成り立っていること、また、健康が阻害された状態の一つが疾病であることを扱う。もう一つは、疾病は、主体の要因と環境の要因がかかわり合って発生することである。ここでは、相互にかかわり合う要因として、主体の要因には、年齢、性、免疫、遺伝などの素因、生後に獲得された食事、運動、休養及び睡眠を含

❶「健康な生活と疾病の予防」の項目構成

ア	健康の成り立ちと疾病の発生要因
イ	生活行動・生活習慣と健康 (ｱ)食生活と健康 (ｲ)運動と健康 (ｳ)休養及び睡眠と健康 (ｴ)調和のとれた生活と生活習慣病
ウ	喫煙、飲酒、薬物乱用と健康 (ｱ)喫煙と健康 (ｲ)飲酒と健康 (ｳ)薬物乱用と健康
エ	感染症の予防 (ｱ)感染症の原因とその予防 (ｲ)エイズ及び性感染症の予防
オ	保健・医療機関や医薬品の有効利用
カ	個人の健康を守る社会の取組

む生活上の様々な習慣や行動などがあることを扱う。また、環境の要因には、温度、湿度や有害化学物質などの物理的・化学的環境、ウイルスや細菌などの生物学的環境、人間関係や保健・医療機関などの社会的環境などがあることを扱う。

「イ　生活行動・生活習慣と健康」に関しては、大きく２つの内容が示されている。一つは、健康の保持増進には、年齢、生活環境などに応じた食事、運動、休養及び睡眠の調和のとれた生活を続ける必要があることである。個別の生活行動や生活習慣として、「㋐食生活と健康」では、健康を保持増進するためには、毎日適切な時間に食事をすること、年齢や運動量に応じて栄養素のバランスや食事の量などに配慮すること、運動によって消費されたエネルギーを食事によって補給することが必要であることを扱う。「㋑運動と健康」では、運動には、身体の各器官の機能を刺激し、その発達を促す効果があること、運動には、気分転換が図られるなど、精神的にもよい効果があること、健康を保持増進するためには、日常生活において適切な運動を続けることが必要であることを扱う。「㋒休養及び睡眠と健康」では、健康を保持増進するためには、休養及び睡眠によって心身の疲労を回復することが必要であることを扱う❷。「㋓調和のとれた生活と生活習慣病」では、人間の健康は、生活行動と深くかかわっていること、健康を保持増進するためには、年齢、生活環境などに応じた食事、適切な運動、休養及び睡眠の調和のとれた生活を続けることが必要であることを扱う。

もう一つは、「㋓調和のとれた生活と生活習慣病」について、食事の量や質の偏り、運動不足、休養や睡眠の不足などの生活習慣の乱れは、生活習慣病などの要因となることが示されている❸。

「ウ　喫煙、飲酒、薬物乱用と健康」に関しては、大きく２つの内容が示されている。一つは、喫煙、飲酒、薬物乱用などの行為は、心身に様々な影響を与え、健康を損なう原因となることが示されている。

各行為の内容として、「㋐喫煙と健康」では、たばこの煙の中には、ニコチン、タール及び一酸化炭素などの有害物質が含まれていること、それらの作用により、毛細血管の収縮、心臓への負担、運動能力の低下など様々な急性影響が現れること、常習的な喫煙により、肺がんや心臓病など様々な病気を起こしやすくなること、特に、未成年者の喫煙については、身体に大きな影響を及ぼし、ニコチンの作用などにより依存症になりやすいことを扱う。

「㋑飲酒と健康」では、酒の主成分のエチルアルコールが中枢神経の働きを低下させ、思考力や自制力を低下させること、運動障害を起こすこと、急激に大量の飲酒をすると、急性中毒を起こすこと、意識障害や死に至ることもあること、常習的な飲酒により、肝臓病や脳の病気など様々な病気を起こしやすくなること、特に、未成年者の飲酒については、身体に大きな影響を及ぼし、エチルアルコールの作用などにより依存症になりやすいことを扱う。

「㋒薬物乱用と健康」では、薬物の摂取によって、幻覚を伴った激しい

❷疲労に関する内容
　以下のことを扱う。
・長時間の学習、運動、作業などは、疲労をもたらすこと。
・疲労の徴候は、心身の状態の変化として現れること。
・疲労の徴候は、運動や学習などの量と質によって現れ方に違いがあること。
・疲労の徴候は、環境条件や個人によって現れ方に違いがあること。
　また、適切な休養及び睡眠によって、疲労を蓄積させないようにすることが大切であることにも触れる

❸不適切な生活習慣の内容
　以下のことを扱う。
・やせや肥満などを引き起こすこと。
・生活習慣病を引き起こす要因となること。
・生涯にわたる心身の健康に様々な影響があること。

❹喫煙、飲酒、薬物乱用の行為を助長する要因に関する内容
　以下のことを扱う。
・好奇心、なげやりな気持ち、過度のストレスなどの心理状態があること。
・周囲の人々の影響や人間関係の中で生じる断りにくい心理があること。
・宣伝・広告や入手のしやすさなどの社会環境などがあること。
・それらの要因に対して適切に対処する必要があること。

❺感染症の原因に関する内容
　以下のことを扱う。
・温度、湿度などの自然環境がかかわっていること。
・住居、人口密度、交通などの社会環境がかかわっていること。
・抵抗力や栄養状態などの主体の条件がかかわっていること。
・それらの要因が相互に複雑に関係していること。

❻エイズに関する内容
　以下のことにも触れる。
・エイズの病原体はヒト免疫不全ウイルス（ＨＩＶ）であること。
・主な感染経路は性的接触であること。
・感染を予防するために有効な方法は、性的接触をしないこと、コンドームを使うことなどであること。

急性の錯乱状態や急死などを引き起こすこと、薬物の連用により依存症状が現れること、薬物の連用を中断すると、精神や身体に苦痛を感じるようになるなど様々な障害が起きることを扱う。また、薬物乱用は、個人の心身の健全な発育や人格の形成を阻害すること、社会への適応能力や責任感の発達を妨げること、そのため、暴力、性的非行、犯罪など家庭・学校・地域社会にも深刻な影響を及ぼすこともあることを扱う。

　もう一つは、喫煙、飲酒、薬物乱用の行為には、個人の心理状態や人間関係、社会環境が影響すること、そのため、それぞれの要因に適切に対処する必要があることが示されている❹。

　「エ　感染症の予防」では、「(ア)感染症の原因とその予防」について、一つは、感染症は、病原体が主な要因となって発生することが示されている。ここでは、感染症は、病原体が環境を通じて主体へ感染することで起こる病気であること、病原体には、細菌やウイルスなどの微生物があることなどを扱う❺。もう一つは、感染症の多くは、発生源をなくすこと、感染経路を遮断すること、主体の抵抗力を高めることによって予防できることが示されている。ここでは、感染症は、適切な対策を講ずることにより予防できること、感染症を予防するために有効な方法は、消毒や殺菌などにより発生源をなくすこと、周囲の環境を衛生的に保つことにより感染経路を遮断すること、栄養状態を良好にしたり、予防接種の実施により免疫を付けたりするなど身体の抵抗力を高めることを扱う。「(イ)エイズ及び性感染症の予防」については、エイズ及び性感染症の増加傾向とその低年齢化が社会問題になっていること、その疾病概念や感染経路があること、予防方法を身に付ける必要があることを扱う❻。

　「オ　保健・医療機関や医薬品の有効利用」に関しては、指導内容が整理され、一つは、健康の保持増進や疾病の予防には、保健・医療機関を有効に利用することがあることが示されている。ここでは、地域には、人々の健康の保持増進や疾病予防の役割を担っている保健所、保健センター、医療機関などがあること、健康の保持増進と疾病の予防には、各機関がもつ機能を有効に利用する必要があることを扱う。もう一つは、医薬品の正しい使用で、2008年要領で新たに示されている。ここでは、医薬品には、主作用と副作用があること、医薬品には、使用回数、使用時間、使用量などの使用法があること、医薬品は、正しく使用する必要があることを扱う。

　「カ　個人の健康を守る社会の取組」に関しては、指導内容の系統性を考慮して、個人の健康は、健康を保持増進するための社会の取り組みと密接なかかわりがあることが、2008年要領から新たに示されているものである。ここでは、健康の保持増進や疾病の予防には、人々の健康を支える社会的な取り組みが有効であること、地域において、健康増進、生活習慣病及び感染症の予防のための保健活動が行われていることを扱う。

3. 学習指導のポイント

　「ア　健康の成り立ちと疾病の発生要因」は、小学校3年で指導する「毎日の生活と健康」の「ア　健康な生活とわたし」と密接なかかわりを

もっており、系統的な指導ができるように留意すべきである。

「イ　生活行動・生活習慣と健康」に関して、食事などの調和のとれた生活の重要性については、小学校3年でも指導することとなっている。中学校では、発達段階を踏まえて、それぞれの生活行動や生活習慣を続けることの重要性や、それらが心身の健康へ及ぼす影響とその背景についても理解させることが大切である。また、食育の観点も踏まえつつ、健康的な生活習慣の形成に結び付くように配慮するとともに、必要に応じて、コンピュータなど情報機器の使用による疲労の現れ方や休憩の取り方など健康とのかかわりについて取り上げることにも配慮する必要がある。

「ウ　喫煙、飲酒、薬物乱用と健康」は、小学校6年でも指導することとなっている。中学校では、発達段階を踏まえ、原因となる物質が心身の健康へ及ぼす影響とその背景について理解させることが大切である。また、乱用する薬物の例としては、覚せい剤や大麻等を取り上げる。

「エ　感染症の予防」については、近年の発生状況を踏まえて、今次改訂の学習指導要領解説（2008年）では、適宜取り上げる感染症の例示として、ノロウイルスによる感染性胃腸炎と麻疹❼が新たに追加されている。また、「(イ)エイズ及び性感染症の予防」については、指導する際の配慮事項が新たに示されているが、「第10講　心身の機能の発達と心の健康　イ　生殖にかかわる機能の成熟」における配慮事項と同様のものであり、参照されたい。

「オ　保健・医療機関や医薬品の有効利用」ついては、健康の保持増進と疾病予防のために、個人の取り組みの中で利用することが可能な資源として、保健・医療機関と医薬品を位置付けている。

「カ　個人の健康を守る社会の取組」については、地域の保健活動の例として、住民の健康診断や心身の健康に関する相談などを取り上げる。また、健康の保持増進や疾病の予防には、医薬品の有効利用などの個人の取り組みだけでなく、こうした保健活動を通じた社会的な取り組みも有効であることを理解させる必要がある❽。

4. 評価の仕方

観点別評価のうち、「関心・意欲・態度」については、生徒の発言を教師が観察することなどを通じて、健康にかかわる主体や環境の要因とその対策について学習しようと取り組んでいるかなどを評価する。「思考・判断」については、ワークシートなどを活用しながら、自分の知識や経験などを元に、健康にかかわる主体と環境のそれぞれの要因についての望ましい生活の仕方を選んでいるかなどを評価する。「知識・理解」については、テストやワークシートなどを活用しながら、健康にかかわる主体と環境の要因に対して適切な対策があることを書き出しているかなどを評価する。

（渡部　基）

※引用・参考文献については、第10講（p209）を参照のこと。

❼麻疹の予防接種
麻疹の流行は、2006年に関東地方では茨城県、埼玉県、千葉県などで、2007年に入って東京都、千葉県、神奈川県などに拡大し、南関東地域を中心に拡がり、10～20歳代での患者が増加した。そのため、2008年4月1日から5年間の期限付きで、麻疹と風疹の定期予防接種対象が、第1期（1歳児）、第2期（小学校入学前年度の1年間に当たる児）に加え、第3期（中学1年生相当年齢）、第4期（高校3年生相当年齢）に拡大された。

❽保健・医療機関の有効利用に関する内容
小学校6年で指導する「病気の予防」の「オ　地域の様々な保健活動の取組」と密接なかかわりをもっており、系統的な指導ができるように留意すべきである。

第4章
高等学校の保健の授業

第13講 現代社会と健康

本講義のポイント

▶「現代社会と健康」は、小学校体育科保健領域、中学校保健体育科保健分野との関連を踏まえつつ高等学校1年において取り上げる。したがって、それぞれの校種において、健康の成立や考え方についての内容の取り上げ方を理解する。

▶わが国の疾病構造と社会の変化に対応した健康の保持増進の在り方を、個人生活や社会生活における健康に関する事項を重視して、科学的に思考・判断し、総合的に捉えて考える。

▶ヘルスプロモーションの基本的な概念や考え方を理解する。

1. ねらい

わが国の疾病構造や社会の変化に対応して、健康の考え方が変化するとともに、様々な健康への対策、健康増進の在り方が求められている。具体的には、少子化や情報化など社会の急激な変化による近年の児童生徒の成育環境や生活行動の変化、国民の疾病構造等の変化にかかわって深刻化している心の健康、食生活をはじめとする生活習慣の乱れ、生活習慣病、薬物乱用、性に関する問題など現代社会における健康・安全の問題は多様化しており、健康を保持増進するための対策、在り方が求められている。したがって、科目「保健」❶においては、個人生活及び社会生活における健康・安全に関する内容を重視し、生涯を通じて自らの健康を適切に管理し改善していく思考力・判断力などの資質や能力を育成する必要がある。

「現代社会と健康」の単元では、健康を保持増進するために、一人ひとりが健康に関して深い認識をもち、自らの健康を適切に管理すること及び環境を改善していくことを理解できるようにすることが重要である。また、個人の行動選択やそれを支える社会環境づくりなどが大切であるというヘルスプロモーション❷の考え方に基づいて現代社会の様々な健康問題に関して理解できるようにする必要がある。例えば、わが国の疾病構造は、結核等の感染症は減少してきているが、脳血管疾患・悪性新生物・心疾患等、生活習慣病が増大してきている。疾病の傾向は、感染症中心のものから生活習慣病を中心とするものへと社会状況の変化に伴って変化してきていることを踏まえることがある。

また、現代社会と健康の内容は、それぞれ独立して取り上げるのではなく、相互に関連させて指導することが求められる。中学校保健分野との関連も視野に入れる必要もある。したがって、高校生の発達段階、生活経験、中学校での学習状況を踏まえ、個人生活及び社会生活における健康・安全に関する内容を重視し、生涯を通じて自らの健康を適切に管理し改善していく思考力・判断力などの資質や能力を育成することができるように理解させる必要がある。

❶保健の単位
1単位時間=50分（授業）が標準。35単位時間の授業を1単位として計算し、これを標準とする。したがって、1年間、35単位時間（50分×35週）の授業によって1単位の履修要件となる。科目保健は、2単位である。

❷ヘルスプロモーション
この考え方は、1986年、カナダのオタワで開催されたWHOの国際会議でオタワ憲章として提唱されたもので、「人々が自らの健康をコントロールし、改善することができるようにするプロセス」と定義された。この達成に向けて、①教育的な働きかけ、②環境の改善が求められるとされる。学校においては、学校教育活動全般にわたって、広く健康教育の推進への取り組みが求められる。

2. 学習内容

　本単元の内容は、健康の考え方が変化してきていること、健康の保持増進には健康に関する個人の適切な意志決定や行動選択及び環境づくりがかかわること、生活習慣病の予防には調和のとれた生活を実践する必要があること、喫煙、飲酒、薬物乱用などは健康や社会に大きな影響を与えるので、個人や社会環境への対策が必要であること、感染症の発生や流行には時代や地域によって違いがみられ、それに対応した対策が必要であること、ストレスに適切に対処することや自己実現を図る努力が重要であること、交通事故を防止するには適切な行動や交通環境の整備などが必要であること、及び適切な応急手当により傷害や疾病の悪化を軽減できることなどを中心として、「ア　健康の考え方」、「イ　健康の保持増進と疾病」、「ウ　精神の健康」、「エ　交通安全」、「オ　応急手当」の5つの項目から構成されている。

　「ア　健康の考え方」については、高等学校における科目「保健」学習の出発点ともいえる。中学校での既習状況を踏まえるとともに、科目「保健」全体にかかわるものでもある。健康の成立や考え方に関連する学習としては、小学校3年に「健康の状態」の学習が示され、主体の要因や環境の要因の学習が行われるようになった。保健学習のはじまりとしての内容上の充実が図られたのである。中学校は、従前通り3年において健康の成立要因の学習をする。高等学校においては、これらのことを踏まえて、健康の考え方が変化してきていること、健康は主体と環境の相互作用のもとに成り立っていること、健康の保持増進には適切な意志決定や行動選択及び環境づくりがあること、といった学習内容を理解できるようにすることが大切である。

　主なキーワードとしては、健康水準・平均寿命・受療率・<u>疾病構造の変化</u>❸・健康の考え方・生活の質・生きがい・健康の成立・主体要因・環境要因・健康の保持増進・適切な意志決定や行動選択・社会環境・ヘルスプロモーション・環境づくり等である。

　「イ　健康の保持増進と疾病の予防」については、健康の保持増進と生活習慣病の予防には、食事、運動、休養及び睡眠の調和のとれた生活を実践する必要があること、喫煙と飲酒は生活習慣病の要因になること、薬物乱用は行ってはならないこと、対策には個人や社会環境への対策が必要であること、といった学習内容を理解できるようにすることが大切である。

　主なキーワードとしては、生活習慣病・調和のとれた健康的な生活の実践・悪性新生物・虚血性心疾患・脂質異常症・歯周病・生活行動・喫煙・飲酒・生活習慣病の要因・個人への働きかけ・社会環境への対策・開始要因・継続要因・麻薬・コカイン・<u>MDMA</u>❺・覚せい剤・大麻・心身の健康への影響・社会の安全への影響・個人への働きかけ・正しい知識の普及・健全な価値観・規範意識の育成・社会環境への対策・法的な規制・行政的な対応・自分の体を大切にする気持ちの低下・規範を守る意識の低下・周囲の人々からの誘い・断りにくい人間関係・薬物を手に入れやすい

❸疾病構造の変化
　戦後のわが国の疾病構造は、結核をはじめとする感染症が減り、生活習慣病を中心とする疾病が増えるという変化がみられる。この変化は、社会状況の変化とともにもたらされている。

❺MDMA
　MDMAは、麻薬の一つとして取扱われ、法律的には、麻薬及び向精神薬取締法によって規制される薬物である。錠剤またはカプセルの剤型であり、経口的に摂取され、乱用の危険性が指摘されている。この薬物は興奮作用と幻覚作用をあわせもち、過剰摂取で発汗、体温上昇をきたす。精神依存性は極めて高く、精神毒性として幻覚妄想状態を主とする精神病症状を生じることが知られている。通常使用量で、不整脈、心血管障害や心筋障害をきたして死亡した事例も報告されている。エクスタシー、エックス等の隠語で街角に出回っており、少年に汚染が広がる恐れのあることが懸念されている。

環境・発生や流行に違いがみられる感染症・新興感染症・エイズ・再興感染症・結核・社会的な対策・衛生的な環境の整備・検疫・正しい情報の発信・予防接種の普及・個人の取り組み等を挙げることができる。

「ウ　精神の健康」については、人間の欲求と適応機制には様々な種類があること、精神と身体には密接な関係があること、精神の健康を保持増進するには欲求やストレスに適切に対処すること、自己実現を図るよう努力すること、といった学習内容を理解できるようにすることが大切である。主なキーワードとしては、大脳・欲求・精神の変化・適応機制・大脳の機能・神経系・内分泌系・心身の相関・自律神経系・ストレスの原因・物理的要因・心理的要因・社会的要因・ストレスの要因そのものの大きさ・ストレスを受け止める人の精神や身体の状態・自分なりのストレスの対処法・ストレスの原因となっている事柄への対処・原因についての受け止め方の見直し・リラクセーションの方法・周りから受ける支援・ストレスによる障害・自己実現・達成感・生きがい自分らしさの形成・個性等が挙げられる。

「エ　交通安全」については、交通事故を防止するには車両の特性の理解、適切な行動、自他の生命を尊重する態度、交通環境の整備がかかわること、交通事故には責任や補償問題が生じること、といった学習内容を理解できるようにすることが大切である。主なキーワードとしては、車両の特性、当事者の行動や意識・周囲の環境・自他の生命の尊重・心身の状態の把握・個人の適切な行動・二輪車・自動車・加害事故・法的な整備・施設設備の充実・車両の安全性の向上・安全な社会づくり等を挙げることができる。

「オ　応急手当」については、適切な応急手当は傷害や疾病の悪化を軽減できること、応急手当には正しい手順や方法があること、傷害や疾病は身体が時間の経過とともに損なわれていく場合があること、応急手当は速やかに行う必要があること、といった学習内容を理解できるようにすることが大切である。

主なキーワードとしては、応急手当の手順や方法・自ら進んで行う態度・熱中症・心肺停止状態・気道確保・人工呼吸・胸部圧迫・AED（自動体外式除細動器）❻・呼吸器系・循環器系等を挙げることができる。

3. 学習指導のポイント

「現代社会と健康」の領域は、他の領域に比べて項目数が5項目と最多になっている。内容面のまとまりで考えると、①「健康の考え方」、②「健康の保持増進と疾病の予防」と「精神の健康」、③「交通安全」と「応急手当」の3つで捉えることができる。

①「健康の考え方」については、高等学校の「保健」の内容を総合的に理解することに最も関連している内容である。疾病構造や社会の変化に対応した健康の考え方、健康の保持増進と疾病の予防について概念的な理解、社会的な対策などについて理解できるようにする。これらは、ヘルスプロモーションの考え方に基づいて、制度面の理解に偏らないように、環境づ

---

❻ AED
AEDとは、Automated External Defibrillator の頭文字をとったもの。自動体外式除細動器という。音声の指示で使うことができる。体外（裸の胸の上）に電極のついたパッドを貼り、心臓の状態を判断する。心室細動という（心臓がブルブルと細かく震えていて、血液を全身に送ることができない状態）を起こしていれば、心臓に電気ショックを与えて、心臓の状態を正常に戻す働きをもっている。

くりが重要であることに留意して指導する。

　②「健康の保持増進と疾病の予防」と「精神の健康」については、疾病構造の変化で取り上げた、感染症と生活習慣病の予防、ストレスの原因などについて取り上げるが、それぞれの病態や個人の実践・対処という取り組みではなく、個人の心理的・社会的要因、環境の整備や社会的な対策を中心に指導する。

　③「交通安全」と「応急手当」については、交通安全やけがにかかわる環境の整備、法的な整備、実際の手当などについて取り上げるが、制度の詳細ではなく対策との関係に留意して指導する。また、実習を行う場合には、活動に振り回されて、その意義などの学習内容が欠落しないように特に注意する。

　全般的なこととしては、高等学校においては、自我の確立とともに個人にかかわる事柄のみでなく社会的な事象に対する興味・関心が広がり、自ら考え判断する能力なども身に付きつつあるという発達の段階を考慮し、個人生活や社会生活における健康・安全に関する事柄に興味・関心をもち、科学的に思考・判断し、総合的に捉えることができるようにすることを重視することが大切である。

　これらの学習指導に当たっては、<u>知識を活用する学習活動</u>❼を積極的に行うことにより、思考力・判断力等を育成していくことが求められている。

4. 評価の仕方

　「現代社会と健康」の評価では、評価対象となった授業の目標と実際の授業展開によって学んだ内容の実現状況を評価の対象にしなければならない。保健の評価の観点は、「関心・意欲・態度」、「思考・判断」、「知識・理解」である。以下にその具体例を示す（表1）。

表1　「精神の健康」に関する評価の具体例（知識・理解）

関心・意欲・態度	思考・判断	知識・理解
適応機制には、プラス面とマイナス面があることについて、話し合いに、参加しようとしている。	適応機制には、プラス面とマイナス面があることについて、自分と他者の行動に当てはめて、違いを見つけている。	適応機制には、プラス面とマイナス面があることについて、具体例を書き出している。

（日本学校保健会、2009年より、一部改編）

（鈴木和弘）

■引用・参考文献
◆文部科学省「高等学校学習指導要領解説保健体育編」2009年
◆日本学校保健会「思考力の育成を重視したこれからの高等学校保健学習」2009年
◆「MDMA等錠剤型合成麻薬による薬物乱用の広がり」、日本学校保健会、http://www.hokenkai.or.jp/1/1-2/1-21/1-21-frame1.html
◆「AEDって何ですか」、日本心臓財団、http://www.jhf.or.jp/aed/aed.html

❼知識を活用する学習活動
　知識の習得を重視したうえで、知識を活用する学習活動を積極的に行うことにより、思考力・判断力等を育成していくことを示したものである。指導に当たっては、ディスカッション、ブレインストーミング、ロールプレイング（役割演技法）、心肺蘇生法などの実習や実験、課題学習などを取り入れること、地域や学校の実情に応じて養護教諭や栄養教諭、学校栄養職員など専門性を有する教職員等の参加・協力を推進することなど多様な指導方法の工夫を行うよう配慮することを示したものである。
　実習を取り入れる際には、応急手当の意義や手順など、該当する指導内容を理解できるようにすることに留意する必要がある。
　また、実験を取り入れるねらいは、実験の方法を習得することではなく、内容について仮説を設定し、これを検証したり、解決したりするという実証的な問題解決を自ら行う活動を重視し、科学的な事実や法則といった指導内容を理解できるようにすることに主眼をおくことが大切である。

# 第14講
生涯を通じる健康

本講義のポイント
- 健康で豊かな一生を送るためにも、生涯の各段階に健康課題がありそれに適切に対応していくこと、保健・医療制度及び地域の保健・医療機関などや様々な保健活動について理解させる。
- 今回の学習指導要領改訂で性に関連する内容の取扱いについて指導上の配慮事項が示された。発達の段階を踏まえること、学校全体で共通理解を図ること、保護者の理解を得ることなど、多くの人々に一般的に受け入れられる内容、方法で指導する必要がある。
- 今回の学習指導要領改訂で医薬品に関する内容が改善された。内容の位置付けも、「現代社会と健康」から「生涯を通じる健康」に移行された。セルフメディケーション❶の考え方がベースにある。

❶セルフメディケーション
　セルフメディケーションとは「自分自身の健康に責任をもち、軽度な身体の不調（minor ailments）は自分で手当てすること」と定義されている。
（WHO in Geneva、2000年）

❷性に関連する内容の取扱い
　「内容の取扱い」には以下のように示されている
　(6)内容の(2)のアについては、思春期と健康、結婚生活と健康及び加齢と健康を取り扱うものとする。また、生殖に関する機能については、必要に応じ関連付けて扱う程度とする。責任感を涵養することや異性を尊重する態度が必要であること、及び性に関する情報等への適切な対処についても扱うよう配慮するものとする。

1. ねらい

　2009年告示の学習指導要領では、「生涯を通じる健康」のねらいを「生涯の各段階において健康についての課題があり、自らこれに適切に対応する必要があること及び我が国の保健・医療制度や機関を適切に活用することが重要であることについて理解できるようにする」と示している。したがって、ここでは、人が生涯にわたって健康を保持増進していくためには、生涯の各段階と健康とのかかわりを踏まえて、場面に応じた適切な意志決定や行動選択が不可欠であることを理解できるようにする必要がある。
　また、中学校学習指導要領（2008年）において、医薬品の正しい使用についての内容が位置付けられたことを踏まえて、高等学校の内容が改善されている。具体的には、医薬品の承認制度や販売規制について新たに取り上げられており、医薬品を正しく使用することが有効であることについて理解を進める必要がある。また、性に関連する内容の取扱い❷について指導上の配慮事項が示され、発達の段階を踏まえること、学校全体で共通理解を図ること、保護者の理解を得ることなどの配慮が必要になった。さらに、わが国や世界では、健康課題に対応して様々な保健活動や対策などが行われていることについて理解できるようにすることが求められる。

2. 学習内容

　本単元の内容は、生涯の各段階における健康課題に応じた自己の健康管理及び環境づくりを行う必要があること、保健・医療の制度及び地域の保健・医療機関を適切に活用すること及び医薬品は有効性や安全性が審査されており、正しく使用することが有効であること、わが国や世界では様々な保健活動や対策が行われていることなどを中心として、「ア　生涯の各段階における健康」、「イ　保健・医療制度及び地域の保健・医療機関」、「ウ　様々な保健活動や対策」、の3つの項目で構成されている。
　「ア　生涯の各段階における健康」については、生涯にわたって健康を

保持増進するには、生涯の各段階の健康課題に応じた自己の健康管理及び環境づくりがかかわっていることについて理解できるようにするとして、「(ア)思春期と健康」、「(イ)結婚生活と健康」、「(ウ)加齢と健康」の3つで構成されている。

「(ア)思春期と健康」では、思春期における心身の発達や健康課題について、特に性的成熟に伴い、心理面、行動面が変化すること、また、これらの変化に対応して、自分の行動への責任感や異性を尊重する態度が必要であること、及び性に関する情報等への適切な対処が必要であることについて学ぶ。なお、指導に当たっては、発達の段階を踏まえること、学校全体で共通理解を図ること、保護者の理解を得ることなどに配慮することが大切である。

「(イ)結婚生活と健康」では、健康な結婚生活について、心身の発達や健康状態など保健の立場から学ぶ。その際、受精、妊娠、出産とそれに伴う健康課題、家族計画の意義や人工妊娠中絶の心身への影響などについても学ぶ。また、結婚生活を健康に過ごすには、自他の健康への責任感、良好な人間関係や家族や周りの人からの支援、及び母子への健康診査の利用などの保健・医療サービスの活用が必要なこと学ぶ。なお、男女それぞれの生殖にかかわる機能については、必要に応じ関連づけて扱う程度とされている。

「(ウ)加齢と健康」では、加齢に伴う心身の変化について、形態面及び機能面から学ぶ。中高年期を健やかに過ごすためには、若い時から、適正な体重や血圧などに関心をもち、適切な健康習慣を保つこと、定期的に健康診断を受けることなど自己管理をすることが重要であること、また、生きがいをもつこと、家族や親しい友人との良好な関係を保つこと、地域との交流をもつことなどが重要であること、さらに、中高年の健康状態、生活状況やこれらに対する種々の施策が行われていることを取り上げるとともに、高齢社会の到来に対応して、保健・医療・福祉の連携と総合的な対策が必要であることを学ぶ。なお、機能障害及び社会復帰を図るためのリハビリテーションについても触れるようにするとされている。

「イ　保健・医療制度及び地域の保健・医療機関」については、生涯を通じて健康を保持増進するには、保健・医療制度や地域の保健所、保健センター、医療機関などを適切に活用することが重要であること、また、医薬品は、有効性や安全性が審査されており、販売には制限があることや疾病からの回復や悪化の防止には、医薬品を正しく使用することが有効であることを理解させるようにするとして、「(ア)我が国の保健・医療制度」、「(イ)地域の保健・医療機関の活用」の2つで構成されている。

「(ア)我が国の保健・医療制度」では、わが国には、人々の健康を守るための保健・医療制度が存在し、行政及びその他の機関などから保健に関する情報、医療の供給、医療費の保障も含めた保健・医療サービスなどが提供されていることを学ぶ。その際、介護保険、臓器移植❸、献血の制度があることについても適宜触れるようにするとされている。

「(イ)地域の保健・医療機関の活用」では、生涯を通じて健康を保持増進

❸臓器移植法改正
2009年7月臓器移植法が改正された。これまで認められていなかった15歳未満からの臓器提供も家族の承諾であれば認められることとなり、幼少年者の臓器移植の道が開かれた。また本人の拒否がなければ、家族の承諾で臓器提供が可能となった。

するには、検診などを通して自己の健康上の課題を的確に把握し、地域の保健所、保健センター、病院や診療所などの医療機関及び保健・医療サービスなどを適切に活用していくことなどが必要であることを学ぶ。

また、医薬品には、医療用医薬品と一般用医薬品があること、承認制度により有効性や安全性が審査されていること、及び販売には規制があること、疾病からの回復や悪化の防止には、個々の医薬品の特性を理解したうえで使用法に関する注意を守り、正しく使うことが必要であることを学ぶ。その際、副作用❹については、予期できるものと、予期することが困難なものがあることにも触れるようにするとされている。

「ウ　様々な保健活動や対策」については、わが国や世界では、健康の保持増進を図るために、健康課題に対応して様々な保健活動や対策などが行われていることを学ぶ。その際、日本赤十字社などの民間の機関の諸活動や世界保健機関（WHO）などの国際機関などの諸活動について、ヘルスプロモーションの考え方に基づくものも含めて触れる。また、このような活動や対策を充実するには、一人ひとりが生涯の各段階でそれらを理解し支えることが重要であり、そのことが人々の健康につながることに触れるようにするとされている。

3. 学習指導のポイント

「ア　生涯の各段階における健康」では、「(ｱ)思春期と健康」について、思春期における心身の発達や健康課題を高校生という発達段階と個人差のある状況を踏まえて、教材や学習方法を取り上げるようにする。性的成熟に伴った心理面、行動面の変化は個々の子どもによって違いがあるからである。また、個別の健康課題に終始しないようにすることが大切である。指導に当たっては、発達の段階を踏まえること、学校全体で共通理解を図ること、保護者の理解を得ることなどに配慮することに特に留意したい。

また、「(ｲ)結婚生活と健康」、「(ｳ)加齢と健康」について、結婚生活や加齢と健康を高校生としての自分におきかえて学習することができるような、例えば、保健所や保健センターなどで配布されているパンフレット、市区町村などの広報等からの教材を用いることが考えられる。ともすると実感しにくい加齢に伴う心身の変化についての指導は、実習等を行うことが考えられるが、この場合に体験することにとどまらないようにすることが大切である。実習を通して形態面及び機能面の理解をするだけでなく、ディスカッションなどの学習活動を通じて思考力・判断力等を育成するようにすることが大切である。これらにより、適切な健康習慣を保つことや自己管理をすること、生きがいをもつこと、良好な人間関係や地域との交流をもつことなどについての考え方がもてるようにすることが大切である。

「イ　保健・医療制度及び地域の保健・医療機関」では、わが国の保健・医療制度について、制度や組織の詳細を学ばせるのではなく、存在している組織からどのような保健に関する情報、医療の供給、医療費の保障も含めた保健・医療サービスが提供されているのかを理解させ、適切に活用していくことなどが必要であることを理解できるようにする。

---

❹副作用
　副作用の身近な例としては、かぜ薬やアレルギーの薬をのんだ時の眠気、解熱剤をのんだ時の胃の痛みなどの胃腸障害などが挙げられる。

　副作用には、予想しないような作用が現れる場合と、薬の作用が予想したよりも強く現れてしまう場合がある。残念ながら、副作用のない薬というものはない。しかし、副作用があるから薬を使わないというのでは本来の治療ができないことになる。したがって、医師や薬剤師の説明を聞いたり、薬の説明書（添付文書）の「使用上の注意」をよく読んだりして、正しい使い方をすることが必要になる。

　副作用が起こる主な原因には、次のものがある。
● 薬の使い方によるもの
● 薬を使った人のその時の体の状態によるもの
● 薬のもっている性質によるもの
● 薬を使う人の体質によるもの

　自分に合った薬を正しく使うことで副作用の危険を減らすことができる。次のような人は特に注意が必要である。
・乳幼児
・妊婦
・高齢の人
・アレルギー体質の人
・肝臓や腎臓に病気のある人
・いろいろな薬をのんでいる人

保健・医療制度の一つとして整理された医薬品については、医薬品の承認制度による有効性や安全性の審査、販売の規制などの制度面の理解と、その使用に当たって、疾病からの回復や悪化の防止には、使用法に関する注意を守り正しく使うことを理解できるようにする。これについては、制度面の理解と医薬品を利用する側の面との両面を理解できるようにする。例えば、医薬品の取扱説明書や処方薬の説明書などの中から学習内容を見つけ出すような学習活動が考えられる。

　また、副作用については、取扱説明書や説明書では予期できるものが示されており、予期することが困難なものがあることにも触れるようにする。

　「ウ　様々な保健活動や対策」では、各種の保健活動や対策が、わが国や世界で行われていることを理解できるようにする。その際、世界保健機関や民間の機関の諸活動について取り上げることとなるが、健康の保持増進を図るための具体的な活動とともにヘルスプロモーションの考え方に基づくものも含めて取り上げる。また、一人ひとりが生涯の各段階でそれらを理解し支えることが重要で、そのことが人々の健康につながることに触れるようにすることが大切である。

4. 評価の仕方

　「生涯の各段階における健康」の評価では、評価対象となった授業の目標と実際の授業展開によって学んだ内容の実現状況を評価の対象にしなければならない。保健の評価の観点は、「関心・意欲・態度」、「思考・判断」、「知識・理解」である。以下にその具体例を示す（表1）。

表1　「地域の保健・医療機関の活用」に関する評価の具体例(知識・理解)

関心・意欲・態度	思考・判断	知識・理解
地域の保健・医療機関の活用について、仲間との話し合う活動に、参加しようとしている。	地域の保健・医療機関の活用について、資料や仲間との話し合いを元に、活用した時としなかった時の違いを見つけている。	地域の保健・医療機関は、人々の健康を守るために保健・医療サービスを提供していること、そのサービスは、適切に活用していく必要があることについて、言ったり、書き出したりしている。

（日本学校保健会、2009年より、一部改編）

（小磯　透）

■引用・参考文献
◆文部科学省「高等学校学習指導要領解説保健体育編」2009年
◆日本学校保健会「思考力の育成を重視したこれからの高等学校保健学習」2009年
◆日本学校保健会「医薬品の正しい使い方　指導者用解説」、www.hokenkai.or.jp/

第15講
社会生活と健康

本講義のポイント
▶社会生活における健康の保持増進には、個人の力と個人を取り巻く自然環境や社会の制度、活動などが深くかかわっていることを理解する。
▶すべての人が健康に生きていくには、環境と健康、環境と食品の保健、労働と健康にかかわる活動や対策の整備などに関して理解できるようにする必要がある。
▶学習内容は、「環境と健康」、「環境と食品の保健」、「労働と環境」である。
▶評価においては、個人を取り巻く自然環境や社会の制度とそれらに対する活動や対策を適切に管理し改善していく思考力・判断力を評価していくことが必要である。

1. ねらい

社会生活と健康では、まず社会生活の健康の保持増進には、個人の力だけではなく、個人を取り巻く自然環境や社会の制度、活動が深くかかわっていることに気付き、理解することが必要である。そして、すべての人が健康に生きていくには、環境と健康、環境と食品の保健、労働と健康にかかわる活動や対策の整備などが必要であることに関して理解できるようにする。このようなねらいは、ヘルスプロモーション❶の考え方に則っている。

例えば、大気汚染の学習内容を学ぶ場合には、汚染物質やその健康影響を単に羅列するだけではなく、大気汚染がどのように健康に影響するかの過程を説明できるように、また、典型的な汚染物質を例に挙げて、どのように汚染物質の特性に応じて健康影響が出るのかなどを具体的に説明できるようにする。そして、環境汚染の防止や改善の対策の総合的・計画的な整備が進められていることを理解する。このような過程を通して、生徒自身も、環境と健康、環境と食品の保健、労働と健康にかかわる活動や対策の整備に、主体的に参画していく資質や能力の基礎を培うことが求められる。

2. 学習内容

社会生活と健康の学習内容は、「ア 環境と健康」、「イ 環境と食品の保健」、「ウ 労働と健康」、の3項目で構成されている。
「ア 環境と健康」は、「(ア)環境の汚染と健康」、「(イ)環境と健康にかかわる対策」の2つで構成されている。
「(ア)環境汚染と健康」では、人間生活や産業活動に伴う大気汚染❷、水質汚濁❸、土壌汚染❹などが、人々の健康に影響を及ぼしたり被害をもたらしたりすることがあることを学ぶ。
「(イ)環境と健康にかかわる対策」では健康への影響や被害を防止するた

---

❶ヘルスプロモーション
ヘルスプロモーションは、「人々がみずからの健康をコントロールし、改善することができるようにするプロセス」と定義されている。ヘルスプロモーションの活動としては、「健康のための政策づくり」、「健康を支援する環境づくり」、「個人の能力を高めること」などが挙げられている。ヘルスプロモーションは、私達一人ひとりが、健康実現のために実践力を培うとともに、健康に生きるための環境づくりを特に重視しているのである。

❷大気汚染
空気を汚す気体や粒子（大気汚染物質）が大気にあったとしても、風で吹き飛ばされたり、雨に含まれて地表に落ちたりして、それらが高濃度にたまらなければ、大気はきれいになる（自浄作用）。しかし、風が吹かなかったり雨が降らなかったり、また大気汚染物質があまりに多くなると自浄作用の限界を超えることになり、大気汚染物質が人々の健康に影響を及ぼすようになる。

めには、汚染物質の大量発生を抑制したり、発生した汚染物質を処理したりすることなどが必要であることを学ぶ。また、そのために、環境基本法❺などの法律等の制定、環境基準の設定、排出物の規制、監視体制の整備といった総合的・計画的な対策がなされていることを学ぶ。

「イ　環境と食品の保健」は、「(ｱ)環境保健にかかわる活動」、「(ｲ)食品保健にかかわる活動」、「(ｳ)健康の保持増進のための環境と食品の保健」の3つで構成されている。

「(ｱ)環境保健にかかわる活動」では、上下水道の整備、ごみやし尿の廃棄物の処理などの環境衛生活動が、自然や学校、地域などの社会生活における環境と健康を守るために行われていること、またその現状、問題点、対策などを総合的に把握し改善していく必要のあることを、安全で良質な水の確保や廃棄物の処理と関連づけて学ぶ。

「(ｲ)食品保健にかかわる活動」では、食品の安全性の確保が、食品衛生法などに基づいて行われており、食品の製造・加工・保存・流通などの各段階での適切な管理の重要性について学ぶ。その際には、HACCP❻方式の導入などについても触れる。

「(ｳ)健康の保持増進のための環境と食品の保健」では、環境と食品の保健にかかわる健康被害の防止と健康の保持増進には、適切な情報公開や活用など、行政・生産者・製造者・消費者などが互いに関係を保ちながら、それぞれの役割を果たすことの重要性について学ぶ。

「ウ　労働と健康」は、「(ｱ)労働災害と健康」、「(ｲ)働く人の健康の保持増進」の2つで構成されている。

「(ｱ)労働災害と健康」では、労働による傷害や職業病などの労働災害が、作業形態や作業環境の変化に伴って質的・量的に変化してきたこと、また労働災害を防止するためには、作業形態や作業環境の改善を含む健康管理と安全管理が必要であることを学ぶ。

「(ｲ)働く人の健康の保持増進」では、職場の健康管理や安全管理とともに、心身両面にわたる総合的、積極的な対策の推進が図られて成り立つことを学ぶ。

その際、ストレスに対する気付きの援助、リラクセーションの指導など、メンタルヘルスケアが重視されていることにも触れる。また、働く人の日常生活においては、積極的に余暇を活用するなどして生活の質の向上を図ることなどで健康の保持増進を図っていくことの重要性について学ぶ。

3. 学習指導のポイント

「ア　環境と健康」について、「(ｱ)環境の汚染と健康」では、汚染物質とその健康影響について、単に羅列するのではなく、大気汚染、水質汚濁、土壌汚染がどのように健康に影響するのかという過程を学習指導することが重要である。大気汚染については窒素酸化物❼や浮遊粒子状物質❽等、水質汚濁についてはメチル水銀❾、PCB❿、トリクロロエチレン⓫等、土壌汚染についてはカドミウム⓬やダイオキシン⓭等、といった典型的な汚染物質を例示しながら、汚染物質の特性に応じた健康影響が出る過程を押

❸水質汚濁
炊事、洗濯、風呂、トイレなどの生活排水や鉱山や工場の廃液などによって水域が汚れ、腐敗やプランクトンや藻類の異常繁殖、あるいは有害物質による影響が起こる。わが国では、かつて、鉱山や工場での不適切な処理による水質汚濁が問題の中心であったが、現在では、家庭の生活排水による問題が大きくなっている。

❹土壌汚染
土壌には、小動物や微生物が無数に住んでおり、それらが有機物を分解している。このような土壌が、鉱山や工場、家庭、あるいはごみ焼却施設や廃棄物最終処分場などから出た分解できない物質により、汚染されるのである。

❺環境基本法
従来あった公害対策基本法、自然環境保全法に代わり環境政策の基本法として1993年に制定された。大気汚染にかかわる環境基準の設定、自動車などの排出規制、環境の監視・測定、さらに地域の公害防止のための年次計画の作成といった事柄などが盛り込まれている。

❻HACCP
Hazard Analysis Critical Control Pointの頭文字をとったもので、製造者自らが食品の製造・加工の各工程で発生する危害を分析し、その発生を防止することができる管理方法を定め、そこを重点的に管理することによって食品のより高い安全性を確保する自主衛生管理の手法のことである。

❼窒素酸化物
一酸化窒素、二酸化窒素などを総称して窒素酸化物という。肺胞などを直接刺激し、肺気腫などを起こす。

❽浮遊粒子状物質
　大気中に浮かぶ粒子状の物質のうち、その大きさが0.01mm以下のものであり、アスベストや鉛などがある。微細なため、細気管支・肺胞に沈着し、長い年月になると肺線維症などを起こす。
❾メチル水銀
　脂肪に溶けやすく、中枢神経に障害をもたらす。水俣病の原因物質。
❿PCB
　ポリ塩化ビフェニルのこと。水に溶けにくく脂肪に溶けやすい。皮膚・粘膜・肝臓の障害を起こす。
⓫トリクロロエチレン
　ICなど精密機械部品の脱脂洗浄に使われる。発がん性が疑われている。大量では麻酔作用、肝臓障害、腎臓障害を起こす。
⓬カドミウム
　腎臓の働きを障害し、リンや塩分の再吸収機能を減退させ、骨軟化症が起きる。イタイイタイ病の原因物質。
⓭ダイオキシン
　急性毒性の他に、強烈な慢性毒性、発がん性、催奇形性がある。現在の主な発生源はごみ焼却施設である。
⓮生物濃縮
　生物がある種類の物質を、その生活環境中の濃度よりも高い濃度で生体内に蓄積している状態のことであり、食物連鎖の過程によって有害物質が濃縮されていくこと。
⓯公害
　公害とは、「事業活動その他の人の活動にともなって生ずる相当範囲にわたる大気の汚染、土壌の汚染、騒音、振動、地盤の沈下および悪臭によって、人の健康または生活環境に係る被害が生ずることをいう」（環境基本法第2条）と規定されている。大気汚染の被害としては「四日市ぜんそく」、水質汚濁の健康被害としては「水俣病（熊本、新潟）」、そして土壌汚染の健康被害としては「イタイイタイ病」が代表的である。

さえる。大気汚染では、汚染物質がどのような汚染源から排出され、高濃度や長期間になるといった条件で、人体のどこにどのような影響が出るのかを学習指導する。水質汚濁では、直接人体に影響を及ぼすのか、生物濃縮⓮によるのかについても分類しながら学習指導する。また、生活排水については、汚染物質と健康影響の関係が不明確ではあるものの、現代的な課題であり、触れておく必要がある。さらに、今日では、大気汚染、水質汚濁、土壌汚染は、独立しているものではなく、互いに関連していることを押さえる。公害については、その健康被害がなぜ起きたのかという過程を踏まえ、適宜考えさせるとよい。

　「(イ)環境と健康にかかわる対策」では、汚染物質の大量発生抑制や発生後の処理は、汚染状態を監視したり、改善策を実施したり、被害者への補償をしたりすること等が並行して行われていることを押さえる。また、その対策は、環境基本法などの法律等の制定、環境基準の設定、排出物の規制、監視体制の整備というように総合的・計画的に行われていることを学習指導する。また、ここでは廃棄物の処理と健康について触れておく。さらに、今日私達一人ひとりの生活の改善も必要なことにも触れておくとよい。環境基本法の制定には、わが国の公害⓯の歴史が深くかかわっていることから、公害を典型教材として用いることもできる。

　「イ　環境と食品の保健」について、「(ア)環境保健にかかわる活動」では、上下水道の整備とごみやし尿の廃棄物の処理などの環境衛生活動についての学習指導が中心となる。安全で良質な水を確保するためには、汚れた水の衛生的な処理よりも、水源の水を良好に保つために、いかに汚れた水を出さないようにするかを気付かせるようにする。しかし、今日では、生活排水、工場排水、農薬等によって水源となる河川や湖沼等が汚染されていることから、塩素剤によって水源の水を殺菌・消毒しており、それによりトリハロメタン⓰が発生するといった問題点を押さえる。また、水源の水質を保つためには、下水道の整備を進める必要があることも押さえる。ごみの処理については、その問題点や対策を学習指導することが中心となるが、最終処分場の限界性と関連づけながら、ごみの排出量を抑制したり、資源化したりすることを押さえる。

　「(イ)食品保健にかかわる活動」では、食品の安全性の確保について、まず食品衛生法などに基づいて行政が行っている対策を取扱う。そして、食品の製造・加工・保存・流通などの各段階で基準などを遵守したり、その遵守状況を行政が監視したりといった管理の重要性を押さえる。その際、HACCP方式が導入され、加工食品の製造過程に焦点を当てた管理が行われていることについても触れる。

　「(ウ)健康の保持増進のための環境と食品の保健」では、環境と食品の保健にかかわる健康被害の防止と健康の保持増進には、適切な情報公開や活用など、行政・生産者・製造者・消費者などが互いに関係を保ちながら、それぞれの役割を果たすことの重要性について学ぶことになるが、ここでは行政の取り組みだけではなく、消費者の責任や役割についても重点的に押さえる。環境にかかわることでは、環境負荷を考慮した商品選択、購入

するか否かの吟味、廃棄の際のリデュース・リユース・リサイクル❼、ごみの分別などを、食品にかかわることでは、商品購入の際の安全性についての情報の活用や購入後の適切な保存や調理などを押さえる。そして、環境と食品のいずれにおいても、消費者の行動や意見が、行政・生産者・製造者の保健・安全対策に影響を及ぼすことについて押さえる。

「ウ 労働と健康」について、「(ア)労働と健康」では、まず働くことと健康がプラス面においてもマイナス面においても関連性をもつことに気付くこと、そして肉体労働の減少やコンピュータの普及などといった作業形態や作業環境の変化によって、生活習慣病やストレスなどが健康問題の中心となってきていることを押さえる。そして、労働災害や職業病❽も変化してきており、その防止には健康管理と安全管理が必要なことを学ぶ。

「(イ)働く人の健康の保持増進」では、「(ア)労働と健康」での学習を踏まえて、心身両面の総合的な対策が、職場や国によって進められていることを押さえる。そして高校生が近い将来に仕事をしていく際に、生活の質の向上を図りながら、健康の保持増進を図っていくこと意志決定・行動選択ができるように支援していく。

4. 評価の仕方

社会生活と健康では、環境と健康、環境と食品の保健、労働と環境にかかわる様々な活動や対策について、まず、自分達の身の回りではどのような活動や対策が実際に行われているのかについて、関心や意欲が高まったかどうかを、ワークシートへの記入や意見発表の内容などを中心に評価していく。

また環境と健康、環境と食品の保健、労働と環境にかかわる様々な活動や対策の現状と課題について、資料を元に分析・整理したり、仲間の意見と自分の意見を交換し比較したりするといった作業を行い、思考・判断の観点を評価する。さらに、それらの活動や対策についての基本的内容を具体的な事例を示したりしながら説明できるかどうか、さらにそれらが、自分達のまわりの環境や生活や労働の健康面の向上にどのように役立っているのかについて説明できるかどうかを中心にしながら、知識・理解の観点について、テストやレポートなどによって評価する。

(植田誠治)

■引用・参考文献
◆日本学校保健会「思考力の育成を重視したこれからの高等学校保健学習」日本学校保健会、2009年

---

❻トリハロメタン
クロロホルムをはじめとする塩素系を含む炭化水素の総称。

❼リデュース・リユース・リサイクル
リデュース（Reduce：排出抑制）、リユース（Reuse：再利用）、リサイクル（Recycle：再資源化）。これらの資源の有効活用対策を「3R」と呼ぶ。

❽職業病
働くことが原因で起こる病気の総称。要因としては、物理的及び化学的な作業環境によるものと、作業方法などの作業条件によるものとに分けられる。
物理的な要因のものには、高気圧障害、職業性難聴、振動障害などがある。
化学的な要因のものには、じん肺、有毒ガス中毒、有機溶剤中毒などがある。
作業条件によるものには、頸肩腕障害、職業性腰痛などがある。

第5章
試験想定問題と解答例

第1講 保健の新しい方向（今次の改訂の要点）

❏問題1

保健の新しい方向について述べなさい。

◆解答例

保健については、変化の激しい社会において、生涯を通じて自らの健康を適切に管理し、改善していく資質や能力を育成することが重要。このことは、学習指導要領の理念である「生きる力」を支える「健やかな体の育成」に通じるものである。

そのためには、児童生徒の発達段階を踏まえ、健康・安全に関する内容について系統性のある指導をする。

また、健康・安全に関する内容について学習意欲を高め、知識を活用する学習活動を取り入れることによって、それらの基礎的な内容についての知識の習得を重視するとともに、思考力・判断力等の資質や能力を育成することを目指す。

❏問題2

次の文章は、中央教育審議会の答申（2008年1月）の保健に関する部分である。空欄に入る用語を下記の語群から選び、記号で答えなさい。

保健については、（①）を通じて自らの（②）を適切に管理し、改善していく資質や能力を育成するため、一層の内容の改善を図る。その際、小・中・高等学校を通じて（③）のある指導ができるように、子どもたちの（④）を踏まえて保健の内容の体系化を図る。また、（⑤）や（⑥）などが健康に影響することを学ぶことが重要であり、健康の概念や課題などの内容を明確に示すとともに、心身の発育・発達と健康、（⑦）などの疾病の予防、保健医療制度の活用、健康と環境、傷害の防止としての安全などの内容の改善を図る。特に、小学校低学年においては、（⑧）を通して健康の認識がもてるよう指導の在り方を改善する。

＜語群＞
ア．生活習慣病　イ．体力　ウ．健康　エ．運動
オ．系統性　カ．ストレス　キ．生涯　ク．家庭
ケ．生活習慣の乱れ　コ．発達の段階

◆解答
①キ　②ウ　③オ　④コ
⑤ケ　⑥カ　⑦ア　⑧エ

❏問題3

次の文章は小・中・高等学校の保健に関する学習指導要領の一部である。それぞれの内容は、小・中・高等学校のどの校種のものか。それぞれの番号を校種ごとに分類し、（　　　）に記入しなさい。

①健康の保持増進や疾病の予防には、保健・医療機関を有効に利用することがあること。また、医薬品は、正しく使用すること。
②我が国や世界では、健康課題に対応して様々な保健活動や対策などが行われていること。
③健康の保持増進には、健康に関する個人の適切な意志決定や行動選択及び環境づくりがかかわること。
④地域では、保健にかかわる様々な活動が行われていること。
⑤心や体の調子がよいなどの健康の状態は、主体の要因や周囲の環境の要因がかかわること。
⑥個人の健康は、健康を保持増進するための社会の取組と密接なかかわりがあること。
⑦医薬品は、有効性や安全性が審査されており、販売には制限があること。疾病からの回復や悪化の防止には、医薬品を正しく使用することが有効であること。
⑧自然災害による傷害は、災害発生時だけでなく、二次災害によっても生じること。
⑨交通事故や身の回りの生活が原因となって起こるけがの防止には、周囲の危険に気付くこと、的確な判断の下に安全に行動すること、環境を安全に整えることが必要であること。

小学校　（　　　　　　　　　　　　　　　）
中学校　（　　　　　　　　　　　　　　　）
高等学校（　　　　　　　　　　　　　　　）

◆解答
小学校　（④、⑤、⑨）
中学校　（①、⑥、⑧）
高等学校（②、③、⑦）

（森　良一）

第2講 総則と健康

❏問題1

次の文章は、中学校学習指導要領総則1の3である。空欄に入る用語を下記の語群から選び、記号で答えなさい。

3 学校における（①）に関する指導は、生徒の発達の段階を考慮して、学校の教育活動全体を通じて適切に行うものとする。特に、学校における（②）の推進並びに（③）の向上に関する指導、（④）に関する指導及び（⑤）に関する指導については、保健体育科の時間はもとより、（⑥）、特別活動などにおいてもそれぞれの特質に応じて適切に行うよう努めることとする。また、それらの指導を通して、（⑦）や（⑧）との連携を図りながら、日常生活において適切な体育・健康に関する活動の実践を促し、生涯を通じて健康・安全で活力ある生活を送るための基礎が培われるよう配慮しなければならない。

＜語群＞
ア．安全　イ．体力　ウ．体育・健康　エ．食育
オ．心身の健康の保持増進　カ．理科
キ．技術・家庭科　ク．家庭　ケ．地域社会
コ．部活動

◆解答
①ウ　②エ　③イ　④ア
⑤オ　⑥キ　⑦ク　⑧ケ

❏問題2

次の表は、小・中・高等学校の保健の内容のまとまりを示している。学校における食育、安全に関する指導に関連する内容が含まれているものを表からそれぞれ選び、番号で答えなさい。

小学校	中学校	高等学校
①毎日の生活と健康	⑥心身の機能の発達と心の健康	⑩現代社会と健康
②育ちゆく体とわたし	⑦健康と環境	⑪生涯を通じる健康
③心の健康	⑧傷害の防止	⑫社会生活と健康
④けがの防止	⑨健康な生活と疾病の予防	
⑤病気の予防		

学校における食育（　　　　　　）
安全に関する指導（　　　　　　）

◆解答
学校における食育（①、②、⑤、⑨、⑩、⑫）
安全に関する指導（④、⑧、⑩）

❏問題3

総則の解説に「心身の成長発達に関して適切に理解し、行動することができるようにする指導」をするに当たって、配慮したり、考慮したりすることが重要であると示された事項について具体的に3つ答えなさい。
①（　　　　　　　　　　　　　　）
②（　　　　　　　　　　　　　　）
③（　　　　　　　　　　　　　　）

◆解答
①学校の教育活動全体で共通理解を図ること。
②家庭の理解を得ること。
③関連する教科、特別活動等において、発達の段階を考慮して指導すること。

（森　良一）

第3講　保健の目標

❏問題 1

次に挙げる文に当てはまる法律名を答えなさい。
①教育は、人格の完成を目指し、平和で民主的な国家及び社会の形成者として必要な資質を備えた心身ともに健康な国民の育成を期して行われなければならない。
②健康、安全で幸福な生活のために必要な習慣を養うとともに、運動を通じて体力を養い、心身の調和的発達を図ること。
③幅広い知識と教養を身に付け、真理を求める態度を養い、豊かな情操と道徳心を培うとともに、健やかな身体を養うこと。

◆解答
①教育基本法　②学校教育法　③教育基本法

❏問題 2

次の文章は、高等学校学習指導要領解説保健体育編（2009年）の一部である。空欄に入る用語を下記の語群から選び、記号で答えなさい。

「健康・安全や運動についての理解」とは、健康・安全や運動についての（①）理解を意味している。健康・安全面では、小学校の（②）における健康・安全に関する基礎的な内容を（③）理解すること、中学校での主として（④）における健康・安全に関する内容を（⑤）理解することを踏まえ、高等学校では個人生活のみならず（⑥）とのかかわりを含めた健康・安全に関する内容を（⑦）理解することを通して、（⑧）健康や安全の課題に適切に対応できるようにすることを目指しているものである。

＜語群＞
ア．身近な生活　イ．個人生活　ウ．社会生活
エ．生涯を通じて　オ．現在における
カ．実践的に　キ．科学的に　ク．総合的に
ケ．総合的な

◆解答
①ケ　②ア　③カ　④イ
⑤キ　⑥ウ　⑦ク　⑧エ

❏問題 3

次の文章は、中学校学習指導要領保健体育編保健分野と高等学校学習指導要領保健体育編科目保健の目標である。下に挙げた①〜⑥は保健の目標の解説で中学校と高等学校についてのものである。このうち、高等学校に当てはまる番号を答えなさい。

「中学校学習指導要領保健体育編　保健分野」
　心と体を一体としてとらえ、運動や健康・安全についての理解と運動の合理的な実践を通して、生涯にわたって運動に親しむ資質や能力を育てるとともに健康の保持増進のための実践力の育成と体力の向上を図り、明るく豊かな生活を営む態度を育てる。

「高等学校学習指導要領保健体育編　科目保健」
　心と体を一体としてとらえ、健康・安全や運動についての理解と運動の合理的、計画的な実践を通して、生涯にわたって豊かなスポーツライフを継続する資質や能力を育てるとともに健康の保持増進のための実践力の育成と体力の向上を図り、明るく豊かで活力ある生活を営む態度を育てる。

①自我の確立とともに個人にかかわる事柄のみでなく社会的な事象に対する興味・関心が広がり、自ら考え判断する能力なども身に付きつつある。
②抽象的な思考なども可能になる。
③心身の健康の保持増進に関する基礎的・基本的な内容について科学的に思考し、理解できるようにすることを目指したものである。
④健康・安全に関する事柄に興味・関心を持ち、科学的に思考・判断し、総合的に捉えることができるようにすることを目指したものである。
⑤現在及び将来の生活において健康・安全の課題に直面した場合に、的確な思考・判断に基づいて適切な意志決定を行い、自らの健康の管理や健康的な生活行動の選択及び健康的な社会環境づくりなどが実践できるようになるための基礎としての資質や能力を育成する。
⑥現在及び将来の生活において健康・安全の課題に直面した場合に的確な思考・判断を行うことができるよう、自らの健康を適切に管理し改善していく思考力・判断力などの資質や能力を育成する。

◆解答
①、④、⑤

（森　良一）

第4講　保健の内容

❏問題 1

保健の学習のねらいについて適語を入れなさい。

小学校体育科保健領域では、健康な生活、体の発育・発達、けがの防止、心の健康及び病気の予防についての基礎的・基本的な内容を（①）することをねらいとしている。このことは、グループ活動や実習などを通して単に（②）としてとどめるだけではなく、児童が、身近な生活における学習課題を（③）し、（④）する（⑤）を通して、健康・安全の大切さに気付くことなどを含んでいる。

中学校保健体育科保健分野では、心身の機能の発達と心の健康、健康と環境、傷害の防止及び健康な生活と疾病の予防など、心身の健康の保持増進について（⑥）することをねらいとしている。このことは、これらの内容を単に（⑦）として、また、（⑧）としてとどめることではなく、生徒が（⑨）の生活において健康・安全の課題に直面した場合に、（⑩）と正しい判断のもとに意志決定や行動選択を行い、適切に実践していくための（⑪）などの資質や能力の基礎を育成することをねらいとしている。

高等学校保健体育科科目保健では、健康・安全について（⑫）することを通して、生徒が現在及び将来の生活において、健康・安全の課題に直面した場合に、科学的な思考と正しい判断に基づく（⑬）や（⑭）を行い、適切に実践できるような資質や能力の基礎を培い、実践力の育成を目指すことをねらいとしている。

◆解答
①実践的に理解　②知識や記憶　③発見　④解決
⑤過程　⑥科学的に理解　⑦知識　⑧記憶
⑨現在及び将来　⑩科学的な思考
⑪思考力・判断力　⑫総合的に理解　⑬意志決定
⑭行動選択

❏問題 2

2008年改訂の保健について適語を入れなさい。

今次改訂では、健康の保持増進のための実践力の育成のため、自らの健康を適切に管理し改善していく（①）などの資質や能力を育成する観点から、（②）のある指導ができるよう内容を（③）に示すよう改訂が行われている。

◆解答
①思考力・判断力　②系統性　③明確

❏問題 3

次に挙げるものは高等学校学習指導要領の一部である。右側に学習内容を主部と述部の文で書き出しなさい。

学習指導要領	学習内容
(1)現代会社と健康 　喫煙と飲酒は、生活習慣病の要因になること。 　また、薬物乱用は、心身の健康や社会に深刻な影響を与えることから行ってはならないこと。 　それらの対策には、個人や社会環境への対策が必要である。	（　①　） （　②　） （　③　）

◆解答例
①喫煙と飲酒は、生活習慣病の要因になること。
②薬物乱用は、心身の健康や社会に深刻な影響を与えることから行ってはならないこと。
③喫煙と飲酒、薬物乱用の対策には個人や社会環境への対策が必要であること。

（今関豊一）

第5講　保健の指導計画

❏問題1

指導計画作成の意義について、次の文に適語を入れなさい。

指導計画とは、各教科、道徳、総合的な学習の時間ならびに特別活動のそれぞれについて、（①）ごとあるいは（②）ごとに、学習（③）、学習（④）、学習内容の学年への（⑤）、学習（⑥）教材、学習時間の（⑦）、指導上の留意事項などを定めた具体的な見通しであり、学習指導の（⑧）である。したがって、保健の目標を達成するうえでも（⑨）、（⑩）に学習を展開するための指導計画が必要になる。授業は、保健の（⑪）の（⑫）である。指導計画は授業を効果的に展開するために作成される合理的な手順であるから、授業の善し悪しは（⑬）に依存することになる。

なお、指導計画は、目標の（⑭）、学習内容や単元の（⑮）、指導方法、教材などの授業を支える諸条件の在り方を評価し、（⑯）の方向性を検討する際の手掛かりともなる。

◆解答
①学年　②学級　③目標　④内容　⑤配列
⑥方法　⑦配当　⑧方向性を示すもの　⑨意図的
⑩計画的　⑪目標達成　⑫過程
⑬指導計画の良否　⑭達成の状況　⑮規模の妥当性　⑯授業改善

❏問題2

中学校における保健の指導計画作成について適語を入れなさい。

（①）で各分野に当てる授業時数は、体育分野267単位時間程度、保健分野（②）単位時間程度を配当することとしている。

このうち、体育分野の授業時数は、例えば、体ほぐしの運動と心の健康、水泳と応急手当などの指導に当たっては、体育分野と保健分野との（③）をもたせて指導するように配慮する必要がある。そのため、3学年間で各分野に当てる授業時数は、若干の幅をもたせて「（④）」とした。

＜保健分野の学年別授業時数＞
保健分野の学年別授業時数の配当については、3学年間を通して適切に配当するとともに、生徒の（⑤）や（⑥）などを高めながら効果的に学習を進めるため、学習時間を（⑦）または（⑧）に設定することが望ましいことを示している。ただし、（⑨）においては、課題追究あるいは調べる活動の時間を十分確保するために、次の授業時間との間にゆとりをもたせるなどの工夫をすることも効果的であると考えられる。

◆解答
①3学年間　②48　③密接な関連　④程度
⑤興味・関心　⑥意欲　⑦継続的　⑧集中的
⑨課題学習

❏問題3

指導計画作成の留意点としての「他の領域との関連」について説明しなさい。

◆解答例
保健の指導計画作成に当たり、他の領域との関連については、次のようにする。

それは、教育課程は学校教育活動全体との関連を図ることが求められることを大前提とする。保健の指導内容は、総則3体育・健康に関する指導、関連する教科、道徳、総合的な学習の時間、特別活動との関連を図って年間指導計画を作成することが大切である。

注意しておきたいこととしては、他の領域との関連を図ろうとするあまり、保健の学習で指導する内容が曖昧になってしまい、「活動は行っているが保健の学習で何を指導している（学んでいる）か不明瞭になってしまう」ことを避けることである。教育課程には、総則、各教科、道徳、総合的な学習の時間、特別活動といった領域があり、それぞれ固有の目標や方向性をもっている。関連を図ろうとするあまり、保健の学習指導の際に、他の領域の内容の指導や活動が中心となることは避けなければならない。

年間指導計画作成に当たっては、体育科・保健体育科の「保健」という独自の目標や指導内容を明確にしつつ、また、この「保健」以外のそれぞれの領域固有性も踏まえつつ関連を図って実践できるような年間指導計画を作成することが大切である。

（今関豊一）

第6講　保健の学習指導

❏問題1

次の文章は、中学校学習指導要領（2008年）における保健分野の「内容の取扱い」の解説部分（一部）である。①～⑩に入る語句を語群から選び、その記号を書きなさい。

指導に当たっては、事例などを用いたディスカッション、（①）、心肺蘇生法などの実習、（②）、（③）などを取り入れること、また、必要に応じて（④）等を活用すること、地域や学校の実情に応じて養護教諭や栄養教諭、学校栄養職員など専門性を有する教職員等の（⑤）を推進することなど（⑥）を行うよう配慮することを示したものである。

実習を取り入れる際には、応急手当の意義や手順など、該当する指導内容を（⑦）できるようにすることに留意する必要がある。

また、実験を取り入れるねらいは、実験の（⑧）を習得することではなく、（⑨）について仮説を設定し、これを検証したり、解決したりするという実証的な（⑩）を自ら行う活動を重視し、科学的な事実や法則といった指導内容を理解できるようにすることに主眼を置くことが大切である。

＜語群＞
ア．理解　　イ．内容　　ウ．方法
エ．課題学習　　オ．コンピュータ
カ．ブレインストーミング　　キ．問題解決
ク．実験　　ケ．参加・協力
コ．多様な指導方法の工夫

◆解答
①カ　②ク　③エ　④オ　⑤ケ
⑥コ　⑦ア　⑧ウ　⑨イ　⑩キ

❏問題2

次の指導方法について、それぞれ特長と留意事項を説明しなさい。
①ブレインストーミング
②ケーススタディ

◆解答例
①ブレインストーミングの特長は、児童生徒の発言が活発になりやすく、また他の人のアイデア等からさらに考えたりして、思考が促されやすいことである。留意事項は、出されたアイデア等を批判しないなど、活発な発言を促すためのブレインストーミングのルールを周知させて行うことである。
②ケーススタディの特長は、架空の人物について話し合うため、児童生徒の率直な気持ちや考え等を引き出しやすいことである。留意事項は、事例の設定には、身近に起こりうるものを取り上げること、また、事例には、実在する児童生徒の氏名等の固有名詞を用いないことである。

❏問題3

学習指導要領（2008・2009年）で示された「知識を活用する学習活動を取り入れる」ことについての考え方を、120字程度で説明しなさい。
◆解答例
このことは、基礎・基本となる知識を習得する指導を重視しながらも、そのうえで習得した知識を活用する学習活動を積極的に取り入れて思考力・判断力等を培い、生きてはたらく知恵として身に付けていけるような指導を行うことを目指しているものである。

❏問題4

多様な指導方法を工夫するに当たって留意すべきことを、120字程度で述べなさい。
◆解答例
学習の成果を上げるには、学習内容に適した指導方法を用いることが求められる。すべての学習内容に適した指導方法などは存在せず、また、それぞれの指導方法には長所と短所があるので、特長を生かし、留意事項に配慮して適切に用いる必要がある。

（野津有司）

第7講 保健の学習評価

❏問題1

保健の評価観点について述べなさい。

＜解答の要点＞
1) 保健の評価観点は、「関心・意欲・態度」、「思考・判断」、「知識・理解」の3つであることを明確に述べる。
2) 高等学校ではこれまで総合的な評価がなされることが一般的であったが、今日では3つの観点を踏まえたうえでの総合的な評価が求められていることを述べる。

◆解答例

　文部科学省は、保健の評価観点として「関心・意欲・態度」、「思考・判断」、「知識・理解」の3つを示している。

　小学校と中学校においては、保健学習の単元ごとに「関心・意欲・態度」、「思考・判断」、「知識・理解」の3観点の評価を出し、それに体育分野の「関心・意欲・態度」、「思考・判断」、「運動の技能」、「知識・理解」の4観点と合わせて総合的に評価していく。高等学校においては、保健学習単独で評価する。なお、高等学校では、これまで総合的な評価がなされることが一般的であったが、今日では、小学校や中学校と同様に、「関心・意欲・態度」、「思考・判断」、「知識・理解」の3つの観点を評価したうえでの総合的な評価がなされることが求められている。

❏問題2

評価規準とは何か述べなさい。

＜解答の要点＞
1) 評価規準は、何を評価するのかという質的な「よりどころ」のことであり、児童生徒の姿で表現されることが多いことを述べる。
2) 国立教育政策研究所では、「おおむね満足できる」児童生徒の学習の実現状況を評価規準と定義していることを述べる。

◆解答例

　学習評価を行う場合、テストの点数や提出物を比較したり、照合したりするための判断の「よりどころ」が必要になるが、何を評価するのかという質的な「よりどころ」のことを評価規準という。これは、教育目標を評価目標に従って具体化した目標や行動（児童生徒の姿）などで表現される。

　国立教育政策研究所教育課程センターや各教育委員会では、学習指導要領に示された教育目標や教育内容に元に評価規準が作成されており、そこでは「おおむね満足できる」児童生徒の学習の実現状況（行動や姿）を評価規準と定義している。

❏問題3

今日の保健の学習評価に求められている工夫について要点をまとめなさい。

＜解答の要点＞
1) 目標に準拠しながら、学習評価計画を立てることを述べる。
2) 評価方法を多様化すること、またテスト問題を工夫し、「知識・理解」の観点のみならず「思考・判断」まで問うようなものとすることなどを述べる。

◆解答例

　今日の保健の学習評価では、評価計画を立て、目標に準拠しながら、学習のどの場面で、どの観点の評価を、どういう方法で行うかを決めておき、指導案に書き込んでいくとよい。また、評価計画には、評価規準である「おおむね満足できる状況」の児童生徒の姿だけではなく、「十分満足できる状況」と「努力を要する状況」の児童生徒の姿についても書き込んでおく。そして、「努力を要する状況」の児童生徒がいた場合に教師がどのように支援したらよいかも考えておき、指導と評価を一体化させるようにする。

　評価方法は、テストのみならず、観察、ワークシート、レポート、作文など多様な評価方法を用いる。

　また、テスト問題は、再任形式テストや再生形式テストによるだけではなく、保健事象の具体例を一般化するような問題や、逆に保健の基礎概念を具体化して考える問題や資料や事例を分析したり分類・整理したりする問題、あるいは状況場面を総合的に考えたりするような問題を工夫し、評価観点の「思考・判断」についても評価できる問題づくりが求められている。

（植田誠治）

第8講　毎日の生活と健康、育ちゆく体とわたし

❑問題1

次の文章は、小学校学習指導要領体育編（2008年）の一部である。空欄に入る用語を下記の語群から選び、記号で答えなさい。

心や体の調子がよいなどの健康の状態は、（①）の要因や（②）の要因がかかわっていること。

毎日を健康に過ごすには、食事、運動、休養及び睡眠の調和のとれた生活を続けること、また、（③）を保つことなどが必要であること。

毎日を健康に過ごすには、（④）の調節、換気などの（⑤）を整えることなどが必要であること。

体は、年齢に伴って変化すること。また、体の発育・発達には、（⑥）があること。

体は、思春期になると次第に大人の体に近づき、体つきが変わったり、（⑦）、精通などが起こったりすること。また、異性への（⑧）が芽生えること。

＜語群＞
ア．明るさ　イ．個人差　ウ．初経
エ．周囲の環境　オ．清潔　カ．生活環境
キ．主体　ク．関心

◆解答
①キ　②エ　③オ　④ア
⑤カ　⑥イ　⑦ウ　⑧ク

❑問題2

小学校3年の保健の学習において、留意すべき点について簡潔にまとめなさい。

◆解答例

2008年の学習指導要領の改訂時に「健康な生活とわたし」が位置付けられ、そこで「健康の状態」についての学習を行うこととなった。3年生なりに健康について考えることができる学習となるように、気持ちが意欲的な時、元気な時などの心や体の調子のよい状態について、いろいろな経験に関する意見を出させるようにする。

また、自分の生活を見直して、1日の生活の仕方を考えたり、手や足、ハンカチや衣服などの清潔を保つことの必要性を考えたりさせる際は、実践する意欲がもてるように配慮する。

そして、生活環境を整えることの大切さを指導する際は、健康診断や学校給食など学校内での保健活動についても適宜取り上げるようにする。

❑問題3

「育ちゆく体とわたし」において、発育・発達の個人差や、思春期の体の変化などを指導する際の留意点について、簡潔にまとめなさい。

◆解答例

自分と他の人では発育・発達などに違いがあることに気付き、それらを肯定的に受け止めることが大切であることについて配慮した指導が望まれる。

また、思春期の体の変化の指導に当たっては、①発達の段階を踏まえること、②学校全体で共通理解を図ること、③保護者の理解を得ることなどに配慮することが大切である。

❑問題4

「食育の推進」の観点から、保健の学習においても食事、運動、休養及び睡眠については、食育の観点も踏まえつつ健康的な生活習慣の形成に結び付くよう配慮することとなっている。小学校の保健で取り上げる食生活の取扱いについて、簡潔に述べなさい。

◆解答例

小学校の保健では、3、4、6年において健康的な生活習慣の形成にかかわる内容を取り上げる。3年では、1日の生活のリズムに合わせて食事、運動、休養及び睡眠が必要であることを理解できるようにする。4年の「ウ　体をよりよく発育・発達させるための生活」では、体をよりよく発育・発達させるための生活の仕方として、調和のとれた食事、適切な運動、休養及び睡眠などが必要であることを理解できるようにする。6年では、生活行動が主な要因となって起こる病気の予防という視点から、「糖分、脂肪分、塩分などを摂りすぎる偏った食事や間食を避ける必要があること」を理解できるようにする。

（岩田英樹）

第9講 心の健康、けがの防止、病気の予防

❏問題1

次の文章は、小学校学習指導要領体育編（2008年）の一部である。空欄に入る用語を下記の語群から選び、記号で答えなさい。

心は、いろいろな（①）を通して、（②）に伴って発達すること。

不安や悩みへの対処には、大人や友達に（③）する、仲間と遊ぶ、（④）をするなどいろいろな方法があること。

交通事故や（⑤）の危険が原因となって起こるけがの防止には、周囲の危険に気付くこと、的確な判断の下に安全に行動すること、（⑥）を安全に整えることが必要であること。

病気は、病原体、（⑦）、生活行動、環境がかかわり合って起こること。

生活習慣病など生活行動が主な要因となって起こる病気の予防には、（⑧）の偏りのない食事をとること、（⑨）の衛生を保つことなど、望ましい生活習慣を身に付ける必要があること。

（⑩）では、保健にかかわる様々な活動が行われていること。

＜語群＞
ア．運動　　イ．地域　　ウ．年齢　　エ．環境
オ．栄養　　カ．相談　　キ．生活経験
ク．身の回りの生活　　ケ．口腔
コ．体の抵抗力

◆解答
①キ　②ウ　③カ　④ア　⑤ク
⑥エ　⑦コ　⑧オ　⑨ケ　⑩イ

❏問題2

心の健康において、指導上の留意点について、簡潔にまとめなさい。

◆解答例

感情、社会性、思考力など、様々な働きの総体として捉えられる心は、年齢などに伴って発達すること、また、心と体が相互に影響し合っていることについて、児童の経験を十分に想起させながら理解できるようにする。

不安や悩みは誰もが経験すること、また、それに気付いたり、対処したりする経験は、心の発達のために大切であることにも触れながら、相談や運動をしたり、音楽を聴いたりするなどのいろいろな対処の方法があり、自分に合った方法で対処できることを理解できるようにすること。そのため、対処法の紹介や体験のみに偏った指導とならないこと。

❏問題3

けがの防止において、留意すべき点について簡潔にまとめなさい。

◆解答例

今次改訂（2008年）で防犯も含めて取扱えるように「身の回りの生活の危険」という表現に変わったが、いわゆる防犯教室と混同しないように、「周囲の状況をよく見極め、危険に早く気付いて、的確な判断の下に安全に行動する必要があること」を中心に取扱う必要がある。また、けがの手当においても、すり傷、鼻出血などの手当の手順の習得そのものを目指すのではなく、そこでの原理・原則を押さえた実習となるように配慮する必要がある。

❏問題4

喫煙、飲酒、薬物乱用と健康において取扱う内容について、下記のそれぞれの事柄について簡潔に述べなさい。
①喫煙の急性影響
（　　　　　　　　　　　　　　　　）
②飲酒の急性影響
（　　　　　　　　　　　　　　　　）
③薬物乱用の影響
（　　　　　　　　　　　　　　　　）

◆解答例
①せきが出たり心拍数が増えたりするなどして呼吸や心臓の働きに対する負担など。
②判断力が鈍る、呼吸や心臓が苦しくなるなどの影響。
③1回の乱用でも死に至ることがあり、乱用を続けるとやめられなくなり、心身の健康に深刻な影響を及ぼすこと。

（岩田英樹）

第10講　心身の機能の発達と心の健康

❑問題1

「心身の機能の発達と心の健康」を指導する際のねらいを述べなさい。

◆解答例

健康の保持増進を図るための基礎として、心身の機能は生活経験などの影響を受けながら年齢とともに発達することについて理解できるようにするとともに、これらの発達の仕方や心の健康を保持増進する方法についても理解できるようにすることをねらいとしている。

❑問題2

次の文章は、中学校学習指導要領解説保健体育編（2008年）の一部である。空欄に入る用語を下記の語群から選び、記号で答えなさい。

身体の発育・発達には、骨や（①）、肺や（②）などの器官が急速に発育し、呼吸器系、（③）系などの機能が発達する時期があること、また、その時期や程度には、人によって違いがあることを理解できるようにする。

＜語群＞
ア．脳　イ．筋肉　ウ．胸腺　エ．脊髄
オ．へんとう　カ．心臓　キ．消化器
ク．泌尿器　ケ．循環器　コ．免疫
サ．神経

◆解答

①イ　②カ　③ケ

❑問題3

「生殖にかかわる機能の成熟」を指導する際の配慮事項について述べなさい。

◆解答例

指導に当たっては、発達の段階を踏まえること、学校全体で共通理解を図ること、保護者の理解を得ることなどに配慮することが大切である。また、具体的な性行為等の妊娠の経過は、取扱わない。

❑問題4

次の文章は、中学校学習指導要領解説保健体育編（2008年）の一部である。空欄に入る用語を下記の語群から選び、記号で答えなさい。

思春期には、下垂体から分泌される（①）ホルモンの働きにより（②）の発育とともに生殖機能が発達し、男子では射精、女子では月経が見られ、妊娠が可能となることを理解できるようにする。また、（③）的な成熟に伴う性的な発達に対応し、性衝動が生じたり、異性への関心などが高まったりすることなどから、異性の（④）、性（⑤）への対処など性に関する適切な態度や行動の選択が必要となることを理解できるようにする。

＜語群＞
ア．副甲状腺　イ．性腺刺激　ウ．副腎皮質刺激
エ．甲状腺　オ．生殖器　カ．身体　キ．精神
ク．内分泌　ケ．尊厳　コ．心理　サ．友人
シ．尊重　ス．性同一性障害　セ．マスコミ
ソ．情報　ナ．暴力　ニ．表現

◆解答

①イ　②オ　③カ　④シ　⑤ソ

❑問題5

欲求及びストレスに対する適切な対処について、それぞれの指導内容を述べなさい。

◆解答

欲求への適切な対処には、欲求の実現に向けて取り組んだり、自分や周囲の状況からよりよい方法を見つけたりすることなどがある。

また、ストレスへの適切な対処には、コミュニケーションの方法を身に付けること、体ほぐしの運動等でリラクセーションの方法を身に付けること、趣味をもつことなど自分自身でできることがあること、また、友達や周囲の大人などに話したり、相談したりするなどいろいろな方法などがあり、自分に合った対処法を身に付けることが大切である。

（渡部　基）

第11講　健康と環境、傷害の防止

❏問題１

「健康と環境」を指導する際のねらいを述べなさい。
◆解答例
　人間の健康は、個人を取り巻く環境から深く影響を受けており、健康を保持増進するためには、心身の健康に対する環境の影響について理解できるようにすることをねらいとしている。

❏問題２

「傷害の防止」を指導する際のねらいを述べなさい。
◆解答例
　傷害の発生には様々な要因があり、それらに対する適切な対策によって傷害の多くは防止できること、また、応急手当は傷害の悪化を防止することができることについて理解できるようにすることをねらいとしている。

❏問題３

　次の文章は、中学校学習指導要領解説保健体育編（2008年）の一部である。空欄に入る用語を下記の語群から選び、記号で答えなさい。
　（①）の変化に対する体温調節の機能を例として取り上げ、身体には、環境の変化に対応した調節機能があり、一定の範囲内で環境の変化に（②）する能力があることを理解できるようにする。また、（③）や山や海での（④）などを取り上げ、体温を一定に保つ身体の適応能力には（⑤）があること、その（⑤）を超えると健康に重大な影響が見られることを理解できるようにする。
＜語群＞
ア．湿度　イ．気流　ウ．気温　エ．アレルギー
オ．適応　カ．応用　キ．判断　ク．対処
ケ．熱中症　コ．感染症　サ．心身症
シ．花粉症　ス．遭難　セ．規則　ソ．活動
タ．生活　チ．至適範囲　ツ．限界　テ．平均
ト．水準
◆解答
①ウ　②オ　③ケ　④ス　⑤ツ

❏問題４

「交通事故などによる傷害の防止」を指導する際の配慮事項について述べなさい。
◆解答例
　指導に当たっては、必要に応じて、犯罪被害をはじめ身の回りの生活の危険が原因となって起こる傷害を適宜取り上げ、危険予測・危険回避の能力を身に付けることが必要であることについて理解できるよう配慮するものとする。

❏問題５

「応急手当の方法」に関する指導内容を述べなさい。
◆解答例
　応急手当は、患部の保護や固定、止血を適切に行うことによって傷害の悪化を防止できることを理解できるようにする。

❏問題６

　次の文章は、中学校学習指導要領解説保健体育編（2008年）の一部である。空欄に入る用語を下記の語群から選び、記号で答えよ。
　交通事故については、（①）期には（②）乗車中の事故が多く発生することを、具体的な事例などを適宜取り上げ理解できるようにする。また、交通事故を防止するためには、自転車や自動車の（③）を知り、交通法規を守り、車両、道路、（④）条件などの周囲の状況に応じ、（⑤）行動することが必要であることを理解できるようにする。
＜語群＞
ア．思春期　イ．小学生　ウ．成長　エ．中学生
オ．自家用車　カ．タクシー　キ．自転車
ク．バイク　ケ．路線バス　コ．価格　サ．特性
シ．全長　ス．高さ　セ．定員　ソ．気象
タ．温度　チ．湿度　ツ．気流　テ．素速く
ト．ゆっくりと　ナ．安全に　ニ．落ち着いて
◆解答
①エ　②キ　③サ　④ソ　⑤ナ

（渡部　基）

第12講 健康な生活と疾病の予防

❏問題1

「健康な生活と疾病の予防」を指導する際のねらいを述べなさい。

◆解答例

人間の健康は、主体と環境がかかわり合って成り立つこと、健康を保持増進し、疾病を予防するためには、それにかかわる要因に対する適切な対策があることについて理解できるようにすることをねらいとしている。

❏問題2

次の文章は、中学校学習指導要領解説保健体育編（2008年）の一部である。空欄に入る用語を下記の語群から選び、記号で答えなさい。

疾病は、主体の要因と環境の要因とが相互にかかわりながら発生することを理解できるようにする。その際、主体の要因には、年齢、性、免疫、遺伝などの素因と、（①）に獲得された食事、運動、休養及び睡眠を含む生活上の様々な習慣や（②）などがあることを理解できるようにする。環境の要因には、温度、湿度や有害化学物質などの物理的・（③）的環境、ウイルスや細菌などの生物学的環境及び（④）や保健・医療（⑤）などの社会的環境などがあることを理解できるようにする。

＜語群＞
ア．日常　イ．体内　ウ．社会的　エ．生後
オ．個別　カ．ストレス　キ．行動　ク．風習
ケ．文化　コ．癖　サ．精神　シ．化学　ス．論理
セ．経済　ソ．科学　タ．生産技術　チ．企業形態
ツ．人間関係　テ．国際関係　ト．制度　ナ．機関
ニ．機構　ヌ．保険　ネ．技術

◆解答

①エ　②キ　③シ　④ツ　⑤ナ

❏問題3

喫煙、飲酒、薬物乱用の行為を助長する要因についての指導内容を述べなさい。

◆解答例

喫煙、飲酒、薬物乱用などの行為は、好奇心、なげやりな気持ち、過度のストレスなどの心理状態、周囲の人々の影響や人間関係の中で生じる断りにくい心理、宣伝・広告や入手のしやすさなどの社会環境などによって助長されること、また、それらに適切に対処する必要があることを扱う。

❏問題4

「生活行動・生活習慣と健康」を指導する際の配慮すべき事項について述べなさい。

◆解答例

食育の観点も踏まえつつ、健康的な生活習慣の形成に結び付くようにすること、また、必要に応じて、コンピュータなど情報機器の使用による疲労の現れ方や休憩の取り方など健康とのかかわりについても取り上げることにも配慮する。

❏問題5

次の文章は、中学校学習指導要領解説保健体育編（2008年）の一部である。空欄に入る用語を下記の語群から選び、記号で答えなさい。

飲酒については、酒の主成分のエチルアルコールが（①）神経の働きを低下させ、思考力や自制力を低下させたり運動障害を起こしたりすること、急激に大量の飲酒をすると（②）中毒を起こし（③）障害や死に至ることもあることを理解できるようにする。また、常習的な飲酒により、肝臓病や脳の病気など様々な病気を起こしやすくなることを理解できるようにする。特に、（④）者の飲酒については、身体に大きな影響を及ぼし、エチルアルコールの作用などにより（⑤）症になりやすいことを理解できるようにする。

＜語群＞
ア．末梢　イ．体制　ウ．中枢　エ．内分泌
オ．自律　カ．急性　キ．慢性　ク．カフェイン
ケ．有機リン　コ．毒性　サ．パニック　シ．発達
ス．意識　セ．ショック　ソ．未成年　タ．青年
チ．喫煙　ツ．保護　テ．感染　ト．花粉
ナ．依存　ニ．心身

◆解答

①ウ　②カ　③ス　④ソ　⑤ナ

（渡部　基）

第13講 現代社会と健康

❑問題1

次の文の空欄に適切な語句を記入しなさい。

少子化や情報化など社会の急激な変化による近年の児童生徒の成育環境や生活行動の変化、国民の（①）等の変化にかかわって深刻化している心の健康、食生活をはじめとする生活習慣の乱れ、（②）、薬物乱用、性に関する問題など現代社会における健康・安全の問題は多様化しており、児童生徒のみならず国民すべてにとって心身の健康の保持増進が大きな課題となってきている。

健康を保持増進するために、一人ひとりが健康に関して深い認識をもち、自らの健康を（③）及び（④）を改善していくことを理解できるようにすることが重要である。また、個人の行動選択やそれを支える（⑤）づくりなどが大切であるという（⑥）の考え方に基づいて現代社会の様々な健康問題に関して理解できるようにする必要がある。

したがって、科目「保健」においては、（⑦）及び（⑧）における健康・安全に関する内容を重視し、生涯を通じて自らの健康を適切に管理し改善していく（⑨）・（⑩）などの資質や能力を育成する必要がある。

◆解答
①疾病構造　②生活習慣病
③適切に管理すること　④環境　⑤社会環境
⑥ヘルスプロモーション　⑦個人生活
⑦社会生活　⑨思考力　⑩判断力

❑問題2

保健学習において、知識を活用する学習活動を行っていくことについて説明しなさい。

◆解答

知識の習得を重視したうえで、知識を活用する学習活動を積極的に行うことにより、思考力・判断力等を育成していくことを示したものである。指導に当たっては、ディスカッション、ブレインストーミング、ロールプレイング（役割演技法）、心肺蘇生法などの実習や実験、課題学習などを取り入れること、地域や学校の実情に応じて養護教諭や栄養教諭、学校栄養職員など専門性を有する教職員等の参加・協力を推進することなど多様な指導方法の工夫を行うよう配慮することを示したものである。

実習を取り入れる際には、応急手当の意義や手順など、該当する指導内容を理解できるようにすることに留意する必要がある。

また、実験を取り入れるねらいは、実験の方法を習得することではなく、内容について仮説を設定し、これを検証したり、解決したりするという実証的な問題解決を自ら行う活動を重視し、科学的な事実や法則といった指導内容を理解できるようにすることに主眼をおくことが大切である。

❑問題3

次に挙げるものは、保健の評価の観点である。空欄に適切な語句を記入しなさい。

関心・意欲・態度	思考・判断	知識・理解
適応機制には、プラス面とマイナス面があることについて、話し合いに、（①）としている。	適応機制には、プラス面とマイナス面があることについて、自分と他者の行動に（②）て、（③）けている。	適応機制には、プラス面とマイナス面があることについて、具体例を（④）ている。

◆解答
①参加しよう　②当てはめ　③違いを見つけ
④書き出し

（鈴木和弘）

第14講　生涯を通じる健康

❏問題1

次の文の空欄に適切な語句を入れなさい。

「生涯を通じる健康」のねらいは次のことである。生涯の各段階において健康についての課題があり、自らこれに（①）する必要があること及びわが国の（②）を適切に活用することが重要であることについて理解できるようにすることである。

したがって、人が（③）健康を保持増進していくためには、生涯の各段階と健康とのかかわりを踏まえて、場面に応じた（④）や（⑤）が不可欠であることを理解できるようにする必要がある。

また、高等学校の医薬品の使用について、（⑥）や（⑦）について新たに取り上げられており、医薬品を正しく使用することが（⑧）ことについて理解を進める必要がある。また、性に関連する内容の取扱いについて指導上の配慮事項が示され、（⑨）を踏まえること、（⑩）を図ること、（⑪）の理解を得ることなどの配慮が必要になった。

さらに、わが国や世界では、健康課題に対応して様々な（⑫）や（⑬）などが行われていることについて理解できるようにすることが求められる。

◆解答
①適切に対応　②保健・医療制度や機関
③生涯にわたって　④適切な意志決定
⑤行動選択　⑥承認制度　⑦販売規制
⑧有効である　⑨発達の段階
⑩学校全体で共通理解　⑪保護者　⑫保健活動
⑬対策

❏問題2

思春期と健康についての学習内容を「○○は、◇◇であること」という表現で3つ挙げなさい。

◆解答
①思春期には、特に性的成熟に伴い、心理面、行動面が変化すること。
②思春期には、これらの変化に対応して、自分の行動への責任感や異性を尊重する態度が必要であること。
③思春期には、性に関する情報等への適切な対処が必要であること。

❏問題3

次の文の空欄に適切な語句を入れなさい。

地域の保健・医療機関の活用について、生涯を通じて健康を保持増進するには、（①）などを通して自己の健康上の課題を（②）し、地域の（③）、（④）、病院や診療所などの（⑤）及び保健・医療（⑥）などを適切に（⑦）していくことなどが必要であることを学ぶ。

また、医薬品には、（⑧）と（⑨）があること、承認制度により（⑩）や（⑪）が審査されていること、及び販売に（⑫）があること、疾病からの（⑬）や（⑭）には、個々の医薬品の特性を理解したうえで使用法に関する注意を守り、正しく使うことが必要であることを学ぶ。その際、副作用については、（⑮）できるものと、（⑯）なものがあることにも触れるようにするとされている。

◆解答
①検診　②的確に把握　③保健所
④保健センター　⑤医療機関　⑥サービス
⑦活用　⑧医療用医薬品　⑨一般用医薬品
⑩有効性　⑪安全性　⑫規制　⑬回復
⑭悪化の防止　⑮予期　⑯予期することが困難

❏問題4

次に挙げるものは、保健の評価の観点である。空欄に適切な語句を記入しなさい。

関心・意欲・態度	思考・判断	知識・理解
地域の保健・医療機関の活用について、仲間との話し合う活動に、（①）としている。	地域の保健・医療機関の活用について、資料や仲間との話し合いを元に、活用した時としなかった時の（②）ている。	地域の保健・医療機関は、人々の健康を守るために保健・医療サービスを提供していること、そのサービスは、適切に活用していく必要があることについて、（③）たり、（④）たりしている。

①参加しよう　②違いを見つけ　③言っ
④書き出し

（小磯　透）

第15講 社会生活と健康

❏問題1

次の文章は、高等学校学習指導要領解説保健体育編の一部である。空欄に入る用語を下記の語群から選び、記号で答えなさい。

社会生活おける健康の保持増進には、（①）だけではなく、個人を取り巻く（②）や（③）、活動などが深くかかわっている。したがって、すべての人が健康に生きていくには、環境と健康、環境と食品の保健、労働と健康にかかわる活動や対策の整備などに関して理解できるようにする。

このため、本内容は、（④）が（⑤）における健康に影響を及ぼすこともあること、その防止には、（⑥）をとる必要があること、環境と食品を健康に適したものにすることや（⑦）が確保できるように環境衛生活動や食品衛生活動が行われていること、労働における（⑧）などの変化に起因する傷害や（⑨）などを踏まえた（⑩）をすることが必要であることなどを中心として構成している。

＜語群＞
ア．安全　イ．個人の力　ウ．健康管理及び安全管理　エ．職業病　オ．自然環境の汚染
カ．汚染の防止及び改善の対策　キ．自然環境
ク．社会の制度　ケ．社会生活　コ．作業環境

◆解答
①イ　②キ　③ク　④オ　⑤ケ
⑥カ　⑦ア　⑧コ　⑨エ　⑩ウ

❏問題2

次の用語に関係の深い用語を、下記の語群から選び、記号で答えなさい。
①窒素酸化物　②浮遊粒子状物質　③生物濃縮
④カドミウム　⑤メチル水銀　⑥ダイオキシン
＜語群＞
ア．食物連鎖　イ．肺線維症　ウ．水俣病
エ．肺気腫　オ．イタイイタイ病
カ．ごみ焼却施設

◆解答
①エ　②イ　③ア　④オ　⑤ウ　⑥カ

❏問題3

次の文章は、環境基本法に関するものである。正しいものには○間違えているものには×を文章の後ろの（　）の中に記入しなさい。

①環境汚染に対しては、総合的で計画的な対策が必要であるが、わが国においては環境基本法に基づいて様々な対策がとられている。（　）
②環境基本法は、公害が社会問題化した1970年に制定された。（　）

◆解答
①○　②×　従来の公害対策基本法、自然環境保全法に代わるものとして、1993年に制定された。

❏問題4

食品保健にかかわる活動の学習内容を簡潔に述べなさい。

◆解答例
食品保健にかかわる活動では、食品の安全性の確保が食品衛生法などに基づいて行われていること、また食品の製造・加工・保存・流通の各段階での適切な管理の重要性について学ぶ。その際には、HACCP方式の導入などについても触れる。

❏問題5

労働と健康において、働く人の健康の保持増進を教える際に、留意すべき事柄をまとめなさい。

◆解答例
働く人の健康の保持増進は、職場の健康管理や安全管理とともに、心身両面にわたる総合的、積極的な対策の推進が図られることで成り立つことを理解できるようにする。その際、ストレスに対する気付きへの援助、リラクセーションの指導といったメンタルヘルスケアが重要視されていることにも触れる。また、働く人の日常生活においては、積極的に余暇を活用するなどによって生活の質を図ることなどが重要であることも理解できるようにする。

（植田誠治）

第III部
学習指導要領に基づく指導計画

第1章
体育の指導計画

第2章
保健の指導計画

「第Ⅲ部　学習指導要領に基づく指導計画」を学ぶに当たって

　第Ⅲ部は、教師を目指す学生にとって参考になると思われる体育と保健の指導計画の実例を示した。

　指導計画は、教科の目標の達成を目指した意図的・計画的・効率的な学習を展開していくうえで不可欠なものであり、その種類は、年間計画、単元計画、単位時間計画（指導案、時案など）に大別される。もちろん、その他にも学期ごと、月ごと、週ごとの指導案なども考えられるが、体育や保健では学習指導要領に示されている学習内容のまとまりなどから、年間計画→単元計画→単位時間計画の各段階を経て具体化していくのが一般的となっている。

　ここでは、できるだけ多様な指導計画の実例について学ぶことができるよう、体育と保健について、それぞれ小学校、中学校、高等学校の指導計画例を示した。また、学年、領域、単元なども考慮に入れ、できるだけ多くの指導計画例を示すことにも意を尽した。

　第Ⅲ部の各執筆者は、新しい学習指導要領の内容に精通し、かつ、これまでも学校教育現場で先進的・先導的な実践活動の成果を蓄積してきた先生方にお願いしたので、教師を目指す学生諸君にとって必ずや役立つものと確信している。

　指導計画に関する基本的なことは、第Ⅰ部と第Ⅱ部の第1章第5講においてそれぞれ詳述されているが、指導計画の作成はひとえに教師の創意工夫に委ねられるので、地域、学校、児童生徒の実態を踏まえ、各学校にふさわしいものを立案していく必要がある。

　ここに示した指導計画例は、各執筆者のオリジナルであり、自校の実態等に基づき作成されたものであるが、学生諸君が模擬授業を行ったりする際には、ここに示した指導計画例のよい点などを取り入れて創意工夫を凝らしたものを作成していくことが望まれる。また、教育実習に赴く際には、第Ⅲ部の内容を参考としつつ、指導を受ける教師の指導・支援のもと適切な指導計画を作成してほしい。

　いずれにしても、指導計画は授業の善し悪しに大きく影響するので、指導計画に関する基本的事項を十分に理解しておくとともに、指導計画の実例から多くのことを学んでおくことが大切である。

第1章
体育の指導計画

第1節 小学校体育の指導計画の実例

1. 年間計画の例（3・4年）

●体育科中学年の年間指導計画例一覧（年間105時間）

3年（105時間）	月	4年（105時間）
前期：53時間		前期：53時間
鉄棒運動⑤ 体ほぐしの運動④	4	鉄棒運動⑤ 体ほぐしの運動③ かけっこ・リレー②
かけっこ・リレー③ 運動会練習③ 表現運動④	5	かけっこ・リレー② 運動会練習③ 表現運動④
表現運動③ ティーボール⑤ 浮く泳ぐ運動①	6	表現運動⑤ 多様な動きをつくる運動③ 浮く泳ぐ運動②
浮く泳ぐ運動⑦ 保健「毎日の生活と健康」②	7	浮く泳ぐ運動⑥ 保健「育ちゆく体とわたし」②
浮く泳ぐ運動② タグラグビー⑥ スポーツテスト②	9	浮く泳ぐ運動② ハンドパスボール⑥ スポーツテスト②
多様な動きをつくる運動③ リズムダンス③	10	ハードル走⑥
後期：52時間		後期：52時間
小型ハードル走④		タグラグビー④
小型ハードル走③ マット運動⑤ 幅跳び②	11	タグラクビー④ リズムダンス⑤ 高跳び③
幅跳び⑤ 多様な動きをつくる運動③ 保健「毎日の生活と健康」②	12	高跳び③ マット運動⑥ 保健「育ちゆく体とわたし」②
リングゲーム⑦ 跳び箱運動③	1	ソフトバレーボール④ グリッドサッカー⑥
ウイングサッカー⑥ 跳び箱運動③	2	グリッドサッカー④ 多様な動きをつくる運動① 跳び箱運動④
ウイングサッカー② 跳び箱運動② 多様な動きをつくる運動③ 体ほぐしの運動②	3	跳び箱運動② 多様な動きをつくる運動② 体ほぐしの運動②

●指導計画作成と学習指導

⑴指導計画作成に当たって
指導計画作成に当たっては、以下の体育科の趣旨を十分反映して作成する。

①目標について
「心と体を一体としてとらえ」とは、児童の心身ともに健全な発達を促すためには、心と体を一体として捉えた指導が重要であり、心と体の発達の状態を踏まえて、運動による心と体への効果、健康、特に心の健康が運動と密接に関連していることなどを理解することの大切さを示したものである。そのためには、「体ほぐしの運動」など具体的な活動を通して、心と体が深くかかわっていることを体験できるように指導する。

②内容について
ア．指導内容の明確化・体系化

　基礎的な身体能力を身に付け、運動を豊かに実践していくための基礎を培う観点から、発達の段階に応じた指導内容の明確化・体系化を図る。

イ．体力向上の重視

　児童の体力の低下傾向から、すべての運動領域で適切な運動の経験を通して、一層の体力の向上を図ることができるように指導の在り方を改善する。特に「体つくり運動」は、基本的な動きを培うことをねらいとして低学年から示すとともに、1年から6年のすべての学年において指導する。

ウ．運動の取り上げ方の弾力化

　指導内容の確実な定着を図ることができるよう、運動の取り上げ方を一層弾力化し、低・中・高学年に示されている「体つくり運動」以外のすべての指導内容について、2学年のいずれかの学年で取り上げ指導する。

⑵2年間の枠組みの強調と重点単元
年間指導計画は、一年間にわたって、どのような運動をどのくらいの時間をかけ、どのような順序で学習するかの内容編成にかかわる授業計画である。教材として選択した運動の内容や配当時間及び配列は、子どもの発達の段階や学習時期に配慮して決定することが大切である。新学習指導要領では、2年間にわたって内容の確実な定着を図ることを趣旨としていることから、その観点も十分配慮する必要がある。例えば、3年では、「幅跳び」や「ベースボール型ゲーム」を、4年では、「高跳び」や「ネット型ゲーム」を配列するなど、一方の学年では取扱わず、他方の学年で重点的に扱うことも考えられる。また、一方の学年で取扱う時間数を多くし、軽重をつけることも考えられる。さらに、子どもの発達の段階からみて、その時期の学習に最も適した運動を重視し、重点単元として優先することも可能である。3・4年では「鉄棒運動」やゴール型ゲームの「タグラグビー」など、各地域の実情に応じて重点化したい。

⑶学習指導要領への準拠
2学年のいずれかの学年で取り上げて指導することができるなど、運動の取り上げ方の一層の弾力化が進行することは、このことを踏まえた年間計画の作成の工夫や地域や学校の実態に応じた年間計画の作成の工夫がより求められることになる。例えば、ゲームは、型別（ゴール型、ネット型、ベースボール型）で示されたが、これは多くの種目を学習させる意味ではなく、小学校6年間、ならびに中学校への接続の見通しをもち、「型」ごとに指導内容を明確にしたうえで計画を立てることが重要であるとともに、中学年は、内容の取扱いで示された種目を主として扱うことを意味している。プレルボール、タグラグビー、ティーボールなど新しく例示された種目については、地域の教育研究会や研究校での詳細な指導計画が確立した段階で各学校の年間計画に組み入れるよう工夫する。未熟な計画のもとでの指導は、「動ける体づくり」に向けた十分な学習が保障されない可能性がある。

（中村康弘）

2. 単元計画の例（4年：体つくり運動）

(1) **単元名**「動きランドにチャレンジしよう！」（多様な動きをつくる運動）

(2) **運動の特性**
- 体のバランスをとったり、移動したり、用具を操作したり、また動きを組み合わせたりして、体の基本的な動きを培う運動である。
- いろいろな動きを通して、動くこと自体の楽しさが味わえる運動である。

(3) **ねらい**
- 体のバランスや移動、用具の操作や力試しの運動ができるようにするとともに、それらを組み合わせた動きができるようにする。
- 運動に進んで取り組み、きまりを守って仲よく運動したり、場や用具の安全に気を付けたりして運動することができるようにする。
- 体つくりのための運動の行い方を工夫できるようにし、友達のよい動きを見つけ自分の運動に取り入れることができるようにする。

(4) **指導の展開例**（3時間扱い）

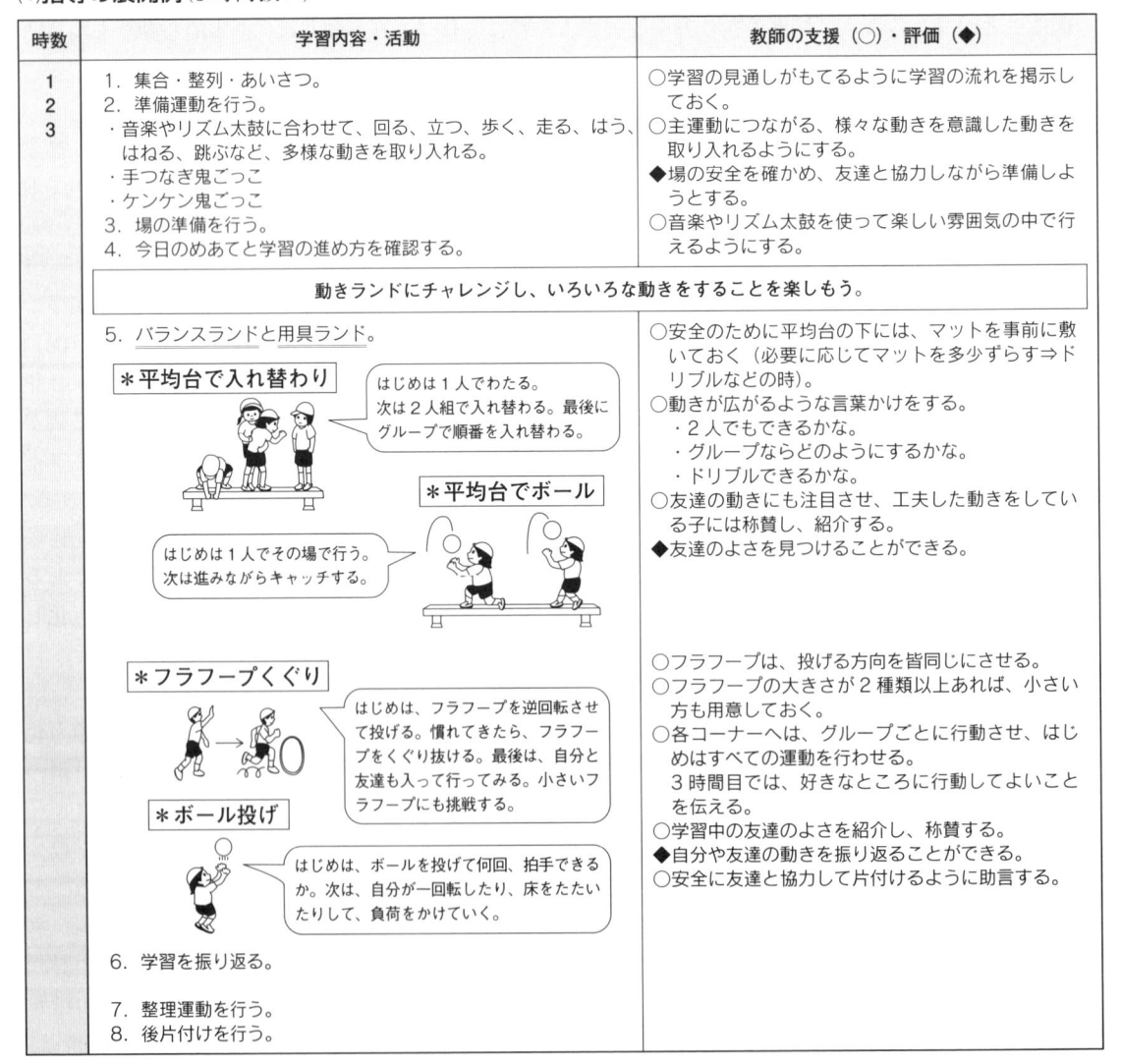

時数	学習内容・活動	教師の支援（○）・評価（◆）
1 2 3	1. 集合・整列・あいさつ。 2. 準備運動を行う。 ・音楽やリズム太鼓に合わせて、回る、立つ、歩く、走る、はう、はねる、跳ぶなど、多様な動きを取り入れる。 ・手つなぎ鬼ごっこ ・ケンケン鬼ごっこ 3. 場の準備を行う。 4. 今日のめあてと学習の進め方を確認する。	○学習の見通しがもてるように学習の流れを掲示しておく。 ○主運動につながる、様々な動きを意識した動きを取り入れるようにする。 ◆場の安全を確かめ、友達と協力しながら準備しようとする。 ○音楽やリズム太鼓を使って楽しい雰囲気の中で行えるようにする。
	動きランドにチャレンジし、いろいろな動きをすることを楽しもう。	
	5. バランスランドと用具ランド。 ＊平均台で入れ替わり 　はじめは1人でわたる。次は2人組で入れ替わる。最後にグループで順番を入れ替わる。 ＊平均台でボール 　はじめは1人でその場で行う。次は進みながらキャッチする。 ＊フラフープくぐり 　はじめは、フラフープを逆回転させて投げる。慣れてきたら、フラフープをくぐり抜ける。最後は、自分と友達も入って行ってみる。小さいフラフープにも挑戦する。 ＊ボール投げ 　はじめは、ボールを投げて何回、拍手できるか。次は、自分が一回転したり、床をたたいたりして、負荷をかけていく。 6. 学習を振り返る。 7. 整理運動を行う。 8. 後片付けを行う。	○安全のために平均台の下には、マットを事前に敷いておく（必要に応じてマットを多少ずらす⇒ドリブルなどの時）。 ○動きが広がるような言葉かけをする。 ・2人でもできるかな。 ・グループならどのようにするかな。 ・ドリブルできるかな。 ○友達の動きにも注目させ、工夫した動きをしている子には称賛し、紹介する。 ◆友達のよさを見つけることができる。 ○フラフープは、投げる方向を皆同じにさせる。 ○フラフープの大きさが2種類以上あれば、小さい方も用意しておく。 ○各コーナーへは、グループごとに行動させ、はじめはすべての運動を行わせる。 　3時間目では、好きなところに行動してよいことを伝える。 ○学習中の友達のよさを紹介し、称賛する。 ◆自分や友達の動きを振り返ることができる。 ○安全に友達と協力して片付けるように助言する。

(5) 体つくり運動とは

　体つくり運動は、「体を動かす楽しさや心地よさを味わうとともに、体の基本的な動きができるようにする。」ことをねらいとする。体ほぐしの運動は、手軽な運動や律動的な運動を行い、体を動かす楽しさや心地よさを味わうことによって、自分の体の状態に気付き、体の調子を整えたり、仲間と豊かに交流したりすることができることをねらいとして行われる運動である。多様な動きをつくる運動は、体のバランスをとったり移動をしたりする動きや、用具を操作したり力試しをしたりする動きを意図的にはぐくむ運動を通して、体の基本的な動きを総合的に身に付けるとともに、それらを組み合わせた動きを身に付けることをねらいとして行われる運動である（文部科学省「小学校学習指導要領解説体育編」2008年）。

(6) 体つくり運動の指導計画

　体つくり運動は、これまでは日常の遊びの中で自然と身に付いていた動きが、今の子ども達にはできない、もしくはできなくなってきているという指摘や、体力低下が叫ばれている現状を鑑み、体力を高めるといった意味で大変重視されている。そこで、ある程度は時間数を確保したいと考え、15時間（約14％）配当することとした。特に中学年に示されている多様な動きをつくる運動は、体の基本的な動きを総合的に身に付けることをねらいとしていることから、基本的な動きを身に付け、態度、思考・判断をしっかりと学習していくために、他の領域との組み合わせではなく、単独で実施する単元計画を立てることが望ましいと考えた。さらに、体の基本的な動きを総合的に身に付けるといった点を考慮し、一つの運動だけではなく、二つ以上の運動を組み合わせて単元の構成をしていく（ただし、低学年では、運動の行い方を完全に理解していないことも考えられるので、初めの段階では組み合わせての単元構成は避け、一つの運動に十分に親しみ、行い方をしっかり身に付けさせる。学習が進むにつれ、慣れてきた頃に、選んで運動を行ったり、少し工夫し発展した運動を行ったりするようにする）。また、一つひとつの動き方をしっかりと理解する時間と、思考・判断を培い、子ども一人ひとりの実態に即した、いわゆる個に応じた学習指導が展開できるような時間の両方を確保できるよう工夫した計画を作成した（表1）。

表1　体つくり運動15時間の時数例

	体ほぐしの運動⑥						
	多様な動きをつくる運動⑨						
時	1・2	3	4・5	6	7・8		9
内容	ア　体のバランスをとる運動	※	エ　力試しの運動	※	イ　体を移動する運動		※
					オ　基本的な動きを組み合わせる運動		
	ウ　用具を操作する運動		ウ　用具を操作する運動		ウ　用具を操作する運動		

※前時までで行った運動で、自分がもっとやりたい運動を選んだり、もっと工夫して発展した動きを行ったりする時間

(7) 子ども達の実態に応じた指導

　体つくり運動では、楽しく運動するとともに、基本的な動きを身に付けるように授業づくりをすることが重要である。指導者側が、意図的に動きを身に付けさせることがねらいであるが、単調な動きの反復に終わることなく、子どもにとって楽しく取り組めるように工夫することが重要である。また、動きを身に付けるためには、子どもの運動の経験や動きの習得の実態などを踏まえる必要があるから、一つひとつの動きを確認しながら運動する時間と動きを選び、以前の動きから発展した運動をする時間を設定し、子ども達の実態に応じて時間配分することが考えられる。ただし、こうした指導の方法は、固定したものではなく、ねらいや指導内容を明確にしたうえで、子どもや学校の実態、施設や環境などを考慮し、柔軟に工夫することが求められる。また、体つくり運動以外の領域においても、学習した結果として、より一層の体力向上を図ることができるように指導の在り方を検討していくことも必要である。

（中村康弘）

3. 単位時間計画（指導案）の例①（2年：ゲーム）

(1) **単元名**　ゲーム「ボール投げゲーム」　～力を合わせて的に当てよう！シュートゲーム～

(2) **単元目標**
- 運動に進んで取り組み、きまりを守りながら、勝敗を受け入れたり、場の安全に気を付けたりして仲よく運動することができる。
- 簡単な規則を工夫したり、攻め方を決めたりすることができる。
- 簡単なボール操作やボールをもたない動きによって、的に当てる攻めと守りのあるゲームをすることができる。

(3) **単元計画**（6時間扱い）

時間	1	2	3	4	5	6

0分

【1・2時間目】ボールを投げたり捕ったりすることを楽しむ。

1. 学習の進め方を知り、安全などの約束を知る。
   - ボールの使い方。
   - 安全の確認。
   - 順番を守る。
   - 協力して活動する。
2. 場のつくり方や約束について知り、場の準備をする。
3. ボール投げをする。
   （1人でのボール遊び）
   - 上に投げて捕る。
   - 上に投げて手をたたいたり、体を1回転させたりして捕る。
   （2人でのボール遊び）
   - 両手で上から投げたり下から投げたりする。
   - 片手で投げる
   - 両手で捕る
4. 簡単な的当て遊びをする。
   - 各自が好きなボールを選んで活動する。

※2時間目はグループで場を選択してゲームを楽しむ。
- ●ネットに届け
- ●ストラックアウト
- ●段ボール倒し
- ●コーン倒し

5. 学習を振り返る。
6. 協力して後片付けをする。

【3～6時間目】

1. 場の準備をする。
2. 前時までにやったボール遊びや、的当て遊びをする。
   - ネットに届け・ストラックアウト・段ボール倒し・コーン倒し

【3・4時間目】シュートゲームのやり方を知りグループで楽しむ。
【5・6時間目】攻め方を考えてシュートゲームを楽しむ。

3. 規則の確認をする。
   - ○準備や片付けは協力してみんなで行う。
   - ○ゲームの人数は、各チーム4人。
   - ○得点したら相手ボールとなり、サイドラインの真ん中（★）からボールを入れる
   - ○守る時は、内円と外円の間。攻めは外円からのシュート。
   - ○1ゲーム3分×3セット
   - ○対戦チーム同士で的を選択。
4. 対戦相手を確認し、話し合って的を選択する。
5. ゲームをする。

　得点したら相手がここからボールを入れる
　←8〜10m→
　8m　　4m

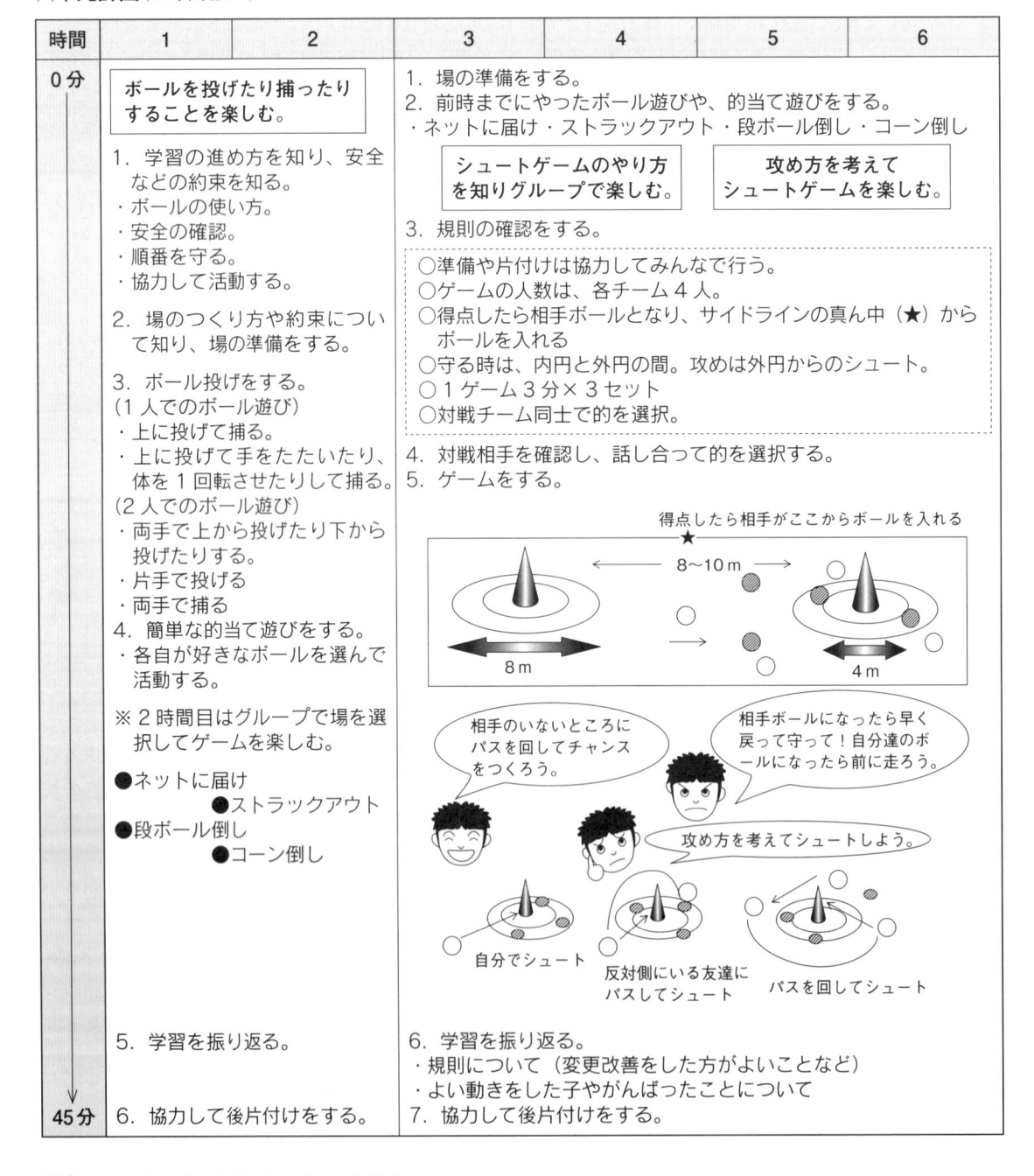

　相手のいないところにパスを回してチャンスをつくろう。
　相手ボールになったら早く戻って守って！自分達のボールになったら前に走ろう。
　攻め方を考えてシュートしよう。

　自分でシュート　　反対側にいる友達にパスしてシュート　　パスを回してシュート

6. 学習を振り返る。
   - 規則について（変更改善をした方がよいことなど）
   - よい動きをした子やがんばったことについて
7. 協力して後片付けをする。

45分

(4) **本時の展開** ゲーム「ボール投げゲーム」(6時間の5時間目)

◆本時のねらい
・易しい遊び方を身に付け、「力を合わせてコーンを倒そう！シュートゲーム」を楽しむことができる。

時間	子どもの活動	【評価】＜方法＞ と ○支援
0分	1．ボール遊びをする（1人で）。 ・上に投げて捕る。 ・上に投げて手をたたいて捕る。 ・上に投げて回転して捕る。 2．的当て遊びをする。 ・ネットに届け ・ストラックアウト ・ダンボール倒し ・コーン倒し 3．簡単な規則で「力を合わせてコーンを倒そう！シュートゲーム」を楽しむ。 ・今日の学習のねらいや進め方を知る。 ・規則や対戦相手の確認をする。 ・ゲームをする。 　1回戦を行う。 　　あいさつ 　　　↓ 　　前半ゲーム（2分） 　　後半ゲーム（2分） 　　　↓ 　　攻守交代（1分） 　　　↓ 　　前半ゲーム（2分） 　　後半ゲーム（2分） 　　　↓ 　　あいさつ 　2回戦を行う（相手を代える）。 　（進め方は1回戦と同じ） 4．学習の振り返りをする。 ・規則を守ることができたか。 ・よい動きをした子について。 ・がんばったことについて。	○スポンジボールを用意する。 ○ボールをしっかり見ることを伝える。 ○捕る時に腕を胸に引き寄せることを伝える。 【関心・意欲・態度】＜行動観察＞ **ボール遊びや的当て遊び、シュートゲームに進んで取り組もうとする。** ○いろいろなボールを自由に選べるようにする。 ○投げる方をしっかり見ることを伝える。 ○投げる手と反対側の足を踏み出すことを伝える。 ○肘を肩より高くすると強く投げることができることを伝える。 ○学習のねらいや進め方を確認する。 ○規則や対戦相手などを分かりやすく提示する。 【関心・意欲・態度】＜行動観察＞ **安全に運動するためのきまりを守り、安全を確かめてゲームをしようとする。** ○ボールの扱いや安全の約束を思い起こさせる。 ○ゲームの中で安全を確かめながら運動している子を称賛する。 【技能】＜行動観察＞ **的に向かって、ボールを投げたり、当てたり、捕らえたりして、シュートゲームができる。** ○どこのスペースが空いているか、声をかけるようにする。 ○力いっぱい、的に向かってボールを投げたり、当てたりしている子を称賛する。 ○互いのよさを積極的に認め、発言している子を称賛する。 ○よい動きをした子を紹介したり、ゲームの中での具体例を示したりする。
45分	5．片付けをする。	○友達と協力して片付けている子を称賛する。

（杉本眞智子）

4. 単位時間計画（指導案）の例②（6年：器械運動）

(1) **本時案 1　跳び箱運動「頭はね跳び」（8時間中の3時間目）**

◆本時のねらい

・ステージの上から膝を伸ばした前転で下りることができる。（技能）
・跳び箱運動の約束を守って友達と助け合いながら運動する。（態度）
・今の自分の力に合った場を選んだり、うまくできる方法を選んだりする。（思考・判断）

時間	学習内容・活動	教師の働きかけ（○）と評価（◆）
10分 (10分)	1. 主運動につながる動きつくりをする。 ・リズム太鼓に合わせたジョギングやスキップ、ギャロップ、ケンケングー ・かえる倒立 ・足じゃんけんで手押し車 ・かえるの足うち ・かえる跳び 2. 用具の準備をする。 ・グループごとにマットやセーフティーマットなどを運び、決められた位置に置く。	○リズム太鼓に合わせて動くようにさせることで、踏み切り動作などにつながる動きや手で体重を支えたり逆さ感覚を味わわせるような運動をさせる。 ○手押し車では「足じゃんけんで勝ったらもつ。負けたら手をついて10歩ほど歩く。」のようにゲーム性をもたせることで子どもに意欲をもたせる。 ○必要な用具について役割分担をさせることと、時間を決めることで、安全に素早く準備ができるようにさせる。その際、教師がより多くの子どもの動きを一度に見られるように見通しのきく場の設定をし、より多くの子の動きを見てアドバイスができるようにする。
20分 (30分)	3. 膝を伸ばした前転ができるようにする。 ◎マット ・ゆりかごで起き上がる ・ひざを伸ばし、足を頭の上にもっていき「ため」をつくる ・ひざを伸ばし「ため」た状態からの振り出し起き（長座） ◎ステージから下りるコーナー ・膝を伸ばし「ため」た状態から振り出し起きでステージ下へ着地 ・ステージからの前転 ・ステージから膝を伸ばした前転 《発展技》 ・ステージからのはね跳び	○スモールステップで全員が同じ動きに取り組むようにさせ、少しずつ動きの難度を上げていくことで、できる動きを確実に増やし、達成感を味わわせながらより多くの子が膝を伸ばした前転ができるようにする。 ○ゆりかごでは、回転加速を得ることができるように膝や腰の開き方や踵の引きつけ方をアドバイスする。 ○膝を伸ばし「ため」た状態からの振り出し起きでは、足を頭の上にもっていき、「ため」をつくっているかどうか互いに教え合うよう声をかける。また、つま先に力を入れさせることで、振り出しのスピードを速くさせる。 ○マット上と同じように膝を曲げて「ため」をつくった状態から足を振り出して起き上がりながらステージから下りるようにさせることで、全体の動きのイメージをつかませる。 ○ステージからの前転では、まず回転した後にゆっくりと下りることとに慣れさせる。その際に、足からきちんと着地することの重要性に気付かせたい。 ○膝を伸ばした前転では、膝を伸ばしたまま前転し、膝を伸ばしたまま着地できているかどうかお互いに教え合うようにさせる。 ○自然にはね跳びになる子がいると考えられるので、その動きについてほめ、次の時間につなげる。 ◆跳び箱運動の約束を守って友達と助け合いながら運動する。（態度）
7分 (37分)	4. 今日の自分にとって1番レベルの高い場で動きの確かめをする。	○すべての子の動きを見て一言アドバイスができるようにコーナーを回り、できている動きを認めてほめることで意欲化を図る。 ◆ステージの上から膝を伸ばした前転で下りることができる。（技能）
8分 (45分)	5. 片付けと整理運動、学習の振り返りをする。 ・友達と協力して素早く安全に片付ける。 ・自分の体の様子に気が付く。 ・気が付いたことをまとめる。 ・次の時間のめあてをもつ。	○片付けも分担通りに素早く安全にできるようにする。 ○手首や首をほぐさせながら、けがなどがないか確認させる。 ○友達や教師のアドバイスや自分が気が付いたこと、自分が上手くできたことなどを学習カードを使って簡単にまとめさせ、次時につなげる。

(2) 本時案2　跳び箱運動（8時間中の6時間目）

◆本時のねらい
・頭はね跳びやそれにつながる動きができる。（技能）
・跳び箱運動の約束を守って友達と助け合いながら運動する。（態度）
・自分の力に合った場を選んだり、うまくできる方法を選んだりする。（思考・判断）

時間	学習内容・活動	教師の働きかけ（○）と評価（◆）
10分 （10分）	1. 主運動につながる動きづくりをする。 ・リズム太鼓に合わせたジョギング、スキップやギャロップ、ケンケングーやケンケンパ ・かえる倒立 ・足じゃんけんで手押し車 ・かえるの足うち ・かえる跳び 2. 用具の準備をする。 ・グループごとにマットや跳び箱、踏み切り板などを運び、決められた位置に置く。 ◎ステージから下りるコーナー ◎跳び箱連結コーナー ・同じ高さ　・違う高さ ◎首はね・頭はね跳びコーナー ・3段　・4段　・5段 ◎マットコーナー ・1枚　・積み重ね	○リズムのある動きや「踏み切り」につながるような動きや手で体重を支えたり逆さ感覚を味わわせるような運動をテンポよくやらせる。 ○例えば、手押し車では「足じゃんけんで勝ったらもつ。負けたら手をついて、足をもっている人の周りを回るようにする。」のようにゲーム性をもたせることで子どもに意欲をもたせる。 ○必要な用具について役割分担をさせることと、時間を決めることで、安全に素早く準備ができるようにさせる。その際、教師がより多くの子どもの動きを一度に見られるように見通しやすい場の設定をして、教師がより多くの子の動きを見ることができるようにする。 ○跳び箱の回りにマットを敷く、マットの滑り止めを使うなどしているか確認させることで、自分たちで安全に配慮ができるようにさせる。
20分 （30分）	3. 自分の力に合った場を選び、自分に合った練習方法で友達と協力しながら頭はね跳びができるように練習する。 ◎ステージから下りるコーナー ・はねるタイミングをつかむ。 ・膝が伸びるようにする。 ◎跳び箱連結コーナー ・大きな台上前転をする。 ・膝を伸ばした台上前転をする。 ◎首はね・頭はね跳びコーナー ・自分に合った高さを選んではね跳びをする。 ◎マットコーナー ・2人組で補助してもらってはねるタイミングをつかむ。 ・積み重ねたマットで膝の伸びた前転をしてタイミングをつかむ。	○その子の力に合った場所が選べるように、迷っている子や、自分の力に合っていない場を選んだ子にアドバイスする。 ○はねるタイミングについては、3つ程度の選択肢の中から選ぶような発問をすることによって、実際にやって自分で確かめるようにさせる。 ○手を着く位置について選択させる発問をして、意識をさせる。膝が伸びているかどうか互いに教え合えるように声をかける。 ○首はね跳びができるようになったら、頭を着ける位置についてアドバイスをして頭はね跳びを意識させる。まだ難しい子には、ステージから下りるコーナーでタイミングをつかむようにアドバイスする。 ○補助の仕方は具体的に教え、安全が確保できるようにしたり、お互いに声をかけ合わせることで教え合いができるようにする。 ○抵抗感のある子については、積み重ねマットやステージから下りるコーナーで感覚がつかめるようにさせる。 ◆自分の力に合った場を選んだり、うまくできる方法を選んだりする。（思考・判断）
7分 （37分）	4. 今日の自分にとって1番やりやすい場所で今日のめあての動きの確かめをする。	○すべての子の動きを見て一言アドバイスができるようにコーナーを回り、よくなったところをほめる。 ◆頭はね跳びやそれにつながる動きができる。（技能）
8分 （45分）	5. 片付けと整理運動、学習の振り返りをする。 ・友達と協力して素早く安全に片付ける。 ・自分の体の様子に気が付く。 ・気が付いたことをまとめる。 ・次の時間のめあてをもつ。	○片付けも分担通りに素早く安全にできるようにさせる。 ○手首や首をほぐさせながら、けがなどがないか確認させる。 ○友達や教師のアドバイスや自分が気が付いたこと、自分がうまくできたことなどを学習カードを使って簡単にまとめさせ、次時につなげる。

（吉松英樹）

第2節
中学校体育の指導計画の実例

1. 年間計画の例（1年）

(1) 年間計画例1（1年生でも2年生でも、BからGまでの領域を学習することを想定）

学期	1学期												
月	4月			5月				6月				7月	
週	1	2	3	4	5	6	7	8	9	10	11	12	13
体育分野	A体つくり運動 4			B器械運動（マット運動） 11				E球技―ネット型―バレーボール 11			H理論 1	D水泳 8	
保健分野						保健 4							

学期	2学期													
月	9月			10月				11月				12月		
週	14	15	16	17	18	19	20	21	22	23	24	25	26	27
体育分野	A体つくり運動 3	C陸上競技 短距離走・リレー 9			C陸上競技 走り幅跳び 9			Gダンス（創作ダンス） 8				H理論 2	B器械運動（跳び箱） 7	
保健分野								保健 4						

学期	3学期							
月	1月			2月			3月	
週	28	29	30	31	32	33	34	35
体育分野	F武道（剣道）8			E球技―ゴール型―バスケットボール 12				
保健分野		保健 4						

・E球技「ベースボール型」は、ソフトボールを2年生で履修。
・E球技「ゴール型」は、バスケットボールを再び2年生で履修。
・C陸上競技の走り高跳び・ハードル走は、2年生で履修。
・B器械運動は、マット運動と鉄棒を2年生で履修。

(2) **年間計画例2**(1年生か2年生のいずれかで、BからGまでの領域を学習することを想定)

学期	1学期												
月	4月			5月				6月				7月	
週	1	2	3	4	5	6	7	8	9	10	11	12	13
体育分野	A体つくり運動 5			E球技―ネット型―バレーボール 17					H理論 2			D水泳 11	
保健分野							保健 4						

学期	2学期													
月	9月			10月				11月				12月		
週	14	15	16	17	18	19	20	21	22	23	24	25	26	27
体育分野	A体つくり運動 3	C陸上競技(短距離走・リレー) 9			C陸上競技(走り高跳び) 9			B器械運動(マット運動) 8				H理論 2	Gダンス(現代的なリズムのダンス) 15 (7)	
保健分野									保健 4					

学期	3学期							
月	1月			2月			3月	
週	28	29	30	31	32	33	34	35
体育分野	Gダンス(創作ダンス) 15 (8)			C陸上競技(長距離走) 6			C陸上競技(走り幅跳び) 6	
保健分野			保健 4					

・B器械運動の跳び箱は、2年生で履修。
・F武道は、2年生で履修。
・C陸上競技のハードルは、2年生で履修。
・E球技「ゴール型」と「ベースボール型」は2年生で履修。

注)ここでは、「1年生でも2年生でも、BからGまでの領域を学習することを想定した計画」(年間計画例1)と「1年生か2年生のいずれかで、BからGまでの領域を学習することを想定した計画」(年間計画例2)を示した。学習内容を整理して、2年間で履修させた方が効果的な領域なのか、単元の時間数を多くして1年間で履修させた方がよいのかを見極めて計画する必要がある。

(伊藤久仁)

2. 単元計画の例（1年：球技）

(1) 単元名　バレーボール（12時間完了）
(2) 目標
　○ラリーが続くゲームができるように、練習やゲームに進んで取り組もうとする。
　　　　　　　　　　　　　　　　　　　　　　　　　　　　　　　　　　　（関心・意欲・態度）
　○ラリーが続くゲームができるように、練習やゲームで、どのように動くとよいかを予想したり、練習の仕方を選んだりしている。
　　　　　　　　　　　　　　　　　　　　　　　　　　　　　　　　　　　（思考・判断）
　○ラリーが続くゲームにするために、「受ける―つなぐ」のボールつなぎをすることができる。
　　　　　　　　　　　　　　　　　　　　　　　　　　　　　　　　　　　（運動の技能）
　○ラリーが続くゲームができるようになるには、「受ける―つなぐ」のボールつなぎをすることがあることについて、話し合いで言ったりノートに書き出したりしている。
　　　　　　　　　　　　　　　　　　　　　　　　　　　　　　　　　　　（知識・理解）

時数	学習内容	学習活動	評価
1・2・3 導入	○ころがしバレーボールで、相手からのボールを捉えるには、 ・相手コートからくるボールの正面に入ること。 ・膝の屈伸を使って、ボールをとらえること。 ○また、他の要素として ・相手からの強いボールは、一旦勢いを和らげてからつなぐこと。 ・無理に一度で返さず、ライン近くまでつないで返すこと。 ・最後の人には、打ちやすいようにラインに平行なボールを出すこと。	【学習Ⅰ】 ▼ころがしバレーボール ・膝から上へボールを上げず、ころがす。 ・3回以内の触球で相手コートへ返球する。 ・相手コートのエンドラインを通過させたら得点。 ・2対2から3対3に発展。 Q. ころがしバレーボールで得点するためには、どうしたらよいか？ ＜予想する反応＞ ・1回で返さずつないで返す。 ・人の間や人のいないところを強くねらう。 ・最後の返球は中央ライン近くからが有効。 ・ボールの角度は小さく変えるようにパスをつなぐ。	【関心・意欲・態度】 　ラリーが続くゲームができるように注目しようとする。 【思考・判断】 　相手からのボールを捉えることについて、ころがしバレーでどのように動くとよいかを考える場面で、動き方を予想したり探したりしている。 【技能】 　ころがしバレーで、相手からのボールを捉え、つなぐことができる。 【知識・理解】 　ころがしバレーボールで、相手からのボールを捉えることについて、話し合いで言ったり、ノートに書き出したりしている。

時数	学習内容	学習活動	評価
4・5・6・7 展開	○対人のパスや円陣移動パスゲームでボールをつなぐには、 ・飛んでくるボールの落下点に入ること。 ・膝の屈伸を使って、ボールを上方へ上げること。 ・ボールの方に体を向けること。 ・高くボールをつなぐこと。 ・最後の人は、ネットに正対していること。	【学習Ⅱ】 ▼円陣移動パスゲーム スタートライン　ネット ・円陣でパスをしながらネット方向に移動し、ネットにボールを当てたら1点 ・途中でボールを落としたら、スタートラインに戻る Q. 円陣移動パスで得点するために必要なことは？ ＜予想する反応＞ ・ボールを高く上げれば、カバーに入る余裕が出る。 ・ボールの落下点に早く入って、自分に任せてと声を出す。 ・ゴールに対し、ジグザグにボールをつなぐ。	【関心・意欲・態度】 　床のボールを拾う、支柱の出し入れを慎重にするなど、安全に留意しようとする。 【思考・判断】 　ボールをつなぐことについて円陣移動パスゲームでどのように動くとよいかを考える場面で、動き方を予想したり探したりしている。 【技能】 　対人のパスや円陣移動パスゲームでボールをつなぐことができる。 【知識・理解】 　対人のパスや円陣移動パスゲームでボールをつなぐことについて、話し合いで言ったり、ノートに書き出したりしている。
8・9・10・11・12 まとめ	○簡単なラリーゲームで、「受ける－つなぐ」のボールつなぎをするには、 ・相手コートの中に入るようなボールを返すこと。 ・安全な返球をすること。 ・コート上に固まらないように人を配置すること。	【まとめ】 ▼簡単なゲーム 投げ入れ ・投げ入れサーブか、易しいサーブ（エンドラインより前から打ってもよい）から始める。 ・3回以内で返球する必要はなく、状況に応じて4回、5回という規定を定める。 ・ポイント先取制で競い合う。	【関心・意欲・態度】 　「受ける－つなぐ」のボールつなぎをすることについて練習場面では、友達と一緒にしたり、助け合ったりしようとする。 【関心・意欲・態度】 　「受ける－つなぐ」のボールつなぎをすることについて、進んで取り組もうとする。 【思考・判断】 　「受ける－つなぐ」のボールつなぎをすることについて、練習やゲームで、示されたものの中から、練習方法や作戦を選んでいる。 【技能】 　簡単なラリーゲームで、「受ける－つなぐ」のボールつなぎをすることができる。 【知識・理解】 　簡単なラリーゲームで、「受ける－つなぐ」のボールつなぎをすることについて、話し合いで言ったり、ノートに書き出したりしている。

（伊藤久仁）

3. 単位時間計画（指導案）の例①（1年：武道・必修）

⑴ 本時案 1　剣道（12時間の2時間目）

◆本時のねらい
- 間合に気を付けながら、対人での正面素振りや面技を、打つこと・受けることができる。
- 剣道の礼儀作法や所作を守り、相手を尊重しながら、安全に気を付けて取り組もうとする。
- 「残心」を理解し、その示し方について工夫しようとする。

	学習内容	教師の指導
はじめ 10分	○準備（竹刀） ○礼式 ・正座・座礼 ・本時の説明 ○準備運動 ○素振り ・正面素振り10本×2回	・竹刀の点検をさせる。 ・礼法や所作を守らせ、その守る意義を考えさせる。 ・本時の流れを理解させる。 ・健康観察する。 ・構え、刃筋、足さばきを確認し、ゆっくり正しく行わせる。
なか 30分	○対人での正面素振り ・「間合」の説明 ・2人組を交代しながら10本×5回 　①打たせる人の面を打つ間合で構える 　　→（打たせる人）面の近くに竹刀を準備 　②右足を出し大きく振りかぶる 　　→合わせて左足を下げる 　③左足を引きつけながら面を打つ「メン」 　　→右足を引きつけて受ける 　④左足を下げ大きく振りかぶる 　　→合わせて右足を出す 　⑤右足を引きつけながら面を打つ「メン」 　　→左足を引きつけて受ける 　②〜⑤まで繰り返し ○面技の基本打ち ・「残心」説明 ・3人組（打つ、打たせる、観る）3本×3回 　①構えて「ヤー」と発声する 　　→（打たせる人）構えを右に解く 　②すり足で大きく面を打つ（寸止め）「メン」 　　→一歩右に進路を譲る 　③5歩打ち抜けて振り返り残心を示す 　　→残心に合わせて構える	・素早く2人組を組ませる。 ・示範しながら間合の説明をする。 ・間合は2人でつくるものであるため、相手の目を中心に全身をよく見て、呼吸を合わせることを意識させる。 ・竹刀の「物打ち」の部分が相手の面に届いているかをフィードバックし、打つ方・打たせる方ともに調整して、安定して間合がとれるようにさせる。 ・大きな声（気）、正確な打突（剣）、体の出（体）が一致した素振りを行わせる。 ・始める前に「お願いします」、終わったら「ありがとうございました」など、決められた礼法を守らせる。 ・素早く3人組を組ませる。 ・示範しながら残心の説明をする。 ・「残心」とは打った後でもなお、相手に対して次の攻撃に備えてとる「身構え・気構え」を示すことを理解させる。 ・面打ちの一連の流れを守らせ、さらにどうしたら残心が示せるか工夫させる。 ・3人組の観る役を中心に、素振り・間合・残心についてお互いにアドバイスし合い、よい剣道を目指させる。
まとめ 10分	○整理運動 ○礼式 ・本時のまとめ ・正座・座礼 ○片付け	・健康観察する。 ・礼式では、正しい姿勢で心を落ち着かせて話を聞かせる。 ・本時の評価を伝え、各自で反省させる。 ・竹刀の点検・整頓をさせる。

(2) 本時案2　剣道（12時間の12時間目）

◆本時のねらい
- 基本稽古の中で、気剣体の一致と残心が伴った、有効打突となる技を出すことができる。
- グループでの役割を積極的に果たし、仲間のよい技を賞賛したりアドバイスしたりしようとする。
- 試合稽古の中で、相手の動きに応じて、工夫して技を組み立てようとする。

	学習内容	教師の指導
はじめ 15分	○準備（竹刀、胴・垂の着装、面・小手の準備） ○準備運動 ○素振り ・正面素振り20本 ・左右素振り20本 ・早素振り　20本 ○礼式 ・正座・座礼 ・本時の説明 ・面付け	・竹刀・剣道具の点検をさせる。 ・胴・垂は素早く着装させ、ほどけないように生徒同士で確認させる。 ・健康観察する。 ・準備運動から礼式まで、号令係に指示させ、全員が大きい声できびきびと行わせる。 ・素振りでは個々の生徒にアドバイスする。 ・凛（りん）とした雰囲気で礼式を行わせる。 ・本時の流れを理解させる。 ・面の着装を点検する。
なか 25分	○基本稽古 隊形は2人組、号令で一歩右へ移動 ⑥ ⑤ ④　⑤←④←③ × × × ⇒↓ × × × ↑ ① ② ③　⑥→①→② ・基本打突（面・小手・胴）3本×2回 ・二段の技（小手―面・面―胴）3本×2回 ・引き技（引き面・引き胴）3本×2回 ・応じ技（面抜き胴・小手抜き面）3本×2回 ・かかり稽古20秒×5回 ・自由練習（互格稽古）1分×3回 ○試合稽古 隊形は5人組、3人が三角形で審判 一歩右で交代し、1人試合2回審判3回 ❶ ② × ⑤　⇒　① × ④ ❸ ❹　　　❷ （●は審判） ・試合のルールの説明 　次の①～③の判定基準による1分間判定方式 　　①大きな声で積極的に仕掛ける 　　②多様な技で相手と駆け引きする 　　③剣道の約束事を守る ・試合・審判練習1分×5回 ・グループ内での反省会（学習カードの活用）	・相手を尊重し、剣道の礼法や交代の仕方や打ち方・受け方などの決まりごとを守り、安全に気を配りながら行わせる。 ・基本稽古の中の打突が「有効打突」となるように、「気剣体の一致」と「残心」が伴っているかを意識させる。 ・大きな声を掛け、集中した「一挙動」の打突をさせる。 ・かかり稽古では自分の限界まで心拍数を上げさせる。 ・自由練習では多様な技を出させる。 ・1グループを見本に試合稽古のやり方を説明する。 ・単に「当たった」ではなく、積極性や攻防の展開や礼法などが総合的に評価されて勝敗が判定されることを理解させる。 ・相手の「打ちたい」「打たれたくない」気持ちを利用して技を組み立てさせる。 ・審判には判定基準に沿って公正に判定させ、試合後に試合者に建設的なアドバイスをさせる。 ・よい技に注目させ、試合が進んでいくごとに内容がよくなるように導く。 ・よい試合のポイントについて話し合わせる。
まとめ 10分	○礼式 ・面をとる ・本時のまとめ ・正座・座礼 ○整理運動 ○片付け	・礼式から整理運動まで、号令係に指示させ、整然と行わせる。 ・本時の評価を伝え、各自で反省させる。また、単元のまとめをし、成果を自覚させる。 ・健康観察する。 ・竹刀・剣道具の点検・整頓をさせる。

（波多江美奈子）

4. 単位時間計画（指導案）の例②（2年：ダンス・必修）

⑴ 本時案1　ダンス「現代的なリズムのダンス」（12時間の3時間目）

◆本時のねらい
・ロック、サンバ、ヒップホップのリズムに乗って、簡単なステップで自由に弾んで楽しく踊る。

	学習内容	教師の指導
はじめ 10分	○用具や場の準備と安全への留意 ○集合・あいさつ・健康観察 ○本時の学習内容と課題の確認 　・前時の振り返りからの課題設定を学習カードで確認する。 ○体ほぐしの運動 　・ペアでストレッチ 　・ジャンケン遊び 　・リズムに乗って（あんどこ、ジェンカ等）	●活動場所の安全を確認する。 ●体調の確認及び見学者への指示。 ●本時の学習内容を伝えるとともに、ホワイトボードに掲示して、常に意識させる。 ●活動内容に合った音楽を使い、楽しく受容的な雰囲気をつくる。 ●体ほぐしの運動のねらいである「気付き」、「調整」、「交流」を意識した言葉かけを行う。
なか 35分	ねらい1　いろいろなリズムに乗って、自由に弾んで、仲間と楽しく踊ろう！ ○陽気なサンバのリズムで楽しく踊る。 　（130～150拍／分「ウンタッタ」のリズム） 　・陽気なサンバのリズムに乗って、その場で弾む、スキップで移動するなど全身で即興的に踊る。【サンバ】 ○軽快なロックのリズムで楽しく踊る。 　（120～150拍／分「ウンタ」のアフタービート） 　・やや速めのテンポで弾みのある曲のリズムに乗って、教師や仲間の動きに合わせて一緒に踊り、一部を自分で工夫して踊る。 　【ロック、ポップス、ユーロビート】 ○ヒップホップのリズムで楽しく踊る。 　（80～100拍／分1拍ごとにアクセントのある細分化されたビートを強調） 　・ヒップホップの縦乗りの動きの特徴をとらえ、体の各部位でリズムをとったり、体幹部を中心にリズムに乗ったりして踊る。 　【ヒップホップ、ラップ、R&B】 　・定型の動き⇒動きの変化へ 　＊動きを変化させるには、方向、高さ、速さを変える方法がある。	●誰にでも誰とでもできる簡単な動きで、まず、教師が楽しく体を動かし、心と体を解放しやすい雰囲気をつくる。 ●「上手に」ではなくリズムに乗って「楽しむ」ことの大切さを理解させる。 ●動きをほめることで安心感を与え、よさを認め合うことを大切にさせる。 ●リズムを体で感じ、全身を大きく動かせるように、生徒の様子を見て言葉かけをする。 ●リズムにうまく乗れない生徒も動く心地よさが味わえるよう、スキップやかけ足、ジャンプ等で動き続けられるよう配慮する。 ＜リズムと動きの例＞（学習指導要領解説より） ○自然な弾みやスイングなどの動きで気持ちよく音楽のビートに乗れるように簡単な繰り返しのリズムで踊ること。 ○軽快なリズムに乗って弾みながら、揺れる、回る、ステップを踏んで手をたたく、ストップを入れるなどリズムをとらえて自由に踊ったり、相手の動きに合わせたりずらしたり、手をつなぐなど相手と対応しながら踊ること。 ○シンコペーションやアフタービート、休止や倍速など、リズムに変化を付けて踊ること。 　　　　　　　　　　　　　　　　　　　　　　　　　　など
まとめ 5分	○本時の振り返りと課題の設定 　・学習カードに自己評価と次時の課題を記入する。 ○次時の学習内容の確認⇒あいさつ・片付け	●本時の学習への取り組み状況や課題の達成状況について的確に振り返りをさせる。 ●具体的な課題が設定できるように、例を示しながら説明する。 ●次時の学習内容を伝え、見通しをもたせる。

(2) **本時案2 ダンス「現代的なリズムのダンス」（12時間の9時間目）**

◆本時のねらい
・グループでリズムの特徴を生かした乗り方を工夫して踊ったり、自分達の踊りをつくったりして、楽しく踊る。

	学習内容	教師の指導
はじめ 10分	○用具や場の準備と安全への留意 ○集合・あいさつ・健康観察 ○本時の学習内容と課題の確認 　・前時の振り返りからの課題設定を学習カードで確認する。 ○ウォーミングアップダンス 　・軽快で弾むリズムに乗って、簡単なステップでグループごとに楽しく踊る。	●活動場所の安全を確認する。 ●体調の確認及び見学者への指示。 ●本時の学習内容を伝えるとともに、ホワイトボードに掲示して、常に意識させる。 ●誰でも知っている親しみのある曲で、教師も一緒に楽しく踊ることによって、解放的な雰囲気をつくる。
なか 35分	ねらい2　リズムの乗り方を工夫したり、自分達の踊りをつくったりして、楽しく踊ろう！ ○オリジナルダンスを創って踊る。 　・グループで好きな曲（リズム）を選び、ひとまとまりの動きをつくる。 　・グループで動きを出し合い、始まりと終わりのシーンを合わせ、オリジナルダンスをつくる。 ★オリジナルダンスづくりの手順 ①ねらい1での動きを手掛かりに得意な動きや、お気に入りの動きをグループ内で出し合う。 ②出し合った動きを構成する。 （繰り返し、つなぎ方、リズム、人数、空間などの変化） ③グループ間で相互に動きを教え合う。 ④改善を加えながら、オリジナルダンスを踊って楽しむ。 ○グループ間で交流して楽しく踊る。 　・グループ間で相互にオリジナルダンスを見合い、教え合うことによって、動きの幅を広げ楽しみを深める。 ＜グループ間での交流の仕方＞ ①グループ内でダンスを伝える生徒を決める。 ②その生徒が他のグループで、自分達が考え動きを伝え、一緒に踊る。 ③グループ合同で互いのつくったダンスを共有して、楽しく踊る。	●グループごとに本時の課題を確認させる。 ●難しい動きを考えるのではなく、簡単な手掛かりからリズムをつかませ、グループでの動きにつなげさせる。 ◆単純な全身運動でリズムに乗る。 　（歩く、走る、弾む、ねじる等） ◆部分的な動きでリズムに乗る。 　（肩、首、腰、肘、足等） ◆床を踏み鳴らしたり、手拍子を入れたり、体の各部分をたたいたりしてリズムをとる。 ●視聴覚教材を活用させる（各種のダンスビデオ、ダンス関係の映画、プロモーションビデオ、写真やイラストによる動きの解説資料等）。 ●動きを考え込む時間ではなく、動きながら組み立てを工夫させる。 ●他のグループの動きや音が気にならないように、スピーカーの向きや踊る場所に配慮する。 ●それぞれの生徒のよさを引き出すように助言する。 ●グループ間で交流して踊ることによって、楽しさが倍増することを体験させる。 ●互いの動きを肯定的に受け止めるように指導する。
まとめ 5分	○本時の振り返りと課題の設定 　・学習カードに自己評価と次時の課題を記入する。 ○次時の学習内容の確認⇒あいさつ・片付け	●本時の学習への取り組み状況や課題の達成状況について的確に振り返りをさせる。 ●具体的な課題が設定できるように、例を示しながら説明する。 ●次時の学習内容を伝え、見通しをもたせる。

（小日山明）

第3節
高等学校体育の指導計画の実例

1. 年間計画の例

(1) 年間指導計画のねらいと特徴

　従来、体育の年間指導計画は、季節や施設及び指導者や生徒の様子などとの関係から各種目を並べたものが多かった。しかし、このような年間指導計画では、生徒の生活におけるスポーツのあり方とスポーツ種目の学習との関係が分からない。そこで、本計画は、従来の種目の配列に加え、学習のねらいをテーマとして示している。体育の学習は、生徒の今とこれからの豊かなスポーツライフの創造に寄与することが必要不可欠となっている。種目内容と学習テーマとの両方を示すことによって、スポーツ種目を楽しむ学習とスポーツ（ライフ）にかかる学習の関係がはっきりとしてくる。

学期	1学期			2学期			3学期	
月	4	5	6	7	9	10	11	12	1	2	3
週	1 2 3	4 5 6 7	8 9 10 11	12 13	14 15 16 17	18 19 20 21	22 23 24 25	26 27	28 29 30 31	32 33 34	35
特別活動など		球技大会　救急処置講習会				体育大会　文化祭			球技大会		

1年

- 学習テーマ：新しい友達と交流しよう／オープンスキルのスポーツを楽しもうⅠ（ゴール型、ネット型、ベースボール型の球技及び武道から1種目を選んで楽しむ）／いろいろなトレーニングの仕方を学ぼう／水泳競技を楽しもう※1／体育大会を目指して陸上競技を楽しもう／発表会形式でスポーツ・ダンスを楽しもう／オープンスキルのスポーツを楽しもうⅡ（ゴール型、ネット型、ベースボール型の球技及び柔道から1種目を選んで楽しむ）
- 種目内容：体ほぐしの運動⑤／球技・武道の選択Ⅰ（ハンドボール、バレーボール、ソフトボール、柔道から1つを選択する）⑰／体力を高める運動⑤／水泳※1⑫／陸上競技⑫／ダンス・器械運動から1つを選択する㉘／球技・武道の選択Ⅱ（サッカー、バドミントン、ソフトボール、柔道から1つを選択する。ただし、連続して球技を選ぶ場合はⅠと違うゲーム形式の種目を選択すること）
- 体育理論：オリンピックを考えよう　スポーツの歴史②文化的特性や現代のスポーツの特徴⑦

2年

- 学習テーマ：球技大会を目指して楽しもう／心と体のコンディションを整えようⅠ※2／水泳を競技会形式で楽しもう／体育大会を目指して陸上競技を楽しもう／スポーツを科学して楽しもう（体育理論と関連させる）／テーマを選んで楽しもう＊黒帯を目指す柔道＊マラソンを目指そう＊部活に挑戦（サッカー部、バレーボール部）／トレーニング法を学ぼう
- 種目内容：球技（球技大会で実施する種目を選択して行う）⑭／体ほぐしの運動※2④／水泳⑧／陸上競技⑧／球技（バスケット、テニス、卓球、ソフトボールから1つを選択する）⑭／柔道、陸上（長距離）、サッカー、バレーボールから1つを選択する⑬／体力を高める運動③
- 体育理論：スポーツを科学的に分析しよう　運動やスポーツの効果的な学習の仕方⑥

3年

- 学習テーマ：得意なスポーツを見つけよう／体をスリムアップしよう／水とかかわるスポーツを楽しもう／体育大会を目指して陸上競技を楽しもう／地域のスポーツ資源（ヒト・モノ・情報）を活用しながらスポーツを楽しもう（体育理論と関連させる）／自分達でスポーツ大会を企画・運営して楽しもう／心と体のコンディションを整えようⅡ
- 種目内容：ダンス、武道、球技、器械運動から1つを選択する㉒／体力を高める運動⑤／水泳（水泳競技、水球、水中ウォークから1つを選択する）⑫／陸上競技⑩／ダンス、武道、球技、器械運動から1つを選択する（1学期と同じ種目を選んでもよい）㉓／ダンス、武道、球技、器械運動、から1つを選択する（1・2学期と同じ種目を選んでもよい）⑲／体ほぐしの運動⑤
- 体育理論：自分達が住む地域のスポーツ環境を考えよう　豊かなスポーツライフの設計の仕方⑨

※1　科目保健の応急手当と関連させる　※2　科目保健の精神の健康と関連させる
1年3単位（105時間）、2年2単位（70時間）、3年3単位（105時間）の8単位とした。丸数字は単元の時間数を表す。

テーマを設定することで、生徒にとっては、各種目の学習展開の予測がしやすくなる。例えば「黒帯を目指す柔道」では、その後に昇段試験を受けて黒帯をとれるような指導が、「球技大会を目指して楽しもう」というテーマでは、クラス代表として球技大会で競う活動が予測できる。また、このように授業における教師のかかわり方もはっきりとする。「黒帯を目指す柔道」では、黒帯をとることにかかる指導が、「球技大会を目指して楽しもう」では、クラスごとのチームに応じた戦術的・技術的な指導が、具体的な指導内容として明確になる。

(2) 様々な学習の場をつなぎ合わせるテーマ学習
① ゲームの特徴と年間指導計画との関係
　球技に関しては、ゴール型、ネット型、ベースボール型と、それぞれの特性や魅力に応じて分類されている。1年ではそれぞれのゲームの特徴の理解を含めて、それぞれのゲームの楽しさを追求する単元を組んでいる。選択肢としての種目は、ゲームの特徴を踏まえて導き出される。1年では、多様なゲーム形式を楽しむことができるように、3学期では1学期に選んだ形式と違う形式の種目を選ぶように工夫している。

② 特別活動と年間指導計画との関係
　この年間指導計画は、球技大会や体育大会、救急処置講習会などの行事と体育授業の関連を勘案して作成している。例えば、体育大会前の授業は、体育大会の参加種目を学習し、2年の1学期は球技大会で行われる種目を選んで学ぶことができるように工夫している。体育授業と学校行事が有機的に結び付くことで、学習効果が高まることを期待している。

③ 科目保健と年間指導計画との関係
　安全確保や事故防止の観点から、1年の水泳の時期に科目保健の「応急手当」の内容を学習させる。また、学校行事として救急処置講習会も同時期に実施し、安全確保及び事故防止に努める。
　2年の「体ほぐしの運動」では、心と体のコンディションを整えることをねらいとして実施する。同時期に科目保健の「精神の健康」を学ばせることで、相乗的な学習効果をねらっている。

④ 体育理論と年間指導計画との関係
　1年では、「スポーツの歴史、文化的特性や現代のスポーツの特徴」という内容を、オリンピックを題材として学習する。オリンピックを学習テーマとすることで、より身近な問題として、体育理論の学習を進めることができる。スポーツの歴史やルール・用具の変遷、人間にとってのスポーツ文化の意味や価値、フェアプレイやドーピング問題、近代オリンピックの光と影などが具体的な内容となる。
　2年では、実技と連携し、運動スポーツの効果的な学習の仕方をより実感できるように工夫した。
　3年では、各ライフステージにおけるスポーツの在り方や地域スポーツ振興の問題などを考えることで、生涯スポーツ社会の創造に向けた学習を深めていく。実技においては、地域のスポーツ資源（ヒト・モノ・情報）を活用しながらスポーツを楽しむ場を設けて、学校外のスポーツの実態や課題に関しても実感をもって学習できるように工夫した。ここでは、地域の方をアシスタント・ティーチャーとして迎えたり、地域のクラブチームを招いて対戦したりするような学習を行う。もし「総合的な学習の時間」との連携や、近くの「総合型地域スポーツクラブ」との連携などがとれるならば、さらにダイナミックな学習展開が可能となろう。

⑤ その他の工夫
　1年のはじめに「新しい友達と交流しよう（体ほぐしの運動）」を配置したのは、教師にとっては生徒の準備状況を知る場（診断的評価の場）が、生徒にとってはこれから一緒に学ぶ仲間との交流の場が、必要だと考えたからである。このような場を設けることで、それ以降の学習をスムーズに進めることができる。

（松田雅彦）

2. 単元計画の例（2年：陸上競技）

⑴ **単元名**「陸上競技会を楽しもう！」 陸上競技：種目内選択（ハードル走・高跳び・やり投げ）

⑵ **陸上競技の特性**

　陸上競技は、自己が定めた基準にチャレンジする「達成」の楽しさと、個人や団体で記録を競い合う「競争」の楽しさを兼ね備えた運動である。

　また、陸上競技の競走・跳躍・投てきの各種目は、それぞれに構造的な特徴をもっており、生徒は、自己の能力・適性や興味・関心に応じて特徴ある種目を楽しむことができる。

⑶ **生徒の様子と生徒から見た特性**

　本校の生徒は、「記録が伸びた時に楽しい」と思っている者が全体の約7割、「他の人と競い合った時に楽しい」と思っている者が約半数いる。両方の特性を楽しみたい生徒も2割ほどいる。

　陸上競技が嫌だという理由には、「いくらやってもはじめから速い人にはかなわないから嫌だ」、「結果がはっきりと分かって嫌だ」という意見があった。

　そこで、単元のはじめは「達成型」重視で授業を行い、単元半ばから後半は「競争型」重視で授業を行うように単元計画を組み立てた。また単元後半では、個人と団体で競い合って楽しめるように計画した。

⑷ **単元のねらい**

・自己の記録にチャレンジして陸上競技を楽しむ。
・記録会や競技会形式で陸上競技を楽しむ。
・ハードル走（競走）、高跳び（跳躍）、やり投げ（投てき）の中から、自分に合った種目を選んで陸上競技を楽しむ。
・陸上競技の技術構造の理解を深め、練習の仕方を工夫しながら学習を進めることができる。
・マナーよく、安全に注意して学習することができる。

⑸ **指導の展開**（20時間扱い）

時数	1単位時間の流れ
1	オリエンテーション
2〜5	ねらい1 　ハードル走、高跳び、やり投げの中から1種目を選んで自己の記録に挑戦して楽しむ。（達成＞競争型）
6〜9	ねらい2 　ハードル走、高跳び、やり投げの中から1種目（「ねらい1」と同じでも違った種目でもよい）を選んで自己の記録に挑戦して楽しむ。（達成＞競争型）
10〜12	ねらい3 　ねらい1、2で選んだ種目の記録を競い合って楽しむ。 　（競争＞達成型）
13〜18	ねらい4 　陸上競技会に向けて得意な種目を1つ選んで楽しむ。 　（競争≧達成型）
19〜20	ねらい5 　個人及び団体戦で陸上競技会を楽しむ。 　（競争＞達成型）

⑹ 単元計画の特徴と工夫
① 単元の全体構想
　単元全体は、「達成型」と「競争型」が混在したかたちで展開している。
　生徒のアンケートを見た時、「記録が伸びたときに楽しい」という「達成」に楽しみや価値を見出している者が7割を占めていたので、単元のはじめは「達成＞競争型（どちらかというと達成の楽しみを重視している）」からスタートしている。そして、その後、徐々に「競争」の要素が強くなるように計画している。もちろん、これらは、教師が単元を始める前に想定（計画）していることなので、生徒の状況に応じて計画を柔軟に変更する可能性があることはいうまでもない。

② 「ねらい1」及び「ねらい2」における工夫
　「ねらい1」と「ねらい2」では、ハードル走（競走）、高跳び（跳躍）、やり投げ（投てき）の中から1つもしくは2つの種目を楽しめるように計画している。ここでは、1種目をずっと楽しんでもよいし、「ねらい2」で違う種目にチャレンジしてもよい。このように学習する種目数を選択できるようにしているのは、学習を進めている中で、他の種目にもチャレンジできるように工夫したかったからである。選択制の授業では、はじめに種目を選べば、最後まで種目を変えることなくがんばらねばならない。確かに、がんばった結果、記録が伸びて楽しむことができる生徒もいるが、違う種目に変えた方が力を発揮できる生徒もいる。「ねらい1」と「ねらい2」を分けているのは、「ねらい2」に変わるタイミングで、教師と相談しながら、自分に合った種目を選んで楽しめる余地を残したかったからである。「ねらい1」と「ねらい2」の区切りを破線にしているのは、決められた時間で「ねらい1」から「ねらい2」へと移行するのではなく、生徒それぞれの状況によって、教師と相談のうえ、次のステージへと移行できることを表現したかったからである。このように、「ねらい1」と「ねらい2」のステージでは、個々の生徒の能力・適性や興味・関心に応じて学習する種目及び種目数を選んで楽しめるように工夫している。

③ 「ねらい3」の位置付け
　「ねらい3」の記録会は、それまでに「達成型」に重点をおいていた学習を、「他者との競争」へと意識づけるためのターニングポイントとして位置付けている。単元最後の陸上競技会では、自己の最高記録を競うことと、「ねらい3」での記録会の記録からどれだけ伸びたかという伸び率（得点）で競うことの2つを規準として採用している。ここでの記録は、陸上競技会での伸び率の基準記録となる。

④ 「ねらい4」の活動
　「ねらい4」は、記録会の記録をもとにグループ（6名）分けを行い、6名の中から単元最後の陸上競技会で、誰が、どの種目にエントリーするかを考えてプレーする種目を決定して楽しむ場としている。ハードル走（競走）、高跳び（跳躍）、やり投げ（投てき）のどれをやってみたいか、また、これから伸びる種目はどの種目なのかを考えて選択して楽しむのである。

⑤ 「ねらい5」の位置付け
　この単元は、「ねらい5」において競技会形式で陸上運動を楽しむように計画している。陸上競技は、個人競技として捉えられることが多いが、「ねらい5」の競技会では、得点形式でも競い合えるようにし、団体競技としても楽しめる工夫をした。個人競技としては、それぞれの自己最高記録を競い合う楽しみを保障し、団体競技としては、6人のグループの得点合計で楽しむように工夫している。競技会の得点とは、「ねらい3」の記録を基準とした記録の伸びを得点化したものである。最後の競技会では、「ねらい3」の記録会の記録から、それぞれがどれだけ伸びたかによって団体の勝敗が決まる。あまり陸上が得意でない生徒も、自分の記録に常にチャレンジしながら、皆とともに練習し競技会に参加する楽しみを味わわせてあげたいと考えた。この競技会は、6人1組のグループから障害走、高跳び、やり投げに、それぞれ2名ずつエントリーして、最高記録や得点を競い合って楽しむ場として位置付けている。

（松田雅彦）

3. 単位時間計画（指導案）の例①（3年・水泳）

(1) **単元名**　「水泳」（長距離泳とリレー泳）

(2) **運動の特性**

①長距離泳

自己の得意な泳法を用いて、ゆったりとリラックスして泳ぐことで、長い距離を続けて泳ぎ、水泳の競争とは異なる楽しさ・心地よさを実感できる。

②リレー泳

仲間とともに、お互いの泳力を尊重しつつ、自他の記録の向上や競争の楽しさを味わい、ルールやマナーを大切にし、自己の役割を果たすことができる。

(3) **ねらい**

・自己の能力に合った目標を設定し、仲間と協力し合いながら、目標を達成することができる。
・仲間との協調性・共感性を重視し、協力し合いながら、競争することができる。

(4) **指導の展開**（8時間扱い）

過程	時間	学習内容・活動		教師の指導・支援（○）・評価（◆）	主な観点
		長距離泳	リレー泳		
はじめ	1	●オリエンテーション ・学習のねらいと流れを理解する。 ・個人の目標を設定し、学習課題を立てる。 ・リレー泳のグループを決める。 ・ウォーミングアップや学習の約束事をつくる。		○学習のねらいを知らせ、見通しをもって学習させる。 ◆自分の能力に応じた目標が設定できているか。 ○用具の使い方、整理の仕方、練習区域などについて説明する。	Ⅱ Ⅲ
	2	●長距離泳 ・今の自己の長距離泳の目標を確認する。		○正しい計測方法を理解させる。 ○役割分担をし、安全かつ能率的に行わせる。	Ⅲ
なか	3 4	・安静時の心拍数を調べる。 ・長く、ゆったりと泳げる。 ・フォームを確認する。 ・泳いだ後の心拍数を調べる。 ・仲間と一緒に泳法を確認する。	・お互いの泳力を確認する。 ・各チームでリレーの順番、泳法、距離を決める。 ・試しのリレー（レース）を行う。	○個人の能力を把握させ、自分に合った泳法を見つける。 ○グループでお互いの能力を把握させ、能力に合ったプログラムになっているか、確認・指導する。 ◆自分に合った方法が選択できたか。 ◆自他の能力を認め合い、協力して活動しているか。	Ⅱ Ⅰ
	5 6	・さらに長く泳げる方法や、リラックスしたフォームを仲間と一緒に調べ、確認する。 ・心拍数の変容を確認する。	・リレーの順番や泳法のプログラムを修正する。 ・ビデオや他のグループに見てもらい、プログラムが合っているか確認する。	○目的意識をもって反復練習させ、自分の課題を見つけさせる。 ○スムーズなリレーができているか確認し、ビデオ等を用いて、修正すべき点を指導する。 ◆学習資料を活用し、練習の仕方を改善しているか。 ◆課題解決に向けて、工夫して練習しているか。	Ⅱ Ⅲ Ⅰ
まとめ	7 8	●リレー泳大会 ・距離、泳法をクラス全体で考える。 ・リレー泳記録大会を催す。 ・目標、課題、計画が適切であったか確認する。		◆安全に留意して能率的に行っているか。 ◆高まった力を発揮し、意欲的に取り組んでいるか。 ◆特性を捉え、意義や効果が理解できたか。 ◆目標が達成できているか。	Ⅱ Ⅰ Ⅲ

＊評価の観点…Ⅰ技能、Ⅱ知識、思考・判断、Ⅲ態度

⑸**本時案　水泳（8時間の5時間目）第3学年**

◆**本時のねらい**

・各自が今もっている泳力をさらに向上させ、リラックスして長い距離を泳げるようにする。
・各グループの能力に応じたリレーの順番、泳法、距離を作成し、お互いの泳法を組み合わせて楽しむ。
・マナーや安全への関心を高め、お互いに協力して楽しく活動ができるようにする。

時間	生徒の活動	教師の指導・支援・活動
はじめ 10分	○用具の準備や安全への心構えを確認する。 ○シャワーを浴びて、体を清潔にする。 ○ウォーミングアップ（ストレッチと水慣れ） ＜例＞ 　・けのび 　・得意な泳法で、25～50mを泳ぐ ○心拍数を確認する。	・役割分担、用具の扱いを具体化し、責任をもたせる（自分の役割に従って準備する）。 ・水温をチェックし、生徒の体調を確認する。 ・心拍数を数える方法を定着させる。
なか 35分	●ねらい1（15分） ○自己の能力に合ったコースに入水し、リラックスして目標の時間に向けて泳ぐ。 ＜例＞学習の場の設定（コースを目標別に分ける） | 8	10分以上泳コース
7	
6	
5	
4	10分泳コース
3	
2	5分泳コース
1	| ●ねらい2（20分） ○学習カードを用いて、リレーの順番、泳法、距離を確認する。 ○試しの競争（レース）を行う。 ○学習カードを使い、記録や観察から話し合い、アドバイスを出し合う。 ○リレーの順番、泳法、距離の修正や、合っていなかった点を修正する。 ○修正点を踏まえ、競争（レース）を行う。	・自分のやってみたい距離、高めたい泳法を課題別グループで練習させる。 ・活動場所を確認し、グループでの活動の場を確保させるとともに、要点をまとめる。 ・グループでの課題解決方法を確認させ、運動の場等についても組織だった練習を行わせる。 ・グループ全体が協力し、課題解決に努力しているかを確認する。 ・グループに合ったリレーの順番、泳法、距離の構成になっているか確認する。 ・ビデオ撮影を行う。 ・グループ観察の際に、観察の視点をアドバイスする。 ・修正すべき点が明らかになった場合、どのように構成し直すか考えさせる。 ・修正したリレーの順番、泳法、距離がうまく合っているか確認する。
まとめ 5分	○学習の準備や活動について反省と相互評価をする。 　1. 心拍数から（長距離泳） 　2. 他グループの指摘やビデオから（リレー） ○記録の整理をする。 ○シャワーを浴びて、体を清潔にする。	・心拍数の変容を記録させる。 ・他のグループにチェックしてもらった点を修正していたか確認させる。 ・記録の向上や競争の楽しさをより味わうために、リレーの順番、泳法、距離を考えさせる。 ・次時の課題を確認させる。 ・安全に運動できていたかチェックする。

（小笠原一彰）

4. 単位時間計画（指導案）の例②（1年・体育理論）

⑴ **本時案1　体育理論「現代のスポーツと国際親善」**

◆**本時の学習目標**

・現代のスポーツは、国際親善や世界平和に大きな役割を果たしており、その代表的なものにオリンピック・ムーブメントがあることを理解する。

	学習内容と学習活動	教師の指導・支援・評価
導入 5分	○本時の学習内容と授業の流れを確認する。 　スポーツは国や文化の壁を越えて人々の心をつなぎ、国際親善や世界平和に大きな役割を果たしていること。 　スポーツを通じて世界の平和を築こうとする活動に、オリンピック・ムーブメントがあること。	・授業のはじめに、勝利を目指して懸命にプレイするオリンピック選手の姿を映像で紹介し、スポーツは人々に感動を与え、世界を一つにする力があることを説明する。 ・本時は、スポーツを通じて国際親善を図り、世界の平和を築こうとするオリンピック・ムーブメントについて学習する授業であることを伝える。
展開 35分	○次の質問について、周囲の人と意見交換し、各自のワークシートに記入する。 質問1　オリンピックの創始者は誰ですか？ ・ピエール・ド・クーベルタン 　近代オリンピックの創始者。 　渡英した際に、パブリック・スクールの学生達が、真摯にスポーツに取り組む姿を見て感銘を受け、スポーツを取り入れた教育の必要性を確信し、スポーツ教育の理想として「古代オリンピックの近代における復活」を提唱した。 質問2　オリンピズムとは何ですか？ ・オリンピズム＝オリンピックの理念 　スポーツを通して心身を向上させ、さらには文化・国籍など様々な差異を超え、友情、連帯感、フェアプレイの精神をもって理解し合うことで、平和でよりよい世界の実現に貢献すること。 ○オリンピック・ムーブメントの理念や、日本における活動の歴史について理解する。 質問3　オリンピック・ムーブメントに参加したことがありますか？ ・オリンピック・ムーブメント 　スポーツを通じて相互理解と友好の精神を養い、平和でよりよい世界の建設に貢献するという「オリンピックの理念」に基づいて行われる活動である。 ・日本における活動の歴史 　クーベルタンの推薦により、嘉納治五郎が1909年に日本人初の国際オリンピック委員会委員に就任し、日本は第5回オリンピック・ストックホルム大会に初参加した。	・オリンピックの創始者や基本理念など、中学校で学習した内容について確認する。 ・クーベルタンは、1863年にフランスで貴族の家系に生まれた。彼が生まれ育った19世紀末のヨーロッパは、今にも戦争が起きかねない情勢だった。こうした中、世界の若者が戦争のためではなくスポーツを通して心身を鍛え、世界の平和を築きたいという思いから、近代オリンピックを提唱したことを説明する。 ・4つの根本原則 「スポーツは人間形成に必要な文化であること」、「人類が互いに尊敬し理解すること」、「フェアプレイを尊重すること」、「平和な世界を実現すること」を説明する。 評価の観点：関心・意欲・態度 評価の規準：仲間と意見交換しようとしている 評価の方法：行動観察 ・オリンピックは単なる国際スポーツ競技大会ではなく、スポーツを通じて平和や人権の尊重を世界中に広める運動でもあることを説明する。 ・日本オリンピック委員会（JOC）では、誰もがオリンピズムに触れることができるよう、オリンピックコンサート、オリンピックデーランなどを行っていることを紹介する。 ・嘉納治五郎（講道館柔道の創始者）は、当時、高等師範学校の校長として柔道だけでなく、水泳や長距離走など体育に熱心な教育者であり、クーベルタンの思想と共通していたことを説明する。
整理 10分	○オリンピック・ムーブメントと世界平和について、自分の意見をまとめ、ワークシートに記入する。	・本時の学習の要点をまとめるよう指導する。 評価の観点：知識・理解 評価の規準：学習内容の要点を書き出している 評価の方法：記述内容の確認

(2) 本時案2　体育理論「フェアプレイの精神とドーピング」

◆本時の学習目標
・ドーピングはフェアプレイの精神に反する行為であり、能力の限界に挑戦するスポーツの文化的価値を失わせることを理解する。

	学習内容と学習活動	教師の指導・支援・評価
導入 5分	○本時の学習内容と授業の流れを確認する。 　フェアプレイの理念とは、対戦相手、審判、競技規則、そしてチームの仲間などすべてを尊重し、大切に思う心であること。 　ドーピングは、能力の限界に挑戦するスポーツの文化的価値を失わせること。	・パソコンルームでインターネット検索ができるよう準備する。 ・本時は、フェアプレイの基本理念に反するドーピングについて理解する授業であることを生徒に伝える。
展開 35分	○次の質問事項について、自分の考えをワークシートに記入する。 　質問1　競技規則は、なぜ必要なのでしょうか？ ・競技規則の意味 　スポーツは同じ条件で勝敗を競うものであり、競技規則は人数や用具など、できる限りの平等性を保証するものである。競技や試合で対戦する相手は、スポーツを愛する仲間であり、敵ではない。 　質問2　フェアプレイを尊重するとは、どのようなことでしょうか？ ・フェアプレイの尊重 　対戦する相手、審判、競技規則、そしてチームの仲間などのすべてを尊重し、自分も他人もスポーツを愛する人間として大切に思う心が、フェアプレイの原点である ○ドーピングについて、インターネットで調べ、ワークシートに記入する。 　質問3　ドーピングとは、どのような行為でしょうか？ ・ドーピング 　ドーピングとは、競技能力を高めるために薬物などを不正に使用することである。 　ドーピングを禁止する理由は、「スポーツの文化的価値を損なうこと」、「競技者自身の健康を害すること」、「不誠実な行為であること」、「社会悪であること」に分けられる。 ・健康被害 　ドーピングに使用される物質は、病気の治療目的で開発されたものが多く、使用頻度、使用量により大きな副作用を引き起こしてしまう。	・フェアプレイの尊重やスポーツマンシップの意味について説明する。 ・スポーツは、仲間と競い合って勝敗を競うものであるが、勝つことを目的に敵対する戦争や喧嘩とは、基本的に違うことを説明する。 ・勝つためにベストを尽くし、相手やルール、審判の判定を尊重することにより、試合の勝敗は価値あるものとなることを説明する。 ・スポーツマンシップについても言及し、スポーツマンという言葉には、勝って奢らず、負けても怯まずに堂々と相手を称えることができる人という意味があることを説明する。 ・インターネットを使用し、ドーピングについて調べるよう指導する。 ・世界記録の達成や優勝による名声、スポンサーからの賞金が要因であることを説明する。 ・ドーピングに限らず、勝つことだけが優先され、審判の目を盗み、反則してでも勝つことを目指すような姿勢では、技能やパフォーマンスの向上も期待できなくなり、人間としての成長はおろか、マイナス要素を身に付けてしまうことになることを付け加える。 ・興奮剤の投与による死亡事故、蛋白同化ホルモンの副作用による性障害などについて説明する。 評価の観点：思考・判断 評価の規準：解決方法を考え内容を選択している 評価の方法：行動観察
整理 10分	○フェアプレイとドーピングについて、自分の意見をまとめ、ワークシートに記入する。	・本時の学習の要点をまとめるよう指導する。 評価の観点：知識・理解 評価の規準：学習内容の要点を書き出している 評価の方法：記述内容の確認

(高橋幸平)

第2章
保健の指導計画

第 1 節
小学校保健の指導計画の実例

1．年間計画の例（3・4・5・6年）

(1) 3・4年の年間指導計画例（105時間）

学期	月	週	3年		4年		行事等
前期	4	1 2 3	体ほぐしの運動 幅跳び	④ ⑥	プレルボール（ネット型ゲーム） 鉄棒運動	⑥ ⑥	
	5	4 5 6	かけっこ リズムダンス	⑦ ⑤	体ほぐしの運動 リレー	④ ⑦	運動会
	6	7 8 9 10	ハンドボール（ゴール型ゲーム） 表現	⑧ ⑤	表現運動 多様な動きをつくる運動	⑥ ④	新体力テスト実施
	7	11 12 13	浮く・泳ぐ運動	⑩	浮く・泳ぐ運動	⑩	
	9	14 15 16	跳び箱運動	⑦	高跳び	⑥	
後期	10	17 18 19 20	鉄棒運動 プレルボール（ネット型ゲーム）	⑥ ⑥	マット運動 保健 育ちゆく体とわたし	⑥ ④	スポーツ月間実施
	11	21 22 23 24	小型ハードル走 多様な動きをつくる運動	⑤ ④	小型ハードル走 ティーボール （ベースボール型ゲーム）	⑥ ⑧	6年地区別運動会
	12	25 26 27	ラインサッカー（ゴール型ゲーム） 保健　毎日の生活と健康	⑦ ④	ゲートサッカー（ゴール型ゲーム）	⑧	
	1	28 29 30	ティーボール （ベースボール型ゲーム）	⑧	跳び箱運動	⑦	
	2	31 32 33	マット運動	⑦	リングボール（ゴール型ゲーム）	⑧	なわ跳び月間実施
	3	34 35	多様な動きをつくる運動	⑥	リズムダンス 多様な動きをつくる運動	⑤ ④	

(2) 5・6年の年間指導計画例（90時間）

学期	月	週	5年		6年		行事等
前期	4	1 2 3	鉄棒運動 体ほぐしの運動	⑥ ④	リレー 体ほぐしの運動	⑥ ④	
	5	4 5 6	短距離走	⑥	ソフトバレーボール（ネット型）	⑦	運動会
	6	7 8 9 10	フォークダンス 保健　心の健康	⑦ ③	マット運動	⑦	新体力テスト実施
	7	11 12 13	水泳	⑩	水泳	⑩	
	9	14 15 16	ソフトバレーボール（ネット型）	⑦	跳び箱運動 走り幅跳び	⑦ ⑦	
後期	10	17 18 19 20	跳び箱運動	⑦	表現運動	⑦	スポーツ月間実施
	11	21 22 23 24	走り高跳び	⑦	ソフトボール（ベースボール型）	⑦	
	12	25 26 27	保健　けがの防止 バスケットボール（ゴール型）	⑤ ⑨	ハードル走	⑦	
	1	28 29 30	マット運動	⑧	保健　病気の予防	⑧	
	2	31 32 33	体力を高める運動	⑥	サッカー（ゴール型）	⑩	なわ跳び月間実施
	3	34 35	ソフトボール（ベースボール型）	⑥	体力を高める運動	④	

○3年からはじまる保健領域の学習については、学習のまとまりを大切にするという観点から、長い期間に分散せずにまとまりをもって配当する。
○5年の「心の健康」については、4年との学習のつながりを重視するため、「けがの防止」より前に配当する。
○6年の「病気の予防」については、「かぜ」などの病気が流行りだす時期に合わせること、小学校期の保健学習のまとめとすること、等により、学年末に近い時期に配当する。

2. 単元計画の例（心の健康）

(1) 本単元を計画するに当たって

　ここでは「自ら考え、判断する力」の育成に重点をおき、知識を習得し、その知識を活用する学習活動を展開していく必要がある。小学校5年で取り上げる「心の健康」の心の状況は、体の状況とは違い目に見えないため、具体的かつ実感的に学習が進められるよう工夫していくことが大切である。現在や将来において経験するであろう不安や悩みに対し、自分に合った対処の仕方を考えることは、自分らしく豊かにたくましく生きていくことにつながると考える。不安や悩みへの対処とは、不安や悩みに対して、正面から向き合い、上手に付き合っていけるような自分を確立する方法の一つになるであろう。学習を展開するに当たっては、単に不安や悩みのある状況をつくり出し、その対処の仕方について具体的に身に付けていくことをねらうのではなく、友達や教師の考えなども参考にしながら、自分に当てはめて考える活動を重視していきたい。本単元では、第1時を一般的な心の発達の様子についての学習、第2時を心身の相関に関する学習、第3時を自分に合った不安や悩みへの対処の仕方についての学習とした。指導要領解説でも示されたブレインストーミングなどを積極的に取り入れることで学習形態を工夫し、活発な活動を通して、実生活での経験や生活の中で獲得してきた知識などを元に、さらに知識や考え方、判断力などを広げ深めるような学習活動を展開したい。

(2) 単元の目標

○心の発達及び不安や悩みへの対処の仕方について理解できるようにする。
　・心は、いろいろな生活経験を通して、年齢とともに発達すること。
　・心と体は密接な関係にあり、互いに影響し合うこと。
　・不安や悩みは様々にありその対処には、大人や友達に相談する、仲間と遊ぶ、運動をするなどいろいろな方法があること。

(3) 単元の評価規準と単元計画

	ア　健康・安全への関心・意欲・態度	イ　健康・安全についての思考・判断	ウ　健康・安全についての知識・理解
評価規準	心の発達、心と体とのかかわり、不安や悩みへの対処の仕方に関心をもち、課題解決に意欲的に取り組もうとしている。	心の発達、心と体とのかかわり、不安や悩みへの対処の仕方について、課題を設定し、実践を通して解決の方法を考えたり、判断したりしている。	心の発達、心と体とのかかわり、不安や悩みへの対処の仕方について、実践的に理解し、自分の生活に役立つ知識を身に付けている。
具体の評価規準	①心の発達、心と体とのかかわり、不安や悩みへの対処の仕方について、自分の経験や生活を元に課題を設定する活動に進んで取り組もうとしている。	①心の発達、心と体とのかかわり、不安や悩みへの対処の仕方について、自分を振り返りながら、問題点を見つけている。	①心はいろいろな生活経験を通して、年齢とともに発達することを言っている。
	②心の発達、心と体とのかかわり、不安や悩みへの対処の仕方について、感じたことや考えたことを発表する活動に進んで取り組もうとしている。	②心の発達、心と体とのかかわり、不安や悩みへの対処の仕方について、資料や友達の話を元に予想したり、比べたりしている。	②心の状態が体に影響し、体の状態が心に影響を及ぼすことを書き出している。
	③心の発達、心と体とのかかわり、不安や悩みへの対処の仕方について、自分の考えや意見を発言する活動に進んで取り組もうとしている。	③心の発達、心と体とのかかわり、不安や悩みへの対処の仕方について、学習したことを自分の生活に当てはめている。	③不安や悩みは誰でも経験することであり、その対処の仕方にはいろいろな方法があることを書き出している。

時間	ねらい・学習活動	評価と方法	留意点
1	●ねらい 　心の発達について、自分の経験や生活を元に課題をもち、その解決に向けて自分を振り返りながら、心は生活経験を通して、年齢とともに発達することを理解できるようにする。 1．心の発達についての課題を見つける。 2．小さかった頃の自分と、今の自分を比べ、直接見ることができない心の発達の様子について考える。 ◆場面設定 　Ａさんは欲しくて欲しくてたまらないペンがあります。Ａさんが5歳だったら、5年生だったら、20歳だったら、とそれぞれの年齢を考えて、どう行動するか考えてみましょう。 3．心の発達について分かったことを話し合う。 4．学習のまとめをする。	ア―① （行動観察） イ―① （ワークシート・行動観察） ウ―① （ワークシート）	◇ここでは、設定された場面で、架空の人物がどのように行動するかを比較することによって、目に見えない心の発達を実感できるようにしたい。
2	●ねらい 　心と体のかかわりについて、資料や友達の話を元にして予想したり、比べたりしながら心の状態が体に影響し、体の状態が心に影響を及ぼすこと、不安や悩みは誰もが経験することを理解できるようにする。 1．心の状態が体の状態に影響することを事例を通して考える。 2．体の状態が心の状態に影響することを事例を通して考える。 3．心と体のつながりについて話し合う。 4．学習のまとめをする。	ア―① （行動観察） イ―① （行動観察） ウ―① （ワークシート）	◇経験として知っていることを元に、事例を通して心身の相関関係についての理解へとつなげていきたい。
3	●ねらい 　誰でも経験する不安や悩みは様々な方法により対処できることを知り、自分に合った不安や悩みへの対処の仕方を理解できるようにする。 1．架空のＡさんの場面を通して、どんな不安や悩みがあるか、グループでブレインストーミングを行い、できるだけたくさん出し合う。 2．活動1で出されたＡさんの不安や悩みに対してどうすればよいか、グループでブレインストーミングを行い、その対処の仕方をできる限りたくさん出し合う。 3．今までの自分の不安や悩みを抱えた経験や、今後予想されそうな不安や悩みを想起し、その対処の仕方を考えてみる。 4．単元のまとめをする。	ア―① （ブレインストーミングの様子の観察） イ―① （ワークシート）	◇対処の方法については、単に身に付けることではなく、様々な仕方を知るとともに、それらが自分へも生かせるのかどうか、考えることに重点をおく。

3. 単位時間計画(指導案)の例(私のこころ)

(1)**本時のポイント**

○不安や悩みの対処の方法については、単にできるようにするのではなく、自分に合った方法で対処できるということを理解することをねらいとする。

○不安や悩みについては、自分の身近で誰にでもありうる内容を取扱うようにし、不安や悩みに自分らしく対処することにより、自分の感情をコントロールしたり、相手の気持ちを理解したりすることができるようになることにも触れるようにする。

○不安や悩みが、さらなる心の発達につながることについても触れたい。

(2)**本時の展開(3時間の3時間目)**

◆**本時のねらい**

誰でも経験する不安や悩みは様々な方法により対処できることを知り、自分に合った不安や悩みへの対処の仕方を理解できるようにする。

・不安や悩みをもった心の状況について、自らの経験を元に発表する活動に進んで取り組もうとすることができるようにする。　　　　　　　　　　　　　　　　　　　　　　　　　　　　　　　　　　　(関心・意欲・態度)

・不安や悩みへの対処の仕方について、友達の話を元にして自分に当てはめて考えることができるようにする。　　　(思考・判断)

・不安や悩みの内容とその対処の仕方について、様々な内容を書き出すことができるようにする。

(知識・理解)

時間	学習内容・活動	教師の支援
2分	(不安や悩みは誰にでも様々にあることを知る。) 1. 場面から考えられるAさんの悩みや不安について、グループでブレインストーミングを行い、できるだけたくさん出し合う。	・ブレインストーミングの行い方を確認し、3～4人のグループで3分間程度考えを出し合う(グループに1枚模造紙を用意し、付箋紙に書き込みながら貼っていく)。
5分 (7分)	◆場面 　Aさんは朝からなんだか元気のない様子。さっきから下を向いて、ため息をついてばかりです。いったいどうしたのでしょうね。 ・宿題を忘れたので、叱られるか不安。 ・友達とけんかして、仲直りしたいけどうまくできない。 ・勉強したくないけど、しなきゃいけない。 ・やらなければいけないことがたくさんあって、遊べない。 ・テストでいい点がとれるか不安。	○ブレインストーミングの行い方 ・正解や間違いは考えないでどんどん出す。 ・友達の考えから思いついてもよい。 ・友達の考えはすべて認める。 ・いろいろたくさんの考えを出すことがよい。 ・この活動を通して不安や悩みは誰でも抱えていること、そして内容もいろいろにあることなどを押さえたい。 <関心・意欲・態度>行動観察 不安や悩みをもった心の状況について、自らの経験を元に発表する活動に進んで取り組もうとしている。
10分 (17分)	(不安や悩みに対する対処の仕方が様々にあることを知る。) 2. 活動1で出されたAさんの不安や悩みに対してどうすればよいか、グループでブレインストーミングを行い、その対処の仕方をできる限りたくさん出し合う。	・ブレインストーミングで不安や悩みへの対処の仕方を出し合う(模造紙に貼った付箋紙の周りに書き込んでいく)。

時間	学習内容・活動	教師の支援
10分 (27分)	・先生に相談する　・親や友達に相談する ・不安なことに立ち向かう　・遊ぶ ・忘れる　・本を読んで心を落ち着かせる ・スポーツをする ・音楽を聴いて、気分転換する ・自分の心とゆっくり向き合ってみる	・一般的によくないと考えられる対処の仕方が出されても、教師の受容的なかかわりのもと、再度自らが考え直せるよう問い返す。 ・子ども達から出てこない対処の仕方については、教師が補足する。また、体ほぐしの運動も有効な方法の一つであることに触れる。 ・グループでのブレインストーミングの結果を発表することで、より幅広い知識の習得につなげるようにする。
15分 (32分)	（様々にある対処の仕方を自分に当てはめて考える） 3．今までの自分の不安や悩みを抱えた経験や、今後予想されそうな不安や悩みを想起し、その対処の仕方を考えてみる。 　ここまでの学習を通して次の観点から対処の仕方を整理して考える。 ○自分がやったことのある対処の仕方 ○自分がやったことのない対処の仕方 ・友達とけんかして、仲直りできなかったことはたくさんあった。勇気を出して、話しかけたら悩みが消えたな。 ・勉強の悩みを先生に相談したら、不安が消えて、心が軽くなったことがあったな。 ・これからいろいろな不安や悩みがありそうだな。そんな時、音楽を聴くというのは自分にとってよい対処の仕方になりそうだ。	・模造紙に書き込んだ内容も思い出しながら、個人で考えを進める。 ・対処の仕方については、限られた不安や悩みに効果があるものや、様々な不安や悩みに効果があるものなどいくつかのパターンがあることにも触れる。 ・自分に合った、または合いそうな対処の仕方を見つけることで、今後の生活で不安や悩みと上手にかかわっていけるようにしたい。 ・不安や悩みが誰にでもあることだけでなく、今後のさらなる心の成長につながること、ここで考えた対処の仕方は、不安や悩みを消すことでなく、不安や悩みを乗り越え自分らしく生活していく元になるものであることも押さえたい。 ・この活動では、これまでの学習を通して身に付けた知識を活用し、自分に当てはめて考えられるようにする。
3分 (45分)	4．単元のまとめをする。 本時の学習で分かったことを振り返りカードに記入する。	＜思考・判断＞ワークシート 　不安や悩みへの対処の仕方について、友達の話を元に、自分の生活に当てはめている。

◆資料

心の健康ワークシート
　　　　　　　組　　名前
○自分がやったことのある不安や悩みへの対処の仕方

○自分のやったことのない不安や悩みへの対処の仕方

○学習を振り返って

> ワークシートの振り返りについては、保健学習に限らず、いずれの教科・領域でも行うようにするとよい。習慣化することで振り返って書くことに慣れ、質的にも量的にも、効率よく進めることができるようになる。

（冨岡　寛）

第2節
中学校保健の指導計画の実例

1. 年間計画の例

(1) 3年間の単元配列表［中規模校：保健体育科教員2名で2学級を指導する場合］
  ① 1年及び2年の「陸上・器械運動」、「球技Ⅱ・武道」については、授業クラスを男女別に分けて行う。
  ② 3年の領域選択の組合せを「器械運動と陸上競技」、「水泳とダンス」、「球技と武道」とする。
  ③ 武道は、用具の関係から剣道とする。

学期		前期						後期				
月		4月	5月	6月	7月	9月	10月	11月	12月	1月	2月	3月
週		1 2 3	4 5 6 7 8	9 10 11	12 13	14 15 16	17 18	19 20 21	22 23 24	25 26 27	28 29 30	31 32 33 34 35
1年	1	理	陸上Ⅰ 器械Ⅰ 9	器械Ⅰ 陸上Ⅰ 9	ダンス 7	水泳 8	体つくり 4	球技Ⅰ 9	理 2	陸上Ⅱ 9	球技Ⅱ・武道 10	武道 球技Ⅱ 10	球技Ⅲ 10
	2	体つくり 5											
	3								保健 12				
2年	1	理	陸上Ⅰ 器械Ⅰ 9	器械Ⅰ 陸上Ⅰ 9	ダンス 7	水泳 8	体つくり 4	球技Ⅰ 9	理 2	陸上Ⅱ 7	球技Ⅱ 武道 9	武道 球技Ⅱ 9	球技Ⅲ 10
	2	体つくり 5											
	3								保健 16				
3年	1	理	陸上・器械 22			水泳・ダンス 9	体つくり 4	球技Ⅰ・武道 14		球技Ⅱ 14		球技Ⅲ 14	
	2	体つくり 5			理 2								
	3								保健 20				

● 各分野・領域配当一覧表

領域		1年 時数	内容の取扱い	2年 時数	内容の取扱い	3年 必修	3年 選択	内容の取扱い	3年間の配当時間
A	体つくり運動	9	体ほぐしの運動、体力を高める運動	9	体ほぐしの運動、体力を高める運動	9		体ほぐしの運動、体力を高める運動	27
B	器械運動	9	マット運動	9	跳び箱運動		△22	マット運動、跳び箱運動、鉄棒運動から2選択	18〜40
C	陸上競技 Ⅰ	9	短距離走・リレー	9	走り幅跳び、走り高跳びから1選択		△22	走り幅跳び、走り高跳びから1選択（11）	34〜56
	Ⅱ	9	長距離走	7	長距離走			ハードル走、長距離走から1選択（11）	
D	水泳	8	クロール、平泳ぎ	8	クロール、平泳ぎ		○9	複数の泳法及びリレー	16〜25
E	球技 Ⅰ	9	ソフトボール	9	ソフトボール		□14	ソフトボール	85〜99
	Ⅱ	10	バスケットボール	9	サッカー	14		バスケットボール、サッカーから1選択	
	Ⅲ	10	卓球	10	バレーボール	14		バレーボール、卓球から1選択	
F	武道	10	剣道	9	剣道		□14	剣道	19〜33
G	ダンス	7	フォークダンス・創作ダンス	7	現代的なリズムのダンス		○9	現代的なリズムのダンス	14〜23
H	体育理論	3	運動やスポーツの多様性	3	運動やスポーツが心身の発達に与える効果と安全	3		文化としてのスポーツの意義	9
保健		12	心身の機能の発達と心の健康	16	健康と環境、傷害の防止	20		健康な生活と疾病の予防	48
合計時数		105		105		65	40		315

(2) 2年の年間計画の例
① 「健康と環境」

単元	時数	主な学習内容（○）・授業の組み立てに関すること（◆）
ア　身体の環境に対する適応能力・至適範囲 　(ｱ)気温の変化に対する適応能力とその限界 　(ｲ)温熱条件や明るさの至適範囲	3	○身体には、環境の変化に対してある程度まで適応する機能があり、身体の適応能力を超えた環境は、生命や健康に重大な影響を及ぼすこと。 ○快適で能率のよい生活を送るための温度、湿度や明るさには一定の範囲があること。 ◆気温の変化に対する体温調節の機能や熱中症、海や山での遭難などを例として取り上げ、適応能力や適応能力の限界について具体的に捉えさせ理解させる。 ◆学習や作業、スポーツの種類によって至適範囲が異なることや、至適範囲を超えると能率や記録が低下することを自分の生活に当てはめて考えさせる。
イ　飲料水や空気の衛生的管理 　(ｱ)飲料水の衛生的管理 　(ｲ)空気の衛生的管理	2	○飲料水や空気は、健康と密接なかかわりがあり、それらを衛生的に保つには、基準に適合するように管理する必要があること。 ◆生命維持に欠かせない、空気や水を安全に保つための基準や、確保するための施設について、家庭や地域の状況に関心をもたせるように学習を進め、日常生活の課題に気付かせる。
ウ　生活に伴う廃棄物の衛生的管理	3	○人間の生活によって生じた廃棄物は、環境の保全に十分配慮し、環境を汚染しないように衛生的に処理する必要があること。 ◆ごみの減量や分別などの取り組みが、自然環境の汚染を防ぎ、廃棄物の衛生的管理につながることに触れながら理解させる。 ◆公害が見られる地域では、その公害と健康の関係を具体的に取扱う。

② 「傷害の防止」

単元	時数	主な学習内容（○）・授業の組み立てに関すること（◆）
ア　交通事故や自然災害などによる傷害の防止	1	○交通事故や自然災害などによる傷害は、人的要因や環境要因などがかかわり合って発生すること。 ◆それぞれの要因について、例を挙げながら、具体的に理解させる。
イ　交通事故などによる傷害の防止	2	○交通事故などによる傷害の多くは、安全な行動、環境の改善によって防止できること。 ◆中学生期の事故やけがの防止について具体的な例を挙げて理解させる。 ◆必要に応じて、身の回りの生活の危険が原因となって起こる傷害を取り上げ、危険予測・危険回避の能力を身に付けることの必要性を理解させる。
ウ　自然災害による傷害の防止	1	○自然災害による傷害は、災害発生時だけでなく、二次災害によっても生じること。 ○自然災害による傷害の多くは、災害に備えておくこと、安全に避難することによって防止できること。 ◆地震が発生した場合等を例に、危険の原因となることや二次災害によって生じることなどを具体的に挙げさせ、その防止についても日常生活に当てはめながら具体的に理解させる。
エ　応急手当 　(ｱ)応急手当の意義 　(ｲ)応急手当の方法	4	○応急手当を適切に行うことにより、傷害の悪化を防止することができること。 ○応急手当には、心肺蘇生等があること。 ◆傷害発生時に居合わせた場合の適切な手当や行動について、具体的に理解させる。 ◆包帯法、止血法、心肺蘇生などの傷害時の応急手当について、実習を通して理解させる。 ◆水泳などの体育分野の内容と関連を図ると効果的である。

2. 単元計画の例（健康な生活と疾病の予防）

(1) **単元名**……健康な生活と疾病の予防
(2) **ねらい**……人間の健康は、主体と環境がかかわり合って成り立つこと、健康を保持増進し、疾病を防止するためには、それにかかわる要因に対する適切な対策が必要であることについて理解できるようにする。
(3) **指導の展開**

時数	学習内容	学習活動（●）・教師の支援（◇）
1	健康の成り立ち ○健康は、主体と環境を良好な状態に保つことによって成り立っていること。	●健康を保つために必要なことはどんなことかを出し合い、分類しながら健康を保つための要因について考える。 ◇健康であるために必要なことを、主体のもっている要因と物理的・化学的環境、生物学的環境、社会的環境などの環境の要因に分類させながら理解させるようにする。
2	食生活と健康 ○健康を保持増進するためには、適切な食事時間、栄養素のバランスや食事の量に配慮すること。	●栄養素の不足によって起こる疾病について考えたり、自分の食生活を振り返ることなどを通して、適切な食事時間、栄養素のバランス、食事の量について考える。 ●どのような食生活を送る必要があるかをまとめる。 ◇食育の観点も踏まえて指導する。
3	運動と健康 ○運動には、身体の各器官の発達を促すとともに、精神的にもよい効果があり、適切な運動を続けることが必要であること。	●運動にはどんな効果があるかをグループでブレインストーミングなどを行って出し合う。 ●自分の生活の中に運動をどのように取り入れていったらよいかをまとめる。 ◇体育理論との関連を図りながら指導する。
4	休養・睡眠と健康 ○健康を保持増進するためには、休養や睡眠によって心身の疲労を回復することが必要であること。	●「もし、人間が疲れを感じなかったらどうなるのか」を考えるなどを通して、休養や睡眠の必要性を知る。 ●効果的な休養や睡眠の取り方について考え、まとめる。 ◇情報機器の使用による疲労や休憩の取り方と健康とのかかわりについても必要に応じて取り上げて指導する。
5 6	調和のとれた生活と生活習慣病 ○健康を保持増進するためには、調和のとれた生活を続ける必要があり、不適切な生活習慣は生活習慣病の要因となること。	●現代社会や自分の生活を振り返り、不適切な生活習慣を出し合い、その習慣が体に及ぼす影響やかかわりのある生活習慣病やその予防方法についてレポートにまとめる。 ◇レポート作成の際には評価の観点を明確にして作成させる。
7	喫煙と健康 ○たばこの煙の中に含まれる有害物質の作用により様々な急性影響が現れたり、病気を起こしやすくなること。	●喫煙の身体への影響について知っていることをグループでブレインストーミングなどを行って出し合う。 ●たばこの煙の中に含まれている有害物質とその心身への影響について教科書等の資料や教師の説明で理解する。 ◇未成年者の喫煙の身体への影響について取り上げて指導する。
8	飲酒と健康 ○酒の主成分のエチルアルコールが様々な急性影響を引き起こしたり、病気を起こしやすくすること。	●飲酒の身体への影響について知っていることを発表する。 ●酒の成分や飲酒の心身への影響について教科書等の資料や教師の説明で理解する。 ◇未成年者の飲酒の身体への影響について取り上げて指導する。
9	薬物乱用と健康 ○薬物乱用は、急性の錯乱状態を引き起こしたり、依存性が現れたりし、社会への適応能力や責任感の発達も妨げること。	●薬物乱用によって起こる急性の錯乱状態や依存症状は、身体だけでなく、人格の形成も阻害し、社会生活へも深刻な影響があることを、教科書等の資料や教師の説明で理解する。 ◇薬物は、覚せい剤や大麻を取り上げて指導する。

10 11	喫煙・飲酒・薬物乱用のきっかけ ○喫煙、飲酒、薬物乱用などの行為は、心理状態や社会環境などによって助長され、それらに適切に対応する必要があること。	●喫煙・飲酒・薬物乱用のそれぞれのきっかけについて出し合い、その時の心理状態や周囲の状況を考える。 ●きっかけになる場面に遭遇した時を思い浮かべ、その時の適切な言動について考え、発表し合う。 ◇一人ひとりの適切な判断や行動選択が大切であることを理解できるように指導する。
12	感染症の原因 ○感染症は、病原体が環境を通じて主体に感染することで起こる病気であること。	●ノロウィルスによる感染性胃腸炎等の感染症について取り上げ、感染症と病原体の身体への侵入について考える。 ●感染症の発生について考え、環境や主体の要因が相互に関係することが原因であることを理解する。
13	感染症の予防 ○感染症を予防するには発生源をなくすこと、感染経路を遮断すること、身体の抵抗力を高めることが有効であること。	●コレラ等の感染症を取り上げ、まん延する原因について意見を出し合い、感染症を予防する方法について考える。 ●発生源をなくすこと、感染経路を遮断すること、身体の抵抗力を高めることの具体的な手立てについて教科書等を利用して考えたり、まとめたりする。
14	エイズの原因 ○エイズの病原体は、ヒト免疫不全ウイルスであり、主な感染経路は性的接触であること。	●エイズは、免疫のはたらきが破壊される病気であること、感染経路、また、現在は性的接触が主な感染経路になっていることを教科書の資料や教師の説明で理解する。
15	性感染症の原因 ○性的接触で感染する疾病を性感染症ということ。	●性感染症は性行為によって感染し、性的接触によって感染が拡大することや、感染者の増加、感染者の低年齢化などについて、教科書の資料や教師の説明から理解する。
16	エイズ・性感染症の予防 ○感染を予防するには、性的接触をしないことが有効であり、適切な行動選択が必要であること。	●エイズ・性感染症の予防には性行為をしないことが最も有効であることを理解する。 ●男女がお互いを尊重し合うことが大切であることを、将来の夢や目標を実現するため未来予想図などを作成し考える。 ◇一人ひとりの適切な判断や行動選択が大切であることを理解できるように指導する。
17	保健・医療機関の有効利用 ○健康の保持増進と疾病の予防には各機関がもつ機能を有効に利用することが必要であること。	●健康センターや保健所等の保健・医療機関の活動案内等から、健康の保持増進や病気の予防のために行われている活動を読み取る。
18	医薬品の有効利用 ○医薬品には主作用と副作用があり、使用法を守り、正しく使用する必要があること。	●各自の薬の飲み方を振り返り、使用説明書等を利用して正しい薬の使用法や主作用、副作用について理解する。 ●学習を生かして、「中学生版」の使用説明書を作成する。
19	健康を守る社会の取組 ○健康の保持増進や疾病の予防には人々の健康を支える社会的な取り組みが有効であること。	●今までに受けた予防接種や学校での健康診断を取り上げ、健康を支えるために社会的な取り組みが行われていることを確認する。 ●地域ではどのような保健活動が行われているかを考えたり、調べたりする。
20	3年間の保健学習のまとめ ○健康に生きるためには、疾病やその予防についての知識をもつことや適切な行動選択が必要であること。	●中学校での学習を振り返り、「心身ともに健康に生きるために」というテーマでレポートを作成する。 ◇教科書やワークシートを利用し、中学校の保健学習で学んだことを振り返らせ、これからの人生を健康に生きる決意をもたせる。

(4)評価

●学習活動に対して、資料や自分の経験を元に、仲間との意見交換や作業を行い、協力して取り組むことができているかを発言や教師の観察などから評価する。　　　　　　　　　　（関心・意欲・態度）

●学習活動に対して、資料や自分の経験を元に予想したり、まとめ方を工夫したりすることができているかを発言や教師の観察、学習カードの記述内容などから評価する。　　　　（思考・判断）

●各時間の学習内容について理解できたかを発言やワークシート・学習カードの記述内容などから評価する。　　　　　　　　　　　　　　　　　　　　　　　　　　　　　　（知識・理解）

3. 単位時間計画（指導案）の例（医薬品の利用）

◆**本時の目標**

・医薬品の主作用や副作用、正しい利用方法について、資料や自分の経験を元に、仲間との意見交換や作業を行い、協力して取り組むことができるようにする。　　　　　　　　　　　　　　**（関心・意欲・態度）**

・医薬品の主作用や副作用、正しい利用方法について、資料や自分の経験を元に予想したり、まとめたりすることができるようにする。　　　　　　　　　　　　　　　　　　　　　　　　　　**（思考・判断）**

・医薬品の主作用や副作用、正しい利用方法について、言ったり書き出したりすることができるようにする。　　　　　　　　　　　　　　　　　　　　　　　　　　　　　　　　　　　　　　　**（知識・理解）**

時間	生徒の活動・学習内容	教師の支援
はじめ 5分	○薬の役割を理解し、本時の学習の見通しをもつ。 薬の役割には、病気やけがが早く治るようにしたり、重くならないようにしたりすることがあり、これを薬の主作用という。 Q1 「こんな薬ののみ方をしたことがありますか？」思い出してみましょう。 1）水なしで薬をのんだ。 2）錠剤を細かくくだいたり、カプセルの中味だけを出してのんだ。 3）薬をのみ忘れたので、次の服用時間に2回分をまとめてのんだ。 4）早く熱を下げたかったので、薬をのむ量を多くしてのんだ。 5）家族が医者からもらった薬の残りをもらってのんだ。 ○体験を振り返り、各自で質問に答える。 ○○×カードを上げて、各自の経験を発表する。	・教師の体験を話し、薬の役割や薬を正しく使用することが健康な生活を送るために必要であることを知らせる。 ・各自の体験を思い出させながらワークシートに○×の記号を記入させる。 ・1）～5）は、してはいけないことであることを伝え、学習に対する意欲をもたせる。
なか 40分	薬の正しい使い方について確認しましょう。 ○Q1の1）について説明を聞く。 ○デモンストレーションを観察する。 （デモンストレーション） 　水で湿らせた指にカプセル剤をつけ、水の入ったビーカーの中でゆする。 ○Q1の2）についての説明を聞く。 体の中に入った薬は体内をどのようにめぐるのでしょう？ ○体の中に入った薬の作用の仕方の説明を聞く。 ○Q1の3）、4）についての説明を聞く。	・「少量の水でのむとノドや食道にくっついて危険であること」や「多めの水でのんだ方が薬が十分にとけ、効き目がよくなること」を知らせる。 ・デモンストレーションでカプセル剤がなかなか指から離れないことを観察させる。 ・錠剤の断面図を提示し、身体の中で効果が出やすいように工夫してあることを確認させ、「形状を変えると効かなくなったり、危険になったりすること」を知らせる。 ・のみ薬は、胃などで溶けて小腸から吸収されて血液に入り、全身に運ばれて効果を現すことを知らせる。 ・「体の中の薬の量」で薬の効き目が決まることを知らせ、きまりを守らなければ薬の効き目が現れない場合や、危険な場合があることに気付かせるようにする。

	○Qの5）についての説明を聞く。 医薬品の使用の際には指示された使用回数、使用時間、使用量などの使用方法を守り、正しく使用すること。	・病院の薬は、個人の病気の症状や体質などに合わせて処方させたものなので、他の人の薬を使うことは危険な場合もあることを知らせる。
	説明書には「のみ方」「のむ回数」「のむ時間」「のむ量」の他には、どんなことが書かれていますか？	
	○説明書の内容を思い浮かべて、各自で予想し、グループでお互いの予想を確認し合う。	・4人程度のグループで活動させる。 ◇医薬品の主作用や正しい利用方法について、資料や自分の経験を元に、仲間との意見交換や作業を行い、協力して取り組むことができているか。　　　　　　　　（関心・意欲・態度）
	○薬の説明書を見ながら、グループで確認し発表する。 〈予想される意見〉 「効果・効能」、「成分・分量」、「特徴」、「問い合わせ先」、「包装について」、「保管及び取扱い上の注意」、「使用期限」、「使用上の注意」、「してはいけないこと」、「相談すること」	・15歳未満の小児が使用できる薬の説明書を教師が準備する。 ・説明書を元に、共通して書いてあることをまとめ、発表させる。 ・発表の内容は、次の学習が行いやすいように整理しながら、黒板にまとめる。 ◇医薬品の主作用や副作用、正しい使用法について、言ったり書き出したりすることができているか。　　　　　　　　　　　（知識・理解）
なか 40分	○薬の副作用についての説明を聞く。	・「使用上の注意」から、薬を正しく使用してもすべての薬に副作用があることや、副作用の危険を減らすためには説明書の指示に従うことが大切であることを知らせる。
	中学生が、きちんと読んで、正しく薬を使用できる工夫をして「使用説明書」をつくり直そう。	
	○書き直しの必要性を確認する。	・説明書を十分に理解していないことや、自分で読まずに薬をのむ人がいることを知らせ、作成の動機付けをする。
	○作成の目的を確認する。	・評価のポイントを提示し、作成の目的が果たせるように作成することを伝える。
	○作成の手順を確認し、作成する。 （作成の手順） 　①説明書を選ぶ 　②説明書の中で、中学生に関係あることにマーカーを引く。 　③配布した用紙に記入する。 　　・分かりやすく書く　・記号等を工夫してよい 　　・説明書を交換し、評価し合う。	・作成の仕方を指示してから行わせる。 ・グループを2つに分け、2人組で行わせる。 ・本時の学習を元に、大切なことを確認させながら行わせる。 ・作成にとまどっているグループには子ども向けに作成されたパンフレット等を参考にさせる。
	○作成した説明書を評価し合う。 （評価のポイント） 　・正しく使用するために必要なことが書かれているか。 　・読みやすく整理されているか。	・グループ内の2班で作成した説明書を交換し、評価のポイントに留意させながら行わせる。 ◇主作用や副作用、正しい利用方法について、資料や自分の経験を元に予想したりまとめたりすることができているか。　　（思考・判断）
まとめ 5分	今日の学習をまとめましょう。	
	○1時間を振り返ってカードにまとめる。	・学習を振り返って、授業で分かったことや考えたことをまとめさせる。 ・まとめた内容について補足や指導が必要な生徒には、授業終了後、個別に指導する。

（吉田初美）

第3節 高等学校保健の指導計画の実例

1. 年間計画の例（1・2年）

(1) 1年「現代社会と健康」

単元	時数	主な学習内容（○）・授業構築に関すること（◆）
ア　健康の考え方 　(ｱ)国民の健康水準と疾病構造の変化 　(ｲ)健康の考え方と成り立ち 　(ｳ)健康に関する意志決定や行動選択 　(ｴ)健康に関する環境づくり	6	○健康の考え方が変化してきていること。健康の保持増進には、健康に関する個人の適切な意志決定や行動選択及び環境づくりがかかわること。 ◆「学校保健計画」から、学校の教育活動との関連を把握する。 ◆前年度の生徒の「健康実態調査」の結果などを活用する。 ◆国や地域の健康課題や行政などの取り組み（事例）を活用する。
イ　健康の保持増進と疾病の予防 　(ｱ)生活習慣病と日常の生活行動 　(ｲ)喫煙、飲酒と健康 　(ｳ)薬物乱用と健康 　(ｴ)感染症とその予防	10	○生活習慣病の予防には調和のとれた生活を実践する必要があること。喫煙、飲酒、薬物乱用などは健康や社会に大きな影響を与えるので、個人や社会環境への対策が必要であること。感染症の発生や流行には時代や地域によって違いがみられ、それに対応した対策が必要であること。 ◆生徒の実態を把握し、「喫煙防止教室」や「薬物乱用防止教室」が効果的なものになるように、個人への働きかけと社会の対策などの学習内容の整理に努める。 ◆感染症については、小・中学校での学習内容を踏まえ、感染症の流行の理由やそれに対する個人的・社会的対策を取り上げる。
ウ　精神の健康 　(ｱ)欲求と適応機制 　(ｲ)心身の相関 　(ｳ)ストレスへの対処 　(ｴ)自己実現	6	○ストレスに適切に対処することや自己実現を図る努力が重要であること。 ◆ストレスへの対処では、小・中学校で取扱っていない原因対処について、また、ストレスと人との関係性についての理解を深める内容を取り上げる。また、体育における「体ほぐしの運動」の内容とも関連づける。 ◆「セーフティ教室」に生かせる知識や思考力、判断力を育成する。 ◆自己実現については、健康の概念と関連づける。
エ　交通安全 　(ｱ)交通事故の現状 　(ｲ)交通社会で必要な資質と責任 　(ｳ)安全な社会づくり	5	○交通事故を防止するには、適切な行動や交通環境の整備などが必要であること。 ◆「交通安全防止教室」に生かせる原理・原則を理解させる。 ◆生徒の「ヒヤリハット体験」や、地域の交通事故実態などを具体として活用する。 ◆「防災講話」や「避難訓練」などの特別活動に生かせる原理・原則を理解させる。
オ　応急手当 　(ｱ)応急手当の意義 　(ｲ)日常的な応急手当 　(ｳ)心肺蘇生法	5	○適切な応急手当により傷害や疾病の悪化を軽減できること。 ◆応急手当及び心肺蘇生法の実習については、外部団体による「心肺蘇生法講習会」と関連づけるなど、実習を通してその原理や方法を理解させる。
まとめ	3	◆今までの学習内容と自己の生活を振り返り、「健康の概念」及び「健康の軸」を構築させる。

(2) 2年「生涯を通じる健康」

単元	時数	主な学習内容（○）・授業構築に関すること（◆）
ア 生涯の各段階における健康 ㈦思春期と健康 ㈣結婚生活と健康 ㈽加齢と健康	7	○生涯の各段階における健康課題に応じた自己の健康管理及び環境づくりを行う必要があること。 ◆理科、家庭科と連携を図る。特に「結婚生活と健康」については、内容の整理及び接続を図るために打ち合わせをする。また、「加齢と健康」については、家庭科や総合的な学習の時間における学習内容及び実習等と関連づける。
イ 保健・医療制度と地域の保健・医療機関の活用 ㈦我が国の保健・医療機関の活用 ㈣地域の保健・医療機関の活用	6	○保健・医療の制度及び地域の保健・医療機関を適切に活用すること及び医薬品は有効性や安全性が審査されており、正しく使用することが有効であること。 ◆4月の「定期健康診断」の実施の意義などに触れて取扱う。 ◆医薬品については、健康の観点から医薬品の承認に関することや、医薬品そのもののもつ特性などを重点的に学習内容として取り上げる。
ウ 様々な保健活動や対策	2	○わが国や世界では様々な保健活動が行われていること。 ◆生涯の各段階における具体の健康課題に対する国や自治体の取り組み及び世界の保健活動の実際について事例を活用する。 ◆一次・二次予防などの視点から保健活動の大切さに触れる。

(3) 2年「社会生活と健康」

単元	時数	主な学習内容（○）・授業構築に関すること（◆）
ア 環境と健康 ㈦環境の汚染と健康 ㈣環境と健康の対策	4	○自然環境の汚染防止には、発生の防止とその改善の対策が必要であること。 ◆地歴科、理科と内容の整理及び接続を図る。 ◆環境の汚染による健康被害の事例から、環境対策の経緯などを理解し、個人の望ましい意志決定・行動選択につなげる。
イ 環境と食品の保健 ㈦環境保健にかかわる活動 ㈣食品保健にかかわる活動 ㈽健康の保持増進のための環境と食品の保健	6	○環境と食品を健康に適したものにすることや安全が確保できるように環境衛生活動や食品衛生活動が行われていること。 ◆地歴科、家庭科と内容の整理及び接続を図る。 ◆健康の視点からの個人と社会の取り組みとしてどういうことが大切であり、求められているのかを中心に取り上げる。
ウ 労働と健康 ㈦労働災害と健康 ㈣働く人の健康の保持増進	4	○労働における作業環境などの変化に起因する傷害や職業病などを踏まえた健康管理及び安全管理をすることが必要であること。 ◆「職場体験実習（インターンシップ）」等で学んだことを生かす学習方法を工夫する。
まとめ	6	◆「人の一生と健康」というテーマで、2年間の保健学習の内容を生涯の各段階ごとに図にまとめる。

(4) その他

- 小・中学校との接続を図りつつ、「習得−活用」の理念に基づき、健康にかかわる知識の習得を図る。
- 1・2年次の最初と最後の時間は「オリエンテーション」と「まとめ」の時間とし、保健学習のマネジメント及び学習内容の総括や総括的な課題を行う。
- 「オリエンテーション」においては、2年間にわたる保健学習の概要とそのねらい（シラバス）、授業についてのマネジメント、観点別評価及び評定方法などについてプリントを活用して説明する。
- 評価については、「指導と評価の一体化」に基づく観点別評価を毎時間継続して実施し、定期考査と合わせて「評定」につなげる。

2. 単元計画の例（現代社会と健康）

(1) **単元名**　現代社会と健康　「ア　健康の考え方」（4時間）
(2) **単元の目標**
① 国民の健康水準と疾病構造の変化、健康の考え方と成り立ち、健康に関する意志決定や行動選択、健康に関する環境づくりについて、資料を探したり、見たり、読んだり、課題の解決に向けての話し合いや意見交換などの学習活動に意欲的に取り組もうとすることができるようにする。
② 国民の健康水準と疾病構造の変化、健康の考え方と成り立ち、健康に関する意志決定や行動選択、健康に関する環境づくりについて、資料等で調べたことをもとに、自分たちの生活や事例などと比較したり、関係を見つけたりして、科学的視点から分析するなどして、筋道を立ててそれらを説明することができるようにする。
③ 健康の考え方は、国民の健康水準や疾病傾向の変化にともなって変わってきていること、健康は様々な要因の影響を受けながら、主体と環境の相互作用のもとに成り立っていること、健康の保持増進には、健康に関する個人の適切な意志決定や行動選択および環境づくりがかかわることを理解できるようにする。

(3) **単元について**
　この内容については、小学校3年において「毎日の生活と健康」の単元で「(1)健康の大切さを認識するとともに、健康によい生活について理解できるようにする」という学習があり、中学校3年において「健康な生活と疾病の予防」の単元で「ア　健康の成り立ちと疾病の発生要因」及び「カ　個人の健康を守る社会の取組」で、健康の概念や個人の健康と社会的な取り組みのかかわりについての学習がある。小・中学校におけるこれらの学習を受けて、高等学校では「健康の考え方」について自己の生活体験や事例を活用して、幅広い健康観に気付かせ、概念の理解を深めるとともに、「健康は、主体と環境を良好な状態に保つことにより成り立っている」という視点から、健康の保持増進に必要な個人の意志決定・行動選択の意味や健康に関する環境づくりの大切さとその具体について、いわゆるヘルスプロモーションの理念を理解できるよう本単元の授業を構成した。また、この学習については、健康について総論的な意味合いの学習（健康の概念学習）もねらいとして設定した。

(4) **単元の評価規準**　ア　健康の考え方

	関心・意欲・態度	思考・判断	知識・理解
学習活動に即した評価規準	①国民の健康水準と疾病構造の変化、健康の考え方と成り立ちについて、平均寿命などの健康水準の動向や健康の定義や健康に関する資料を読んだりするなどの学習活動に意欲的に取り組もうとしている。 ②健康に関する意志決定や行動選択、健康に関する環境づくりについて、健康行動に関する個人の課題や社会環境の現状から、課題の解決に向けての話し合いや意見交換などの学習活動に意欲的に取り組もうとしている。	①国民の健康水準と疾病構造の変化、健康の考え方と成り立ちについて、平均寿命などの健康水準の動向や健康の定義や健康に関する資料等を見たり、読んだりしたことをもとに、課題を見つけたり、分類・整理するなどして、それらを説明している。 ②わが国の疾病構造や社会の変化にともない、健康を保持増進するためには個人の行動選択やそれを支える社会環境づくりが重要であることについて、資料等で調べたことをもとに、自分たちの生活や事例などと比較したり、関係を見つけたり、科学的視点から分析するなどして、筋道を立ててそれらを説明している。	①健康の考え方は、国民の健康水準や疾病傾向の変化にともなって変わってきていることについて理解したことを発言したり、記述したりしている。 ②健康は様々な要因の影響を受けながら、主体と環境の相互作用のもとに成り立っていることについて理解したことを発言したり、記述したりしている。 ③健康の保持増進には、ヘルスプロモーションの考え方にもとづいた健康に関する個人の適切な意志決定や行動選択および環境づくりがかかわることについて、理解したことを発言したり、記述したりしている。

(5) 指導と評価の計画

時	学習内容・学習活動	評価規準	評価方法
1	「国民の健康水準と疾病構造の変化」 科学技術の発達や社会経済の発展に伴って、わが国の死亡率、平均寿命、受療率などの健康水準が向上してきたこと及び疾病構造が変化してきたこと。 【学習活動】 1. 日本人の平均寿命と健康寿命の変遷の数値及び「世界で一番いのちの短い国」に関する記事から、日本が世界でもトップクラスの平均寿命の国になった理由を考え、仲間と意見交換しながらその理由をまとめる。 2. 日本の死因順位の変遷と受療率の表を見て、わが国の現在における「減ってきている病気」と「増えてきている病気」の傾向と理由について考える。 3. 2の結果から、現在は生活習慣に起因する疾病や死亡が多いことを確認する。また、年代別によって健康問題、特に疾病のかかりやすさが違うことを理解する。	(関・意・態) ―① (知・理) ―①	(観察・発言) (ワークシート)
2	「健康の考え方と成り立ち」 健康水準の向上、疾病構造の変化に伴い、個人や集団の健康についての考え方も変化してきていること。主体要因と環境要因が互いに影響し合いながら健康の成立にかかわっていること。 【学習活動】 1. 「ある人の健康変遷図」より、健康の概念に通じる「キーノート」を挙げる。 2. 生徒の挙げた「キーノート」を「健康の概念」、「人生」、「生活」の3つに分類し、WHOの「健康の定義」と関連づけて健康の概念の理解を深める。 3. 「健康のためにはどのようなことが必要か」について考える。 4. 3．について「個人」と「環境」に分類し、「健康の成立要因」を確認するとともに、健康の保持増進のためには、「個人の実践力の育成と健康的な環境づくり」を重視するヘルスプロモーションの考え方が重要であることを理解する。	(思・判) ―① (知・理) ―②	(観察) (ワークシート)
3	「健康に関する意志決定や行動選択」 健康を保持増進するためには、適切な意志決定や行動選択が必要であり、それらには個人の知識、価値観、心理状態や人間関係、社会環境が関連していること。 【学習活動】 1. 自分の日常生活を振り返り、健康によいと実践していることから健康のキーワードを考える。 2. 徳川家康の養生法から、健康行動の信念を探る。 3. 生活行動の意志決定に影響を与えるとされる「周囲の人々の考えや行動」「マスメディアの影響」「社会の環境」の要因について考える。 4. 「ダイエット」を例にした具体的な意志決定の場面から、様々な行動選択について、仲間と意見交換し、意志決定と行動選択のために必要なことを挙げる。	(思・判) ―② (知・理) ―③	(観察・ワークシート) (観察・発言)
4	「健康に関する環境づくり」 ヘルスプロモーションの考え方に基づき、健康を保持増進するためには、環境づくりが重要であること。 【学習活動】 1. 様々な生活行動や健康に関する取り組みについて、自分がどのようなかかわりをしているのか把握する。 2. 1で挙げた「様々な生活行動や健康に関する取り組み」のキーワードを「自然環境」「政策・制度」「地域活動」に分類する。 3. ヘルスプロモーションの考え方にもとづく具体的な環境づくりへのかかわり方について理解する。	(関・意・態) ―② (知・理) ―③	(観察) (観察・ワークシート) (小テスト)

3. 単位時間計画（指導案）の例（健康の考え方）

(1) **単元名**　　　　現代社会と健康　「ア　健康の考え方」（4時間）
(2) **準備するもの**　・ワークシート　・模造紙　・マグネット　・付箋紙
(3) **キーワード**　　・WHO の健康の定義　・生活の質　・生きがい　・健康の成立要因
(4) **本時の学習**（2時間目／4時間中）

① 本時の目標
・健康の考え方について、健康の定義や健康に関する資料等を読んだりしたことをもとに、分類・整理するなどして、それらを説明することができるようにする。　　　　　　　　　　　　　（思考・判断）
・健康は様々な要因の影響を受けながら、主体と環境の相互作用のもとに成り立っていることについて理解したことを発言したり、記述することができるようにする。　　　　　　　　　　　　（知識・理解）

② 展開

	学習内容・学習活動	教師の指導・支援	評価規準・方法
注目・つかむ	○本時の学習の内容と流れをつかむ ・健康の考え方は、国民の健康水準の向上や疾病構造の変化に伴って変わってきていること。また、健康は、様々な要因の影響を受けながら、主体と環境の相互作用のもとに成り立っていること。	・本時は、健康とは何かについて、健康のもつ抽象的な考え方や概念を具体的に捉えていくこと、及び人の健康の保持増進のためには何が必要なことなのかを追求する授業であることを伝える。	
なか・ひろげる	発問1：図1の「ある人の健康変遷図」から健康の概念や健康に関係する「キーノート」は何かを考え、それを付箋紙に書いてみて下さい。 ○小・中学校などで学んだ健康の概念を思い出しながら、付箋紙に書き、黒板の指定された所に分類しながら貼る。 ○WHO の健康の定義から読み取れることについて次のことを理解する。 ・健康の考え方には、疾病や症状の有無を重視する考えや生活の質や生きがいを重視する考えなどがあること。 ・健康には、「からだ」、「こころ」、「人間関係」などに「流動性」と「連続性」があること。 発問2：人々が健康であるためには、どのようなことが必要だと思いますか？ ○自分の生活を振り返ることや社会の仕組みなどをヒントに考え、付箋紙に書き、黒板の指定された所に分類しながら貼る。 ○「個人」と「環境」に分類した「健康の成立要因」から読み取れることを挙げる。	・図1の「ある人の健康変遷図」について、健康の「概念」、「人生（タイム）」、「生活（スペース）」の視点から読み取れることについて、それぞれの「キーノート」を付箋紙に書き、黒板に貼ってある3つのラベルの模造紙に付箋紙を内容ごとに分類して貼るよう指示する。 ・健康の考え方とWHOの健康の定義の意図することを解説する。 ・健康のもつ幅広い考え方の中で、健康のもつ「流動性」と「連続性」についても触れる。 ・黒板には、「個人」と「環境」という2つのラベルの模造紙を貼り、生徒の書いた付箋紙を内容ごとに分類して貼るよう指示する。 ・ラロンドの「健康の成り立ち」の要因を参考にして、健康の成立には、「個人の実践」と「健康的な環境づくり」が必要であることを強調する。	＜思考・判断＞ 健康の考え方について、健康の定義や健康に関する資料等を読んだりしたことをもとに、分類・整理するなどして、それらを説明している。（観察） ＜知識・理解＞ 健康は様々な要因の影響を受けながら、主体と環境の相互作用のもとに成り立っていることについて理解したことを発言したり、記述したりしている。（ワークシート） ＜「努力を要する」生徒への手立て＞ ・「キーノート」をうまく挙げられない生徒に対しては、教師が例を挙げて考えるよう促す。
まとめ	○「健康のために必要なこと」の中には、個人の実践と健康的な環境づくりが必要であることを理解する。	・ヘルスプロモーションの理念は今後の保健学習のすべてにかかわっていることを伝える。	

(5) **資料** 本時に用いるワークシート（参考例）

●発問１：次の図を見て「健康の概念」につながる「キーノート」は何だと思いますか？

［ある人の健康変遷図］

```
 +        A   B    C        E    F      G  H            J
─┼───┬───┬───┬───┬───┬───┬───────┬───
 −            D                      I
        小   中   高   大   就              現在
```

＜それぞれの場面における主な状況＞
A：アレルギー体質による体調不良や盲腸の手術を受けるなど、虚弱な健康状態が続いた。
B：小１から小４まで「学業成績」が振るわず、学校が楽しくなかった。
C：小５、６は担任の先生の熱心な指導で勉強に対する自信が生まれ、部活動でも活躍した。
D：中学校時代は部活動に熱心に取り組んだが、正選手になれず、しかも高校受験で苦労した。
E：高校時代は急激に部活動の実力が上昇し、大会を通した幅広く、良好な人間関係を築いた。
F：大学生活も部活動、学業ともに充実し、就職も希望通りの職業に就くことができた。
G：職場結婚し、二人の子どもにも恵まれ、忙しいながらも充実した家庭生活を送った。
H：健康のためにテニスを始めた。大会にも出場でき、健康診断の結果も良好な状態が続いた。
I：加齢に伴って体調の変調が起こりやすくなり、疲れると頭痛を起こしやすくなった。
J：今後は自分の能力を生かせる仕事をライフワークとし、ボランティア活動にも取り組みたい。
（注）健康の状態がよい時を「＋」、悪い時を「−」として表記している

［予想される生徒の「キーノート」（付箋紙より）］

WHO（世界保健機関）の健康の定義の意図するところ

●発問２：人々が健康であるためには、どのようなことが必要だと思いますか？

［予想される生徒の意見（付箋紙より）］

［主体］	［ラロンドの健康の成り立ち］
［環境］	［ヘルスプロモーションの理念］

１年　　組　　番氏名

（杉山正明）

第 IV 部

教師になるための基礎知識

第1節 運動部活動の意義と新たな在り方

1. 運動部活動の意義

　運動部活動は、学校教育活動の一環として、スポーツに興味と関心をもつ同好の生徒が、教師等の指導のもとに、自発的・自主的にスポーツを行い、より高い水準の技能や記録に挑戦するものである。

　その運動部活動の意義を見出すため、「中学生・高校生のスポーツ活動に関する調査の結果」を検討してみたい。運動部活動をしていてどのようなことを得たかを聞いたところ、中学生では、「体力が伸びてきた（53.9％）」、「スポーツの楽しさを味わった（49.8％）」、「技術が向上してきた（44.4％）」、「友達ができた（38.3％）」、「精神力や責任感が伸びてきた（16.4％）」等が上位に挙げられている。高校生では、「友達ができた（50.1％）」、「スポーツの楽しさを味わった（41.6％）」、「技術が向上してきた（41.6％）」、「体力が伸びてきた（37.4％）」、「精神力や責任感が伸びてきた（28.8％）」等が上位に挙げられている。

　一方、中学生の保護者では、「スポーツの楽しさを味わった（47.0％）」、「友達ができた（41.5％）」、「体力が伸びてきた（41.5％）」、「精神力や責任感が伸びてきた（31.5％）」、「生き生きと生活している（27.2％）」等が上位に挙げられている。高校生の保護者では、「友達ができた（48.0％）」、「スポーツの楽しさを味わった（41.9％）」、「精神力や責任感が伸びてきた（40.7％）」、「生き生きと生活している（36.3％）」、「体力が伸びてきた（29.6％）」等が上位に挙げられている。

　これらのことから、運動部活動の意義は、まずは、スポーツの楽しさや喜びを味わい、学校生活に豊かさをもたらすものである。次いで、自分の好きな運動に参加することにより、生涯を通してスポーツに親しむ能力や態度を育てる効果を有しており、合わせて、体力の向上や健康の増進を一層図るものである。そのうえ、学級や学年を離れて生徒が活動を組織し展開することにより、生徒の自主性、協調性、責任感、連帯感等を育成し、仲間や顧問教師と密接に触れ合う場として大きな意義を有するものである。さらには、体育の授業で体験し、興味・関心をもった運動をさらに深く体験するとともに、授業で身に付けた技能等を発展・充実させることができるものであり、逆に、運動部活動での成果を体育の授業で生かし、他の生徒にも広めていくこともできるものであるといえる。

　したがって、運動部活動は生徒のスポーツ活動と人間形成を支援するものであることはもとより、その適切な運営や指導は、生徒の明るい学校生活を一層保障するとともに、生徒や保護者の学校への信頼感を高め、さらには、学校の一体感の醸成につながるものであると考える。

2. 運動部活動の位置付け

　このように、大きな意義を有する運動部活動は、学校において計画する教育活動であり、次のように位置付けられている。

表1　運動部活動の位置付け（中学校）

学校教育活動	教育課程内活動	各教科	保健体育科
			他教科
		教科外	道徳
			特別活動
			総合学習
	教育課程外活動		運動部活動

　運動部活動が、教育課程外活動として位置付けられるようになった経緯について、中学校学習指導要領等に基づき検討してみたい。

　1951年の学習指導要領一般編（試案）にみる教育課程は、「必修教科」、「選択教科」及び「特別教育活動（ホームルーム、生徒会、クラブ活動、生徒集会）」である。クラブ活動は、全生徒が参加し、自発的に活動するものの一つであると示され、教育課程内活動として位置付けられている。

　1958年の中学校学習指導要領においても、同様に、クラブ活動は、教育課程内活動として「特別教育活動」に位置付けられているが、時間数は明確に規定されていない。多くの学校でクラブ活動は、希望者を対象に文化的、体育的または生産的活動に分かれて放課後に行われる。その中の体育的クラブ活動が運動部活動の前身であると考えられる。

1969年の中学校学習指導要領での「教育課程」は、「必修教科」、「選択教科」、「道徳」及び「特別活動」の4領域となる。「特別活動」の中に全生徒必修の「クラブ活動」が新たに創設され、活動時間を週1回、1単位時間と定め、教育課程内活動として行われることとなる。一方、希望者を対象に放課後行われていた体育的クラブ活動は「運動部活動」と呼ばれるようになり、教育課程外活動として位置付けられ、必修の「体育的クラブ活動」と区別される。

　1977年の中学校学習指導要領での「クラブ活動」は、授業時数を適切に定め、毎週実施できるように配慮するとともに、クラブ活動と関係の深い活動についても、適切に実施できるように配慮すると示している。このことは、教育課程内の必修の体育的クラブ活動と教育課程外の自由参加の運動部活動の内容は、実施のうえで関連が深いことを明らかにしているものである。

　1989年の中学校学習指導要領では、教育課程外の「部活動」への参加をもって、教育課程内の「クラブ活動」の履修に替えることができると示している。教育課程内の「体育的クラブ活動」が、教育課程外の「運動部活動」により代替することが可能になっている。また、体育授業の指導計画の作成に当たっては、運動部活動との関連を図るよう示している。

　1998年の中学校学習指導要領では、特別活動の内容から「クラブ活動」の文言がなくなっている。このことは、「クラブ活動」は、放課後等の部活動や学校外活動との関連、新たに創設される「総合的学習の時間」において、生徒の興味・関心を生かした主体的な学習活動が行われること等を考慮するものである。そして部活動が一層適切に行われるよう配慮しつつ、クラブ活動は廃止するとする1998年7月の教育課程審議会の答申の趣旨を尊重したものである。また、前回と同様、体育授業の指導計画の作成に当たっては、運動部活動との関連を図るよう示している。

　2008年の中学校学習指導要領では、「第1章総則の第4指導計画の作成に当たっての配慮すべき事項の2の(13)」において、「生徒の自主的・自発的な参加による部活動については、スポーツや文化及び科学等に親しませ、学習意欲の向上や責任感、連帯感の涵養等に資するものであり、学校教育の一環として、教育課程と関連が図れるよう留意すること」と示している。また、従前同様に、体育授業の指導計画との関連が重視されている。

　このように、運動部活動に有する大きな意義がようやく認識され、学校教育活動の中の教育課程外活動として明確に位置付けられることとなる。

3. 運動部活動の現状

　運動部活動の現状を把握するため、再び「中学生・高校生のスポーツ活動に関する調査の結果」に着目してみたい。

⑴ **生徒の所属状況**

　運動部に所属していると回答した生徒は、中学校では、男子の83.0％、女子の64.1％、全体の73.9％、高等学校では、男子の56.3％、女子の41.1％、全体の49.0％である。

⑵ **運動部の競技別の所属割合**

　所属運動部の上位5位は、次の表2、表3の通りである。

表2　競技別の所属割合（中学校）

	全体	男子	女子
1位	バスケットボール（16.7％）	サッカー（19.3％）	バレーボール（18.0％）
2位	サッカー（11.3％）	バスケットボール（17.7％）	ソフトテニス（16.6％）
3位	バレーボール（10.9％）	野球（14.7％）	バスケットボール（15.3％）
4位	ソフトテニス（10.8％）	卓球（9.6％）	陸上競技（9.1％）
5位	卓球（9.0％）	陸上競技（7.5％）	バドミントン（8.1％）

＊％は運動部員に対する割合

表3　競技別の所属割合（高等学校）

	全体	男子	女子
1位	バスケットボール（12.2％）	サッカー（18.2％）	バレーボール（14.1％）
2位	サッカー（11.9％）	野球（13.4％）	バスケットボール（12.4％）
3位	バレーボール（9.1％）	バスケットボール（12.0％）	テニス（9.9％）
4位	野球（8.9％）	陸上競技（6.7％）	バドミントン（9.6％）
5位	テニス（7.8％）	テニス（6.5％）	ソフトテニス（7.9％）

＊％は運動部員に対する割合

(3) 顧問教師の就任・配置状況

運動部の顧問として指導していると回答した教師は、中学校では、男性の77.4％、女性の39.2％、全体の62.1％、高校学校では、男性の61.1％、女性の28.3％、全体の53.4％である。

また、運動部の顧問の配置について校長に聞いたところ、全教師が当たることを原則としているのは、中学校の57.0％、高等学校の44.0％であり、希望する教師が当たることを原則としているのは、中学校の35.0％、高等学校の41.0％である。

(4) 生徒（運動部員）の活動状況

運動部に所属する生徒に、学期中の週当たりの活動日数及び平日の1日当たりの活動時間を聞いたところ、最も多かったのは、中学生、高校生とも、活動日数では週6日（中学生46.3％、高校生41.7％）、活動時間では2～3時間未満（中学生54.8％、高校生51.8％）である。

また、土曜日及び日曜日の活動状況をみると、土曜日については、中学生59.6％、高校生78.9％、日曜日については、中学生73.9％、高校生72.1％が活動している。

(5) 顧問教師の指導状況

運動部の顧問教師に、学期中の週当たりの指導日数及び平日の1日当たりの指導時間を聞いたところ、指導日数については、中学校、高等学校とも週6日と答えた者が最も多かった（中学校33.4％、高等学校27.0％）。また、指導時間数については、中学校では、最も多いのは1～2時間未満（45.9％）、次いで2～3時間未満（41.1％）、高等学校では、最も多いのは2～3時間未満（41.0％）、次いで1～2時間未満（37.0％）である。

また、土曜日及び日曜日の指導状況をみると、土曜日については、中学校49.7％、高等学校73.2％、日曜日については、中学校76.4％、高等学校67.7％が指導している。

(6) 運動部活動の問題点

全生徒、全保護者、全教師に対し、「生徒にとって現在の運動部活動の一番の問題点は何か」と聞いたところ、総体として、最も多いのは「特にない」、次いで「活動時間が多すぎる」、「指導者の指導力の不足」、「活動場所が狭い」、「生徒同士の人間関係」の順である。

4. 体育教師の新たな在り方

運動部活動に有する大きな意義が認識され、学校教育活動の一環としての位置付けが確立され、その現状と課題を考慮すると、今後、一層適切な運営と指導が求められる。そのため、顧問教師、とりわけ、運動指導の専門家としての体育教師にとっては、運営能力と運動指導力の向上が一層求められる。中学校及び高等学校においては、多数の運動部が対外試合等を目指して日々活動している。体育教師にとっても、それらの運動部をみると運動指導経験や運動実践経験の少ない運動部が多く存在する。体育教師を含めた顧問教師に対する当該運動部の指導経験年数調査によると、中学校では54.2％が6年未満であり、高等学校では41.8％が6年未満であった。特に、体育教師は、経験の浅い運動部の指導業務を校務として分掌することとなった場合においても、適切な運営と指導ができるよう、平素から運動指導力を養い高める工夫と努力が必要である。

運動指導力について、金子明友は、運動の発生を促す能力を運動促発能力と言い表し、その中に、動きのかたちや動き方を見抜いたり、見分けられるなどの運動観察能力、動き方とその際の動く感じを聞き出したり、感じ取ったりするなどの運動交信能力、動き方とその際の動く感じを相手の身代わりになって覚えようとするなどの運動代行能力、そして、動き方とその際の動く感じを自得させたり、現に示すなどの運動処方能力を挙げている。したがって、運動部活動において運動指導力を発揮し適切な指導を行うためには、平素から、その前提となる運動観察能力や運動交信能力等を養い高めることが不可欠である。そのためには、次のことを心掛けて、平素の運動指導に当たることが必要であると考える。

①練習の実施前に生徒の「練習対象の運動のねらい」を尋ねること。
②練習の実施前や実施中に生徒の「練習対象の運動の動き方とその際の動く感じ」を尋ねること。
③練習の実施中や実施後に生徒の「運動のできばえ」尋ねること。

（浦井孝夫）

■参考文献
◆文部省「中学生・高校生のスポーツ活動に関する調査の結果」1996年4月
◆金子明友著「わざの伝承」2002年、明和出版

第2節 教育実習の意義と心構え

1. 教育実習の意義

　教育実習は、学生に教職についての啓発的な経験を与え、教職に対する意欲と使命感を喚起し、児童生徒に対する理解を深め、教師として必要な専門的知識・技術を修得させるうえで重要な意義を有するものであると教育職員養成審議会が示している。また、同審議会では、「教職は、広い教養と優れた専門的な知識、理解、深い教育的愛情と使命感を基礎として、教科の学習及び教科以外の活動等にわたる、児童・生徒等の調和的な成長・発達を促進するのに必要な実践的能力と研究的態度に裏づけられていなければならない。したがって、将来教職に就こうとする学生には、大学における授業によって得られた教科や教職に関する理論と技術を教育実践に当たって再構成し、適用するだけでなく、更に進んで、そこで当面する問題を発見し、解決して、その改善策を創意工夫することが要求される。………教育実習は、現実の学校環境における児童・生徒等との直接的な接触の過程を通して、経験豊かな指導教員の下で、教職的な体験を積み、教員となるための実践上、研究上の基礎的な能力と態度を養うところに、その本質的な意義が認められる。」とし、さらに、教育実習の目的を次の4点に集約している。

①学校教育の実際について、体験的・総合的な認識を得させること。
②大学において修得した教科や教職に関する専門的な知識や理論、技術を児童生徒等の成長・発達の促進に適用する実践的能力の基礎を形成すること。
③教育実践に関する問題解決や創意工夫に必要な研究的態度と能力の基礎を形成すること。
④教育者としての愛情と使命感を深め、自己の教師としての能力や適性についての自覚を得させること。

2. 教育実習の心構え

●事前の実習校挨拶の心得

①短大2年生、4年生は、年度当初に依頼する実習校に挨拶に行く。その際、事前に電話で校長、体育科主任が在校しているか、時刻等の確認をしてから訪問する。
②望ましい服装等（髪型、スーツ、靴等）や言葉遣いに注意する。
③実習校は教員志望者に対して実習を認めているので、教員採用試験を受験するなど教職を目指していることを明確に伝える。
④教育計画、保健体育科で作成された指導計画、学校要覧、時間割、使用する教科書（教科書は有償）等を借用するなどして、事前に学校、学年、学級の経営・運営について理解しておく。
⑤保健体育科で作成された指導計画や指導方針、施設設備の特徴などは、事前の教材研究や指導計画の作成に役立つので、質問項目を事前にチェックして実習の準備に必要な情報を集めておく。
⑥学校における生徒の実態や保護者・地域社会の特徴、教員構成などについても教育実習の参考となるため情報を得る。

3. 教育実習全般に対する諸注意

(1)実習の内容

①中学校、高等学校における教育活動全体の体験的実習を通して学校教育の諸活動への理解を深める。
②教科指導における生徒の実態の把握や学習指導や評価など実践的な理解を深める。
　　教材研究、単位時間の指導計画の作成、教材研究と教具の活用、授業実践（指導と管理）、研究授業、適正な評価など。
③道徳、学級活動（ホームルーム活動）、ボランティア活動等の指導。
④その他の教育活動（生徒会活動・学校行事など）の運営と指導等。
⑤部活動指導など教育課程外の指導。
⑥生徒指導・生活指導上の問題行動の実践的な解決に向けた指導・活動。

(2)実習生としての一般的心得

①教育実習期間中は、実習生として実習校の教職員の職務の一部を担当するが、教師と同様に職責への自覚と責任をもって務めるようにする。
②生徒の指導に当たっては、実習校の教育方針のもと、管理職はもとより、多くの教職員の指導

助言を受けて、教育的配慮や熱意と愛情をもって行う。
③指導助言を受ける際には、小さなメモ帳を携帯し、常にメモをとる姿勢をもって実習生活に臨む。
④生徒との関係は、教師として公的な責任のある立場であることを忘れない。
⑤携帯電話での生徒との連絡やアドレスの交換などは、実習生の問題行動として指摘される事項であり、重大な問題の発端ともなりえるので厳禁とする。
⑥生徒の家庭に通知を出したり、私的に交際をしたりしてはならない。また、許可なく生徒を校外に連れ出したり、家庭を訪問したりしてはならない。
⑦思想、信仰、信条の如何なるものにかかわらず、常に中正、公平な態度で臨み、人権に関する内容や差別用語には十分に配慮し注意をはらう。
⑧公簿類を校外にもち出したり、職務上知りえた学校及び生徒の情報や秘密に関する事項は絶対に口外しない。
⑨服装、髪型、靴は清潔で端正を心掛け、華美なものは避け、その他の所持品についても同様に配慮し、教育者の立場にふさわしいかを考慮する。
⑩トレーニングウエアは、華美でないものを基本とする。水泳の場合は水着を着て、すぐに入水できる服装とする。
⑪実習校への交通経路は、徒歩や公共交通機関を使用するなど、決められた正規の方法・経路において通勤する。
⑫学校内の敷地は、禁煙となっていることが多く、禁煙・健康教育を推進する立場から、実習中は登下校も含めて禁煙を守る。
⑬飲酒に関して、教育実習は教職課程の授業として実施されるものであるため、勤務時間外であっても実習の準備等を優先する。
⑭携帯電話については、実習中は電源を切るかマナーモードにして勤務時間中は鞄等に入れて、もち歩かない。

(3) 勤務について
勤務時間は、実習校の時程に従って勤務する。
ア. 出勤時
①出勤は始業時間に合わせて余裕をもって早めに行うようにする（授業や朝の指導・朝の会の準備から始業前40分〜60分が必要）。
②毎朝、出勤後すぐに実習生用の出勤簿に押印する。
③保健体育科職員室の清掃と用具の確認をする。
④体育施設（体育館、武道場、グラウンド、プールなど）の準備と用具の確認をする。
⑤担当する教室の点検を行い、異常があれば担任教師に連絡する。
⑥学級・ホームルーム担任の指導教諭と打合せを行い、生徒への連絡事項を記録する。
⑦校門等で登校指導をする。
⑧始業後教室において出席、遅刻、欠席を確認し、生徒の健康状態、持ち物、服装等の観察と指導を行う。
イ. 退勤時
①担当する教室などの点検をし、戸締り、消灯、整理整頓を確認する。
②指導教諭に実習日誌を提出し、指導教諭からの指導を受ける。
③体育施設（体育館、武道場、グラウンド、プールなど）の整理と施錠等の確認をする。
④保健体育科職員室の清掃と鍵や用具の確認をする。
⑤実習生控え室の清掃、戸締りをしてから退勤する。
⑥自宅までの経路は勤務に含まれるため、届け出の通勤経路を通り、回り道や寄り道をしない。

(4) 教科指導等について
①チャイムと同時に授業を始め、終るように心掛け、始めと終わりの挨拶を励行する。
②授業の始めには、個別の出席点呼により生徒の出欠席を確認し、見学者の見学理由の確認と見学中の活動内容も指示する。
③集団行動の基本様式を重視し、整列、号令、気を付け、礼などの行動様式を正しく指導する。
④全体への指示は大きな声でよく聞き取れるようにゆっくりと歯切れよく発声するようにし、場所、人数などの状況に応じて適切に配慮する。
⑤板書の文字の大きさ、筆順等に注意し、丁寧に分かりやすい板書を心掛け、略字などを使用しない。
⑥できるようになる授業、分かるようになる授業を目指し、十分な教材研究に努め機器活用など積極的に工夫する。
⑦授業の指導案は前日までに作成し、指導教諭の指導を受ける。指導目標、指導内容、生徒の活動、授業の流れなど明確にする。
⑧担当授業がない時は、指導教諭以外の授業でも積極的に見学し、常に学ぶ姿勢を大切にする。

⑨研究授業の実施日時が決まったら、大学の巡回担当教師に連絡をとる。
⑩指導案は指導教諭の指導を受けて作成し、印刷、押印した後に管理職、教師と実習生に配布する。

(5) 学級・ホームルームでの生徒指導等について

ア．朝の会の指導
① 学級・ホームルーム担任から本日の連絡事項や指導事項について事前に指示を受ける。指示内容はノートにメモをとり、連絡事項や指導事項については必ず復唱して確認する。
② 生徒の出欠席を点呼により確認し、出席簿に転記する。朝の会後に欠席者、遅刻者については、指導教諭に速やかに報告する。
③ 個別の点呼の時に生徒観察を行い、健康面や態度などから異常がないか確認をする。
④ 本日の時程の連絡と確認、日直、係、委員会活動、当番等の役割を確認する。
⑤ 提出物の回収と忘れた生徒を指導する。
⑥ 配布物の説明をする。
⑦ 1校時の授業の準備をさせる。

イ．給食指導について（中学校）
① 4校時終了後、直ちに教室に行き、給食当番に対して速やかに準備するように促す。
② 全員に配膳が完了したことを確認し、生徒とともに給食をとる。
③ 食事中のマナーや適度な会話などについても留意する。
④ 食後の食器等の始末の指導とともに、食後の口腔衛生について指導する。

ウ．帰りの会
① 学級・ホームルーム担任から欠席者や早退者についての確認や生徒への連絡事項、指導事項について指示を受ける。指示内容はノートにメモをとり、連絡事項や指導事項につては必ず復唱して確認する。
② 教室で生徒の出欠席を点呼により確認し、出席簿に転記する。欠席者、遅刻者、早退者について確認する。出欠状況については、帰りの会終了後に指導教諭に速やかに報告する。
③ 点呼の時に生徒観察を行い、クラスでの一日の様子や反省を日直や委員に質問するなどして確認する。
④ 資料の配布や連絡事項、翌日の時程などを連絡する。
⑤ 翌日の日直、係活動、当番等の役割や分担を確認する。
⑥ 放課後、清掃活動は当番の生徒とともに行う（清掃が昼休みの場合もできる限り一緒に行うようにする）。

(6) 生徒指導について
① あらゆる場面や機会を捉えて、生徒理解を深めるように努める。
② 常に生徒の態度や行動に目が行き届くように心掛け、気になるような事柄があれば指導教諭に速やかに報告する。
③ 生徒の心身の健康状態に常に気を配り、気になるような事柄があれば指導教師や養護教諭に速やかに報告する。
④ どのような理由があっても生徒に体罰を加えてはならない。生徒に懲戒を与える必要が生じた時は指導教諭に報告し、指示に従う。
⑤ 異性の個別指導に当たっては、一人で行わず、指導教諭に報告し、指示を受ける。

4. 実習終了後の対応について

① 実習後、指導教諭、保健体育科などに礼状をできるだけ1週間以内に出す。
② 児童生徒からの手紙や作文には返事を書いて送る（学校へまとめて送る）。
③ 実習日誌は指導教諭の点検後、実習校に受け取りに行く。

（本間啓二）

第3節 教員免許取得と介護等体験

1. 介護等体験の概要

「介護等体験」は、小学校や中学校の義務教育学校の教員免許状を取得する際に義務づけられた、介護を主とする体験活動である。

いわゆる「介護等体験特例法」(1997年)及び同法施行規則(同年)等に基づいて1998年4月1日から施行された制度であり、当該学生が在籍する大学等が学生側の手続き面での窓口となって進められる。

以下にその概要を示す。

(1)介護等体験の目的

「義務教育に従事する教員が個人の尊厳及び社会連帯の理念に関する認識を深めること」が同法の主旨として示されている。

また同じく1997年11月26日付の文部事務次官(当時)の通知「介護等体験特例法の施行について」において、「本法は、教員志願者に対し、高齢者や障害者に対する介護等の体験を義務づけることにより、人の心の痛みのわかる人づくり、各人の価値観の相違を認められる心を持った人づくりの実現に資することを目的としている。」と示されている。

これらのことから、次のような項目が目的として挙げられよう。
①個人の尊厳の尊重の認識を深めること。
②高齢者や障害者の方に共感する資質づくり。
③相互扶助や社会連帯の理念についての認識を深めること。

(2)介護等体験の実施期間及び実施施設

介護等体験の実施期間は合計7日間である。その内訳は、実施施設の種類ごとに次の通りとされている。

①特別支援学校　2日間
　ア．養護学校
　イ．盲学校
　ウ．ろう学校　など
②社会福祉施設　5日間
　ア．養護老人ホーム
　イ．特別養護老人ホーム
　ウ．老人デイサービスセンター
　エ．介護老人保健施設
　オ．身体障害者療護施設　など

(3)介護等体験の内容

①特別支援学校の場合
　ア．当該学校の児童生徒の登下校時の送迎
　イ．給食時の補助
　ウ．児童生徒との交流　など
②社会福祉施設の場合
　ア．当該施設利用者の食事補助
　イ．利用者の付き添い
　ウ．当該施設の環境整備
　エ．利用者との交流　など

(4)介護等体験に関する証明書

介護等体験の終了後に、当該受入れ施設の長から証明書が発行され、これを教員免許を授与権者に申請する際に他の必要書類と一緒に提出する。なお、その時まで各自保管となるので紛失や破損・汚損などに注意すること。

(5)介護等体験を免除される者

次に該当する者は介護等体験を免除される。
①介護等に関する専門的な知識・技術を有すると認められる者
　ア．養護学校・盲学校・ろう学校等の教員免許を有する者
　イ．保健師・看護師・准看護師等の資格を有する者
　ウ．社会福祉師・介護福祉士等の資格を有する者
②同法施行日(1998年4月1日)前に小学校や中学校の教諭の普通免許状またはその資格を有する者
③身体上の障害により介護等体験を行うことが困難な者(身体障害者手帳の障害の程度が1級から6級の者)

2. 介護等体験の手続きの流れ

前記のように、当該学生が在籍する大学等が学生側の手続きの面での窓口となって進められるが、実施施設の種類別に次の図のように例示される(現代教師養成研究会、2008年に筆者一部加筆)。

(1) 特別支援学校の場合の手続きの流れ
（東京都の例）

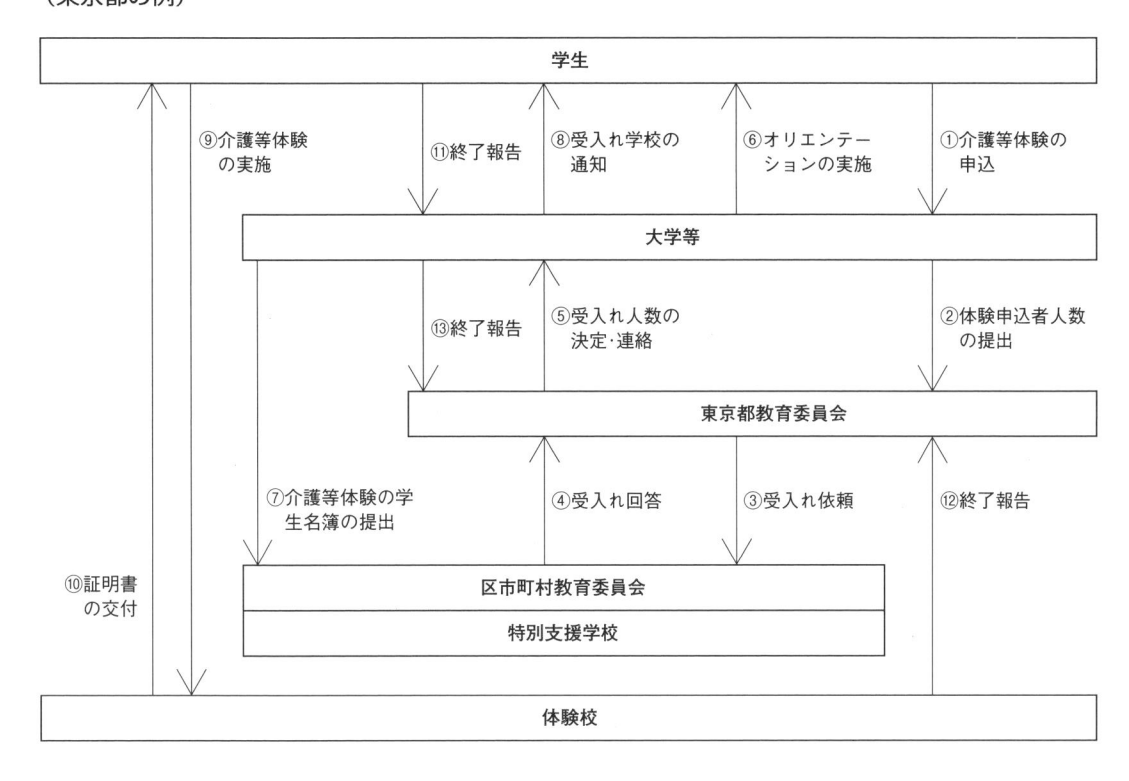

```
                                    学生
  ↑     ↓        ↑       ↓        ↑       ↓
  │  ⑨介護等体験  ⑪終了報告  ⑧受入れ学校の  ⑥オリエン     ①介護等体験の
  │   の実施              通知       テーションの実施  申込
  │              ↓                ↑        ↓
  │                          大学等
  │              ↑       ↓        ↑        ↓
  │           ⑬終了報告  ⑤受入れ人数の          ②体験申込者人数
  │                     決定・連絡             の提出
  │              ↓                           ↓
  │                        東京都教育委員会
  │        ↑       ↑        ↑        ↓
  │     ⑦介護等体験の学  ④受入れ回答  ③受入れ依頼  ⑫終了報告
  │      生名簿の提出
  │        ↓
  │                     区市町村教育委員会
  │                       特別支援学校
  ⑩証明書
   の交付    ↓
                                    体験校
```

(2) 社会福祉施設の場合の手続きの流れ
（東京都の例）

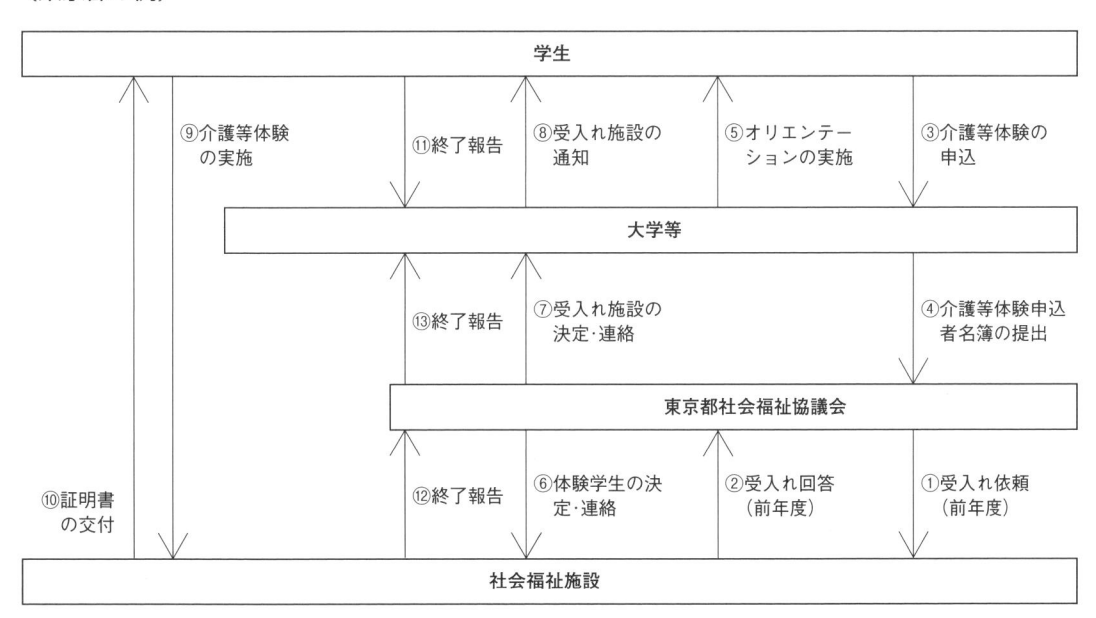

```
                                    学生
  ↑     ↓       ↑        ↓        ↑        ↓
  │  ⑨介護等体験  ⑪終了報告  ⑧受入れ施設の  ⑤オリエン    ③介護等体験の
  │   の実施              通知       テーションの実施  申込
  │              ↓                ↑        ↓
  │                          大学等
  │              ↑       ↓                 ↓
  │           ⑬終了報告  ⑦受入れ施設の         ④介護等体験申込
  │                     決定・連絡            者名簿の提出
  │              ↓                           ↓
  │                       東京都社会福祉協議会
  │         ↑       ↑        ↑        ↓
  │      ⑫終了報告  ⑥体験学生の決  ②受入れ回答  ①受入れ依頼
  │                 定・連絡      （前年度）    （前年度）
  ⑩証明書
   の交付    ↓
                                  社会福祉施設
```

第3節　教員免許取得と介護等体験

3. 介護等体験の意義

このような介護等体験は、教師にとって必要な資質の形成に大きくかかわっている。文部科学省中央教育審議会答申「新しい義務教育を創造する」(2005年10月)において、教師に必要な要素が次のように示されている。
● 教職に対する強い情熱
　・教師の仕事に対する使命感や誇り
　・子どもに対する愛情や責任感
　・常に学び続ける向上心　など
● 教育の専門家としての確かな力量
　・子どもの理解力
　・児童・生徒指導力
　・学習指導・授業づくりの力
　・教材解釈の力　など
● 総合的な人間力
　・豊かな人間性や社会性
　・常識と教養
　・対人関係能力
　・コミュニケーション能力　など

このような要素を踏まえて、特に保健体育教師志望の学生にとって介護等体験が深くかかわることとして、次のことが考えられる。

①教育的愛情と共感

教師としての原点である児童生徒の成長・発達や向上、そして幸福を願う教育的愛情は、介護や特別支援を必要とする高齢者や障害者の方への愛情と共通の性質のものである。また対象の方の「生きよう」とする姿勢は、スポーツ等で自己の向上を目指している保健体育学生の自身の姿勢と相通じるものと感じるであろう。

②対象者の理解と尊重・受容

教師にとって指導・支援の対象となる子どもの特性の理解とその尊重は、指導等の大きな前提であり、介護等体験における高齢者や障害者の方の対象者特性の理解も基本的には同様である。

また、対象者特性の理解の内容として、対象者の方の身体の動きや身体操作の仕方などの特性も含まれてくる。自分にできる動きの対象者の方への安易な類推は差し控えて、対象者の方の体の動きの的確な理解と、そのあるがままの尊重及び受容が介護・介助等の前提・出発点となる。

③対人関係能力・コミュニケーション能力

子ども達の特性の多様性と良好にかかわり、相互信頼関係をつくれることは重要であり、介護等体験ではさらに、言葉によるコミュニケーションだけでなく、身振りや表情などの表現によるものや、自身の活動に取り組む姿や行動の在り様の表出を通じて自己を開示し、対象者の方との間の相互信頼をより深く図ることができる。

④専門性

前述のように介護等体験における介護・介助等を通じて、対象者の方の体の動きや身体操作の仕方についての理解が図られ、それを通じて児童生徒の運動学習での「できない～できる」や「つまずき」等の指導・支援の在り方や運動教材の解釈の仕方を検討する際の一つの示唆を得ることができる。

4. 介護等体験における留意点

介護等体験についての時間的な流れの面に即して、次のような留意点が挙げられる。

(1)実施前の留意点

①大学等での事前指導を確実に受けて、その主旨・目的や手続きの進め方、留意点等を十分に理解する。

②指示された用具や提出書類等を、準備物リストや準備予定表等を活用して早めに準備する。

③受入れ施設への交通手段・所要時間等を、予定時間帯等に合わせて確認する。

④自分の体調を管理し、不注意での体調不良により欠席してしまうことなどないように、自他に迷惑のかからないように注意する。

(2)実施中の留意点

①受入れ施設の規則を守り、報告・連絡・相談等その組織の一員に準じて行動する。

②受入れ施設側の指導下で積極的に取り組む。また対象者の安全を第一にして、対象者の人権や尊厳を尊重する。

③社会常識に基づいた言動や服装・身だしなみに努め、周囲の人に不快感を与えない。

(3)実施後の留意点

①お世話になった関係者の方々に感謝し、礼状を出すなどする。

②介護等体験で知り得た対象者の方に関するプライバシー等の秘密を守る。

③介護等体験を、長所及び短所等を含めた自己の特性の再認識の機会として、今後の大学生活等に生かしていく。

(遠藤勝恵)

■引用・参考文献

◆現代教師養成研究会編「教師をめざす人の介護等体験ハンドブック三訂版」大修館書店、2008年

第4節
教員採用試験の実際

1. 求められる教師

(1)教員採用試験とは何か

　教育は人格の完成を目指し、心身ともに健康な国民の育成をねらいとして行われるものであり（教育基本法第1条）、将来を担う人を育てるという最も基本的でかつ最も大切な営みである。この営みは、学校（学校教育法第1条）という場で行われ、その学校で児童生徒に直接教育に携わるのが教師であり、この教育という営みを託すのにふさわしい人物を選ぶのが教員採用試験である。採用側（都道府県、政令市教育委員会；以後、各県または県）は、各種試験を通し、赴任した学校で児童生徒の教育を任せられる教師を厳しい目で多面的に評価していくのである。

　人を育てるという仕事に魅力を感じ、教師を志願する学生は多い。しかし、近年の少子化に伴う児童生徒数の減少、特に地方においては学校統廃合による学校数の減少などにより、教師需要が伸びない中、志願者は多く高倍率が続いているのが現状である。

(2)教師に求められる資質能力

　1999年の教育課程審議会「養成と採用・研修との連携の円滑化について」において、いつの時代にも求められる教師の資質能力として、教師としての使命感、教育的愛情、教科等の専門知識、広く豊かな教養及びそれらを基盤とした実践的指導能力を、また、今後求められる資質能力として、地球的視野に立った行動力や変化の時代を生きる社会人としての能力などが挙げられた。さらに2005年の中央教育審議会答申「新しい義務教育を創造する」において、優れた教師の条件として、教職に対する強い情熱・教育の専門家としての確かな力量・総合的な人間力が挙げられた。

　採用側は、このような教師を求め、様々な角度から評価するために採用試験を行っているのである。

2. 教員採用試験の実際

(1)教員採用試験までの流れ

①募集要項の入手

　募集要項は例年4月〜5月にかけて公表され、それによって試験の日程や具体的な内容を知ることができる。募集要項は各県の教育委員会のホームページからダウンロードして入手することが一般的である。ホームページには、採用試験に関する最新情報が掲載されるので、確認することを怠ってはいけない。

②願書提出

　提出用の必要書類が全部揃っているか、誤字脱字はないかをきちんと点検し、提出すること。また、志望動機の記述を求める県がある。採用側は受験生の熱意や使命感をそこから読み取ろうとするので、動機を明確にしておくとともに、志望県の教育課題等について調べておく必要がある。締切は各県で異なるが、5月中旬〜6月上旬頃に締切必着の場合が多い。早めの準備を心掛けること。

③教員採用試験

　教員採用試験は通常1次試験と2次試験が行われ、1次試験は7月に、2次試験の多くは8月、次いで9月に行われる。教師を目指す受験生の多くは複数県を受験するが、1次試験が7月に集中し、しかも近隣の県がほぼ同一期日に試験を行うことが多いため、受験できる県の数も限られてくる。

(2)教員採用試験の試験科目

　教員採用試験は、教育者としての使命感や責任感、豊かな人間性やコミュニケーション能力、さらには様々な体験に裏付けられた確かな指導力など、教師としての資質能力や適性を多面的に評価するため、様々な方法を組み合わせて行っている。

　各県によって異なるが、おおよそ次のような試験科目がある。

①教職・一般教養　　②専門科目
③実技　　　　　　　④論作・小論文
⑤模擬授業　　　　　⑥面接（個人・集団）

(3)教員採用試験の内容とその対策

①教職・一般教養試験

　教師として身に付けておかなければならない教

育に関する基礎的教養を問う問題である。教育原理や教育心理、教育史など教育に関する専門的な問題の他、教育法規、文部科学省や中央教育審議会の答申、各県の特徴ある教育施策など現在の教育動向や課題に関し出題される傾向にある。文部科学省や各県教育委員会のホームページで、教育の動向を把握しておくことも必要である。

②専門科目試験

専門科目試験の場合、小学校と中（高等）学校とで内容が異なる。

小学校は、学習指導要領や同解説の内容を核にした問題が多く出題される。しかし、それらの内容を覚えるだけでなく、内容の根拠となる専門的知識や学問的な裏付けを回答させる問題が多く、深く学んでおかないと解けなくなっている。また、体育の苦手な児童に対し、どのように指導を行うのかという指導法をしっかりと身に付けておかなければならない。

中（高等）学校は、実技種目全般（ルールを含む）、体育に関する知識・理論、保健、学習指導要領が中心となる。体育の専門家として、専門的知識をどれほど有しているかを把握するために行うのであるから、いずれの問題も専門的知識を相当もっていないと解けない問題が多い。これらの専門的知識は、短期間の暗記だけで身に付くものではない。例えば、ルールに関しては、その運動（スポーツ）種目を履修する時、ルールブック等（例えば「最新スポーツルール百科」大修館書店）で確認しておく必要がある。「体験しながら学ぶ」ことで、機械的に暗記する以上に身に付くはずである。

体育に関する知識・理論や保健では、専門的な知識がないと解けない問題が多く、授業を受けながらテキスト内容をきちんと習得しておくことが必要である。また、学習指導要領がどのように具体化されているかを知ったり、一部の県で実施されている模擬授業の内容を理解したりするために、高等学校の保健体育の教科書を読み返すことも有効である。

学習指導に関する問題は、小学校と同様に指導法に関する問題が出題される。これは、実際の指導場面でどのような指導を行うのかという指導力をみる問題である。体育科教育法の授業や教育実習で指導案を作成する時、苦手な生徒に対しどのような指導を行うのかを考えながら書くことを忘れてはいけない。さらに、ここ数年、広く健康や安全に関する時事問題（食育や交通安全等）から

も出題されている。競技スポーツとしての専門的知識だけでなく、健康や安全等に関する事項について、教育雑誌や新聞にも目を通し、十分理解しておくことが必要である。

③実技試験

小学校では水泳と水泳以外の実技試験が、1次試験か2次試験のいずれかに実施されている県がほとんどである。水泳は、クロール・平泳ぎで25m、水泳以外の実技では器械運動が多く、マットでは前後転、開脚前後転のほか、倒立前転や伸膝後転を入れた組合せ技を課す県もある。また、跳び箱では開脚跳びや台上前転、鉄棒では逆上がりや支持回転といった技を課す県がほとんどである。

中（高等）学校では、専門家としての技能を評価するために、各運動種目を必修もしくは選択で課している。特に最近、柔道または剣道、そしてダンスを実技の必修種目とする県が増加傾向にある。水泳は、クロールや平泳ぎの他、個人メドレーを課す県もある。器械運動のマットでは、倒立前転、後転倒立、伸膝前後転を、また鉄棒では、け上がりを課している県もある。球技のバスケットボールでは、ドリブルチェンジからのレイアップシュートやジャンプシュート、バレーボールでは対人パスやアタック、さらに武道の柔道では、受け身や投げ技、抑え技を課している県が多い。

実技試験で課せられる課題は、学習指導要領及び同解説に示されている動き（技能）である。採用側としては、基本的な動き（技能）がどの程度身に付いているかを評価するものである。したがって、実技科目の授業で、基本的な動き（技能）をきちんと身に付けておくことが何よりも大切である。また、基本的な動き（技能）をきちんと身に付けることが、実技試験だけでなく、指導法の問題を解くためにも大いに役立つのである。

④論作・小論文試験

論作・小論文は、1次試験または2次試験で多くの県で行われている。論題は、教育の目標や教育課題といった教育論、教師としての資質能力を問う教師論、あるいは学習指導や生徒指導など具体的な事例に対する指導法など多岐にわたっている。

教師としての基本的な文章表現力はもちろんのこと、この人はどんな教育観をもち、実際に教師になった時、どのようにして児童生徒の指導に当たるのかといった視点から評価していく。受験生は、これまでの経験を踏まえ、自分の教育に対す

る思いや情熱を、評論家的でなく実践者の視点できちんと述べることが大切である。また、論作・小論文は、自分だけで学習することは困難である。自分の書いたものを、第三者からきちんと評価してもらうことが必要である。論作・小論文は簡単に書けるなどと決して思ってはいけない。

⑤模擬授業・指導案作成

教師としての人間性や指導力を評価するために模擬授業を課す県が多い。小学校では国語、社会、算数、理科から課題を与えられることがほとんどである。中（高等）学校では、保健体育に関する問題（例えば、心肺蘇生法の手順をどのように指導するか、感染症とその予防について具体例を挙げながらどのように指導するか等）であるので、特に体育理論や保健についてその内容を熟知しておく必要がある。中（高等）学校の保健の教科書に目を通していくことも有効である。出題内容に関する知識を有していないようでは、そもそも模擬授業はできないからである。また、特別活動や生徒指導等を共通課題（例えば、よい学級をつくるために守ってほしいこと、清掃しない生徒への帰りの会での指導等）として課す県もある。

さらに最近、学習指導案を作成させる県が増えてきている。学習指導案をきちんと書けることがよい授業への第一歩である。体育科教育法の授業や教育実習できちんとした学習指導案を作成し、力量を高めておく必要がある。

⑥面接試験

面接試験は、教師としての人物重視の視点からすべての県で行われ、しかも個人と集団の2種類とも実施されている県が多い。

個人面接は、志望動機や教育観のほか、具体的な場面での指導方法（例えば、授業におけるインターネット活用方法、遅刻を繰り返す生徒への指導等）を答えさせることが多い。また通常、面接官は2〜3名であるが、その中に民間の人が入っている。民間人の視点を取り入れて、教師を採用していこうとするものある。

個人面接は、その人の応答の態度や表情、言葉遣い、さらには入室から退出までの一挙手一投足から教師としてふさわしいかどうかを総合的に判断するものである。したがって、入室し椅子に腰掛けた時、背もたれに寄りかかったり、机があるからといって、答える時に机の上に肘を乗せていたりしてはいけない。また、最近の若者言葉、「うん〜」、「〜じゃないですか」、「〜ですよね」といった言葉は厳禁である。正しい言葉遣いができるよう、普段から注意しておかなければならない。

集団面接は、与えられたテーマ（例えば、学習意欲の向上、授業中に教室を飛び出す児童生徒への指導等）について自由に討論を進めていく形式が多くなっている。その時、どんな発言をしたのか、どんな役割を果たしたのか、人の意見をしっかり聞いていたかなど、面接官が様々な視点から評価していく。自分の考えを発表しなければ評価されないが、自分の意見ばかり主張していたのでは、これも評価されない。相手の話をよく聞き、しっかりと受け止めたうえで、自分の意見や考えを明確に伝えるとことが大切である。

以上、最近の教員採用試験の内容やその対策について述べてきた。教員採用試験は倍率も高く、合格するには長期間の準備を要する。出題範囲は多岐にわたり、内容は高度で専門的であるため、短期間で機械的に暗記するのは不可能に近い。まず大切なことは、大学での授業の内容をきちんと習得することである。それを踏まえたうえで、筆記試験対策となる。計画的に準備を進めていくことが不可欠である。そして、もう一つ教師には他の職種と違い、これからの時代を生きていく児童生徒を育てるという大きな役割を担っている。人を育てるという職種は教師以外にはない。それだけに、教師には児童生徒はもちろんのこと、保護者等から信頼される立派な人間性が求められるのである。筆者は、常々前者を「教師の専門的力量」、後者を「教師の人間的力量」と捉えてきた。教師は、この2つの力量を兼ね備えた人でなければならいし、この2つの力量を兼ね備えた人材を採用するために教員採用試験は、多面的に行われているのである。

（塙　佐敏）

■参考・引用文献

◆教育課程審議会第3次答申「養成と採用・研修との連携の円滑化について」、1999年12月
◆中央教育審議会答申「新しい時代の義務教育を創造する」2005年10月
◆文部科学省ホームページ「平成21年度公立学校の教員採用試験の実施方法について」
◆杉山重利、園山和夫編「最新保健体育科教育法」1999年、大修館書店

第 V 部

卒業論文の作成

第1節
卒業論文作成のアドバイス

1. 何のために卒業論文を書くのか

　大学卒業に当たって、最後の関門となっているのが卒業論文（研究）の提出。ここでは、卒業論文を作成しようとしているあなたに、いくつかのアドバイスを送ることにしてみよう。

　まず、そもそもどうして卒業論文を作成するのか、について考えてみてほしい。これまで講義や実習などで幾度となく提出してきたレポート。これと卒業論文では取り組む性質が異なっていると考えた方がよい。まずは、ここがスタート。

　レポートは与えられた課題について調べてまとめるもの。ところが卒業論文は、テーマ（課題）をそもそも自分で決め、調べたことを参考に、自分なりのデータの収集や分析を通して、新しい結果や結論を自分で練り上げることが求められる。これまでに大学で学んだ教養や専門的な知識を生かし、時間をかけて資料を集めたり、実験したり、調査したり、観察したりするとともに、分析や考察を繰り返してようやくまとめることができるのが卒業論文。これは全く新しい体験であろう。

　ところで、「問題を自ら発見し、答えをしっかりした根拠に基づいて自ら生み出し主張する」というこの体験は、一体何のためのものなのだろうか。

　その答えの一つは、このような作業が、今後「答えのない新しい問題や課題」に直面した時、どのようにそれを解決すればよいのか、その方法を学ぶことになるという点だろう。大学を卒業したあなたには、意識する、しないにかかわらず「大学を卒業した人」という周囲からの期待が寄せられる。これは、「大学で専攻した内容について専門的に勉強した人」に対する期待でもあるし、だからこそ「誰も答えが分からない困ったことでも、何かの解決方法を示唆してくれる人」という意味で、周囲の人があなたにリーダーシップを求めているということでもある。こんな時に、どのような手順や方法でその問題に立ち向かえばよいのか、専門家としての力を発揮するために大学生活最後の関門として課せられているのが、この卒業論文の作成という作業なのである。

　同時に、卒業論文を作成するという作業は、知的な好奇心を満足させてくれる大変面白い体験でもある。単位を取るための勉強や受験勉強、就職試験などと異なって、卒業論文は、もちろん最終審査はあるものの、覚えたことを試されるというような勉強ではない。学問知の世界の中で一つでも新しい知識を自分で生み出し付け加えることを目指す創作的な活動である。研究すること自体に没頭すればよいという意味で、本来、学問は至高の「遊び」でもある。この面白さを味わわずして大学を卒業するのは、何とももったいない。

　卒業論文の作成時には、どうして卒業論文を作成するのか、ということにまず自分なりの答えを見つけてからスタートすることは大切である。何事も、主体的な取り組みがなければ「こと」はうまく進まない。「よし、やってやるか！」という一種の身構えをつくったうえで、卒業論文の作成に当たることが何といってもベストである。

2. 論文とは何か

　さて、次に考えてみたいことは、そもそも「論文」とは何か、ということだ。「論文」であるから、もちろん研究の成果がまとめられた一定の長さをもつ文章の集まり、ないしその表現であることは確かである。しかし、ただの報告書やレポート、感想文と、それは何が違うのであろうか。

　いろいろな考え方や見方があるけれども、ほぼ共通する点は次のようなものである。
①オリジナリティのある主張があること
②その主張が合理的な根拠をもちまたはっきりと示されていること

　「論文」と呼ばれるための最小要件は、おそらくこの2点である。まず論文には必ず「主張」がなければならない。「新しくこういうもの（事実）を発見した」、「こんな新しい解釈が可能になった」、「これまで確かだと思われてきたことには実は疑いがある」、「このこととあのこととには実はこれまで気付かれていなかった新しい関係があった」等のことである。いろいろなことが調べられてはいるのだけれども、「それで結局、何が言いたいんだ？」という論文案をもってくる学生がいる。「主張」が何か、自分でもはっきりしないのである。論文とは自分の主張である、ということ

は常に頭においておいてほしい。

一方で主張があっても、すでに誰かが行った主張では、これもまた論文ではない。例えば「子どもの体力が低下している」と主張したとしよう。しかし、それは他の人や研究機関がすでに述べていることである。また、いろいろな文献でもすでに調査の結果を通して述べられていることも多い。そうなると、「子どもの体力が低下している」という事実を知っていることは大切なことだけれども、それは「新しい主張＝オリジナリティのある主張」ではないから、残念ながら論文としてまとめ、表現するには値しない。だからこそ、ある本を要約したり、本に書いてあることを集めただけのもの、翻訳しただけのものなどももちろん論文ではない。

そこで大切になってくるのが、「先行研究」の検討である。「オリジナリティのある主張」は、全くの「無」から自分のアイデアだけで生まれることはめったにない。これまでに研究されてきた成果に精通してこそ、「ここはほんとうにそうなんだろうか」とか「この部分はまだ誰も手を付けていないんだ」等の批判的検討とアイデアが生まれるものである。また、そもそも論文で主張された内容にオリジナリティがあるかどうかは、読者が探るのではなく、論文の作成者が手順と手続きに則って逆に説明する必要のあるものである。つまり、何が「オリジナリティ」であるかは、先行研究の詳細な検討なくしては示しえないのである。

さらに、「オリジナリティのある主張」が合理的な根拠に基づきなされていることが、論文には不可欠である。例えば、学生がもってくる論文案に「……と思う。」という文末で終わる文章を見ることがある。しかし、特に主たる主張部分について使われる「思う」という言葉は、論文では禁句である。なぜなら、どのように「思う」こともそれは個人の自由であるから、本来「思う」ことに対しては、誰からも批判されないし批判される必要もない。そうなると、「思う」ことが正しいかどうかなど確かめる必要はないし、そもそも確かめることもできない。これでは、論文が科学ではなくなってしまうことになる。

カール・ポパーという人が、科学が科学たりえるために必要な要件について、「反証可能性」という概念から説明したことはよく知られている。「反証可能性」とは、なされたある主張に対して反証することが可能であること、つまり「確かめることができるかどうか」ということである。例えば、「男の人は女の人に比べてスポーツが好きだと思う」と述べたとする。これに対して違う意見を述べることはできたとしても、その主張が正しいかどうかは確かめることはできない。その人が「思う」ことなのだから、「そんなことは思っていない」などと、他の人が反する事例を挙げることができないからだ。

つまり、科学を支える合理性とは、「反証可能性」を担保したうえで、「つじつま」が合っていることを指している。この示し方には、自然科学、人文科学、社会科学というジャンルにおいてそれぞれの特徴や流儀がある。数字を使ったり実験をしたりといった「客観的であること」だけが合理性を支えているだけではなく、別な形でも合理性を支えるやり方はいろいろある、ということである。

ただ、このような合理性を支えるための手順や手続きのことを一般に研究方法と呼ぶが、論文を作成する時に、研究方法に精通するとともに、様々な研究方法の種類を知っていることは大切なことであろう。主張したいことや興味をもった課題は、どのような研究方法を用いれば、合理的な根拠をもつ「オリジナリティのある主張」へと高めていくことができるのか。このことは、論文を作成しようとする人の研究方法に関わる学習準備状況にかかっているからである。

以上２つの点から、論文とは何か、について考えてみた。「論文を書く」とは、結局、オリジナリティのある主張を合理的な根拠に基づいてまとめ表現することで、いわば皆の「知識の木」に新しい果実を付け加えていくような作業である。論文とは何かを理解したうえで、この作業がもつ面白さにぜひともチャレンジしてみてほしい。

3. 論文作成の手順とポイント

さて、実際に論文を作成するのにどのような作業が必要になるのだろうか。大きくその流れを考えると、次頁図１のようになる。また、どれほどがんばっても、経験上、このプロセスには最短でも６ヶ月はかかる。一方で、３年以上もこのプロセスにかかってしまう場合は、その間の個人的な事情がないとすれば、おそらく課題の設定に無理があることが原因になっている場合が多い。このことから、論文を作成するために必要な時間は、「論文作法」という著名な本を書いたウンベルト・エーコに習って言えばめやすとして６ヶ月以上３年未満だということになろう。

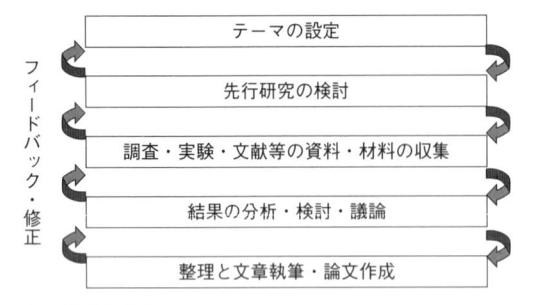

```
┌─────────────────────┐
│    テーマの設定      │
├─────────────────────┤
│   先行研究の検討     │
├─────────────────────┤
│調査・実験・文献等の資料・材料の収集│
├─────────────────────┤
│  結果の分析・検討・議論  │
├─────────────────────┤
│ 整理と文章執筆・論文作成 │
└─────────────────────┘
```
（フィードバック・修正）

図1　論文作成の流れ

　テーマの設定については、「なぜなんだろう」とか「これは面白い」など、素朴に疑問に思ったり、興味や関心を惹かれたことからまずは考えてみることがよい。これから長い間このテーマと向き合うわけだから、自分の中にそのテーマに惹き付けられる原動力がなければなかなか続かないものである。

　ところが一方で、それでは自分の興味・関心や考えだけでテーマを設定できるのかというとそうでもない。先にも述べたように、それが「オリジナリティのある主張」に結び付くためには、興味や関心をもったテーマに関して、すでにどのような研究や主張がなされているのか、このことを知ったうえでテーマを練り上げていくことが必要だからである。また、大まかな関心をもったことに関して、これまでの研究や主張をいろいろ調べているうちに、「こんなことをやってみたい」とか「これについてもっと探ってみたい」など、興味が湧いてきたり、関心が絞られてくることもよくあることである。さらには、いろいろな現場に出向いたり、先輩の研究の手伝いや、ゼミ等での研究活動に参加しているうちに、テーマについて絞られてくることもある。考えることは、「感じて返ること」という説もあるくらいなので、このように体験や経験の中から、取り組んでみたいテーマを探ってみることも有力な方法であろう。

　先行研究の検討とテーマの設定は、このように行ったり来たりの関係になるが、先行研究の検討で重要なことは、「批判的にそれらをとらえる」という姿勢である。先行研究について「こんな研究がありました」、「こんな人がいました」といったまとめ方がなされているものがある。しかしこれでは先行研究を表示したことにはなっても、検討したことにはなっていない。その研究はどこが優れていてどこに問題点があるのか、また、数々の先行研究を自分なりにまとめてみると、どのような流れがあり、またどのような特徴をもってこの分野や関心をもった対象についての研究が進んでいるのか、このようなことがまとめられてこそ、自分が設定した卒業論文のテーマや、その後の実験や調査の仕方、あるいは収集すべき資料などにも繋がっていくからである。テーマの設定と先行研究の検討は論文作成の序盤戦であるけれども、内容や方向付けの点からみれば、ここまででほぼ半分は終わっているといってよいほどに重要な過程である。このような序盤戦のいわば着実な積み重ねがあってこそ、調査、実験、資料収集とそれらの分析、検討、議論といった論文の中核部分を進めることができることには注意を払っておこう。

　体育やスポーツに関する研究は「複合領域」と呼ばれる、多彩な研究方法とテーマに特徴をもつ領域である。このために、調査、実験、文献等資料の収集など、何らかのデータに基づいて「オリジナリティのある主張」を根拠づけようとする論文の中核部分では、それぞれの特徴に応じて多様なアプローチが行われることだろう。焦ることなく惜しむことなく、テーマに向かってじっくりと研究に取り組むことが、地道ではあるけれども、やはりここでの王道であろう。ゼミの先生のアドバイスや、ゼミ仲間との討論や助け合いなどがここでは大きな力を発揮してくれる。

　そして、研究により得られたデータから結果を分析、検討、論議し、いくつかの補足的なデータを整えたり、また、もう一度やり直すことも含めて、大体の研究の整理がつくと、いよいよ終盤戦となる文章の執筆を通した論文本体の作成となる。ここで特に注意すべきことは、引用や参考にしたことと、自分の主張を明確に区別してまとめることである。引用であることを示すことなく文章として使ったりまとめてしまうことは、「盗作」と呼ばれるある種の犯罪である。「盗作」に対する意識が、特に日本では低いことがよく指摘される。このようなことのないように、「自分以外の人が読んで分かる」を念頭に、研究成果をしっかりとまとめることがこの段階でのポイントであろう。

　「オリジナリティのある主張を合理的な根拠に基づいてまとめ表現すること」。「面白くて（主張）」「正確な（合理性）」論文作成に、学生生活の総決算としてぜひとも取り組んでみてほしい。

（松田恵示）

■参考文献
◆小林康夫・船曳建夫編「知の技法」東京大学出版会、1994年

第2節
保健体育科教育法に関する図書・論文等

1. はじめに

卒業論文作成への取りかかりから完成までの時間的経過に従って必要なことを挙げてみよう。

まず研究の出発点となる自らの興味、関心に基づく問題意識の発生が前提になる。「研究」とは、普通「よく調べ、考えて真理を究めること。」(広辞苑)といわれており、様々な方法を用いて調べることが必要になる。調べる方法、内容、中身は、興味、関心、疑問の種類によって異なるが、文献を用いて調べる場合が一般的であろう。例えば、一つの疑問として、ある言葉の意味を知ろうとすれば、身近にある辞書に応援を求める。調べた結果、疑問に対する解答が見つかる。そこでその解答に満足すれば疑問は解消されることになる。ところが、解答に満足できない場合は、さらに詳しいと思われる辞典や事典類に当たり援助を求めようとする。こうして疑問に対する解答にいかに満足するかによって、人間のいわゆる知的好奇心は続くことになる。

このようにして、私達が求めようとする文献の種類と内容が決まってくる。このように研究の動機は、上記の興味、関心を出発点として問題意識、さらには研究課題の決定につながっていく。つまり主観性を多分に含んだ問題意識は、科学的に研究可能な課題へと転化されねばならない。

この研究課題がある程度固まったら、先程と同じように課題に即した文献研究の実施が必要となる。自分と同じ課題、あるいは関連した課題の研究が他の研究者によってすでに行われているのかどうかの検討(これを先行研究の検討という)が必要となる。それは次の理由からである。一つは、その課題の何が明らかになっており、何が明らかになっていないのか、もう一つは、課題のどの部分をどこまで明らかにしようとするのか、ということを確定するためである。この先行研究の検討をすることによって、自らの研究の位置付けや意義が定まるのである。つまり研究は公共性をもつということである。

こうして研究課題が確定してくれば、次はその課題を解決するための方法の検討である。研究方法は、一般的に研究対象の特性によって違いがある。教育学を例にすれば、代表的研究方法として次の方法が挙げられている(註1)。理論的研究方法、歴史的研究方法、調査的研究方法、実験的研究方法及び比較的研究方法である。また体育科教育学の研究領域では、①体育教科論(本質論、教科構造論)、②目的・目標論、③内容論(学習内容論、教材論)、④方法論(カリキュラム、学習指導計画、教授―学習過程論、学習形態論、施設・用具論)、⑤対象論(学習者論)、⑥評価論、⑦教師論、⑧教科体育史及び制度論などが挙げられる(註2、註3)。いずれの場合も多かれ少なかれ文献を必要とする。

ここでは保健体育科教育法に関する図書・論文等として研究領域や研究対象に対応させて、まず基本文献とされる主要な図書を取り上げる。次に、取り上げた中から一部の主要な文献について内容を簡単に紹介する。

2. 保健体育科教育法の研究対象と研究方法に関する基本図書

(1)辞典・事典類
・日本体育学会監修『最新スポーツ科学事典』平凡社、2006年
・宇土正彦監修『学校体育授業事典』大修館書店、1995年
・日本体育協会監修『最新スポーツ大事典』大修館書店、1987年

(2)図書・論文
①論文の探し方、書き方に関連して
・河野哲也著『レポート・論文の書き方入門 第3版』慶応大学出版会、1998年
・池田祥子著『文科系学生のための文献調査ガイド』青弓社、1995年
・齋藤孝他著『文献を探すための本』日本エディタースクール出版部、1989年

②学会誌、月刊誌
・日本体育学会『体育学研究』
・日本体育科教育学会『体育科教育学研究』
・日本スポーツ教育学会『スポーツ教育学研究』
・『体育科教育』大修館書店
・『体育の科学』杏林書院
・『学校体育』日本体育社

・『新体育』新体育社

③体育科教育法の主要な教科書
・髙橋健夫他編著『体育科教育学入門』大修館書店、2002年
・杉山重利編『最新体育科教育法』大修館書店、1999年
・宇土正彦編『体育科教育法講義』大修館書店、1992年
・宇土正彦編『体育科教育法入門』大修館書店、1983年
・松田岩男編『体育科教育法』大修館書店、1978年
・前川峯雄編『体育科教育法』体育の科学社、1969年

3. 研究対象に関係する主要な図書

①体育教科論
・竹田清彦他編著『体育科教育学の探求』大修館書店、1997年
・成田十次郎編著『体育科教育学』ミネルヴァ書房、1987年
・前川峯雄他著『体育科教育法』体育の科学社、1961年

②目的・目標論
・宇土正彦編『体育科教育法講義』大修館書店、1992年
・K・ウィドマー、蜂谷慶他訳『スポーツ教育学』東洋館出版、1980年
・前川峯雄編『戦後学校体育の研究』不昧堂出版、1973年
・丹下保夫著『運動技術と運動文化』明治図書出版、1963年

③内容論
・髙橋健夫著『新しい体育の授業研究』大修館書店、1989年
・小林一久著『体育の授業づくり論』明治図書、1985年
・宇土正彦他著『体育科教育法』大修館書店、1978年
・竹之下休蔵他著『体育科学習指導の研究』光文書院、1972年
・竹之下休蔵他著『体育の学習指導』光文書院、1965年

④方法論
・出原泰明著『体育の授業方法論』大修館書店、1991年
・宇土正彦編著『小学校新しい体育の考え方・進め方』大修館書店、1987年
・出原泰明著『体育の学習集団論』明治図書、1986年
・宇土正彦編著『中学高校体育授業の研究』大修館書店、1983年
・体育教材研究会編『小学校体育の教材研究』大修館書店、1979年
・学校体育研究同志会編『体育の技術指導入門』ベースボールマガジン社、1979年
・学校体育研究同志会編『技術指導と集団づくり』ベースボールマガジン社、1978年

⑤対象論（学習者論）
・J・ウィニック、小林芳文他訳『子どもの発達と運動教育』大修館書店、1992年
・石河利寛編『子どもの発達と体育指導』大修館書店、1978年
・波多野完治編『精神発達の心理学』大月書店1967年

⑥評価論
・内海和雄著『体育科の新学力観と評価』大修館書店、1995年
・髙橋健夫他著『よい体育授業の構造』大修館書店、1994年
・宇土正彦編著『体育科教育法講義』大修館書店、1992年
・佐藤裕他著『体育教育学』福村出版、1990年
・成田十次郎編『体育科教育学』ミネルヴァ書房、1987年
・D・シーデントップ、髙橋健夫訳『楽しい体育の創造』大修館書店、1986年
・宇土正彦著『体育授業の系譜と展望』大修館書店、1986年
・小林篤著『体育の原理と実践―体育科教育原論―』杏林書院、1986年
・内海和雄著『体育科の学力と目標』青木書店、1984年
・中村敏雄著『体育実践の見かた考えかた』大修館書店、1983年
・小林篤著『体育の授業分析』大修館書店、1983年
・井上一男他著『体育教育概論』杏林書院、1982年
・宇土正彦編『体育学習評価ハンドブック』大修館書店、1981年
・小林篤著『体育の授業研究』大修館書店、1979年
・高田典衛著『体育授業の方法』杏林書院、1977

年
⑦教師論
・体育・スポーツ社会学研究会編『スポーツ社会学研究10』道和書院、1991年
・体育社会学研究会編『体育社会学研究5』道和書院、1976年
・成田十次郎他編『保健・体育科教育の教師論』日本体育社、1975年
・保健体育科教育の研究会編『保健体育科教育の研究』不昧堂出版、1975年
・阿部忍著『体育哲学』逍遥書院、1972年
・体育原理研究会編『体育教師像・武道の現代化』不昧堂出版、1971年
⑧教科体育史及び制度
・岸野雄三、竹之下休蔵著『近代日本学校体育史』日本図書センター、1983年

4. 主な図書の解説

①宇土正彦監修『学校体育授業事典』
　（大修館書店、1995年）
　本書は、題名のごとく学校の体育の授業に関する様々な事項を網羅した現代の総合事典である。内容は、体育授業に関する用語概念を分かりやすく解説した「用語編」に始まり、「体育授業の基礎理論」、「各運動領域の学習指導」、「体育授業の展開」、「授業研究の方法と成果」から構成されている。本事典について、斯界の代表的な三人の編集者の言葉には、「日々の授業実践に役立つように実践者の立場に立って内容や進め方を具体的に分かりやすく示すこと。多義的な授業用語を明らかにすること。授業の考え方や方法論について特定の立場にこだわらず客観的な立場で問題点や課題を明らかにすること。戦後の授業実践史から優れた授業実践の典型例を示し解説すること。授業研究に役立つ方法を具体的に示す。国内外の授業研究の方法や成果を取り上げる。」と、以上のように記されている。

②成田十次郎編著『体育科教育学』（ミネルヴァ書房、1987年）
　本書は、『現代の教育学 全9巻』として公刊された各教科教育学の中の一冊である。学問としての体育科教育学の確立を目指した当時の代表的な研究者の意欲的な共同研究の成果を示したものである。内容構成は、「体育科教育学の構想」、「体育科教育学の展開」、「体育科教育学の実践的授業研究」となっている。
　本書は、前述の『学校体育授業事典』も含めて、その後の体育科教育に関する文献の先駆けとなる性格をもつものである。その意味で、今や学問としての体育科教育学の古典的必修文献というべき図書である。

③雑誌『体育科教育』（大修館書店、1953年～現在）
　本雑誌は、数多くある体育関係諸雑誌の中でその歴史も長く、体育に関する代表的な啓蒙誌としての性格をもつ雑誌である。特に創刊以来、各号について時々の社会及び斯界で緊急の話題や問題になっているテーマについて特集を組み、あるいは増刊号を発行し、多くの読者の支持を得てきた。研究領域に応じた数多くの論文を見つけ出すことができる。例えば「体育教師論」に関する論考だけを調査してみても330篇の論文が見つかる。（創刊号～2000年）。

5. おわりに

　私達がある問題に着目して研究を始める場合、全くのゼロから出発することはありえない。研究と呼ばれるにふさわしいものは、先人の研究成果に学びながら、それに欠けているものや新しいものを加える営みとして行われる。そこに文献の意義が表れてくる。このことは、単に保健体育科教育に限らず、教育全体さらには私達の生活のすべてが歴史、社会的存在であることを教えてくれる。私達はここに改めて歴史、社会的諸事実や条件に規定され影響を受けることを再認識しなければならないであろう。
　本稿では、保健体育科教育法に関する図書・論文等を、現在でも比較的閲覧かつ入手しやすい主要な図書に限定して紹介したが、この他に学会誌に掲載されている学術論文及び雑誌論文については発行母体の記載にとどまり、全く紹介できなかった。残された論文については、紹介した情報を手掛かりに皆さんの取り組みに期待する。

（平井　章）

註1）筑波大学教育学研究会編「現代教育学の基礎」ぎょうせい、1998年
註2）松田岩男、宇土正彦編「学校体育用語辞典」大修館書店、1988年
註3）平井章「体育科教育学の検討」「島根大学教育学部紀要」vol25、1991年

第3節
保健体育に関する卒業論文テーマの実際

1. 論文テーマ設定のポイント

論文テーマを設定するに当たり、その論文で何を明らかにするのか、何を主張するのかが問われる。したがって、多くの学生にとって、論文テーマを設定するということは容易なことではない。では、論文テーマを設定するためには、どのように進めていけばよいのだろうか。

まず第一に、何となく気になっていること、やってみたいと思っていることに関連する文献をとにかく収集し、読破することである。その際には、前項が大いに役立つであろう。

この作業を繰り返すうちに、徐々にやりたいことが具体的となり、論文テーマが絞られていく。そして実際に論文テーマを設定するに当たっては、下記の6点に注意したい（小笠原、2002年）。

①極力議論の範囲が狭い題名であること。

議論の中心の具体的事項を掲げることが最も好ましい。

②それだけでその論文の主張がおおむね理解できること。

何をどうしたいのか、それがないならばただの勉強レポートになってしまう。

③副題をつける時は、主題に迫る方法などを示す。

主題より狭い範囲を示す時は、主題と入れ替えた方がよいことが多い。

④「〜の一考察」という及び腰の題名はつけない。

「一考察」という言い方には、批判されたら「いや、ただの一考察だから」と逃げを打つ姿勢が隠されている。

⑤「〜について」というような漠然とした題名はつけない。

こういった題名をつけると、解説的・教科書的な論文となってしまう。

⑥「〜に関する研究」、「〜についての考察」、「〜についての検討」などという蛇足的な題名も好ましくない。

論文は、研究・考察・検討の結果を書くのだから、これをつけると蛇足になってしまう。

2. 卒業論文テーマの実例

保健体育専攻学生が実際に取り組んだ卒業論文をまとめた『保健体育専攻学生卒業論文集・修士論文集（2007年度）』（日本教育大学協会全国保健体育・保健研究部門）の中から、全国の大学より推薦されたもののうち保健体育科教育学に直接的あるいは間接的にかかわりのあるものを選択し、(1)体育、(2)保健に分けて以下に列挙した。

中には、前述した6つの注意点に準じていないテーマも含まれているが、論文テーマを設定するに当たって参考としてほしい。

(1)体育

▶ 体ほぐしの運動が児童の自己概念に及ぼす影響：アドベンチャープログラムを導入した小学校体育授業実践を通して
▶ コンビネーションなわとびにおける技の発展と達成度に関する研究
▶ バランスボールエクササイズが柔軟性に与える影響
▶ 小学校体育授業の「体ほぐしの運動」におけるコミュニケーションスキルのミニマムに関する研究
▶ 走り幅跳びの初心者への踏み切り技術トレーニングに関する研究：バネつき傾斜板の効果について
▶ ハードル走を全員が走りきれるための技術指導に関する研究
▶ スノーケリングの教育的効果及び、阻害要因の構成因子に関する研究
▶ 小学校水泳授業における視覚的教材の作成
▶ 小学校低学年におけるハンドボール指導に関する事例研究：教師の促発能力の分析を中心に
▶ 中学校におけるバレーボールの授業づくり：ゲームの様相発展の視点から
▶ ボール運動で必要な「巧みに運動する身体能力」を学ぶ体育実践の開発：戦術学習とコーディネーション運動の融合的実践
▶ ボール運動の授業における技能水準下位児のゲームパフォーマンスについて
▶ 小学校体育授業におけるソフトボールの学習

- 指導に関する研究
- 学校教育の武道における形の必要性について
- 現代的なリズムのダンスの指導法に関する一考察：ヒップホップにおける「アップ」と「ダウン」のリズム取りに着目して
- 小学校における「ダンスフェスティバル」に関する事例的研究
- 特別支援学校に通う知的障害を伴った生徒の乳幼児期の運動経験がその後の運動発達に及ぼす影響に関する一考察
- スポーツを行う障害者のライフヒストリー：I県立ろう学校陸上競技部員を事例として
- 幼児の疾走態度の発達に関する研究
- 幼児期の運動遊びにおける環境構成の重要性及びその在り方：金大附属幼稚園での環境構成を例に
- 児童の体育授業における愛好的態度の差異が体育学習の様態に及ぼす影響の検討：態度の上位児と下位児の比較分析を通して
- 保護者の期待が子どもの運動有能感に及ぼす影響
- 運動のおもしろさを基軸とした体育授業に関する一考察
- 体育授業、スポーツクラブ集団、遊戯集団で発揮されるコミュニケーション・スキルの質の検討
- 身体に表出された感情：空気をよむことと、よりよい人間関係づくり
- 小学校体育授業における「かかわり」に関する一考察：低学年基本の運動の授業観察を通して
- 体育授業における集団性の学習についての考察：「機能体」と「共同体」を中心概念において
- 運動が「できる」と「教える」の関係性
- 学校教育における教科としての体育の独自性についての研究
- 体育における「学び」の探究：キー・コンピテンシー概念を手がかりに
- 大阪市内の児童の屋外遊びの実態に関する調査研究：平成3年調査と比較して
- スポーツ少年団における剣道活動が児童の向学校性に及ぼす影響
- 運動部活動の総合型地域スポーツクラブへの移行に関する考察
- 沖縄におけるバスケットボールの伝播と普及

(2) 保健

- 体育の教師はなぜ保健の授業が苦手なのか？：体育科学生と他教科学生の教材観と教育内容観の比較
- 小学生の攻撃性とセルフエスティーム、社会的スキルに関する研究
- 小学校における食育の在り方について：児童の野菜に対する意識の変化
- アレルギーを持った児童・生徒への関わり方に関する研究：学校給食を例にして
- 中学2年生における毎日の朝食摂取の有無と生活習慣・形態・体力・心の健康の関連性についての研究
- 中学校保健授業におけるポートフォリオを用いた実証的な研究
- 中学生の1年間の体格推移に関する縦断的研究
- 全国都道府県別の体力特性と地域間格差
- 青森県における女子大学生の運動習慣形成の要因：運動意識と健康態度の影響について
- 若年男女および女性隠れ肥満者におけるやせ願望の実態調査：体型認識と運動習慣の関係から
- 運動によるメタボリックシンドローム抑制効果：モデル動物を用いた検討
- 高齢者のパーソナルヒストリーと現在の身体状態について
- 性の健康と権利に関する研究
- 女子水泳選手の月経随伴症状について
- 中学校教室内授業でGボールに座っている時の心理変容
- 汗っかき・非汗っかきの特徴について：体水分量と体温調節反応の関係性について
- 大学の講義室における二酸化炭素濃度について
- 大学生における蓄積的疲労と生活習慣、血中乳酸値、運動制御機能についての検討
- グラウンド表面温度・表面輻射熱の違いが運動中の生体に及ぼす影響

（糸岡夕里）

■引用・参考文献
◆小笠原喜康「大学生のためのレポート・論文術」講談社、2002年
◆日本教育大学協会全国保健体育・保健研究部門「保健体育専攻学生卒業論文・修士論文集（2007年度）」2008年

索引

あ

- アウトナンバーゲーム ………… 56
- 表したいテーマと題材 ……… 121
- 安全に関する指導 …………… 171
- 生きる力 ………………… 4・9
- 異質グループ ………………… 77
- 一酸化炭素 …………………… 211
- 飲酒・喫煙・薬物乱用を助長する要因 ………………… 216
- インピーダンスマッチング …… 53
- 飲料水の衛生 ………………… 211
- 動きの課題 …………………… 42
- 運動観察の方法 ……………… 71
- 運動観察法 …………………… 112
- 運動による教育 ……………… 126
- 運動の意味や価値 …………… 126
- 運動の原則 …………………… 66
- 運動の魅力 …………………… 72
- 運動部活動の現状 …………… 299
- 運動を継続する意義 ………… 66
- エイズ ………………………… 216
- AED ……………………… 212・222
- エレメンタリー・ストローク ………………………………… 51
- MDMA ………………………… 221
- オリンピックムーブメント … 127

か

- 介護等体験における留意点 … 306
- 介護等体験の意義 …………… 306
- 介護等体験の概要 …………… 304
- 介護等体験の手続きの流れ … 304
- かかり練習 …………………… 89
- 学習指導の形態 ……………… 40
- 学習者 ………………………… 21
- 学習内容の学年への配列 …… 182
- 学習の転移 …………………… 106
- 学力規定 ……………………… 28
- 学力とは ……………………… 186
- 加速理論 ……………………… 53
- 課題選択 ……………………… 74
- 形 ……………………………… 88
- 学校教育法 ……………… 12・166
- 学校における食育の推進 …… 171
- 学校における体育・健康に関する指導 ………………… 8
- 学校における道徳教育 ……… 11
- 学校保健計画 ………………… 172
- カドミウム …………………… 229
- 体つくり運動 ………………… 38
- 体つくり運動との関連 ……… 42
- 体の構造 ……………………… 66
- 体ほぐしの運動 ………… 12・38
- 体ほぐしの運動の行い方 …… 99
- 体ほぐしの運動のねらい …… 64
- 簡易化されたゲーム …… 54・81
- 環境基本法 …………………… 229
- 感染症の原因 ………………… 216
- 器械運動の技の分類 …… 68・102
- 技術と戦術 …………………… 93
- 規準と基準 …………………… 24
- 喫煙・飲酒の急性影響 ……… 202
- 喫煙・飲酒の慢性影響 ……… 202
- キック ………………………… 112
- 技能発揮 ……………………… 57
- 基本動作 ……………………… 89
- 弓道 …………………………… 88
- 救命処置にかかわる法的な責任 ………………………………… 212
- 教育基本法 ……………… 4・12・166
- 教育実習全般に対する諸注意 ………………………………… 301
- 教育実習の意義 ……………… 301
- 教育実習の心構え …………… 301
- 教員採用試験の実際 ………… 307
- 競走 …………………………… 107
- 距離泳・時間泳 ……………… 77
- 形成的評価 …………………… 28
- ケーススタディ ……………… 188
- ゲームの分析 ………………… 56
- ゲームのミニ化 ……………… 56
- ゲームパフォーマンス ……… 54
- 健康・安全への配慮 ………… 66
- 健康に関する指導 …………… 170
- 健康の大切さの認識 ………… 196
- 現代社会における健康問題 … 166
- 剣道 …………………………… 88
- 合意形成に貢献する ………… 99
- 公害 …………………………… 230
- 高校の選択制 ………………… 119
- 硬直した心と体 ……………… 38
- 交流の段階 …………………… 65
- ゴール型 …………………… 54・114
- ゴール型の特性 ……………… 80
- 呼吸動作 ……………………… 112
- 国際的なスポーツ大会 ……… 93
- 心の状態や体の調子 ………… 201
- 心の捉え方 …………………… 200
- 個人内評価 ……………… 29・109
- 子どもの現状等 ……………… 20
- 混成競技 ……………………… 107

さ

- サポート ……………………… 55
- 3R …………………………… 231
- GPAI ………………………… 57
- 自己目的的な運動 …………… 126

実習後の対応について ……… 303	戦術的課題 ……………………… 57	ダンスの種類 ………………… 118
疾病構造の変化 ……………… 221	戦術的気付き …………………… 57	知識基盤社会 ………………… 128
至適範囲 ……………………… 211	選択制授業の形態 …………… 33	知識を活用する学習活動
修正されたゲーム …………… 56	選択制授業の指導計画 ……… 34	……………………… 167・223
柔道 …………………………… 88	選択制授業の単元段階 ……… 35	窒素酸化物 …………………… 229
自由練習 ……………………… 89	選択制授業の導入の背景 …… 32	知の学習 ……………………… 127
傷害の発生要因 ……………… 212	走・跳の運動 ………………… 47	着衣泳 …………………………… 77
職業病 ………………………… 231	走・跳の運動遊び …………… 47	中央教育審議会 ………………… 22
心技一如 ……………………… 122	総括的評価 ……………………… 28	調整の段階 ……………………… 64
心身の成長発達についての正	臓器移植法改正 ……………… 225	跳躍 …………………………… 107
しい理解 ………………… 172	総則 ……………………………… 8	手当の原理・原則 …………… 202
身体機能の発達特性 ………… 39	即興的な表現と簡単なひとま	抵抗 ………………………… 50・110
身体能力 ………………………… 5	とまりの表現 ……………… 59	手軽な運動や律動的な運動 …… 98
新体力テスト ………………… 100	**た**	溺者の救助法 …………………… 77
診断的評価 ……………………… 28	体育・健康に関する指導 …… 170	鉄棒運動の特性 ……… 69・104
水圧 ………………………… 50・110	体育科の授業時間 …………… 41	動感能力 ………………………… 68
水泳競技 ………………………… 76	体育教師の新たな在り方 …… 300	投てき ………………………… 107
水温 …………………………… 50	体育理論 ……………………… 92	得意技 ………………………… 122
水質汚濁 ……………………… 228	体育理論の評価の観点 ……… 95	特別支援学校 …………………… 22
水中安全教育 ………………… 111	ダイオキシン ………………… 229	土壌汚染 ……………………… 228
水中からのスタート ………… 113	大気汚染 ……………………… 228	跳び箱運動の特性 …… 71・104
スポーツの定義 ……………… 93	体系化 …………………………… 6	トリクロロエチレン ………… 229
スポーツの魅力 ……………… 94	体操 …………………………… 39	トリハロメタン ……………… 230
スポーツやダンスの領域におけ	体力の構成要素 ……………… 99	ドリルゲーム ………………… 56
る体ほぐしの運動の取扱い	体力の諸要素 ………………… 102	トレーニングの至適時 ……… 40
…………………………… 100	体力の違いに配慮 …………… 66	**な**
スポーツやダンスの領域におけ	体力の捉え方 ………………… 64	なぎなた ……………………… 88
る体力を高める運動の取扱い	体力を高める運動 ……… 39・65	ネット型 ………………… 54・114
…………………………… 101	体力を高める運動の種類 …… 99	ネット型の特性 ……………… 80
相撲 …………………………… 88	タグラグビー ………………… 55	**は**
性腺刺激ホルモン …………… 207	タスクゲーム ………………… 56	廃棄物 ………………………… 211
性に関する内容の学習	WHOの健康の定義 ………… 197	配当時間のめやす …………… 22
……………………… 198・224	段階的な指導 ………………… 90	HACCP ……………………… 229
生物濃縮 ……………………… 230	単元計画 ……………………… 182	パスの相関図 …………………… 57
絶対評価 ……………………… 29	男女共習授業の歴史的変遷 … 35	発達段階のまとまり …………… 5
セルフメディケーション …… 224	男女共習の形態 ……………… 35	バディシステム ………………… 77
全国体力・運動能力、運動習	ダンスウォームアップ ……… 86	PCB …………………………… 229
慣等調査 …………………… 38	ダンスキーワード …………… 86	評価規準 ………………… 21・29

評価における体力の水準、体力の向上率の取扱い ……… 100	フリーマン …………………… 56	マット運動の特性 ……… 69・102
評価の観点 …………… 25・29	浮力 ………………… 50・110	3つの視点から捉えた陸上運動の特性 ……………… 72
表現系、リズム系、フォーク系 ……………………… 84	プル …………………………… 112	見取り稽古 …………………… 89
表現の題材例 ………………… 59	ブレインストーミング ……… 187	メチル水銀 ………………… 229
標準授業時数 ……………… 184	ブレインライティング ……… 187	目標設定 ……………………… 74
評定 …………………………… 30	文化としてのダンス ………… 58	求められる教師 …………… 307
疲労 ………………………… 215	平均台運動の特性 …… 70・104	モニタリング諸技術 ………… 26
不安や悩み ………………… 200	ベースボール型 ……… 54・114	**や**
プールマナー等の掲示 ……… 76	ベースボール型の特性 ……… 80	約束練習 ……………………… 89
フェアプレー ………………… 57	ヘルスプロモーション ……… 168・202・220・228	薬物乱用について ………… 203
フォークダンスの曲目名 …… 119	ボール運動 …………………… 54	易しいゲーム ………………… 81
フォークダンスの曲目例 …… 59	ボール操作 ……………… 80・115	易しい場の工夫 ……………… 45
部活動 ………………………… 8	ボールの軌跡図 ……………… 57	豊かなスポーツライフ ……… 13
部活動の意義 ……………… 298	ボールをもたない時の動き ……………………… 80・115	4つのくずし（変化）……… 61
部活動の位置付け ………… 298	保健・医療機関の有効利用 ‥ 217	**ら**
武技 …………………………… 88	保健活動の大切さ ………… 197	リーダーに続け ……………… 86
副作用 ……………………… 226	保健主事 …………………… 172	リズム遊び …………………… 60
複数の泳法 ………………… 111	保健の学習内容 …………… 178	リズムダンスの導入 ………… 58
武術 …………………………… 88	保健の評価観点 …………… 203	リズムダンスのリズム例 …… 59
不適切な生活習慣 ………… 215	補助具の活用 ………………… 51	リズムの分類と特徴 ……… 119
武道 …………………………… 88	**ま**	練習方法の決定 ……………… 74
武道の種目 ………………… 122	マージナルスポーツ ………… 54	ロールプレイング ………… 187
浮遊粒子状物質 …………… 229	麻疹の予防接種 …………… 217	**わ**
フラッグフットボール ……… 55	マスターズ陸上競技連盟 …… 109	技 ……………………………… 89

編者

杉山重利	元桐蔭横浜大学学長補佐・元文部省主任体育官・中央教育審議会分科会委員
髙橋健夫	元日本体育大学大学院教授・元筑波大学副学長・元中央教育審議会分科会委員
園山和夫	桐蔭横浜大学教授・元文部省教科調査官・学習指導要領解説作成協力者

特別協力者

佐藤　豊	鹿屋体育大学教授・前国立教育政策研究所教育課程調査官・文部科学省教科調査官併任
白旗和也	日本体育大学教授・前国立教育政策研究所教育課程調査官・文部科学省教科調査官併任
森　良一	国立教育政策研究所教育課程調査官・文部科学省教科調査官併任

執筆者（五十音順）

赤松喜久	大阪教育大学教授
朝倉正昭	国士舘大学名誉教授・前国士舘大学学長
池田延行	国士舘大学教授・元文部省体育局体育官　学習指導要領解説作成協力者
井筒次郎	桐蔭横浜大学教授
伊藤久仁	名古屋市立御田中学校校長　学習指導要領解説作成協力者
糸岡夕里	愛媛大学講師
今関豊一	国立教育政策研究所教育課程研究センター基礎研究部長・元文部科学省教科調査官
岩田英樹	金沢大学教授　学習指導要領解説作成協力者
植田誠治	聖心女子大学教授　学習指導要領解説作成協力者
浦井孝夫	元了徳寺大学教授・元文部省体育局体育官
遠藤勝恵	福岡大学教授
大庭昌昭	新潟大学准教授
小笠原一彰	桐蔭学園高等学校教諭
岡出美則	筑波大学教授　学習指導要領解説作成協力者
菊　幸一	筑波大学教授　学習指導要領解説作成協力者
小磯　透	国際武道大学教授
小日山明	鎌倉市立第二小学校教頭
三戸範之	秋田大学准教授
品田龍吉	宮崎大学教授　学習指導要領解説作成協力者
柴田俊和	びわこ成蹊スポーツ大学准教授
杉本眞智子	川崎市教育委員会学校教育部健康教育課学校体育・安全担当課長・学習指導要領解説作成協力者
杉山正明	東京都立新宿山吹高等学校非常勤教員教諭　学習指導要領解説作成協力者
鈴木和弘	山形大学教授
芹澤康子	至学館大学教授
高橋和子	横浜国立大学教授　学習指導要領解説作成協力者
高橋幸平	岐阜県立岐阜北高等学校教頭　学習指導要領解説作成協力者
高松　薫	筑波大学名誉教授　学習指導要領解説作成協力者
谷藤千香	千葉大学准教授　学習指導要領解説作成協力者
椿本昇三	筑波大学教授　学習指導要領解説作成協力者
冨岡　寛	川崎市立京町小学校教頭　学習指導要領解説作成協力者
友添秀則	早稲田大学教授　学習指導要領解説作成協力者
中島一郎	国際武道大学教授
中村康弘	千葉市立千城台西小学校校長　学習指導要領解説作成協力者
野津有司	筑波大学教授　中央教育審議会分科会委員　学習指導要領解説作成協力者
長谷川悦示	筑波大学准教授
波多江美奈子	松戸市立松戸高等学校教諭
塙　佐敏	新潟医療福祉大学講師
平井　章	島根大学教授
福ヶ迫善彦	流通経済大学准教授
古川善夫	北海道教育大学教授　学習指導要領解説作成協力者
本間啓二	日本体育大学教授
松本格之祐	桐蔭横浜大学教授
松本富子	群馬大学名誉教授
松田恵示	東京学芸大学教授　文部科学省生涯学習調査官兼務
松田雅彦	大阪教育大学附属高等学校平野校舎教諭
村田芳子	筑波大学教授　学習指導要領解説作成協力者
本村清人	東京女子体育大学教授　元文部科学省スポーツ・青少年局体育官
山神眞一	香川大学教授
吉田初美	熊谷市立大幡中学校教諭　学習指導要領解説作成協力者
吉松英樹	山口市立平川小学校教諭　学習指導要領解説作成協力者
渡邉　彰	同志社大学教授・前文部科学省教科調査官
渡部　基	北海道教育大学教授　学習指導要領解説作成協力者

(2013年6月現在)

教師を目指す学生必携　保健体育科教育法
© Shigetoshi Sugiyama & Takeo Takahashi & Kazuo Sonoyama 2009

NDC375/iv, 322p/26cm

初版第1刷発行	2009年11月1日
第7刷発行	2016年9月1日

編者	杉山重利　髙橋健夫　園山和夫
発行者	鈴木一行
発行所	株式会社　大修館書店

〒113-8541　東京都文京区湯島2-1-1
電話 03-3868-2651(販売部)03-3868-2297(編集部)
振替　00190-7-40504
[出版情報] http://www.taishukan.co.jp

装丁者	下川雅敏
表紙カバーイラスト	株式会社スプーン
本文デザイン	井之上聖子
印刷所	横山印刷
製本所	ブロケード

ISBN978-4-469-26692-4　Printed in Japan

R 本書のコピー、スキャン、デジタル化等の無断複製は著作権法上での例外を除き禁じられています。本書を代行業者等の第三者に依頼してスキャンやデジタル化することは、たとえ個人や家庭内での利用であっても著作権法上認められておりません。